韩天衡评传

王琪森 著

浙江人民出版社

循矩而又不囿于矩，在肯定中作智性的不屈不挠的否定，才能使艺术生命常青。也就是不守旧、不自缚、不懈怠、不信邪、不逾矩不。

世事纷呈，社会繁杂，节奏飞快，环境喧嚣，吾身不能静而求静心，故常于笔底楮面，寻觅与构造怡静冷寂环氛以自娱自适。奋力多年，似有所获。

天下唯一"吃不饱"的乐事是读书。读书讲到底是用古今中外的智慧来充实自己。书要读得多而精，贵在消化融通，诗心文胆，化一为万，生发出成果来。心裁别出，独树高标，方是圣士妙人。

——韩天衡《豆庐独白》

韩天衡先生简介

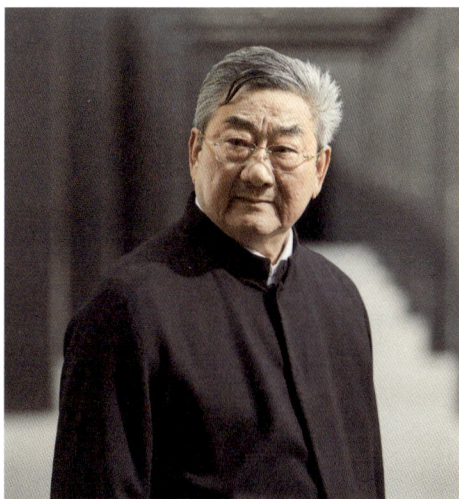

1940 年生于上海，祖籍江苏苏州。号豆庐、近墨者、味闲，别署百乐斋、味闲草堂。国家一级美术师，享受国务院特殊津贴。擅书法、国画、篆刻、美术理论及书画印鉴赏。

曾获上海文学艺术奖、上海文艺家荣誉奖、上海文学艺术奖杰出贡献奖、中国书法最高奖兰亭艺术奖榜首。2016 年，被授予"上海市非物质文化遗产项目海上书法代表性传承人"称号。2019 年，被中国书法风云榜授予杰出老书法家奖。作品被中国国家博物馆、中国美术馆、大英博物馆等收藏。

出版有《历代印学论文选》《中国印学年表》《中国篆刻大辞典》《韩天衡书画印精品集》等专著 140 多种。2001 年，受命为出席上海 APEC 会议的 20 个国家、地区元首篆刻姓名印章，作为国礼相赠。

现任中国艺术研究院中国篆刻艺术院名誉院长、上海中国画院艺术顾问（原副院长）、上海市书法家协会首席顾问、西泠印社副社长等，并担任上海交通大学、复旦大学、中国社会科学院研究生院等科研院校的特聘教授。

行草李白七言联句（2014年）
134cm×34cm

月白风清图（1995年）
92cm×42cm

隶书蒋廷锡《小颠墨竹》（2011年）
17cm×30cm

映日吐芳（2012年）
69cm×69cm

有志者事竟成，破釜沉舟，百二秦关终属楚；苦心人天不负，卧薪尝胆，三千越甲可吞吴。

楷书蒲松龄句（2017年）
35cm×25cm

无题（2012年）
19cm×30cm

秋江游凫（1996年）
26cm×33cm

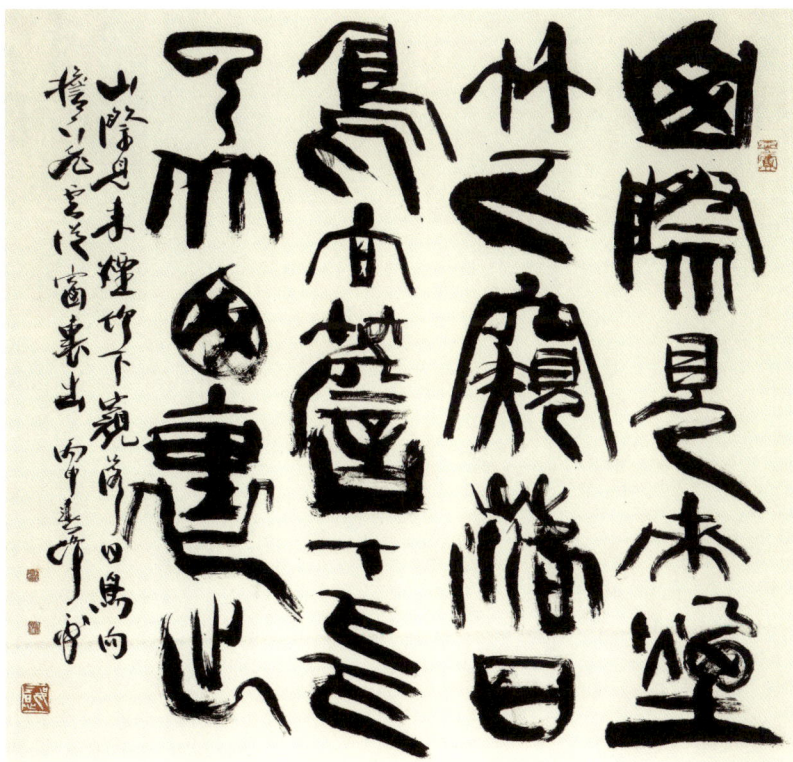

行书吴均《山中杂诗》（2016年）
69cm×70cm

兔生肖印

看尽江湖万千峰

喜出望外（附边款）

狂心不歇

登岘亭

程十发印

蒸蒸日上

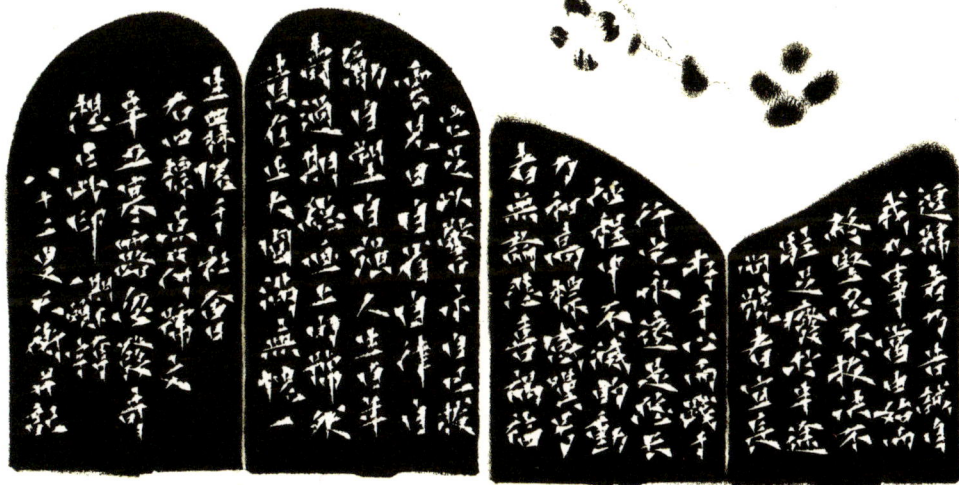

四标点符号印（附边款）

边款：逗号者，乃告诫自我，凡事当由始而终，坚忍不拔，决不驻足废于半途。问号者，宜长存于心而践于行，它永远是悠长征程中不灭的动力和高标。感叹号者，无论悲喜祸福，它足以警示自己拨云见日，自省、自律、自励、自塑、自强。人生百年寿过期颐，总（得）画上句号，然贵在正大圆满，无愧一生，无愧于社会。右四标点符号文。辛丑寒露，忽发奇想作此印。八十二叟天衡并记。

序言：不逾矩不

我在写这本《韩天衡评传》时想到了罗曼·罗兰所著、傅雷所译的《贝多芬传》《米开朗基罗传》和《托尔斯泰传》。贝多芬的英雄情结、米开朗基罗的追求意志、托尔斯泰的殉道精神，明心见悟，觉醒观照，转识成智，正是人类所共有的知识、思想与信仰。

——题记

春秋时光的交替，总是在诠释一种梦想与追求。沧桑岁月的流变，总是在验证一种践行与奋进。诚如《尚书》所云："功崇惟志，业广惟勤。"

作为海派书画艺术领军人物的韩天衡先生，已年至八十又二，依然以自己不忘初心的艺术理想、砥砺奋进的人生追求、老而弥坚的开拓精神、不负使命的家国情怀、教学育人的师德修为，奉行着他的"刀笔当随时代、作品应有担当"的座右铭。2019年金桂飘香、橙黄橘红的金秋十月，韩天衡荣获第七届上海文学艺术奖"杰出贡献奖"。该奖表彰了他在书画篆刻及艺术理论等方面取得的卓越成就。

2019年枫叶如丹、菊花争艳的深秋十一月，规模盛大的"守正求新——韩天衡艺术展"在中国国家博物馆举办，全面展示了半个多世纪以来，韩天衡先生不断奋进、锐意创新的探索历程及艺术建树，从而生动呈现了当代海派艺术精湛的创作境界与丰硕的艺术成果。

一、属于"韩天衡现象"的幸运

在当代中国艺术界，韩天衡无疑代表着一种艺术取向和一面创作旗帜，并由此构成极具历史语境、时代意义与审美引领意义的"韩天衡现象"。我起笔创作这本《韩天衡评传》时，正逢新中国成立70周年。韩天衡曾真诚地袒露心声："我真正是新中国培养的艺术家，对此我是心存感恩的。"从这个意义上来说，韩天衡所取得的不凡成就与独特建树，不仅是属于他个人的，还是属于我们这个伟大时代的。

韩天衡从四岁发蒙学书法，六岁习篆刻，至今已逾70多年。他取法正脉而传承谱系，师从名师而深入堂奥，是一位精研传统、功力精湛而又善于融会贯通、开拓创新的艺术界标志性人物。因此，他的翰墨丹青、金石篆刻及等身著作，才能彰显出宏大的时代精神和先进的美学指向。这也佐证了书法篆刻大师沙孟海当年对韩天衡的评价是富有启迪意义的。沙老早在1975年给周昌谷教授的信中就直言不讳地肯定韩天衡："为当代印学开辟一新境界。"而今40多年过去了，韩天衡不仅在印学，更是在艺界开辟了"新境界"，属望无穷。从2016年起，他先后在浙江、湖北、上海、云南、山东、深圳及澳门等地举办的"不逾矩不——韩天衡学艺70年书画印展"，成为了当代中国艺苑一道令人瞩目的风景，同时也彰显了一种源于生命的勃发张力与虔诚艺事的澎湃激情。

金石缘，书画情。韩天衡不仅在书法、绘画、篆刻上取得了全方位的突破，在艺术理论、学术阐述上著述迭出，还在策展讲学、设帐授艺、收藏鉴赏上声名卓著，使他成为真正的海派书画的杰出代表和当代艺坛的集大成者。历史地看，海派书画艺术崛起于清末民初及20世纪30年代，涌现出如赵之谦、任伯年、吴昌硕、沈曾植、赵叔孺、吴湖帆、刘海粟、张大千、徐悲鸿、潘天寿、沈尹默等一批大师群体，从而使海派书画艺术衔华佩实而绚丽芬芳、文采风流而精英辈出。应当说，韩天衡是相当幸运的，他在从艺之初及其后的探求登攀中，得到了20世纪海派书画最后一批艺术大师如方介堪、马公愚、谢稚柳、陆俨少、刘海粟、郭绍虞、陆维钊、唐云、程十发等人的亲授、教诲和帮助，奠定了他极高的起点和扎实的基础。再加上他自身的坚毅专注、刻苦勤奋及多方取法、锐意变通，从而使他具有了新一代海派书画艺术家博大的胸襟、开阔的视野、强盛的活力、澎湃的创造力及领先的觉悟，融会贯通，构成了一种"马蜂窝效应"，从而在艺术的各种形态及各个领域间游刃有余而风生水起，相得益彰而精彩纷呈。

二、"马蜂窝效应"与"韩氏艺术系统"

海派书画一代宗师吴昌硕曾在一首诗中写道："书画金石有真意，贵能深造求其通。"韩天衡的"马蜂窝效应"，正体现了他先进的艺术思想、高瞻的哲思理念、独特的审美意识，是其建构"韩氏艺术系统"的基石。从韩印、韩书、韩画到韩论、韩著、韩藏，形成了海内外艺界所瞩目的"韩流滚滚"现象，为当代艺苑提供了美学范式与创作圭臬，这是一种社会化的艺术贡献与时代性的文化创造，从根本上彰示了社会主义核心价值观与艺术家的文艺使命感。韩天衡把他从艺七十年后的个人艺术大展分别题以"不逾矩不"与"守正求新"，既是一种大道之行的宣言、一种正大气象的呈现，也是一种诗心文胆的昭示。

"可贵者胆，所要者魂。"文化自信，作为一种精神观照，是艺术创作的助推器。每一位从艺者都想有所创新、有所超越，但必须致敬传统、尊重经典、师法前贤，才能从此岸到彼岸，从必然王国到自由王国。韩天衡年至八十多岁，还清醒地自称为"老学生"，把每一次办展都视作"再出发"。他曾深有感触地讲："循矩而又不囿于矩，在肯定中作智性的不屈不挠的否定，才能使艺术生命常青，也就是不守旧、不自缚、不懈怠、不信邪、不逾矩不。"这是对文化自信的深层解读和积极践行，是从本质上对中国文化主体精神的诠释，即"通天地、成人格、正人论、显人文"。韩天衡正是以他的艺术创作、理论思考、学术著作传达了强盛的正能量、浩然的大情怀与高远的大追求，这对当下文艺界在某些方面所存在的浮躁之气、功利之求、市侩之俗、怪诞之作、虚无之习、"饭圈"之风具有荡涤之用与抵制之效，是为中华优秀传统文化的复兴呕心沥血，为当代艺术的繁荣殚精竭虑。

仰望海派艺术的天空，星光灿烂、大师荟萃。从前、后海派领袖赵之谦到吴昌硕，均是以书画印"三绝"名世。但客观地讲，他们对艺术理论及学术专著，都涉足不多。我们不必苛求前人，巨人的存在已为后来者站在他们的肩上提供了可能。历史的发展，也正是以不同时代的艺术家各领风骚展示时代性的进步。韩天衡的可贵与独到，就是他能智慧地站在巨人的肩上，进行宏观深入的审视与思想精神的对接，可谓是思接千载、心骛八极、神游万里。为此，他一手丹青刀笔，一手著书立说，构建了创作与理论的两极，使之双峰并峙。从《中国印学年表》《历代印学论文选》《中国篆刻大辞典》到《豆庐艺术文综》《豆庐十论》《韩天衡印谭》等100多种著作，都是极有理论建构意义及学科建设作用的。因此，可以这样确认：韩天衡在当代艺术界，除了在艺术创作上取得了极高的成就外，亦建立了自己的理论系统与学术高地。

我与韩天衡相识已有40多年了，应当讲是有幸见证了他从一名青年书法篆刻家到一个海派书画篆刻领军、再到当代书画艺坛大师的嬗变，也有缘领略了他在金石、翰墨、丹青、艺术理论上的创新创造。我曾写过《中国艺术通史》，从原始艺术起源写到清末艺术的历史梳理与艺术巡礼。我也曾写过《海派书画领袖吴昌硕评传》，由于缶翁生活在清末民初，只能拜读其雄健豪放、气势磅礴的金石书画及其那些真实质朴、生动传神的诗章，以及相关史料信件、题跋文献、轶事传说等。而在今天，我为同时代的韩天衡立传，一切都是鲜活共时而零距离的，既无历史的遥远迷蒙，也无岁月的阻隔遗忘。但我清醒地意识到：这既是一种得天独厚的幸运，但也是一场无法回避的严峻挑战。因为时间会产生美，从时空形态与传记范式来讲，有些美的形成需要历史的沉淀、时光的陶冶与思想的梳理，但我想我只要以求真务实、客观公正为经纬，力争做到不负时代、不负艺苑、不负传主、不负读者。

岁月芳华，时光菩提。我与韩天衡结缘于1975年，当时我被借调至上海市工人文化宫筹办书法篆刻展，韩天衡应邀作为篆刻作品评委参与工作。当时我二十一岁，他三十五岁。从此，我敬他为师，他尊我为友，在一条艺聚群英的大河上涛声相闻，在一座笔墨金石的长廊中春秋相望。韩天衡是颇重友情与艺缘的。他的不少书画篆刻展、艺事活动乃至个人寿宴，都邀请我参加；他的书画篆刻作品集及几部重要的理论专著，均题字相赠。为此，我真切地感受到了他的理想与追求，他的勤奋与刻苦，他的思考与向往。西方有谚云：罗马不是一天造成的。古诗云："宝剑锋从磨砺出，梅花香自苦寒来。"成功的光环是相当璀璨的，大师的荣辉是令人羡慕的，但为此需承受的磨难、艰辛与历练，也是常人难以想象的。他曾患过严重的腰椎疾病，发病时不能直立与平躺，晚上睡觉只得把自己绑在弯曲的躺椅上，一小时起来活动一下，让腰部的积水流掉一点，否则便会痛如刀割。即使在这样的情况下，他依然没有放下刀笔，并以其为"止痛药"，坚持创作与著述，依然憧憬着诗与远方。

三、"公共艺术家"的社会职能和历史担当

2009年，上海市文学艺术界联合会组织创作"海上谈艺录"丛书，为当代海派文学艺术名家列传。我应邀撰写了《金石书画铸春秋——韩天衡》，《新民晚报》亦作了长篇连载。但由于该书受整套丛书单册作品文字不能超过10万字的限定，因而写得十分简略，对他在艺术创作及著述理论上的系统评述与纵深开掘，他在设帐授徒、培育弟子上的突出成就，乃至在收藏鉴赏上的独具慧眼等均涉及不多。特别是《金石书画铸春秋——韩天衡》一书的时间节点是写至2009年，当时他年近七十。如今十多年过去了，他已是年至八十又二，但可喜、可贺、可敬的是，他依然宝刀不老，焕发着郁勃雄健、日日出新的人生风采。他依然笔耕不辍地撰写理论著作，多有新作涌现。更具有社会价值与时代意义的是，他于2011年的早春二月，以"得诸社会、还诸社会"的博大胸襟和家国情怀，无偿捐出1136件自己收藏的历

代艺术珍品及创作的艺术精品。2013年，韩天衡美术馆在文化古镇嘉定正式开放，为上海打造了一张瑰丽的文化名片，为社会大众提供了一个艺术欣赏陶冶的温馨园地。更令人称道的是，韩天衡还将国家奖励的2000万元捐献出来，创立了上海韩天衡文化艺术基金会，用于发展公益文化事业，支持民众艺术活动。同时，还创建了上海韩天衡艺术教育基地，用以传承振兴民族优秀传统艺术，使之薪火相传，后继有人。

应当看到，韩天衡美术馆的建立，标志着韩天衡个人的创作著述与艺术活动进入了一个新时期，登上了一个新台阶，更显示了韩天衡走出个人艺斋后作为一个"公共艺术家"的社会职能和历史担当——张开双臂热情拥抱了他为之奋斗的时代。由于韩天衡美术馆构建了一个开放、综合、大型、多元的平台，激发了韩天衡澎湃的创作激情和刀笔才思，于是他在书画印上进行了天马行空、不拘一格的拓展驰骋，创作了高4米、宽7.2米的巨幅榜书《涛声》，以及高2.3米、宽8米的毛泽东词篆书《沁园春·雪》和行书《水调歌头·游泳》，挥洒创作了高1.5米、宽3.6米的巨幅水墨画《松云皓月图》，走刀镌刻了"放胆""空灵""中国梦""不忘初心""不负韶华""八十叟"等风貌一新的印章。同时，他主导策划了一系列创意独特、甚高规格的大型艺术展览，如"文心在兹——古今砚文化特展"入选了《2018年全国美术馆馆藏精品季活动目录》，"兰室长物——历代文房艺术展"在海内外引起了巨大的反响，"海上六大家展"被评为2018年最受欢迎的美术馆展览等。韩天衡还凭借着自己广博的学养、深厚的常识、独特的见解在海内外举办了多次大型艺术讲座，释疑解惑，传艺授道。又如每年的重点公益项目"晒墨宝"全国少年书法大奖赛，吸引了全国数十万爱好书法艺术的少年儿童积极参与。"童心绘美术"公益大赛培养和开发智障儿童的绘画兴趣，由此传导了一个重要的理念——爱孩子就是爱明天。从中可见，从2010年至2021年这十多年的春华秋实，从七十叟到八十二翁这十多年的如歌岁月，韩天衡以创作的冲击力、生命的强健力、艺术的旺盛力，全景性地示范了绚美壮丽的"老夫喜作黄昏颂，满目青山夕照明"。

生命的价值在于创造，人生的觉悟在于奉献，精神的可贵在于发现，艺术的真谛在于美好，转识成智，观照世缘。

2020年初，新冠肺炎疫情来袭，全国人民在以习近平同志为核心的党中央坚强领导下，众志成城、奋战抗疫。韩天衡亦马上闻风而动，及时向海内外弟子、百乐雅集的各位成员发出倡议，号召大家积极投身抗疫之战。从2月3日起，韩天衡美术馆的微信公众号陆续推出了18期"讴歌英雄、战胜疫魔——百乐雅集师生书画印网上作品展"。5月15日，由韩天衡策划筹办的"嘉温度·艺前行——百乐雅集·韩天衡师生抗疫主题书画印作品展"在韩天衡美术馆开幕，表达了珍爱生命、勇于奉献的家园情怀，坚定了同舟共济、共克时艰的坚强信念。

韩天衡始终有着自觉的艺术使命感和虔诚的历史责任感，而且随着年龄的增长更显紧迫。韩天衡认为，自改革开放40多年以来，篆刻艺术得到了前所未有的发展与繁荣，在中国篆刻史上具有里程碑意义，这种盛况宏景应当得到反映。于是，在2020年5月后，他抱病却仍全身心地投入印学大展的策划与实施。2020年12月18日，"心心相印——中国印文化大展"在韩天衡美术馆开幕。展览汇集了中国历代玺印与名家篆刻、明清以来珍贵印谱以及珍稀印材等，共有560件（套）展品，其中70%以上首次公开展出，彰显本次展览的大规模、高规格、创意性，从而突显其史学性、文献性、学术性、跨文化性与创作导向性。展览开幕的当天中午，我和韩天衡及其他工作人员共进午餐，当时我就发现韩天衡已极度虚弱，且仅喝了一点稀粥。第二天，他住进了医院，所患系凶险的重症间质性肺炎。医院随即发出了病危通知，医生说他是为了策展而延误了病情。为此，上海华山医院成立了以张文宏医生为组长的抢救小组，经小组奋力抢救了40天后，韩天衡才脱离危险，后又经三个多月的治疗，方转危为安。2021年3月底出院后，他还是放不下这个印文化大展，亲自联系了七位印学专家来馆作专题学术讨论，举行了两场大型的沉浸式互动，主编了三本印文化大展的大型图集。这种忘我的精神与无私的奉献，是令人感动而崇敬的。

古人云：行百里者半九十。韩天衡自云："八十二岁的老朽，务必不畏年衰，不惧病疾。生为兹，老为兹，死为兹，这是吾生命意义中的唯一期待。"世间所有的相约相遇，都是因缘际会。人生所有的相守相知，都是理想信念。

目　录

第一章　六岁蒙童刻印，流血了　/1

六岁，小振权就开始操刀刻印了。由于石质很硬，他用足力气去刻，想不到锋利的钢刀一下子冲上了握印的左手大拇指，削去了连皮带肉一大块，一时鲜血淋漓。没钱上医院，信佛的韩母便从香炉中抓了一把灰替他敷上，然后扯了一条蓝士林布条包扎。

第二章　瓯江畔的军旅生涯　/11

新中国成立初，父亲主动交待了这个历史问题。但在之后的历次运动中，韩振权总被人揪着这个历史问题不放。他自己和姐姐、哥哥、弟弟也因家庭问题而受到区别对待。于是，振权接过父亲的话说："对呀，如果我被批准当兵，我家不仅是光荣人家，而且也证明爸爸的历史没有什么大问题。"

第三章　军中"伯乐"，叫停了对韩天衡的批判会　/23

"你老是这样朝市里跑，地方上的阶级斗争是很复杂的，你找的又都是'遗老'，你知道吗，温州在旧社会是国民党的模范区！再说，你老是写字、刻印，只'专'不'红'是不行的。我警告你：你要认识到问题的严重性！"

第四章　铁木之外，别有一天　/33

1963年，年仅二十三岁的韩天衡遇到了一个大师名家群体，并相继拜他们为师，这种机会与幸运是可遇而不可求的。从儒雅型的马公愚到学者型的谢稚柳，从教授型的陆维钊到智者型的方去疾，每位老师都艺有所长且术有所强，使韩天衡能广采博取、转学多师。

第五章　他为自己的陋室起了斋号"投路室"　/ 51

在"文化大革命"时期，韩天衡在印海中上下求索，从古鸟虫印中参照造型方法，从秦汉篆额中汲取结构要素，从吴让之、吴昌硕的用刀变化中发现刀法之奇崛灵动等。如果说少难从师，那么同样少屈名师育人。因此，他为自己的斗室起了一个斋号——"投路室"。

第六章　天衡与予道义交　/ 59

韩天衡带着一丝疑虑去开门，伴随着一股冷风走进来的是气喘吁吁的陆俨少先生。他眼带泪水，望着韩天衡不说话。"陆先生，你有什么话、什么事就讲嘛，别憋在心里。"韩天衡有些急了。陆先生这才用沙哑的嗓音小声地讲："天衡呀，这日子我觉得实在熬不下去了，我想还不如一死了之，一了百了。"

第七章　发老智改"豆庐室"　/ 71

程十发还专门为他画了一张十分精彩的贺岁山水画——《豆庐山房图》。画上发老有题句云："文徵明先生刻一印，日印造斋，取此斋造于印上，亦属子虚乌有，亦可效庄周之梦，少文卧游，不争世俗争房之恶习，而获林泉高致雅趣。"此作发老构思精巧，色彩、笔墨都别具匠心。

第八章　沙老赞誉韩印开出新境界　/ 83

沙孟海在书法篆刻界属于泰斗级人物。他在看了韩天衡的印稿后，敏锐地意识到这是多年来没有见到的新气象。于是，沙老激动地亲自给周昌谷回信，评曰："上海韩天衡同志治印，根底深厚，刀法精熟，加上刻意创造，变幻多姿，为现代印学开辟了一新境界，反复玩赏，赞扬无已！"

第九章　从辽宁来的学生在画院门口守了三天　/ 99

每次七八个学生到他家来上课，只能脱鞋后站着听，连坐的空间都没有。特别是在大热天，脚臭味、汗臭味沾在地板上，大家戏称这里为"站训班"。可以这样讲：韩天衡是继吴昌硕之后，在培养弟子数量、弟子成才率上做得最为成功的一位。

第十章 李可染赠言：天才不可仗恃 /117

以"老梅"自喻的梅舒适与韩天衡的订交，在相当程度上促进了中日两国篆刻家的交流，也为日后中国篆刻再度风靡日本做了铺垫。关于韩天衡，老梅深深地感慨，经过"文化大革命"，中国还能出现这样功力不凡、印风独树的篆刻家，而且年仅三十七岁，实在令人刮目相看。

第十一章 他被反锁在西泠印社葛岭库房读书 /135

韩天衡提出集中一段时间到西泠印社的葛岭库房里看书查资料。他每天早上带一个热水瓶、一盘蚊香、两个馒头，8点钟进去，下午5点出来。紧闭的库房又闷又热，像个蒸笼。晚上他回到6角钱一晚的湖滨小旅馆后，便在一盏孤灯下把白天抄写的文字进行标点、校勘、整理，每天晚上直到下半夜才睡下。

第十二章 "韩流滚滚" /157

从20世纪80年代中期开始，各种书法篆刻展览中雷同化的"韩流滚滚"已退潮。随后，凤凰涅槃式的"韩流滚滚"新崛起。特别是韩天衡一直坚持因材施教、推崇经典、鼓励创新，从而在韩门弟子中形成了优化架构，他们师其心而不师其迹，已成为当今书画篆刻界的中坚力量。

第十三章 "韩鸟"是属于思索型的 /175

韩天衡那时住在昌平路，有一次见到楼下门口台阶上打翻了油漆。那油漆淌开的痕迹抽象而引人遐思，看上去似鸟非鸟、似鹤非鹤，他从中提炼出抽象变形的鸟画。此后，他更进一步，从传统中、从造化里变汇通融，创作出了现实中没有，但又匠心独具、造型俊美的"韩鸟"。

第十四章 "赠画、借画、索画"，一个迟到的说明 /189

而今三十多年过去了，韩天衡也已八十二岁高龄，笔者在写这本评传时，觉得当年广为流传的陆俨少先生说他"强我割爱""造谣中伤"之事，是绕不过去的环节。此事当年以至之后在社会上，特别是在艺术圈里掀起过不小的涟漪，有着许多不同版本的传闻和非议。因此，希望对此事向来沉默的韩天衡，能对笔者与读者还原事情的真相。

第十五章　韩天衡所强调的"马蜂窝效应" / 207

韩天衡是有追求与眼光的。时代垫高了他。尽管书画篆刻的稿费远远比写文章高，但正是写文章所进行的理论思考、学术评判、精神观照及哲理辨析，使韩天衡能"得真如"，使他具备了一小艺术家非同寻常的思维能力和美学理念，亦为他艺术上的崛起与创作上的提升提供了精神资源和认知能量。

第十六章　继吴昌硕后，在日本最有名气的中国书画篆刻家 / 219

20世纪30年代起由刘海粟、徐悲鸿、张大千等书画家所从事的国际性的办展、讲学、交流，在改革开放后的90年代中期后将由韩天衡等一代人来传承践行。他不仅书画印三绝，能著述、善演讲，有着完善的知识结构和深厚的人文修养，而且为人友善、内联外拓，建立了广泛的海内外人脉，享有极高的艺界声誉。

第十七章　法国总统希拉克来信了 / 231

为APEC会议及21国及地区领导人刻印的任务由韩天衡担纲操刀，可谓时间紧、要求高。这批印章将作为国礼送给各国及地区领导人。自新中国成立以来，在世篆刻家创作之印被定为一级藏品的，此为首例。当时，社会上也有传闻，说韩天衡刻这些印是"一字万金"，发了大财，实际上完全是无偿的。

第十八章　韩天衡出任中国篆刻艺术院首任院长 / 245

中国艺术发展史上，以往只有画院、书院，从没有篆刻院。此次中国篆刻艺术院的成立，标志着国家级篆刻院的诞生，从而为中国篆刻艺术的振兴与发展作了组织上的保证及专业上的奠基。

第十九章　那劈头盖脸的批评，使他入地无门 / 259

戈湘岚的画斋内弥漫着墨香、书香，四壁挂着名家字画。当戈先生将韩天衡的印稿放在那张老红木的画案上后，看了一会儿，脸上的笑容收敛起来，一脸怒气地抬起头，瞪大了眼睛，火冒三丈地讲："刻的什么东西！看你年纪轻轻的，行刀这么野，这么张狂！"

第二十章　刘洪洋告诫自己：进了韩门要珍惜 / 269

韩天衡在培养弟子上是有教无类且全身心投入的。同时，他还是一位相当爱才、惜才、助才之人。韩天衡与施大畏不熟，是后者的一位朋友向韩天衡作了推荐。在看了施大畏的画作后，韩天衡觉得施大畏是有功力、有造诣、有个人追求的，人才难得呀，于是，他建议施大畏带着画作和他一起到程十发院长家中拜访。

第二十一章　我对捐出的藏品，从不去估算价钱 / 285

黑与白，方与圆，一组色彩对比鲜明、造型奇崛巍峨的建筑矗立在蓝天白云下。在气派宽阔的广场前，有一个由黑色大理石镶嵌成的水池，清波中横卧着一块褐色巨石。石上，江泽民所题的"韩天衡美术馆"六个鎏金大字，在灿烂的阳光下熠熠生辉。

第二十二章　十二岁时，他两元钱收了吴大澂的扇骨 / 299

从当年牙缝中挤出的钱到后来用工资、津贴、稿费及自己书画印"土产"求得的这些古物遗珍，构成了韩氏收藏。主要是以绘画、书法、篆刻为三大宗，另外有笔墨纸砚、玉石瓷铜、古印谱、竹木牙漆四系列，蔚为大观，自成系统。几乎每件收藏品背后都有一个动人的故事。

第二十三章　民谚云：精美的石头会唱歌 / 311

付钱走人之际，店主突然问翻译：韩天衡是哪里人？韩天衡叫翻译告知，自己是中国上海的。谁知此人竟神经质地咆哮起来，双臂高举，嘴里叽里呱啦地说着什么。翻译告诉韩天衡，店主说：历来只有日本人到中国去买古董，从来没见过中国（大陆）人来日本买古董！走出那逼仄冷寂的古董店，韩天衡顿时觉得天朗气清。

第二十四章　手术后，接下来的治疗是相当严峻的 / 323

做这样的手术，风险之大他不是不明白。动手术的那天早上，医生来到他的病床前有些紧张地问道："哟，韩老师，你怎么安眠药没吃啊？""是的，我不吃安眠药，照样睡得很香。"从青年时至老年，韩天衡在每年的日记本的扉页上都写着："只有每天活得充实，才有充实的一年。只有年年的充实，才有充实的一生。"

第二十五章　七十而从心所欲，不逾矩　/335

作为整个展览的重要组成部分，韩天衡出版的百余种著作，彰显了他在艺术理论、学术研究、文化评述、考证赏析、教学辅导上勤奋思考、辛勤笔耕后取得的卓越建树与丰硕成果。他们的丁小新作具有填补空白、完善学科、阐释经典、启迪创新等贡献，在当代艺术界堪称楷模。

第二十六章　姓名韩天衡没错，称绘画大师是搞错了　/347

组委会评语是："他是当代杰出的书画篆刻家，捐赠1136件珍贵艺术品建立韩天衡美术馆，成为嘉定文化新地标。他捐资2000万元成立上海韩天衡文化艺术基金会，资助嘉定书法教师培训等项目。曾获中国书法最高奖'兰亭奖'最高票。将所得奖金20万元，全额捐赠上海韩天衡文化艺术基金会。"

第二十七章　执子之手，与子偕老　/359

韩天衡与夫人应丽华迎来了金婚纪念日。应丽华从当年在瓯江畔的军中与韩天衡相恋，到婚后带着女儿与丈夫分居两地，从挤在10平方米的简陋小屋到承担全部家务、照顾老人孩子，从寒冬半夜为他披上外套到把节衣缩食省下的钱让他去搞收藏，从他生病时彻夜照顾到手术后几十天衣带不解地看护……

第二十八章　披刀叩石，刻了一方大印"登山小己"　/373

韩天衡的《理念是出新的灵魂——从明清篆刻巨匠说开去》和《保持艺术新鲜度》两篇论文的发表，是他晚年艺术思想的一次可喜飞跃。他对德国哲学家黑格尔在《小逻辑》中阐述的认知世界的三个环节相当认同，这三个环节即感性、知性和理性。

第二十九章　为师者除了传道授业解惑外，还得立德　/389

座谈会上，孙慰祖讲了"打屁股"的轶事："当时韩老师正在编《历代印学论文选》，要我帮他抄些资料，当时还没有复印机。发现有一篇我抄漏了几句话后，韩老师严厉地批评了我，说最简单的事也要认真投入地做好，你这次是要'打屁股'的！从此，我的学术道德被培养了起来，一生受用。"

第三十章 我有一样是可以和苏东坡拼一拼的 / 399

他是篆刻、书法、绘画、艺术理论、书画鉴藏皆精的一代通才。四岁学书、六岁刻印，师从众多名家大师，入艺凡七十六载。其印大开大合，新意盎然，尤以白文点划遒劲，霸气十足，一时印坛"韩流滚滚"。其书富于金石味，其画集古典与当代于一体。他继往圣之绝学，精于篆刻史论研究，著作等身。

后 记 不负韶华 不负时代 / 410

第一章 六岁蒙童刻印，流血了

六岁，小振权就开始操刀刻印了。由于石质很硬，他用足力气去刻，想不到锋利的钢刀一下子冲上了握印的左手大拇指，削去了连皮带肉一大块，一时鲜血淋漓。没钱上医院，信佛的韩母便从香炉中抓了一把灰替他敷上，然后扯了一条蓝士林布条包扎。

平戎阁

天赋这东西，用早了或"预支"了，往往不是激励人，倒是适得其反地麻醉人，平生出盲目的自负和懈怠。切忌在果实结出前妄论天才。勤奋验证天才，天才出自勤奋，刻苦决定成败。切记切记。

　　　　　　　　　　　　——韩天衡《豆庐独白》

生命是一种到达与前行，人生是一种邂逅与缘分。无论是三生石上，坐看云起，还是曾经沧海，岁月河山。因为存在，方能柳暗花明。因为懂得，所以天长地久。

　　乘着清风朗日、韶光良辰，翻开厚重的《韩天衡书画篆刻集》，丹青璀璨，翰墨飞扬，印花红艳，边款乌泽，雄浑与豪放、奇崛与酣畅、格古与韵新、富丽与堂皇，给人以视觉的震撼。忆及童年学艺，韩天衡曾说："我学篆刻是先付出血的代价的。六岁蒙童，似乎并不明白钢刀的威风，刻印走了刀，大拇指的肉给割开了不小的一片。"韩天衡的艺人情结一开始就有了血染的风采。也许就此与篆刻结下了不离不弃的缘分，而后又演变为执着、坚韧的使命，一切法因缘生。

　　韩天衡的父亲韩钧铭，是一位来自姑苏桃花坞的儒商。寒山寺的诗情、拙政园的画意及网师园的墨香，使他喜好临池挥毫、奏刀刻印。20世纪20年代初，他在上海城隍庙经营一家象牙行，家中书香弥漫。为了拓展祖业、增加家产，韩钧铭勤劳操持，诚实经营，加上自己擅长雕刻，因而生意颇为兴隆。店堂内，牙雕如意、观音、狮球、和合二仙、仙鹤、白象等琳琅满目。当时上海市民结婚、生子、贺寿、开业、乔迁等，多喜赠送牙雕礼品，以示吉祥如意。到30年代初，韩钧铭已将他的生意向东做到了日本，往南做到了马来西亚、新加坡等地。这个时期的上海，进入经济发展的兴盛期，其金融、工业、商贸等方面都体现了一座开放性城市的综合优势和竞争活力，不仅成为中国的金融中心，而且成为远东的金融中心及远东最繁华的城市。年富力强而有经营头脑的韩钧铭正想抓住这一难得的机遇大干一番时，抗日战争全面爆发了。

　　1937年8月13日，日军对上海发动了大规模进攻，即为震惊中外的

"八一三"事变。上海军民同仇敌忾、奋起抗击，开始了为期三个月之久的淞沪会战。日军为了实现占领上海的战略目的，对上海闸北、南市、杨浦等非租界区实施了惨无人道的狂轰滥炸。一枚日军飞机扔下的炸弹正好击中韩家的象牙店，顷刻间大火冲天，房塌屋倒，特别是仓库里的两三米长的象牙在被烧了一天一夜后，全部化为灰烬。韩氏象牙店成为一片瓦砾废墟，空气中散发着象牙烧焦的浓烈臭味，令人窒息。韩钧铭望着眼前的这一切，已欲哭无泪。

真是屋漏又遭连夜雨。当韩钧铭带着一家老小逃难到扬子江时，又遇上强盗，韩钧铭身上仅有的2000块大洋被全部抢走。经此劫难，韩家一夜之间变得赤贫。为了报这国仇家恨，平时生性儒雅的韩钧铭以一腔热血弃商从戎，悄悄地瞒着妻子参加了淞沪会战。当时参加国民党军队要先入国民党，却不想这为他及他的孩子带来了难以消除的阴影和麻烦，这自然是后话。

淞沪会战开始不到三个月后，国民党军队就撤退了。见抗日报国无望，自己又有家室之累，韩钧铭于是退伍回到家中，从此饱受穷困潦倒的生活煎熬。韩钧铭能写会算，为养家就替一些商家店铺做些文案，以获取低微的收入。而他又是一个极要面子的人，毕竟也是做过老板的，于是常常在天将黑、米行即将关门时，叫女儿去称上几斤"落脚米"。

1940年5月20日，农历庚辰年癸亥之日，在上海市南市的陆家浜路一间简陋的老房内，一声婴儿的啼哭，宣告了一个新生命的降临，他就是本书的传主。该年生肖为"龙"，龙年得龙子，自然是大吉大利之事，但穷人家添丁，开心过后即是惆怅。此时的韩家已有一个女儿韩平权，十一岁，一个儿子韩公权，四岁。如今家里又添了一张嘴，生活的压力更大了。但穷归穷，希望总是不能泯灭的。于是，韩钧铭为孩子起名叫韩振权。

夜晚，就着昏暗的灯光，韩母马素贞正在给孩子喂奶。她望着小振权红扑扑的脸膛、饱满的前额，感叹他长得真像他的父亲。然而，望着望着，一丝疑虑出现在心头：孩子已出生一周了，怎么到现在眼睛还没有睁开？于是，她叫来了丈夫。韩钧铭小心地用手指轻轻地碰了碰孩子的上眼皮，没有反应，眼睛还是闭着。尽管韩钧铭的心也"咯噔"了一下，但他嘴上仍宽慰着妻子："不要紧的，听老人说有的新生儿眼睛是要在一两个星期后才睁开的。"

在焦急的等待中，半个多月过去了，小振权的眼还是紧闭着。"莫非生了一个瞎子？"父母的心开始揪紧了，这可怎么办？一位邻居出了个主意，按老上海风俗，请个瞎子来算算命，测测凶吉。

听了孩子的生辰八字后，那位上了年纪的瞎子算命先生用手指掐算了一番后，用一口扬州官话道："可贺！可贺！你们的这个儿子非同寻常！""此话怎讲？我的儿子眼睛是好是坏？"在一边的韩钧铭急着问，他最关心的是儿子是不是瞎子。但当着瞎子的面，又不能直说。随后把一个红包塞给了算命先生。"这个嘛，容我慢慢道来。"算命先生拖长着音调，不紧不慢地讲着。韩母在一边急得有些不耐烦了，韩父却一边摇着手，一边用恭敬的口气说："请先生赐教。"

算命先生习惯性地抹了一把那不算长的花白胡子，开了口："贵子乃是不凡之人，他正在转世，所以眼睛到现在还没有睁开。贵子慧根深厚，今后一定会聪明超群，很有出息。"算命先生的这番恭维话使夫妻俩总算得到了些安慰，"请教先生，那如何使孩子眼睛早点睁开？"韩母在一边低声问着。算命先生伸出手在桌面上摸索着，韩父赶紧将一杯茶递到他手中。喝了一口茶后，算命先生伸出两个手指："要使孩子眼睛早些睁开，要做两件事，一是要破相，二是要到城隍庙去拜将军剑菩萨做干爹。""这……这……"韩钧铭感到相当为难了。这第二件事好办，可第一件事就犯难了，总不见得在儿子的小脸蛋上去划两刀破相吧？算命先生会意地笑了："这破相嘛，就是用针在耳垂上刺过一个小洞，如蚊子叮一般。"接着，算命先生又以认真的口气说："将军剑是很厉害的。俗话说，男怕将军剑，女怕阎罗关。将军剑是男命最忌的第一要煞，轻者弄个伤疤，重者破相，或瞎眼少耳，乃至影响寿命。因此，去拜将军剑为干爹，就可保佑你儿。切记！切记！"

第二天，韩母马素贞便抱着小振权到城隍庙大殿向将军剑菩萨烧香叩头，拜其为干爹。回来后，过了半个月，当韩母为小振权喂奶时，一双明亮乌黑的小眼睛在她眼前闪烁："嗨，眼睛睁开了，睁开了。"韩母异常兴奋地叫了起来。韩父及小振权的姐姐、哥哥都围了过来。从此，小振权每年都到城隍庙向将军剑菩萨烧香还愿，一直到20世纪50年代参军后才停止。五十多岁后，他专门请程十发先生画了一个干爹——将军剑菩萨。为此，他还曾专门写过一篇回忆短文《程十发画将军剑菩萨》："吾庚辰以降（1940年）。居然多日不睁眼睛。父母惊愕，恐生盲儿，慈母请相士求卜，说了些此子将来如何如何之类的好话，称决非盲人，做两件事即可：一在耳朵上戳洞，谓之破相；二是要去城隍庙拜将军剑菩萨为干爹。半月后，居然眼睛睁开。小时候，我每年都去庙里拜香。参军入党，成了唯物主义者，加之'文化大革命'中，庙被封、神被砸，俱往事矣，毫不上心。人上了一定的年岁，少年事常缭绕于胸。几次外游遍访，不见'干爹'影踪，乃请发老画张像纪念。发老说：'我可不知道他长啥样呀？'我告曰：'武将装束，三只眼，但非二郎神杨戬也。'不日召我：'侬干爹画好了。'喜甚。发老幽默。题曰：'豆庐主人祈福，急急如令。敕。'此一九九四年趣事也。后悔的是，当时发老还给我看他画在白纸上的稿本，惜未同时求来。说明我本粗妄人也。"

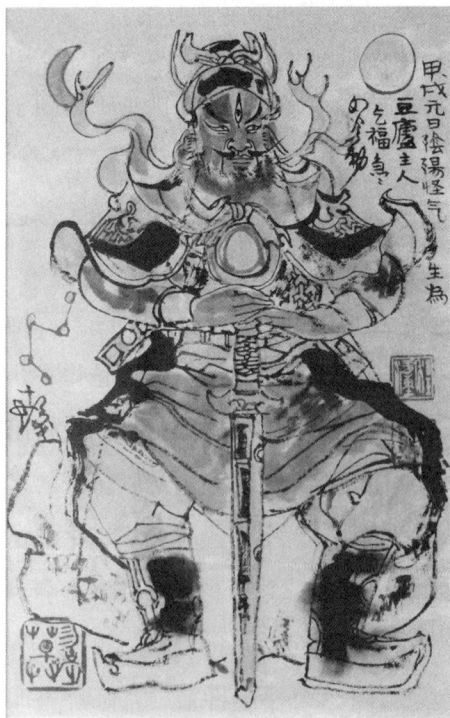

图1-1 程十发所绘的将军剑菩萨

小振权一天天长大，而韩家一天天陷入困境，房子越租越小，粥越吃越稀。常常是烧了一锅粥后，父母和姐姐、哥哥吃上面稀的，小振权吃下面稍厚的。三年后，振权又添了一个小弟弟，名叫国权，这种待遇就让位给了弟弟。日子虽然窘迫，但孩子们在四季轮转的日子里慢慢地长大。由于韩钧铭擅长书画篆刻，小振权耳濡目染，从小就喜欢上了书法。有一次，父亲叫十五岁的姐姐、八岁的哥哥和四岁的他同时比赛写一个"飞"字。不到半炷香的时间，每人写的十个正楷"飞"字便摆在了桌上。父亲要他们之间互相评比，振权却很有心气地和父亲写的范字比，姐姐讥笑说："哟，你写的飞字一勾太长，像长了翅膀。"他不服气地反驳道："鸟儿能飞靠的就是翅膀。"从结构、运笔上综合比较后，父亲咳嗽了一声后说："我要宣布第一名是谁了。"孩子们都瞪大了眼睛，"第一名是振权。"小振权高兴地"嗷、嗷"叫了起来，从此也悄悄地张开了他在艺术天地中飞翔的翅膀。

四岁的小振权不仅很聪明，还特别大胆、调皮，时常一个人到附近的城隍庙去玩。城隍庙是上海老城厢人文鼎盛、万商云集之地。城隍庙原为金山神庙，又名霍光行祠。明永乐二年（1404），上海知县张守约将其改为城隍庙，供奉上海城隍神秦裕伯。

值得一提的是，城隍庙亦是海派书画的发源地，清同治、光绪年间，以钱慧安、任伯年、蒲华、虚谷等为中坚的海派书画家长驻于此，并创办了海上题襟馆金石书画会。其后，在清末及民国初年，钱慧安、王一亭、高邕、吴昌硕、张善孖又在此创办了豫园书画善会，这里的艺术氛围愈加浓郁，可谓翰墨飘香，丹青溢彩。这里有不少笺扇庄、裱画店，店中挂着不少当时海上书画家的作品，有青绿山水、五彩花卉、仕女人物等，惟妙惟肖。充满好奇心的小振权喜欢父亲带他在那里兜兜看看。父母觉得他太顽皮，不让他上幼儿园，四岁半时就直接送他到家附近中华路上的民办景瑞小学读书。

小振权有一位家境贫困但知书达礼的大姨妈，有时到有钱人家做住家裁缝，常会带着振权去吃顿饱饭，同时也让他看看有钱人家的摆设。有时大姨妈还会捎回四五颗葡萄，悄悄地给小振权，嘴里还说："尝尝，尝尝，四五粒够啦，食多无滋味啊！"这些使小振权穷困的童年有了一段彩色和甜蜜的回忆。中国的封建传统历来讲究出身门第，的确有些名人系钟鸣鼎食的贵族之孙、或簪缨世代的名门之后，由于先辈的庇荫、权贵的扶佐，这些人容易出人头地，但也有不少寒门弟子自小由于贫困的家境而养成了吃苦耐劳、坚忍不拔的性格。诚如唐代王勃在《滕王阁序》中所言："穷且益坚，不坠青云之志。"也正是这种拮据窘迫的生存环境，奠定了他们那种奋发坚毅的性格基因，成为其日后人生行旅中宝贵的精神支柱。

小振权六岁了，父亲韩钧铭发现他不仅好动不安分，而且小小年纪老是喜欢自己制造点"节目"。韩钧铭空闲时，常喜欢用刀刻印，以解心中郁闷之气。小振权就在一旁目不转睛地盯着看。有一天，他终于憋不住开了口："爸爸，我也想刻印。"父亲也早明白了他的小心思，只等着他开口。于是，六岁的小振权就开始操刀刻印了。当他将自己第一次刻出的印章敲在白纸上时，他望着那如盛开玫瑰的鲜红印花，小脸也笑成了一朵花。有一次他在埋头刻印时，由于石质很硬，他便用足了力气去刻，想不到锋利的钢刀一下子冲上了握印的左手大拇指，连皮带肉削去了一大块，一时鲜血淋漓。他强忍着痛，用右手压紧。韩母见了，又是心痛又是责怪。没钱上医院，信佛的韩母便从香炉中抓了一把灰替他敷上，然后扯了一条蓝士林布条包扎。父亲很担心是否会发炎，关照儿子尽量不要下水。两个月过去了，伤口竟然长好了，只是指甲旁凹下去了一块，至今还留着这个有两厘米多长的伤口纪念。在付出了血的代价后，小振权觉得血是不能白流的，从此与篆刻结下了终生之缘。

除了喜欢写字刻印外，小振权童心烂漫，还是个"孩子王"，小伙伴们也自发地围着他转，由他带领着时常闹出一些麻烦事。他的弟弟韩国权回忆说："二哥小时候太过顽皮，父亲索性让他四岁就去学校读书了，可他仍然常常闯祸。在他差不多五岁的时候，竟然带着棚户区与他同龄的十来个孩子东串西绕地去逛城隍庙，当这些找寻不到自己孩子的着急家长们知道是二哥带的头，纷纷跑来我家告状，二哥最终没逃过父亲的一顿打骂。二哥因为身体好，所以体育也特别优秀，不过优秀加上顽皮，免不了闯祸。有一次学校组织春游，其实不过是去附近的农村走走，二哥提出跟同学比赛跳远，同学们表示同意，但他别出心裁，说要跳过粪坑。那时候农村条件差，茅坑都是露天的，直径有一两米样子。二哥助跑十来米后一跃而过，有的同学身体较弱，一下跌了进去，爬出来时，嘴里、身上沾满了臭粪。对方的家长跑来告状，父亲气不过，自然又是对二哥一顿痛打。这样闯的祸不一而足，所以当年家里的鸡毛掸子不是掸灰尘的，更多时候是用来打二哥的屁股的。二哥虽然老是闯祸，但邻居仍说在我们这些孩子中，以后有出息的是二哥，理由是他很聪明，尽管调皮但不捣蛋，而且对人都很有礼貌。"

图1-2　韩振权印
（方介堪篆刻）

　　小振权的调皮折腾那真是上天入地，除了带领同学跳粪坑之外，还领着同学和他一起爬老虎天窗，到人家房顶上去打羽毛球，也不管脚下瓦片"叭叭叭"作响，都被踩碎了。人家上门告状，自然又少不了一顿鸡毛掸子"拷肉"。每次父亲施家法时，母亲心疼小振权，总是在一边劝丈夫："好了，好了，打两下好了，他认错讨饶了。"父亲在气头上哪停得下来，有时急了，鸡毛掸子便也会打在母亲身上。韩天衡至今仍觉得很对不起母亲，称母爱难忘。或许正是这种敢于别出心裁的调皮折腾，使他在日后的从艺中不甘平庸、大胆出新。

　　在小学读书时，小振权对国文、写字课最感兴趣。那位教国文的先生是大学问家梁启超的女弟子，名叫傅韬，对学生和蔼可亲，也很有学问，而且讲课生动、深入浅出，给了小振权很多文学上的启迪和引导。这个小小少年写的作文有血有肉，特别是有些形容词用得很生动出彩。他的习作时常被老师在课堂上作为范文念给同学听。这当然和小振权喜欢听苏州说书和评弹是分不开的。这个"小苏州"对唐耿良的《三国演义》、严雪亭的《杨乃武与小白菜》、姚荫梅的《方珍珠》等都相当入迷，这对于他作文时拓宽思路、丰富词汇等颇有帮助。民间文艺，有时比课堂上的内容更"接地气"，也更有吸引力。

　　小振权的最强项无疑是写字，他的毛笔字常作为范字被老师贴在黑板上，这让他感到很自豪。韩国权也说过一些趣事：那时候学校天天有写字课，作业是在大楷本上写几页毛笔字，第二天上交。老师用朱笔在写得好的字上画一个圈圈，如有特别好的，便画两个。有同学拿了自己的大楷本要与二哥的本子比谁的圈圈多，胜出几个圈，就刮对方几下鼻子。二哥当然是不会输的。后来有好事的同学拿了二哥的本子去与高年级的同学比，结果又是无不获胜，再后来就没有人愿意与二哥比了，因为他本子上的红圈圈总是最多的。在他小学三年级的成绩报告单上有老师这样的评语：该学生有书法天赋，望家长多加栽培。小振权作为"文科男"是很风光，但他的理科很差，对数学、物理总是提不起兴趣，尤其搞不明白那些数学公式、物理定律，见了就头痛，因此考试老是"开红灯"。

时常失业的韩钧铭，此时找到了一份新工作——在南市一家叫永安的殡仪馆担任写字先生，因此，他们也搬到了殡仪馆里的一所很小的偏厢房里，住那里是不要租金的。从此，一家人时常听到外面传来的哭声。尽管身处这样的居住环境完全是出于无奈，这也使小振权在心理上比同龄的孩子成熟得早。如对于哭声，小振权一听就能辨别出是穷人还是有钱人，因为穷人的哭声是号啕大哭，颇为绝望，而有钱人则讲究体面，比较节制，哭声也有"炫富"的成分。

殡仪馆是一个相当特殊的环境，里面的职工也五花八门。其中有一个职工在艺术上给了年幼的振权较大的影响。这个职工叫谭冰，五十多岁，又高又胖，足有二百多斤，肚皮特别大。他很喜欢小孩，允许调皮的小振权摸他的大肚皮。他非常不一般，多才多艺，会写字、画画，还会写文章，平时经常给小振权讲故事，教他写字。大热天穿短裤时，人们发现他小腿上有几个枪洞，他说是逃难时被国民党军打的。谭冰的画颇有功力，他的一把扇子上面画了各种水果，但把扇子折上几折合起来看，却是一幅男女恋爱图。小振权想了好久，也没有弄明白他是怎样画的。当时的殡仪馆有个棺材制作间，棺材做好后要在正面画各种传统题材的画，多出自《水浒传》《三国演义》等，两个画工尽管连字都不太认识，但在棺材黑底上用金粉画画时，画得栩栩如生。做好作业后，小振权时常会去木工间看画工们作画。社会底层的生活及民间艺人的绘画，启发了小振权对艺术的热爱及对艺人的尊敬。

第二章 瓯江畔的军旅生涯

　　新中国成立初，父亲主动交待了这个历史问题。但在之后的历次运动中，韩振权总被人揪着这个历史问题不放。他自己和姐姐、哥哥、弟弟也因家庭问题而受到区别对待。于是，振权接过父亲的话说："对呀，如果我被批准当兵，我家不仅是光荣人家，而且也证明爸爸的历史没有什么大问题。"

万里长江横渡

我攻艺喜欢用"坚忍"一词，而拒用"坚韧"。因为真正的百折不挠是发自"心"的"忍"、"心"的不屈，而不是物事上或借助外力的扭不断的"韧"。只有内心的坚忍不拔，才有精神上的扛得住、拗不断的保证。咬紧牙关拼到底，不言客观，不言放弃，总归会有收获的。

——韩天衡《豆庐独白》

1949年5月27日，上海解放了。10月1日，北京天安门前升起了鲜艳的五星红旗，人们为一个新时代的到来欢呼。韩振权也和同学们一起唱着"解放区的天是明朗的天，解放区的人民好喜欢"，进入了上海龙门中学就读。当时的学习环境相对比较宽松，况且上海龙门中学又是一所富有传统的老学校，颇重视营造人文氛围，使韩振权依然能乐此不疲于书法、篆刻。

　　此时，韩家依然住在永安殡仪馆内的偏房中。有一天，谭冰突然对大家讲：现在上海解放了，我写了封信给陈毅市长，陈市长一定会给我回音的。果然不出几天，一辆轿车停在殡仪馆门口，把谭冰接走了。谭冰回来告诉大家，说是轿车把他送到了国际饭店，陈毅市长请他吃了顿饭。他原来是红军中的一个高级干部，在井冈山时和陈毅一起领导反"围剿"斗争，后来因腿受伤被国民党军抓去坐了几年牢，当时他的名字叫谭兵。后来，他流浪到了上海，改了名字，在城隍庙一带讨生活。当时，韩钧铭生意兴隆时，不时救济穷人，给他们发每天三顿饭的饭钱，谭冰也是受惠者之一。1954年初，永安殡仪馆并入虹口的万国殡仪馆，韩家六口人只能在市南中学边的桑园街租了一间位于底楼的狭小旧房。从此，韩振权和谭冰失去了联系。是呵，人海茫茫，红尘滚滚，人与人的缘分尽管有时那么短暂，留给小振权的记忆却是难忘的。

　　由于当时韩家租住的房子实在太小、太局促了，小振权做作业、写字只能到旁边一个叫"华严庵"的尼姑庵里。那些遁入空门的尼姑，大都对这个聪明伶俐、又写得一手好字的小朋友十分喜欢。为此，有的同学和他开玩笑说："嗨，你小时候认了将军剑菩萨做干爹，那么现在再认一个尼姑做干妈，那就全了。"

　　转眼三年过去了，尽管韩振权的语文、历史等科目成绩非常出挑——总

图2-1 启蒙老师郑竹友

是在前三名，数理化却老是过不了线，特别要命的是英语，从来没有及格过。因为他把大部分时间都花在笔墨奏刀上了。中考没通过，他只能在家温习，这也使他获得了更多写字、刻印的时间。

书画篆刻作为中国艺术的精粹、民族文化的瑰宝，历来是重视师授教习、谱系延续、薪火相传的。韩振权书法篆刻的启蒙老师是他的父亲，而他正式拜师入室的第一位先生是郑筌，号竹友。说来也巧，有一次郑竹友到韩振权的同学家去，看到韩振权写的一张书法笔力遒劲、结构精妙、颇有气势，便问："是哪位老先生所书？"那个同学"噗嗤"一声笑了出来："什么老先生，是我的同学，今年才十五岁。"于是，郑先生托那个同学传话，请韩振权到家里来。

郑竹友是清代扬州书画大家郑箕的后代，祖籍安徽。郑家系官宦世家，明代迁至扬州，后家道中落。郑竹友六岁时随家人来到上海，重拾家族丹青笔墨之传，后成为上海著名的书画家、鉴赏家和仿制古画的高手。当年，张大千仿清代石涛之画惟妙惟肖，连石涛专家陈半丁等人都能骗过。有一次，张大千请郑竹友到他家，拿出一大堆石涛的画作，并明讲其中有一部分是自己仿的，说罢便悠然地坐在一边品茶。郑竹友不动声色地一张张查看，神情十分轻松。不一会儿，右边放的是"真石涛"，左边放的是"仿石涛"，一张不错。一向自视甚高的张大千这下服了，请教郑竹友道："请问郑先生，你有何种诀窍能一下辨出真伪？"郑竹友拿起茶盅，喝了一口水后，贴在大千耳边传授机宜，大千听得连连称是。如今当郑竹友看着韩振权带去的书法、印作后，频频点头，觉得他的笔墨线条和铁笔纵横中颇有灵气慧根，此后生是可造之材。但韩振权家境贫寒，拿不出拜师费，爱才心切的郑先生毫不计较，便让韩振权鞠三个躬，权作拜师礼，欣然收其为学生。郑先生毕竟是海上名家，艺术造诣深厚，对韩振权进行了系统正规的辅导，要求其从传统经典入手，篆刻从临摹秦汉印入手，书法以学晋唐为主。这对韩振权以后的学艺之路，具有相当重要的引导意义。

经过两年补考，韩振权总算拿到了初中毕业证书。由于数理化的成绩不甚理想，升学的路被阻断了，再加上家境贫困，报考艺术学院也不太可能。1956年春，十六岁的韩振权进入上海国棉六厂，被分在纺布试验室，专门检验棉花质量，具体方法是以8个数据来进行计算。原本他看到数字就头痛，可为了饭碗，只得下功夫钻研，学打算盘。三个月过去了，韩振权的算盘功夫不仅排名第一，而且检验棉花的水平也出神入化：只要用手抓一下棉花，就知道干湿度；用手拉一下棉团，就知道纤维长短。工作之余，他对书法、篆刻的痴迷还是一点不减，白天8小时上班，下班后即回到工厂宿舍，从晚上6点半起写字、刻印，一直到深夜11点。星期六晚上回家，除了星期日去拜见郑竹友先生，请他辅导书法、篆刻外，就是自己练字临帖、摹印刻章。由于家中房子窄小，他只得到二层阁上姐姐的房中写字、刻印、临帖。作为母亲的马素贞很理解儿子学艺心切，每到饭点，都把饭菜送到阁楼上，而且总是把好吃的放在他的碗里。有一次，他偶然吃完午饭下楼取字帖，发现妈妈碗中的肉烧土豆只有土豆不见肉，什么都明白了。母亲的默默支持，激励他临池奏刀更勤奋刻苦。

1957年，年仅十七岁的韩振权由于工作上进步、业务上精通，升为四级工，工资每月60元。当时物价很低，一碗肉丝炒面仅需1角5分，一碗阳春面8分，一个大饼2分，一根油条3分。60元在当时的上海文物商店可以买40副吴昌硕的楹联。他每月将工资一分为三，20元给母亲贴补家用，20元给在北京读石油学院的大哥作生活费，20元自用。他平时吃用开销十分节约，有钱就跑到文庙、福州路书店，买碑帖、印谱及石章。1956年他刚踏上工作岗位时，就用第一个月工资中的6角钱，在上海古籍书店买了程瑶田的《汉印谱》。而早在1952年他仅有十二岁时，就用积攒下的零花钱买了一把吴大澂的刻扇柄，价格为2元。有了工资收入后，他购买艺术品的兴趣更足了。当时还说不上有明显的收藏意识，他的初衷是买下这些艺术品，作为学习的对象。郑老师也多次对他说：一定要多读、多看，多临好的碑帖与印谱，以培养自己的好眼光。其他的娱乐活动，他极少参加。有一次，单位里的一位同事买了越剧票，邀请他去看吕瑞英的《打金枝》。戏演完后，观众不断鼓掌，吕瑞英谢了三次幕才算结束。韩振权从中感悟到，做人就是要做让别人鼓掌的人，而要做被别人鼓掌的人，就得付出比别人更多的努力，包括时间。从此，他再也不腾出时间去看戏、看电影了。

这段时间，由于郑先生对他书法、篆刻的指教点拨，再加上有相对稳定的经济保障，韩振权在书法、篆刻上进步相当明显。这时，父亲已成了国药店的经理，平时话语不多，更不会轻易表扬儿子，只是时常告诫韩振权，"少壮不努力，老大徒伤悲"。但有一次看了儿子的书法、刻印作品后，父亲也禁不住点头称好："看来你的字与印是弄出路子来了，以前你到我药店时，常羡慕账房先生的字写得好，现在你的字老实讲是超过他了。"他说到这里，拍了拍儿子的肩，加重语气道："儿子呀，你要记住：学无止境，艺无止境，要继续下功夫。"父亲的鼓励使韩振权倍感温暖，也更充满了信心。"嗯，我晓得了。"他回答道。

在纺布试验室时，韩振权常常是上午很忙，检验、测试连着干，一到下午就相对空闲些，别人或聊天喝茶，或看书读报，他就抓紧时间刻印、写字。室主任对此很看不惯，认为这是工厂，不是艺术学校。有一次，韩振权正在刻一方闲章，刻刀在印面上发出"咯咯"的声响。室主任站在他背后，同事向他使眼色，他根本没注意。室主任终于按捺不住叫了一声："小韩，你在干什么？"他先是吓了一跳，回头才看见室主任在板着脸发问。"我工作做好了，没其他事，就刻刻印。"他小声地答道。"跟你说过多少次了，这里是工厂，不是刻章店、测字摊！你这是违反劳动纪律，知道不知道？"室主任显然发火了。不久，韩振权就被发配到车间保养组，当起了又脏又累的保养工。

1958年来了，"大跃进"浪潮铺天盖地而来。那是一段一天等于二十年的日子，每天的工作时间从8小时增加到了14小时。韩振权早上8点进厂，要干到晚上10点才下班，而且由于机器高速运转、超负荷工作，老是出毛病，他只得一刻不停地修理、擦洗，浑身上下弄得都是油污。回到宿舍，浑身更是像散了架，晚上11点后才开始写字、画画，到下半夜一两点休息。一年多下来，一向年少不知愁滋味的他，开始感到无奈、无助，担心当艺术家的梦想是难以实现了。

也正在这一年，北京故宫博物院对院藏书画进行了整理，发现不少珍稀古旧书画破损严重，亟须修复。于是，由院长吴仲超提名，经周恩来总理批准，将郑竹友从上海调到北京故宫博物院工作。韩振权到郑先生家中道别时，先生为了鼓励弟子，拉开了他收藏有古代名家墨迹碑帖的大抽屉，对他说："振权呀，你可以在里面挑选两件，算作是临别赠品。"面对这些珍贵的藏品，他难以下手，但先生的苦心他明白了。"先生，你的这些东西我不能要，但请先生放心，我一定会坚持写字、刻印的。"

韩振权虽然年轻、涉世不深，但在骨子里有很高的心志和不屈的犟劲。他六岁时，父亲问他和十岁的哥哥公权，今后长大想当什么？公权自幼学习用功，各门功课都名列前茅。因此，他自信地说："我要当教授。"而振权也不示弱，昂起头自豪地说："我要当艺术家。"父亲听后，把两个儿子紧紧地抱在怀中。而今，尽管工作繁重、条件艰难，但振权心中萌动着一个强烈的愿望——要改变命运，必须改变现状。

机会终于来了。1959年菊花盛开的时节，秋季征兵开始了。韩振权觉得这是一个改变现状的好机会，想去报名参军。当他把这个想法告诉妈妈后，妈妈大吃一惊，喝茶的杯子也险些掉在地上："儿子呀，这可不行，你现在每月60元工资，20元给北京的大哥，20元给我贴补家用，20元自己用，你去当兵只能拿6元生活费，这怎么行！"妈妈的声音有些颤抖。他望着妈妈鬓边已有些花白的头发、额上深深的皱纹，内心十分酸楚。那时，妈妈才50岁出头呀。大姐平权已出嫁，大哥公权正在北京读大学，小弟国权也已支内去了宁夏，父母膝下就剩下他了。而且妈妈长年劳累，患有高血压，还落下了腰肌劳损的毛病，时常疼得直不起身，因此常要振权给她捶腰。就凭这一点，妈妈也舍不得让他走啊。"妈妈，你说得是有道理，你的心思我也明白，但我总不能一辈子与机器、油污打交道吧。"他为难地对妈妈说。

父亲毕竟是见过世面的，对社会的了解颇多，尽管也不舍得唯一在身边的儿子离开，但从长远着想，他还是开口表态了："我支持振权去当兵，部队是个大学校，今后会有出息、有前途的，总不能为了眼前的几十元钱，把儿子的前途给埋没了。"他停了一下，觉得意犹未尽，又补充道："如果振权被录取，那么一人当兵、全家光荣。他的姐姐、哥哥、弟弟也可挺直腰杆做人了！"平时少言寡语的父亲，这次说得十分果断。振权心知肚明父亲的良苦用心。父亲明白，正是因为自己的历史问题，振权和振权姐姐、哥哥、弟弟受人歧视。弟弟国权也正是因此十五岁就被分配去了大西北。于是，振权接过父亲的话说："对呀，如果我被批准当兵，不仅非常光荣，而且也证明爸爸的历史没有什么大问题。"

后来，由于振权的坚持、父亲的劝说，母亲还是松口同意了。韩振权高兴地到征兵办报了名，并顺利地通过了体检，接下来便是政审。这下可遇到了麻烦。在那个重成分、划阶级的年代，有人提出：韩振权本人表现没问题，但是他父亲有历史问题；也有人提出：他父亲有问题，但重在本人表现。当时，在整个普陀区拿工资的人里去报名参军的只有两个，韩振权宁可不要60元的月工资，而愿意去拿每月6元的生活津贴，这种思想觉悟是很高的，值得肯定。另外，他的父亲是为打日本侵略者而集体加入国民党，也不算什么大问题。经过征兵办公室工作人员反复讨论，韩振权终于接到了新兵入伍的通知书。征兵办和街道敲锣打鼓地送大红喜报到韩家，并将那张"光荣人家"的小红纸片郑重地贴在韩家大门上。切莫小看了这张小红纸片，在那个年月，哪家门上贴上它，那家就成了风光的军属。

1959年，正是新中国成立十周年。仲秋时节，韩振权告别了高楼林立的黄浦江，来到了舟楫帆影的瓯江，成了中国人民解放军东海舰队温州水警区的一名战士。威武的军舰犁开雪白的浪花，碧蓝的大海上波光闪烁，海鸥展翅翱翔，他看得心旷神怡，帽后的两条风向带似乎也兴奋地在临风飞舞。小时候和姐姐、哥哥一起写"飞"的感觉和遐思，此刻终于得到了真切的体验。

人的命运和转机，有时会在不经意间向你招手。韩振权与温州仿佛前世今生有缘似的相遇了。在人生最低潮、最彷徨的时候，他踏上了这块山明水秀、人杰地灵、文采风流之地。如果当年他当兵的驻地不是这里，而是大漠边关或高山雪域，那么他的艺术人生将会展现另一种形态。温州，是韩振权新的人生起点。

图2-2　韩天衡在部队

温州位于浙江省东南部，濒临东海，简称"瓯"，建城于东晋明帝太宁元年（323），因四季温和湿润，"虽隆冬而恒燠"，故名温州，是一座历史悠久、人文鼎盛、物产丰饶的沿海城市。温州历代人才辈出。在南朝时，山水诗大师谢灵运在江心屿留下了著名的诗篇；南宋时，形成了以叶适为代表的"永嘉学派"；元代则有一代山水画大师——黄公望；清代，则有第一个破译甲骨文的学者——孙诒让等。至近代，更是群星灿烂，先后有夏鼐、夏承焘、苏步青、马公愚、方介堪、郑曼青、赵超构、王季思、刘旦宅等。其景色也秀甲东南，有被誉为"海上名山、寰中绝胜"的雁荡山，有号称"天下第一江"的楠溪江，有层峦叠嶂、青翠蓊郁的玉苍山，还有"中国诗之岛"之称的江心屿等，这一切都泗滋着年轻且充满希望的心灵。

"1959年，是我一生的转折。"

每位成功人士的人生可能都有一个决定其一生命运或一世前程的转折，从此曲径通幽、长风破浪。对于韩振权来讲，1959年，他的人生翻开了崭新的一页。多少年后，他才深有感触地说了上面这句话。

在威武的军舰上，韩振权成了一名操舵手，迎着瑰丽的朝霞出海操练，送别金色的夕阳归航返港。在军事技能上，从操舵把、打水砣到测航位等，韩振权都学习得相当认真仔细，操作得相当熟练。每当他精准地复诵着舰长下达的舵令时，艇长总是用赞许的目光望着这个身高1.75米、英俊帅气的小伙子，心想，这正是一块可以淬火成钢的好材料。是呵，韩振权等新兵刚上军舰出海时，大海对他们的考验也是相当严峻的。大海的风急浪高，使他们晕船严重、呕吐不止，把黄黄的胆汁都吐光后，连胃里的血都吐了出来。但这批新兵都是好样的，大家咬牙坚持，无一人打退堂鼓，最终连怕水的"旱鸭子"也成了勇敢搏击风浪的海燕。

那是桃红柳绿、阳光明媚的人间四月天，水兵们又一次回到军港，本来热闹的艇舱一下安静了。艇长习惯性地到各舱走走看看，他还未进入水兵舱，就已听到"咯咯"的声音。艇长会心地笑了，知道"又是这个韩振权在刻图章"。艇长轻轻地走进舱，果然是韩振权在聚精会神地低头刻印。"呵，小韩，你又在用功了，这么大好的春光，你怎么不出去走走？"韩振权抬头见是艇长站在自己面前，忙立正行军礼，并回答说："平时在海上很少有时间写写刻刻，现在靠岸了，我正好利用这些时间练习练习。"艇长见韩振权还站着，忙拍拍他示意他坐下："好啊！看来你真是会充分利用时间。"韩振权的艺术才能吸引了水警区首长的目光。进入部队两个多月后，由于韩振权出的黑板报图文并茂，字又写得漂亮，在连队比赛中总得第一，他被借调到水警区俱乐部搞宣传。俱乐部直属于师部，地处环境安静、绿木扶苏的温州市郊。

刚到俱乐部搞宣传时，他和其他七八位战友到师部所在的山顶上去挖"保卫海防"四个大字，每个字都大过乒乓球桌，要突出粗壮的笔画，先得把四周的杂草除去。由于山势很陡峭，这一天又下着小雪，韩振权一脚没踩稳，一下子翻了几个跟斗从山顶摔了下去。正在万分危急之时，半山突出的一块山岩托住了他的脚跟，否则垂直摔下去，后果不堪设想。战友们见状，忙从营房中取来缆绳，放下半山，把他拉了上来。这是他入部队后的第一次遇险。

每天除了完成必要的军事训练、出操外，韩振权在俱乐部的工作就是写写画画刻刻，使他一下子有了较多的从艺时间，可以在书海印山中徜徉漫游、临帖摹印。此时的韩振权二十岁，正是精力最为旺盛、体力最为充沛、思维最为活跃的年龄，部队为他提供了良好的从艺平台和发展机遇。就在他代表部队参加温州市的书画展览活动时，认识了当时的青年书法篆刻家——林剑丹。身材修长、举止文静的林剑丹比韩振权小两岁，自幼喜好书法、篆刻，且认识温州篆刻大家方介堪①先生。

方先生上宗秦汉，下法明清，传统功夫很扎实。同时，他也能写书法及画兰撇竹。当韩振权知道林剑丹认识大名鼎鼎的方介堪先生时，即萌生了拜望请教的愿望。当他向林剑丹说出了这个想法时，林剑丹爽快地一口答应，并约定了时间。韩振权仰慕方介堪已久，且在上海时听郑竹友先生介绍过，而今终于能当面请教，自觉艺缘非浅。中国艺坛历来讲究"名师出高徒"，韩振权此次入得介堪先生的印门，标志着他的艺术人生将攀上一个新的高度。

温文尔雅、年过花甲的方介堪先生在看了韩振权的印稿后，思索了片刻，说了一句很专业又很耐人寻味的话："你的印和邓石如暗合。"邓石如乃清篆刻大家，以书入印，开皖派印风，所作印篆法婉约旖丽，刀法畅达遒劲，极有气势、气度与气韵。韩振权毕竟是颇有悟性的，马上理解了方先生的话中之意，即指其篆刻有一定的气势气度，但还有

图2-3 方介堪

① 方介堪（1901—1987），现代篆刻代表性印家。原名文渠，字溥如，后改名岩，字介堪，浙江永嘉城区（今温州市鹿城区）人。与其弟，著名篆刻家的方去疾（1922—2001）并称"温州二方"。他的篆刻上窥古玺及秦汉，下探明清流派诸家，尤以鸟虫印独步上海印坛。主要著作有《介堪印存》《玺印文字别异》《古玉印汇》《玺印文综》等。

生涩不足之处，故而曰"暗合"。"方先生是讲我的印篆法还不够婉转，刀法还不够流畅。""是的。"方介堪点了点头，从中他看出了这位年轻人的聪慧和潜质。自此以后，韩振权每过两三个星期便利用星期日或节假期，风尘仆仆地从温州市郊营房乘很长时间的公交车，赶往市里方先生的住处，正式拜师方介堪，从其攻研篆刻及书法。方先生为韩振权取字"天衡"。在中国人文传统中，先生为学生取字，不仅代表了先生对学生的厚爱和器重，也是期盼学生从此能更上层楼。从此，韩振权便以字"天衡"行。"天衡"大致有三种语义。一是代表着一种权威，《辞源》释义为："天子的权柄。"二是列阵名，唐段成式的《酉阳杂俎·诡习》言："随鼓音变阵，天衡地轴，鱼丽鹤列，无不备也。"三是天象名，《吕氏春秋·明理》中记载："其云状：有若犬若马……有其状若人，赤衣赤首，不动，其名曰天衡。"高诱注："云气形状如物之形也。衡，物之气。"此三种意思，均富有象征性、寓意性，寄托着方介堪的殷切期盼：希望弟子日后能在篆刻艺术界树立起一种权威，其篆刻章法如布阵般变化多端、无不备也，其刀笔形态如云气般气象万千。这也预示着在中国艺术的浩瀚天空中，一颗名为"天衡"新星即将升起。

第三章 军中『伯乐』，叫停了对韩天衡的批判会

"你老是这样朝市里跑，地方上的阶级斗争是很复杂的，你找的又都是'遗老'，你知道吗，温州在旧社会是国民党的模范区！再说，你老是写字、刻印，只'专'不'红'是不行的。我警告你：你要认识到问题的严重性！"

豆萝室

往昔吾海居瓯水，每每窥渔人摇橹，其势绸缪盘屈，而轻舟飞发，曲直如意。由此，渐悟线条直生于曲，曲生于直，曲直互为表里，互为形质，互为使转的妙理。妙理之机关所在，全在一个"摇"字。吾尝以摇橹于水之法摇笔于纸，奏刀于石，线条似有异趣。直生于曲，刚寓于柔，达出于畅，游刃恢恢而心手相应。

——韩天衡《豆庐独白》

方介堪的教学方法重在引导，点到为止。因此，他的话语不多，只讲这方印好或不好，让学生自己去思考、揣摩。这种点拨法对韩天衡来讲，培养了他独立思考的能力和感悟的方法，使他慢慢形成了很强的自省性，经常思考目标在哪、如何定位、怎样提高，从而使韩天衡的书法、篆刻水平提高很快，广采博取于周秦两汉、魏晋六朝，转益多师。同时，韩天衡亦明白师从其法、其艺，要师从先生的最强项，而方介堪作为近代篆刻鸟虫印第一人，其在鸟虫印上的造诣无人能望其项背。于是，在这期间，他尽力向先生请教鸟虫印的入门之道和创作之法，为自己日后在鸟虫印上的奇峰突起夯实了基础。

　　随着韩天衡印艺的提高，方介堪感到应让这位学生进一步开拓艺术视野，汲取古代先辈的滋养。于是，方介堪为韩天衡介绍了时任温州图书馆馆长的梅冷生①。梅老先生看了韩天衡的书法、篆刻作品，并与其有了一番交谈后，感到方介堪推荐的这位年轻军人，的确不是一般的书法、篆刻爱好者，而颇有理想和追求，善于思考和钻研。于是，爱才惜才的梅老欣然同意让韩天衡查阅图书馆收藏的珍贵古碑帖、古印谱等。但韩天衡每次请假时间仅有四五个小时，而且部队纪律极严格，务必按时回队销假。从郊区赶到市区，换乘两三辆公交车，最顺利也得近两个小时，余下查看、阅读的时间就实在太少了。每次来也匆匆、去也匆匆，韩天衡总带着依依不舍的心情离开

---

　　① 梅冷生（1895—1976），名雨清，字冷生，出身书香门第，浙江文化名人、词学家、古籍版本学家。民国初年毕业于浙江法政专科学堂。1920年在温州创办《瓯海朝》周报，投身于新文化运动，同年创立词学团体。抗日战争的烽火中出任温州籀园图书馆馆长，不顾个人安危，保护、转移珍贵古籍，藏于山区，抗战胜利后全部运回温州，无一损失。

图书馆，他那深带遗憾的眼神感动了梅老。梅老终于动了恻隐之心，破例允许韩天衡将那些当年用金条购回的古谱带回军营勾摹、研读。如《清仪阁古印偶存》是一部珍本，里面有400多方古印。韩天衡借回后，用了三个月的时间全部认真临过，并作了深入的研究。

师承名家，追慕先贤。这一段经历对韩天衡日后的从艺之路产生了决定性的影响。他获得了近代印学大师方介堪耳提面命的指教，参看了古籍版本专家梅冷生提供的高端资料，从而在技艺上跨越了临习层面，具备了创作的相当实力和自探风格的能力。同时在印艺学术上，他阅读了不少印学理论著作，参阅了不少古代珍本印谱，具备了印学研究及理论阐述的功力。也就是说，韩天衡已具备了印学创作及印学理论"两翼"，为他日后在艺坛的展翅高飞作好了充分准备。

1960年7月初，一封上海来的加急电报送到韩天衡手中，这让他有一种不祥的预感。因为在这之前，父亲来信说母亲最近一直身体不好。打开电报一看，果然是母亲病逝的噩耗。领导同意他马上赴上海奔丧。站在母亲慈祥的遗容前，他泪如雨下，感恩母爱如海。他在部队的日子里，母亲节衣缩食，总是把他需要的东西、书籍及时寄给他。据父亲说，自他走后，母亲时常一个人站或坐在他的床榻边，一待就是半天，"儿行千里母担忧"啊。母亲年仅五十四岁就走了，令他更是悲痛万分，自己只有努力奋斗，才能不负母亲的养育之恩。

母亲的丧事办完后，在韩天衡返回部队的前一晚，父亲第一次跟他谈了些自己的生平往事。从韩天衡懂事起，特别是解放后，父亲从未讲过一句自己的过去。父亲说他是入赘的"招女婿"，祖籍苏州，祖屋在阊门内的桃花坞，祖上出过状元。母亲是江苏泰兴人，出身于很有钱的大户人家。家中有一个船样的大酒缸，外公一辈子是不喝茶的，以酒当茶。父亲正是靠着母亲娘家的实力，十八岁时就做了老板，在上海的生意做得风生水起。母亲曾说，那时日本人、新加坡人还欠我们不少钱。父亲讲，我们苏州的祖宅还在（后在1961年被一场大火烧掉了）。

图3-1　韩天衡全家福（20世纪60年代初）

对于淞沪抗战中的经历，父亲只是反复说，自己没有做过一件对付共产党或伤害百姓的事。在1937年淞沪抗战时，父亲加入了国民党，解放后，在组织并不掌握的情况下，父亲主动作了交待。就因为加入国民党这个历史问题，他总被批为"反共老手"，于是他内心很压抑、很苦恼，感到抬不起头。所以，韩天衡也不想去问。实际上，父亲是一个很有想法的人，他对韩天衡语重心长地说："你现在成了解放军战士，我家门上也贴了'光荣人家'，我的压力自然是减少了很多。你要做一个保家卫国的好战士，能立功受奖最好！你们兄姐弟四个，我家好像一个大木盆，而我是这个木盆上的'藤箍'，将来我走了以后，这个藤箍就断了，但木盆不能散，这要靠你了。"最后，父亲以沙哑的嗓音讲：你妈妈留下了一些金银首饰，我想分给你们，姐姐就不分了。韩天衡马上说：我是不要的，但姐姐是要分的，男女平等。当时，韩天衡的大哥已很有成就，考察大庆油田时他就是考察组的成员，忙得连母亲去世也赶不回来。韩天衡又讲，大哥也不会要的。后来，在父亲的坚持下，韩天衡拿了四块"袁大头"（即有袁世凯头像的银圆），算是对母亲的纪念之物。在20世纪60年代初的那段艰苦岁月中，父子的这次彻夜长谈，使他们体会到了亲情的温暖、心灵的沟通与精神的抚慰。

当时，正处于"三年困难时期"，海峡两岸的形势日趋紧张，部队转入一级战备状态，韩天衡也回到了登陆艇上，投入了紧张而艰苦的战时训练。50年代时，也有人把当兵叫作"丘八"，就是把"兵"字一拆二，虽然这是旧社会留传下的贬语，但韩天衡认为"丘"是战士伟岸的身躯，"八"是战士两条粗壮的大腿，战士就是要用身躯和大腿撑起保家卫国的重任。许世友将军有一句话很简单明了，就是："活着干，死了算！"

韩天衡所在的水警师主要承担运输部队装备、运送海军陆战队及抢险救生任务。当时的登陆艇的吨位只有25吨，如果要运送一辆坦克，登陆艇上的七八个战士就没有地方睡觉，只能靠在坦克边打盹。因此，不少海军战士都患有风湿性关节炎。最要命的还是淡水供应，每人每天最多只有一茶缸水，有时连一茶缸的水也没有，只能喝又苦又涩的海水。特别是用海水煮的饭，那实在是苦得无法下咽。到了盛夏时节，甲板上的温度高达六七十摄氏度，吃饭时一边吃、一边跳，脚如同在火上烤一样。战士们身上出了汗，又黏又臭。海上阳光强烈，差不多一两个星期，战士们的手臂上就能拉下一层焦皮。小伙子的下身都会发炎、溃烂。因此每次出海执行任务时，大家都会去卫生所领一大瓶碘酒，痒得实在受不了，就用碘酒擦，这一下子又疼得满甲板跳。你在"哇哇"叫，一旁的战友却哈哈大笑。尽管那么艰苦，但战士们还是充满了革命的乐观主义精神。

登陆艇时常要执行运送陆军的任务，一艘登陆艇最多只能运一个排的兵，已是人挤人了。有一次，从浙江瑞安运陆军到东英岛。当时的登陆艇速度很慢，一小时仅八节，也就是十四五公里，到东英岛要四五个小时，陆军士兵经不起这样长时间的海浪颠簸，个个吐得昏天黑地，舱里呕吐物的气味令人窒息，但水兵们还得坚守岗位。到东英岛后，冲锋号吹响了，可这些陆军战士一个个都晕得爬不起来。于是，艇上的海军士兵就钻进艇舱，把陆军兄弟一个个抬起来，扔到海水里。说也奇怪，凡是晕船的人，一扔到海水里就清醒了。于是，这些陆军战士纷纷端起枪向着海岛冲锋。

解放军是人民子弟兵，因此，登陆艇时常还要执行抢险救助渔民的任务。特别是到了风暴突然来袭时，登陆艇要顶风去海上救人。两艘登陆艇的编队是逆行者，面对风急浪高，时常是一艘在高高的浪尖，一艘在低低的浪谷，如同过山车，其危险、惊险可想而知的。有一次外出执行抢险，韩天衡是掌舵手。一个大浪劈头袭来，剧烈的摇晃把他从掌舵凳上一下摔在甲板上，左膝盖皮全部撕裂了，至今还留有一个大疤痕。正是在部队的锻炼，让韩天衡养成了那种坚韧不拔、吃苦耐劳的精神和不屈不挠、砥砺奋进的意志，这也成了他人生中一笔宝贵的财富。

两年后，台海局势有所稳定，韩天衡也正式调到中队部当文书，这就更使他在研究篆刻、书画方面有了一定的时间及条件。但他仍觉得时间不够，别人午休时，他便奏刀刻印、临帖练字。当时，水警区师部每星期有一场电影放映或有慰问团来演出。每到这个时候，他都主动要求值班，让战友去大礼堂看电影，而自己则可以利用值班时间练书法、刻印章。由于大量刻印，磨石章的砂纸不仅贵，也根本不够用，因此他就在营房四周作地基的粗水泥地上打磨。几年下来，营房四周的粗水泥地变得溜光细润，像镜面一般。

然而，树欲静而风不止，20世纪60年代是个特殊时期。韩天衡每次都能出色地完成领导交办的军政任务，空了就刻印、写字，每逢节假日，一早就从郊区赶到温州市区拜访老先生。这些老先生大都是从旧社会走过来的人。因此，时间长了以后，水警师政治部的一位主任对韩天衡很有看法。他声色俱厉地说："小韩，你老是这样朝市里跑，地方上的阶级斗争是很复杂的，你找的又都是'遗老'，你知道吗，温州在旧社会是国民党的模范区！再说，你老是写字、刻印，只'专'不'红'是不行的。我警告你：你要认识到问题的严重性！"他对韩天衡连续批评过几次，有时还是挺严厉的。但韩天衡觉得自己的业余爱好并没有影响军训、执行任务及其他各项工作，因此继续坚持挥毫、奏刀。这位主任见状，准备召开对他的批判会。这个时候韩天衡有些紧张了，营房四周的水泥地上也很少响起"沙沙"的磨石声了。水警区政委翟广明知道了此事，马上进行了制止，并且把韩天衡找来，快人快语地对他说："小韩，我们的战士有文化、有业余爱好是好事。只要摆正位置，不影响正常的军事任务，我们就得支持。你做到了这一点，而且利用爱好为部队的宣传做出了不少成绩。因此，要批判你是没有道理的。只有有文化的军队，才能有军事素质，才能在战场上战胜敌人。"这位翟政委的确是军中的"伯乐"，传承了我党实事求是的优良传统，对韩天衡一直很关心、很支持，是他艺术人生中的贵人。后来，翟政委调到海军舟山基地当政委，韩天衡也调到了上海东海舰队司令部。翟政委只要有空，就会来看望多才多艺的小韩。

温州地处浙江，当地的青田石不仅数量多，而且质优价廉，这为韩天衡的奏刀提供了丰富的资源。据他回忆说：现在要花几十万元、上百万元买的青田灯光冻等名品石，那时花一两元，最多十几元就可买到。一般的青田石仅几分钱。福建寿山石也很多，那些上好的五彩寿山石、芙蓉石也仅卖几毛钱。据韩天衡的战友申家志回忆，1964年7月，他们出差途经青田县汽车站，停车场边都是青田石章和石雕地摊。韩天衡为他挑了两方上佳的灯光冻青田石，大的12元，小的4元，申家志只买了小的。40多年后的2009年，杭州举办全国四大印石评比展销会，跟当初那方大青田石差不多的石头要卖到100万元，质地还比不上当初的那块。申家志正好在展销会上遇到了作为评委的韩天衡，真是颇多感叹。就这样，在部队的营房中，韩天衡勤奋刻苦、汲古纳今，仅秦汉印就临刻了3000多方。当他的先生方介堪及梅冷生看到这些印后，十分赞许，他们从中看到了一种执着的从艺毅力和聪慧的审美精神。梅冷生话不多，仅一句："日后必有大成。"

当时，部队里大力倡导学习马列著作、《毛泽东选集》，韩天衡不仅系统地学习，做了大量笔记，而且还到图书馆找出了康德、费尔巴哈、黑格尔及马克思、恩格斯的哲学原著研读。通过灯下攻读，他熟悉了哲学原理，懂得了辩证法，不仅完善了自己的知识结构，而且提高了自己的思想水平和思维能力，变得更善于思考和思辨了。他在江边无意间看到瓯江上姑娘摇橹的势态就被吸引住了，其势绸缪盘屈，而轻舟飞发，曲直如意。由此，渐悟线条直生于曲、曲生于直，曲直互为表里、互为形质、互为使转的妙理。妙理之机关所在，全在一个"摇"字。

韩天衡在军事训练及文书岗位上都干得很认真投入，对工作很有热情，对岗位很有责任感，每年被评为"五好战士"，还荣立过三等功。他的战友董培伦曾回忆道："记得1962年的七八月份，一股强台风突袭温州，根据部队要求，各科室人员都要把门窗钉死、钉牢，人人不准外出，都要躲在办公室或宿舍避险。由于台风过境时，风雨大作、河水暴涨，状元桥下的一条无名河也漫上堤岸，使农田受淹。为保住两岸田禾，只得开闸放水，将河水引入瓯江。河水与江水的落差有五六米，形成势猛声烈的瀑布，这声响在几公里外都能听到。谁知由于泄水湍急，辅助船中队平时泡在河中捕鱼用的一大捆毛竹挣断缆绳，顺流而下。如果毛竹越过闸门、跌下堤坝、冲入瓯江，不仅国家财产受到损失，而且后果不堪设想。"

当时，辅助船中队所有领导干部都随船避台风去了，中队部只留下韩天衡一人值班。此情此景，使他心中如火烧火燎。他知道这几十根粗毛竹竿是中队为减轻国家负担出海捕鱼的必用物资，必须拦截保住，危急时刻，军人应以保国护民为天职己任。于是，韩天衡不假思索地就立即跳入河中，企图把一大捆毛竹推向岸边。他哪里知道风急浪高中，滚滚激流无情地将他和毛竹冲向闸门，他就像一片树叶完全失去了控制，被激流冲得毫无招架之力。眼见离闸门只有几十米时，水流更急了，涛声如雷，浪花飞溅，而闸下的落差高峭而险拔，就在这千钧一发之际，他背部被一节插入河中的竹桩阻挡住，有了短暂的喘息机会。危急时刻，这一情景正好被赶去食堂吃午饭的官兵们看到，他们叫韩天衡坚持住，并马上将绳索抛给他，让他拴在腰上。岸上的人们一起使劲拉，才将他从滔滔激流中抢救上岸。不然的话，未等日后成为大师，他早就先成烈士了。为此，温州水警区政治部为他授予三等功。这真是天佑英才，如果没有那根竹桩，不仅日后少了一位大师，而且中国当代篆刻史也会改写。在这场与死神擦肩而过的历险中，可见韩天衡具有公而忘私的思想与恪尽职守的精神，这对他以后的人生及从艺都是颇有激励作用的。韩天衡回忆此段历险时，依然会沉浸在惊心动魄、生死瞬间的场景中，这也使他更懂得和珍惜生命的价值。

韩天衡还是军营里的"开心果"。他性格开朗、阳光，走到哪里，就把笑声带到哪里，因而官兵们都很喜欢他。韩天衡打乒乓球在营房里称得上是"老大"，还是灌篮高手，弹跳力极好，立定跳就可以抓到篮框。当时，营房走道边有一棵高大的梧桐树，高处横着的一根枝干上有一片绿叶，看起来高不可攀。几个战友和他打赌说，你如果碰到那片叶子，大家请你吃10根棒冰，如碰不到，你请大家吃。战友的话音还未落，只见韩天衡退后几步，然后一个冲击助跑，猛地一跃就碰到了那片树叶，围观的战友们纷纷鼓掌。韩天衡满不在乎地讲："我五六岁就跳大粪坑，现在跳这点高算什么。"又引来一阵轰笑声。

第四章 铁木之外，别有一天

　　1963年，年仅二十三岁的韩天衡遇到了一个大师名家群体，并相继拜他们为师，这种机会与幸运是可遇而不可求的。从儒雅型的马公愚到学者型的谢稚柳，从教授型的陆维钊到智者型的方去疾，每位老师都艺有所长且术有所强，使韩天衡能广采博取、转学多师。

看尽江湖万千峰

艺途无捷径，不走弯路，免堕歧路，可谓捷径。艺途即使具有捷径，换取的代价依旧是"诚实"两字。古训：行百里者半九十。吾谓，抵达百里者，当知行千里者半九百。

——韩天衡《豆庐独白》

凡从艺者，都有艺缘的相遇相从、文脉的相承相传。韩天衡是幸运的，他从艺攻习的重要阶段，是在20世纪五六十年代，而这个时期，海派书画篆刻的不少前辈大师、名家还健在，有的正处于艺术上最成熟的巅峰期，但由于众所周知的社会原因，这些大师名家们的艺术才华得不到很好的发挥，有的赋闲"靠边"，有的还被打入另册，他们宝贵的艺术才能得不到很好的传承，独特的艺术资源得不到很好的利用。

　　机遇，是可遇而不可求的。运气，总是属于有准备之人。正是在这个节点上，韩天衡不仅勤于从艺，而且善于访贤拜师、四处求学，得了天时、地利、人和的综合之利。在温州从军的岁月中，他除了主要向方介堪、梅冷生两位大家学习外，还遍访书画名家、篆刻高手。

　　韩天衡的吸收能力、理解能力使方介堪觉得他的这位学生极有潜能，应当转益多师、多方求教。方先生首先想到的是他的同乡——既有广博的学问，又书画篆刻皆精的马公愚①。说来也巧，1963年春，马公愚恰好回到了温州故里，在松台山上的工艺美术研究所写字。于

图4-1　马公愚

---

　　① 马公愚（1893—1969），又名范，号冷翁，畊石簃主，出身于温州书香名门。自幼习诗文、学书画、攻篆刻。20世纪20年代，他和兄长马孟容（1892—1932）被誉为"海上艺苑的双子星座"。马公愚学养深厚，有"艺苑全才"之称，精于文史金石，专攻周鼎商金，四体皆能，尤以篆书及行草见长，著述有《书法史》《古籀拾遗》《畊石簃杂著》《公愚印谱》等。

是，韩天衡拿着一封方介堪先生的介绍信前去拜访。时年已七十的马先生，面容和蔼，戴着一副老式的圆架眼镜，留着一把山羊胡，儒雅而安然，颇有名士风度。他在看了韩天衡的书法、篆刻作品后，抬起头问："你多大年纪了？""二十三岁。"韩天衡恭敬地答道。"不错，从你所写的字、所刻的印来看，你是下了功夫的。你临写的虞世南的楷书，是得其神来的。"马公愚先生对待后学随和可亲、毫无架子，接着又对韩天衡说，"汉印的特点是气淳质厚、稳重古朴，而其缪篆是真正的印文字。"马先生的循循善诱，使韩天衡如沐春风。"今后我还想请马先生多多指教。"韩天衡诚恳地说道。"可以，可以。"马先生很明白韩天衡拜师心切的心理，就这样收下了这个"士兵门生"。马先生毕竟是教师出身，对学生很有亲和力，每次多鼓励而少批评，曾颇为得意地对韩天衡说："外国人称我是精于四体的书法家，但是他们不知道，我是名正言顺的华东师范大学英文教授呐。"韩天衡自师从马先生后，在书法、篆刻、读书上得到了全面的辅导，尤其在书法运笔及篆刻取法上，取得了长足的进步。作为艺坛的过来人，马先生还曾悄悄告诉韩天衡一个"秘诀"："写字一定要在里头夹进一两个叫人识不了的异体字、别体字，这样，他句子读不下来，就不能对你的字轻率地说三道四了。"韩天衡虽未尝试过，但还是感谢先生对弟子亲授的"秘诀"。在韩天衡的印象中，马先生无论是写字、刻印、画画都很讲究纯正性，有一股高贵气，特别是他写的石鼓文功力过人，体现出高迈的书卷气、古雅性。

正当韩天衡的从军生活过得有声有色时，爱情也悄悄地降临了。水警区师部边，有一个部队干部休养所，里边有不少女军医、女护士，给部队生活增添了不少色彩和浪漫的情绪。韩天衡有时到休养所配点常用药，一些女军医、女护士对这位年轻英俊又多才多艺的水兵颇有好感。他却没"来电"，毫无反应。也许是痴迷于艺术，也许是俗话讲的"缘分没到"。1962年，几个女军医从上海卫生学校分来，其中有一位叫应丽华，是个少尉助理军医。她有着典型的江南女子的风姿，身材小巧玲珑，面容清秀，皮肤白皙，生性文静，而且带有一点上海小姐的傲气。因为大家都来自黄浦江畔，一见面就不感到陌生。"侬好，侬啥地方人呀？"应丽华问韩天衡。"我么苏州人呀，听侬口音好像是宁波人吗？""侬倒蛮会听口音，我是宁波人。"应丽华莞尔一笑后答道。乡音使彼此加深了印象，也产生了一种心灵感应。后来韩天衡随师部首长下基层走访，应丽华作为保健医师随行，这使他们增加了接触，萌发了情丝。当时韩天衡二十三岁，应丽华二十岁，已到了谈情说爱的年龄。但当时部队里的战士是不允许谈恋爱的，于是他们的恋情不得不

图4-2　韩天衡与应丽华早年合影

暂时保密，但爱情的阳光温暖着彼此的心灵，情感的花儿正含苞待放。

　　1963年，对韩天衡的个人从艺历程来讲，是相当重要的一年，具有转折提升意义。就在这一年，他的书法、篆刻作品开始走入全国性的、高层次的展览，使这位当时年仅二十三岁的青年书法、篆刻家脱颖而出，亮相于名家林立、高手云集的艺苑。先是在这一年初，他的书法、篆刻作品参加了温州市的展览，颇受好评。然后，其中的一件篆刻印屏作品被方介堪老师带到杭州，参加了杭州西泠印社六十周年展，这对韩天衡的艺术人生具有突破性的意义。西泠印社是天下名社，耆宿相聚，大师荟萃。如今，一位年轻的印人，以其才智和作品，敲响了中国印章最高学府的大门。1963年，对韩天衡来讲，更重要的意义是他邂逅了一个大师群体。

　　篆刻作品参加西泠印社展，使韩天衡犹如一颗新星在印苑升起，特别是他的印风稳健而新颖，既有对传统的继承，又有个人风格的探求，且在行文

运刀间流露出一股郁勃的才气，使不少印坛名家对他刮目相看。如唐醉石先生时年已七十又七，这位西泠印社的早期社员、故宫博物院初创时的顾问，时任湖北省文物管理委员会主任、湖北省文史研究馆副馆长的金石大家，在看了韩天衡的印章作品后，对陪同他观展的儿子唐达康说："20年后，此人当是中国印坛巨子。"20多年后，韩天衡已崛起于印坛且引发了"韩流滚滚"，唐醉石已谢世。他的儿子唐达康写信告诉韩天衡，当年先父对其的称赞与预言。唐达康还在信中说："我父亲平时很少表扬人的，所以，我特地记下了你的名字，如今果然被我父亲说中了。"2016年，韩天衡去武汉办个展，见到他于53年前参加西泠印社篆刻展的印屏被完好地保存在唐醉石先生的后人处。

韩天衡与谢稚柳①先生相识，是由方介堪先生引荐的。谢先生是一代学者型的书画大家，学养深厚、见识独到、境界高迈。韩天衡在《又梦师尊呼小韩》一文中，曾深情地回忆道："我自1963年拜识谢稚柳先生，列其门墙，三十四年间，无论艺术修为，还是为人崇德，获益良多。谢老就像一位高明且严谨的雕塑家，认真地就我为艺为人的每个块面、每一个细部进行精雕细琢，由表及里，由艺事及灵魂，力求让我能走向完善。"韩天衡每次到谢先生家，总是到他的大画室观画聊艺。韩天衡说："谢老是学者，是画家，又是鉴定家、诗人，他的行当非常多。"谢稚柳作画倡导"笔墨应有我在，何必古人"，他曾对韩天衡深有感触地讲："对自己的传统艺术、传统理论的精华要坚守，要自爱，要发展，要有屹立于世界艺林的气概和信心。"韩天衡想在印艺上突破创新的想法和实践，得到了谢先生的鼎力支持。为了

---

① 谢稚柳（1910—1997），原名稚，字稚柳，晚号秋暮翁，斋名鱼饮溪堂，江苏常州人。出身书香世家，著名的书画家、鉴定家、学者。早年师从江南学者钱名山，中年倾心陈老莲，后直溯宋元，取法高古，画风典雅。书法功力精深，以行草名世，取二王笔法而参颠张（旭）狂（怀）素神韵，最终以张旭书风参以己意而潇洒俊逸、气势酣畅，自成风格。著有《敦煌艺术叙录》《敦煌石室记》《鉴馀杂稿》《鱼饮诗稿》及《谢稚柳画集》《谢稚柳、陈佩秋画集》等。

支持其创新，谢先生欣然请年轻的韩天衡为其治印用于书画。同时，他还对韩天衡的书法、绘画创作给予了具体的指导，特别在取法传统、师承前人上，使韩天衡得益甚多。在向谢先生求学问艺的日子里，对韩天衡影响最大的是一位艺术家学问的修炼和境界的确立，这是一种内功、气格与实力。谢先生一直谆谆教诲、反复关照他的是："小韩啊，一定要多读书！不管你搞什么艺术，不读书是不行的。艺术的比拼，最后是要落

图4-3　韩天衡早年与谢稚柳先生
（右为韩天衡）

实到文化的。"正是老师的耳提面命，使韩天衡懂得了读书的紧要，"读书是补本养心的妙药。天下唯一可以多吃多占的事就是读书。"搞艺术的人，想要真正成功，其关键不是技法，不是功力，也不仅仅是笔墨，而是文化。文化哪里来，多从读书中来。文化者，贵在"化"，所读之书，能"化"到你的专业里，迹与神化，融为一体，方能有大成。这也为韩天衡日后大量的读书、读谱、立论、著书，作了精神上的引导与准备。

　　海派书画家中，最"海派"的要算唐云①先生。他为人豪爽旷达，重谊讲义，颇有名士气派与人生情怀。韩天衡结缘唐云，也是由方介堪先生牵线引荐的。韩天衡在《药翁二三事》中以生动的笔触写道："我和唐先生是1963年认识的，那年我到上海来参加部队的书画展览会，方介堪老师对我

————————————

　　① 唐云（1910—1993），浙江杭州人，字侠尘，别号大石翁，画室名"大石斋""山雷轩"。著名花鸟画家，亦擅山水，取法于朱耷、金农、华新罗、吴昌硕等大家，气息古雅，清丽隽秀，融南派之飘逸与北派之酣畅为一体。其书法用笔奇峭秀丽、别具一格，线条坚挺瘦劲，郁勃稚拙，神采焕发。唐云亦是书画鉴赏、收藏大家，特别是紫砂壶的收藏冠绝当代。曾任上海中国画院副院长、代院长、名誉院长，上海美协副主席等。

说：'你带一刀温州皮纸，去送给唐云先生，我写封信，也介绍你认识一下。'那时候的温州皮纸做得真好像绸缎一样，故有蠲纸之称，唐先生特别喜欢用。我一个海军的水兵，夹着皮纸去了唐先生居住的江苏路中一村。那午唐云先生五十四岁，长得高大魁梧、神采照人，宽阔的脸庞上，透着些许方外之人才有的坦荡的禅意。"

图4-4　韩天衡陪同唐云先生观展（右为韩天衡）

在海派书画家中，唐云先生的潇洒超脱、率真旷达是相当出名的。韩天衡初次登门，他就取出一张扇面夹在扇板上作画相赠，并用珍贵的曼生壶泡茶，和韩天衡边品茗边聊天，相谈甚欢，丝毫没有大名家的架子。以后韩天衡来看他，就直冲其三楼画室，那是老先生的书房画斋，对年轻后生是开放门户不设防的。唐云不仅出示珍藏的明清书画、篆刻家的作品让韩天衡参考，还提出印章的趣味性很重要，并请韩天衡为其治印。当时上海篆刻界不少名家均健在，如王福厂、钱瘦铁、陈巨来、吴朴堂、来楚生、叶潞渊、方去疾等。按艺术界的常规来讲，像唐云这等一流书画家的用印，基本是请同一辈分的一流印家所刻，而谢稚柳、唐云诚邀年轻的韩天衡为其刻印，就是用实际行动肯定韩天衡的印艺。有一次，唐先生请韩天衡刻了一方"敝帚"大印，特别满意，居然自己花了两天时间在印的顶端刻了钮头。为此，唐云先生在韩天衡的一本自打印谱扉页上题词："铁木之外，别有一天。""铁"是指吴昌硕"苦铁"，"木"是指"木居士"齐白石，"天"即是韩天衡。可见唐云先生对韩天衡的期望之高。

韩天衡与浙江美术学院陆维钊[①]教授的相识，竟源自陆先生的主动来鸿，可见老教授的爱才、重才、辅才之心。韩天衡在《慈爱莫过维钊师》中追忆道："如果说其他老师待我像严父，陆维钊则更像慈母。我与陆维钊老师结缘是在1963年，那一年，西泠印社在停歇了14年之后，恢复雅集，并迎来了建社六十周年的华诞。这年，方介堪老师去杭州时，捎了我的一个印屏去参展。那时也很奇怪，不是西泠印社社员的我也能参展。方先生回来后非常兴奋地对我说：'我的那些老朋友对你的篆刻非常欣赏，给予了你很高的评价，说你是未来的希望。'1963年的夏季，我突然收到了陆维钊先生的来信。陆先生当时是浙江美术学院，即现在的中国美院的教授。信中说：'我在西泠印社看到你的印，从你的作品里我们看到了希望。现在有些日本书家、印人盛气凌人，非常狂妄，说我们中国的书法篆刻艺术已经落在他们日本人后面了。现在看到在我们的年轻人中，而且是从部队出来的年轻人中，出了你这第一个人才，令我欣慰。今后你凡是有什么问题，尽管找我，我会尽量帮助你。'"值得一提的是，信中还附了一张像小邮票般的头像照片，体现了老教授的真诚与厚望，使韩天衡倍感温暖。

韩天衡收到陆先生的信后喜出望外，就此开始和陆先生书信往来、请教艺事。由于陆先生长期在高校从事艺术教育，因而金针度人，辅导有方。他对韩天衡的指教由表及里、由此及彼，具体中肯、慧眼独具，使韩天衡受益匪浅。如有一次韩天衡寄去一组自感颇有创新意识的印稿后，陆先生随即在回信中进行了一番鞭辟入里的分析，切中症结："所惠印样似未有胜于前，

---

① 陆维钊（1899—1980），浙江平湖人。原名子平，字微昭，晚年自署劭翁。南京高等师范毕业，曾任清华大学国学研究院王国维先生助教，后受聘于上海圣约翰大学、浙江大学。工于文史、诗词，精于山水、书法、篆刻，学养深厚，造诣全面。20世纪40年代加盟海派书画群体，与吴湖帆、樊少云等交往结谊。1963年浙江美院书法篆刻科正式开班，任国画系书法篆刻科主任。晚年书法熔篆、隶、草于一炉，古奥苍逸、奇谲朴茂，创螺扁体。

其故有二。其一，旧刻功夫深了，有一匣子套住，不能脱却；其二，创新实践不足，未曾定型，显得写法、刀法皆有些心中无数。是以尚须多从实践中摸索出路来，不能求急于成就。"这样的指导意见，完全可以作为教案示范。特别是陆先生所说"不能求急于成就"的告诫，使人想起了当年海派书画领袖吴昌硕对急于创新的潘天寿的警示，缶翁先是肯定了潘天寿的才气，"寿何状兮顾而长，年仅弱冠才斗量"，接着直言相告，"只恐荆棘丛中行太速，一跌须防堕深谷，寿乎寿乎愁尔独"。

读了陆先生的来信后，韩天衡如醍醐灌顶，顿时醒悟。后来韩天衡每次到杭州，都要去请教陆先生，因为路不熟，大多是由后任浙江省书法家协会主席的朱关田带他去韶华巷。身材魁梧的陆先生性情平和谦虚，说话慢条斯理，从谈艺论道到家常事务，使韩天衡如面对熟悉的邻家长者。陆先生这辈老艺术家很有一种自觉的爱国情怀与民族精神，他多次对韩天衡谈到："我们已经老了，只能寄希望于你们，你们要努力奋起，为的是我们这个民族！"拳拳之心，感昭日月。但陆先生对艺术的要求是相当严格的，他很少当面表扬韩天衡，但在艺术界内却透露出对韩天衡的厚望。浙江博物馆书法家徐润芝女士就曾对韩天衡讲，陆先生常对人说："韩天衡是我的学生。"陆先生在20世纪60年代末给别人的手札中就这样写道："韩君天衡治印极勤，每有所作，必以寄予，异日能自树立，可无疑也。"

在韩天衡的老师中，如果说陆维钊是循序渐进、强调传统型的，那么方去疾①则是鼓励变法、支持创新型的，这可谓相辅相成的师从结构。方去疾先生是方介堪的胞弟，当年在海派书法篆刻艺苑有"海上二方"之称。方介

---

① 方去疾（1922—2001），浙江温州人。早期于秦汉印颇有研究，心摹手追，功力深厚。后大胆变法，取诏版、凿印为一炉，篆法奇崛简约，刀法爽捷畅达，章法开合有度，印风奇崛质朴。其书法亦参以秦隶、诏版及汉简，恣肆酣畅，高古浑朴，在印学研究上颇有建树，编订出版有《明清篆刻流派印谱》。在印章鉴定上亦功力深厚，剔伪存真，多有贡献。曾任西泠印社副社长、中国书法家协会副主席、上海市文联副主席等。

堪先生多次在韩天衡面前说起过这位贤弟，说他很有才气，思维敏捷，且敢于在艺术上自辟蹊径。1963年枫叶红艳的时节，韩天衡手持方介堪先生的信件，正式登门拜访这位久慕大名的印学名家。

那一天韩天衡在见了方去疾先生后，立即拿出了一叠印稿。人到中年、面容清瘦的方先生认真地翻阅了一会儿，然后深思了片刻，随后开口说了一句话："你可以变啦！"这既是对韩天衡师承传统、效法前贤的肯定，也是对他传承创新、更上层楼的激励。这句话的潜台词，韩天衡是心知肚明的，但要在传统积淀如此深厚的印坛讲"变"谈何容易。他有些惶恐地说："我怕基础不够！""打基础是一辈子的事，活到老，学到老。变法都要趁年轻、有想法、有冲劲。"快人快语的方先生答道。

图4-5　韩天衡与方去疾先生（右为韩天衡）

尽管韩天衡以前在篆刻创作中，也有所变化，但仅是微变、小变，是局部性而非整体性的变法。正是方去疾先生这句话重锤擂鼓般地震撼了他的心灵，振聋发聩地唤醒了他敢于大变的意识。韩天衡觉得在前贤的印作里探索是断不可少的，但这毕竟是在前贤开拓的路上遨游，对前贤来讲是出新的，对自己来讲则是守旧的。严格地讲这是"浏览"而非"探索"。从技术上讲，这只是学习、继承，只能属"摹拟"，而非抒发自我性情的创作。"书非不法钟王，而非复钟王"，贵在"始于摹拟，终于变化"。由此，韩天衡真正开始走上推陈出新、自我变法之路。他曾有边款"秦印姓秦，汉印姓汉，或问余印，理当姓韩"的自勉。自此，他定期到方去疾先生处，将自己开始寻求变法的印作请方先生过目。方去疾先生则以自己独特的艺术感悟和丰富的印学阅历，为这位新弟子释疑解难、指点途径。

1963年，年仅二十三岁的韩天衡与一个大师名家群体相遇了，并相继拜他们为师，这种机会与幸运是可遇而不可求的。从儒雅型的马公愚、名士型的唐云、学者型的谢稚柳、教授型的陆维钊到智者型的方去疾，每位老师都艺有所长而术有所强，使韩天衡能广采博取、转学多师。为此，在多年后，已成名的韩天衡曾深有感受地说："我从来没有进过正规的大学，如果没有那么多老师来指导我、帮助我，就没有我的这些成绩。无非是我没有在正规的课堂上接受教育，但课堂外我同样接受到了那些前辈、大师、著名艺术家的谆谆教诲，所以我不能贪天之功为己有。我不能认为我是自学成才，是那些老师培养了我。有所成就，是因为我的刻苦努力，再加上他们的指导。"

在韩天衡个人的从艺编年史上，1963年是值得大书一笔的。也正是在这个时期，他开始确立了在艺术上对自己的三点要求。一是不论写字、刻印、画画，作为这个时代的艺术工作者，作品要有这个时代的气息，具有鲜明而强烈的个性，体现时代精神，必须区别于古人、区别于他人，即师心前贤，离旧出新。不然的话，只是在模拟艺术，而不是创造艺术。二是创作作品必须要有丰厚的文化艺术内涵，如风格鲜明而内涵不足，就像放爆竹，一炮一响就没了。因此，一定要多读书、多思考，尤其要学好辩证法，以哲学理念指导创作。要追求内在的诗意文采，使人从你的作品中读出背后的东西。三是作为一个严肃的艺术家来讲，必须善于爱惜羽毛，创作态度一定要严谨，切忌为了应酬而粗制滥造。方先生曾说他为了刻一方印，有时印稿就要修改几十遍。如他为唐云刻"药翁写意"，反复删改了十四稿；为叶潞渊刻"叶丰"鸟虫篆，也推敲了很久。艺术品流传有个规律，历史无情，它终将会筛选出精品力作留存于世。这就要求艺术家一定要有精品意识，这不仅是对自己，更是对历史负责。他记得辛弃疾当年在读了陶渊明的诗后，曾激动地写道："千载后，百篇存。更无一字不清真。"艺术家所追求的，就是这种千载后的清真精神。

艺术家与匠人的区别，在于前者有从艺思想、审美意识和境界追求，而后者所做的是单纯的技术操作和工艺重复。韩天衡确立了自己的艺术目标，这促使他的艺术实践不断突破。这一年，韩天衡的书法、篆刻作品参加中国人民解放军海军美术作品展，荣获了优秀奖，为东海舰队赢得了荣誉。他在部队中的名气更响了，也有了更好的从艺条件。在这个阶段，韩天衡先后拜识了海派书画、篆刻名家王个簃、朱屺瞻、张大壮、叶潞渊、高式熊等先生，多方吸纳。

军中的生活是有声有色的，可谓激情燃烧的岁月，韩天衡也被感染，文思涌动，才情焕发。他曾和战友合作写作长诗，在报刊上发表。他的战友、诗人董培伦曾回忆："1964年春节，温州水警区警卫战士赵尔春为抢救国家财产，闯入火海壮烈牺牲的英雄事迹，在温州、全国四处传扬。我连夜写出近七十行歌颂赵尔春英雄事迹的叙事诗《赵尔春之歌》初稿。韩天衡看了以后，认真作了修改，将标题定为《烈火真金》，并以工整的字体抄写了数份，分别寄到《浙南日报》《人民海军报》、浙江人民广播电台发表。署名'董特、韩天衡'。当年韩天衡手抄的原稿依然存放在我的文件夹中，诗的最后落款是：1964年2月24日至29日于温州状元桥。至今已有50年了，尽管稿纸已经泛黄，但当年用深紫色圆珠笔抄写的字迹依然清晰。叙事诗《烈火真金——爱民模范赵尔春》在《浙南日报》发表不久，韩天衡篆刻的'向赵尔春学习'印章也在《温州日报》发表。"从四岁写字，六岁刻印，到十七八年后才参加展览、发表作品，韩天衡一直告诫学生，"学艺要甘于寂寞，深潜沉伏，才能有真正的成功"。

1963年冬，韩天衡的军旅生涯也出现了亮色。这一年初，东海舰队司令员陶勇来温州视察。这位军中儒将在观看了韩天衡的书法、篆刻作品，了解他的从艺情况后，高兴地说："这次下部队，我发现了人才。"回去后，他当即要调韩天衡到上海东海舰队司令部文工团当文书，但温州的领导舍不得让他走，就这样拖了近半年。这一年的5月底，陶司令再次问起："咦，那个韩天衡怎么还没调来？"下面的人说："温州不放。"这下陶司令发火了，下了死命令，三天之内要韩天衡到岗。翟政委随即到中队部来，找韩天衡谈话说："陶司令早就想调你去上海，我们舍不得放你走，一直拖到今天，现在看来留不住了。陶司令给我们打电话，叫你三天内去上海东海舰队政治部报到。"

温州四年多的海军生涯，已使韩天衡与这块土地结下了深厚的情谊，他已把这里认作自己的第二故乡。而今一旦离开，真有些依依不舍，况且这里还有他崇敬的先生、相依的恋人、友好的同道、亲密的战友，但军令如山，不容违抗。于是，他只好赶紧整理行装，印谱、碑帖、印石、书籍等装满了两只大樟木箱。上船时，一过秤，足足340公斤，而当时一个战士的行李最多不得超过15公斤，于是，他只得回政治部开证明。谁知到上海后，这些石头又给他带来了麻烦。

据韩天衡的战友、诗人田永昌回忆："那时笔者在舰队司令部警卫连当兵，值勤地点是舰队机关五号门。这个门是进出舰队机关的必经之地。有天深夜了，一个水兵拖了两个大樟木箱从这里经过。根据卫兵职责，我让他打开检查。路灯下，他从容地打开。哎呀，我愣住了，两个箱子全是石头，有的是刻好的一方方印章，有的则是印石，把我看得眼花缭乱。我当即请示了文化部，放下电话，我不由得打量了他几眼。灯光下，他是那么英俊，且那么谦逊地站着。我忽然想起，前几天听舰队文化部的同志说，陶司令下部队时看中了一位刻图章、写字的水兵，莫非就是他。"

自调入上海东海舰队政治部文化部后，因韩天衡是士兵编制，只得转到文工团任文书，除了认真完成本职工作外，他在书法、篆刻上更加用功刻苦，休息日除拜师访友外，还常到福州路旧书店购买旧碑帖、旧印谱，时常弄得囊中羞涩。而他与应丽华的恋情也在稳定地发展，尽管他在上海，应丽华在温州，但两人仍时常通信。好在应丽华所在的温州干休所的一位参谋长很善解人意，偶尔在节假日时，让应丽华到他办公室用部队内线打一通问候电话给韩天衡。那真是一个纯真纯情的年代，据应丽华回忆，当时韩天衡写给她的信，均先用一句《毛主席语录》中的话，如"要斗私批修"之类，再讲一通国内外大好形势，然后是汇报自己的工作近况，最后是鼓励她好好工作、认真学习，绝没有卿卿我我的甜言蜜语，但两个年轻人还是心心相印。

自作品入选西泠印展，得到了不少印坛前辈的肯定与好评后，韩天衡的篆刻作品开始走向全国，用艺界俗话讲是由"地方粮票"变成了"全国粮票"。1964年，辽宁省博物馆征集收藏了韩天衡的两件篆刻作品。在中国博物馆中，辽宁省博物馆是著名的大馆，能收藏一位二十四岁青年篆刻家的作品，足见韩天衡的篆刻造诣已非同一般。

1965年，丁吉甫先生着手编辑《当代篆刻作品选》，为当代印脉留痕，体现了一位印学家的艺术责任和历史意识。经过丁先生的精心挑选、反复揣摩，入选者约90人，韩天衡为当时最年轻的入选者。这一年，辽宁省博物馆举办艺术展，韩天衡应邀以篆刻作品参加这次高规格的全国艺展，进一步扩大了他在全国的影响。

也是1963年春，韩天衡因公到北京出差，住在海军总部。去首长家拜访时，他见到了一位皮肤黝黑、眉毛粗浓、身材魁梧的西北大汉。经首长介绍，这就是时任解放军政治部军事博物馆的上尉创作员黄胄①。

为人热情豪爽且生性幽默的黄胄，与韩天衡颇为投缘，两人一见如故。黄胄家住羊坊店，离海军总部很近，韩天衡在京出差期间，有空便去他家。黄胄家有一个较大的画室，墙上挂着一幅丈二匹的陈伯达写的字——"道法自然"。韩天衡到他家去，他也不停下手中的画笔："老弟啊，我继续画画，你就坐在我对面刻印，咱们画画、刻印两不误。"黄胄是个很有艺术修养的

---

① 黄胄（1925—1997），本姓梁，名叶子，字映斋，出生于河北蠡县，长安画派代表画家，师从赵望云。擅长人物、动物，尤以画驴著称，开创性地将速写融入中国画，使人物画具有鲜明的时代精神与生活气息。著有《黄胄作品集》《黄胄谈艺术》等。

画家，对中国传统文化深有研究，也爱收藏。他比韩天衡大15岁，却没有架子，常利用星期天陪韩天衡游故宫、逛琉璃厂的荣宝斋，还请荣宝斋师傅把珍藏的书画印章拿出来让韩天衡欣赏。韩天衡边看边做笔记，很有收获。黄胄和荣宝斋挺熟的，当时能买荣宝斋古董的人不多，进货很便宜，出货也不贵，只要是有一定公职的干部要收荣宝斋的东西，只需要在进价上加20%就可以了。黄胄当时在荣宝斋收东西，一般也不付钱，因为他的画有市场，一张画当时值几十元，而当时一张任伯年的画进价也不过10元。有时他在星期天就卷一把笔、几方印去荣宝斋一张张画，然后问："够了吗？"够了，就货钱两讫。韩天衡回忆说："当时看黄胄画画真是一种艺术享受，也是很好的学习过程。他画毛驴，拿一支大羊毫笔，在水中浸泡一下，蘸着墨就开始画，眼睛也不看纸，点垛出莫名其妙的或浓或淡、形状不一的墨块，像变魔术，真正是神遇迹化。收拾细部时，再根据墨块间形成的水痕，用笔勾勒出各种各样的驴姿，少则三五匹，多则几十匹，把驴画活了、画神了。"每次韩天衡从北京回南方，黄胄都要他带些画回去，韩天衡要求他给女朋友画一张，他也就认真画了。有时他送20多张画，韩天衡一路由北往南拜访老先生，拿画给他们挑，回到家里画也送得差不多了。

有一次出差从北京回上海途经南京，韩天衡专程拜访了著名篆刻家、南京艺术学院副教授、西泠印社社员丁吉甫①先生。原来，1963年韩天衡的篆刻作品入选西泠印展后，在一个仲冬时节，他收到一封陌生的来信，来信者就是丁吉甫先生。丁吉甫以长者兼同道的友善文辞，称赞韩天衡在西泠印社艺展上的作品，并在信中承诺，以后要尽力帮助他，希望他能不断努力。捧读来鸿，韩天衡相当激动，对一个素昧平生的青年印人，丁先生抱以如此厚

---

① 丁吉甫（1907—1984），原名丁守谦，江苏南通人。出身贫寒，自幼勤奋苦读，从通州师范毕业后入上海美术专科学校，学西画，选修篆刻，后任教于南京艺术学院。擅长泼墨山水，皴擦技法有新意。书法四体皆工，用笔古逸浑朴，遒劲挺拔，有浓郁的金石气，为书界所重。篆刻以秦汉为宗，后师法吴让之、赵之谦、吴昌硕、齐白石。篆法质朴古穆，刀法苍劲凝重，气淳质厚。

爱，体现了老一辈艺术家的社会责任和人文关爱。当时韩天衡正服役于瓯江之畔，日以军营工作为主，夜以刀笔行走为乐，丁先生的无私支持给了他攻研印艺的动力，由此他便开始了和丁先生的来往。请教印学篆艺，丁先生每问必答，而且举一反三，力求详尽。这无疑为韩天衡增加了一根输送艺术养料的管道。他知道韩天衡所处的军营远离市区，且收入十分有限，于是就不断寄来印泥、石章，乃至珍贵的印谱、书籍。这种善待后学、呵护新人、不计功利、不求回报的长者之爱、贤者之风、仁者之举、学者之德，体现了老一辈艺术家的高风亮节。为此，韩天衡一直想去拜望丁先生，以当面致谢。这次，终于了此心愿。

当韩天衡叩开丁先生家门时，丁先生欣喜万分，特设了家宴为他接风。韩天衡兴奋地谈到，他在北京时在黄胄先生的陪同下到荣宝斋、故宫研读名家印作，极有收获，特别讲到对吴昌硕治印用刀及相当注重修饰印面方面的发现时，更是滔滔不绝。丁先生居然听得心神专注，为了佐证韩天衡的新发现，他略摆了摆手："你稍等一下，我去拿出几方收藏的吴昌硕印来给你看看。"不一会儿，他就从另一小房间取出了五六方吴昌硕印，一老一少细加勘阅，从用刀的痕迹及印面效果来看，吴昌硕用刀以冲带切带削，老辣酣畅而刀法多变，印面的确也做过，更显古朴苍莽、厚重浑穆之感。"嗯，你的看法是对的，有道理。"面对丁先生的赞同，韩天衡谦虚地答道："丁先生，这仅是我略知一二的见解，还望你多加指教！"

接着，韩天衡又拜读了丁先生的印作。丁先生用刀酣劲沉稳，章法自然平实、大巧若拙、弄熟返生、纯正雅逸，使韩天衡由印内而学其艺，从印外而知其人。南京乃六朝古都，此次于石头城中拜访丁吉甫先生，使韩天衡的印艺颇有长进，而丁先生的人格艺德，更给了他精神上的引导。

生活的长河波光激滟，那不时跃起的几朵浪花，不仅令人难忘，而且为岁月增添光彩。1965年的新春伊始，韩天衡有感于抗美援越之战的打响，即兴创作了诗歌《寄越南兄弟》："打得好，我们的越南兄弟！紧紧地握你的手，战斗得真漂亮。豺狼闯门，不能忍让！举刺刀在兽血里磨亮，给侵略者掘坟场。熊熊火光，团团硝烟，激动着六亿中国人的热肠。中国，越南，两个战士，一股对敌力量！"写完后，他轻轻地读了两遍。身旁的一位战友听到，马上说："好呀，写得铿锵有力，充满战斗豪情，也极有气势，你可去投稿。"于是，韩天衡就投给了上海的《新民晚报》。2月10日，全诗就发表在了该报的副刊"夜光杯"上。还是那位战友先看到，他举着报纸说："天衡呀，你的诗发表了，大名上报纸了，拿了稿费要请客的呀！"果然不久，韩天衡收到了4元钱的稿费。

第五章 他为自己的陋室起了斋号

『投路室』

在"文化大革命"时期，韩天衡在印海中上下求索，从古鸟虫印中参照造型方法，从秦汉篆额中汲取结构要素，从吴让之、吴昌硕的用刀变化中发现刀法之奇崛灵动等。如果说多难兴邦，那么同样也是多难育人。因此，他为自己的斗室起了一个斋号——"投路室"。

多歧亡羊

求索必会留下思想和行动的脚印，这脚印即使记录着歪斜、痛苦和失败，而其对己、对人、对艺坛的借鉴，当与成功者的轨迹具有同等的价值，甚至更具多向且深广的潜质。

——韩天衡《豆庐独白》

1966年，"文化大革命"开始了。此时，韩天衡身处军营，没受到什么冲击，只是书法、篆刻被视为"四旧"，因此他只能悄悄地转入"地下"，关起门来搞，但时常也有红卫兵或造反派到他这里调查那些著名的老书画家。黄胄第一个被打倒，当时报上还刊发了长篇批判文章《打倒驴贩子黄胄》。部队有人来到韩天衡处，要他交待和这位"黑画家"的关系，揭发其政治罪行。韩天衡想了想，平静地说："我要揭发黄胄的就一条——他平时从不跟我讲政治。""你这是要滑头！你必须和黄胄划清界限！"来人有些发怒了。"什么叫要滑头？揭发也要实事求是，不能无中生有！"韩天衡据理力争。后来，那人硬逼着韩天衡交出黄胄给他的画和印章。而这批印章中的一部分是黄胄请他刻的，来人不管青红皂白，一概没收，并讥讽道："哼，你和这个'贩驴的'倒很投缘，给他刻了那么多印。"画驴是黄胄的强项，他下笔迅捷，造型生动，形神兼备，就像徐悲鸿画马、齐白石画虾、李可染画牛那样，因此得到了"驴贩子"的雅号。韩天衡望着这些出自黄胄笔下的精彩画作被杂乱地卷在一起，自己精心篆刻的印章被胡乱地包起后，像垃圾一样朝纸盒中一扔就给收走了，心也仿佛一下子坠进了深渊。

远在温州的未婚妻应丽华不放心韩天衡，专门打电话给他。"你刻印章、写书法要注意影响，这些如今都被人称为'四旧'。""嗯，我知道了。"通过韩天衡的话音，应丽华知道他的情绪很压抑、低落。"还有，遇到什么事要冷静，不要直统统都讲出来。"作为恋人，应丽华知道韩天衡性格耿直，老是爱打抱不平，说话直来直去、不绕弯。她的话语中充满着担心，如一股暖流涌进韩天衡的心田。在那个非常年代，情人间的心心相印是贴心的关照与呵护。韩天衡回答："我晓得了，你就放心吧。"

1967年1月初，上海造反派组织夺取了上海市的党政领导权。在上海夺权的带动下，各地掀起了由造反派夺取各级党政领导机关乃至各工厂、农村领导机构权力的"一月革命"风暴。文工团内有些人也闻风而动，贴出了不少要夺权的大字报，闹得人心惶惶，正常的工作也难以开展。韩天衡看在眼里、急在心里，几乎忘了应丽华的关照，想要向此股夺权歪风挑战。于是，他在食堂洗碗池的水龙头上，用线系了一只"中国人民解放军海军东海舰队政治部文工团"的圆公章，上面还特别蘸了鲜红的印泥，并在旁边贴了一张小字报，用刚劲的行书写了七个字："想要夺权，拿去吧。"因为文工团的这枚公章，当时是他负责保管的。如此举动，既是调侃，又十分幽默，也将了那些想夺权者的"军"。大家围着这枚公章议论纷纷，那些企图跟风夺权者也很是无奈。半个月过去了，那枚公章还是挂在老地方，没有人敢去拿。就这样，一场所谓要夺文工团权的风波便不了了之。"哦，没有人要，那还是让我放回保险箱吧。"又是一天的午饭时间，韩天衡当着大家的面，边说边取下了那枚挂着的公章。

随着"文化大革命"的推进，文工团内也开始"清理阶级队伍"。当时的编导组有一位姓马的编导，因父亲是国民党的官员而被批斗，并被迫交出"反党罪证"，即三样"四旧"，一是一枚民国初年时的银圆，俗称"袁大头"；一是他小时候围的一件老虎皮做的肚兜；一是一方小的橘黄色印石。韩天衡没有按当时流行的做法，把这些"四旧"当场砸烂、烧掉，而是把这些东西很仔细地用报纸包好，登记后存放在保险箱里。等到冤假错案平反后，韩天衡就把这三件东西交还给了马编导。为了表示感谢韩天衡的认真保管，马编导欲取出那方印章送给韩天衡，真诚地说："小韩，你是刻图章的，这块印石就送你吧。"韩天衡笑着说："老马，谢谢你的好意！你可能不知道，这方印是名贵的田黄石，一两田黄三两金。而且上面刻的是你父亲篆书的名字，是你祖传的东西，我不能要的。"韩天衡的正直无私、坦荡大气，赢得了战友们的交口称赞。

在"文化大革命"中，韩天衡所敬仰的老先生们不是被打倒，就是被批斗、隔离。如韩天衡十分敬重的老师谢稚柳，就被抄家三次。

老先生们所遭遇的磨难，使韩天衡感到十分伤感、迷惘、不解、无奈。他再也不能去请教、拜访，只能躲在军营中，悄悄地在刻印、练字中熬日度年。好在手边还有印谱、碑帖、书籍等资料，虽然不能向老先生们当面请教（至多只能偷偷地去看望、问候），但这些手边的古代资料也是"先生"，韩天衡更专注地临摹钻研。

世界上的事有时真是因果难料。这也正应了《老子》中所言："祸兮福之所倚，福兮祸之所伏。"恰是在动乱的年月，韩天衡在军营中构筑了一小块专心研艺的天地，诚如鲁迅先生所言："躲进小楼成一统，管他春夏与秋冬。"他再次开始有意识地系统临摹战国古玺、秦汉印章，尤对玉印及鸟虫印用功精勤。正是由于大量临刻、系统研究，再加上过去方介堪对他的指点，他对鸟虫印的源流发展有了深入了解，并对鸟虫印的艺术特征作了分析。他的耳边时常响起谢稚柳的谆谆教导："小韩呵，趁自己年轻，一定要多读书。"于是，他又对古代印谱、印论及相关资料进行系统研读，并做了大量笔记及摘录。客观地讲，他当时埋头沉浸于艺苑，无非是逃避现实的一种方式，至于今后究竟会如何？他心中是茫然的。然而，天道酬勤，时造英才。这个阶段的刻苦用功及系统钻研，为他日后在艺术上的建树、风格上的打造及学术上的著述做了相当扎实的铺垫和全面准备。

后来在回忆那段岁月时，韩天衡曾颇有感叹地讲："'文化大革命'初期，我一直在探索一种新的印风，那时谢稚柳先生、唐云先生他们都很喜欢用我的印章，我的老师（方介堪）不赞成我探索新的东西，他要我还是搞传统，不要翻花头。他当时提出说，你不要急，要水到渠成。我说，天底下哪来的水到渠成，要么就是黄河泛滥。搞艺术的人绝对不能水到渠成，而是要用心去挖渠，有渠方有'渠到水成'。我的老师很生气，觉得我刻的印太野了。""文化大革命"时期，韩天衡在印海中上下求索，从古鸟虫印中参照造型方法，从秦汉篆额中汲取结构要素，从吴让之、吴昌硕的用刀变化中以及渔民摇橹动作里，探索刀法之奇崛灵动等。如果说多难兴邦，那么同样也是多难育人。当时，身穿军装的韩天衡年仅二十六岁，而在这非常岁月、艰难时事中，他已在不经意间准备着成为艺坛领军人物的资质和印艺大家的条件。

转眼到了1968年4月，漫长的十年从军生涯终于画上了句号。这一年，韩天衡二十八岁，从东海舰队退伍了。他曾自嘲地说："在我国军队系统中，十年义务兵可能只有我一个。"在部队服役十载，他除了本职工作很出色外，还用擅长的艺术技能为兵营增色不少，为此受到了部队首长的好评与赏识。他有过几次提干的机会，但他知道铁打的营盘流水的兵，他一生向往的是艺术，而不是当官。当时，地方上的文艺单位都闭门搞"斗、批、改"而不进人。因此，韩天衡退役后的安置单位是隶属于重要部门的上海自来水公司。他从十六岁进工厂做工，为了搞艺术、搞印艺，投工从戎，打了十年的"迂回战"，为了追求自己钟情的艺术，真可谓矢志不渝、乐此不疲。

当义务兵离开部队时可以去申请领一些医疗补助费，每人大概可领五六百元，这些钱在当时也算一笔不小的收入，但韩天衡没有申请，并风趣地说："我至今都不知道心、肺在啥地方，这补助我可不去要。"他是怀着一种深深感恩的心情和无限眷恋的情感离开部队的，是部队这个大学校锻炼了他、培养了他，成就了他，使他能在艺术的领域内持之以恒地攀登。无论在瓯江之畔还是东海之滨，上至陶勇司令员及师政委，下至连、排、班长及战友，都支持、帮助、呵护着他的艺术爱好。为此，他在部队时曾用过一个斋号——"平戎阁"，这是受陆游诗的影响。部队不仅坚定了他的从艺志向，还培养了他吃苦耐劳的精神和开朗达观的性格。韩天衡到上海自来水公司报到的那天，在欢迎会上，见有些退伍兵为了工资待遇与单位争吵，他听不下去，就跟他们讲道理：我1959年当兵前的工资是每月60元，而现在当兵十年回来每月只能拿56元，我也没意见，做人不能斤斤计较。居然，他就这样轻而易举地平息了争吵。

因为情真，所以懂得；因为相爱，所以相守。1968年9月，韩天衡和应丽华这对军中情侣终于喜结良缘。他们没有举行婚礼，更没有大摆宴席，连结婚照都没有拍一张。因为这些在"文化大革命"中都被视为"四旧"。当时，应丽华还在温州部队服役，婚假结束后，她立即登上了去温州的轮船。

而作为"留守男士"的韩天衡，除了白天在自来水公司办公室工作外，把自己全部的业余时间都投入了刻印和书画创作中。当时，自来水公司分给他一间婚房，仅10平方米，远在杨浦区的龙江路，门牌是64号。这是一排老旧的二层楼房，不仅又矮又窄，而且光线也不足。但在那个"娘子好娶，房子难觅"的年代，也算是体现了组织的关怀。韩天衡对自己提出了"心思不随风向转，一心用在攻艺上"的要求，为此，他为自己的斗室起了一个斋号——"投路室"，带有在政治上、艺术上投石问路的双重意思。

1971年3月14日，女儿韩因之出生，韩天衡成了父亲。抱着白白胖胖的女儿，他十分高兴，但为了不影响自己从艺，只能让妻子带着女儿回到部队，自己把对妻子、女儿的思念藏在心底，全身心地投入艺术创作中。

韩天衡在后来的回忆往事及个人谈艺中，多次提到自己在书法篆刻上的风格探索，是在20世纪70年代初。因此，切莫要小看这间小小的"投路室"，在海派艺苑中，乃至在当代艺术史上，"投路室"是应当占有一席之地的。日后将从这里走出一位大师级的艺术家，也将培育出一批精英级的学艺者。为此，身居陋室的韩天衡很满足，专门用篆书写下了刘禹锡那篇流传千

图5-1 龙江路64号韩天衡家老宅今貌

古的《陋室铭》："山不在高，有仙则名。水不在深，有龙则灵。斯是陋室，惟吾德馨。"尽管后来三代五口人都住在这笼子般的小屋里整整14年，但他依然心满意足地觉得："室雅何须大，花香不在多"。

第六章 天衡与予道义交

韩天衡带着一丝疑虑去开门，伴随着一股冷风走进来的是气喘吁吁的陆俨少先生。他眼带泪水，望着韩天衡不说话。"陆先生，你有什么话、什么事就讲嘛，别憋在心里。"韩天衡有些急了。陆先生这才用沙哑的嗓音小声地讲："天衡呀，这日子我觉得实在熬不下去了，我想还不如一死了之，一了百了。"

百乐斋主

攻艺不能以有小成而大快。攻艺如登山，一步一个脚印，一阶高于一阶，登顶远眺，别自诩是"登泰山而小天下"。需知，此时也小了自己。即使身居峰峦，还要清醒地明白：山外有天。登天比登山何止艰辛千万倍。树高标且自省者方有大成。

——韩天衡《豆庐独白》

20世纪70年代初，韩天衡刚过而立之年，尽管大环境是"文化大革命"的运动浪潮和斗争风暴，而在他关上门的10平方米陋室中，他耐得寂寞，甘于清苦。笔墨的挥洒、刀石的撞击、艺理的钻研、读书的思考，使他开始了艺术变法的行旅。为此，韩天衡曾颇有心得地说："搞艺术的人要真正沉下心来，没有经历真正的寂寞，就没有对艺术的敬畏和虔诚，就没有真正的艺术。"

由于经年累月的艺术实践、春秋四季的刀笔劳作，也由于书画篆刻界前辈的指教引导、熏陶影响，他清醒地意识到艺术创新要主动出击、开渠引水，即渠到水成而不是水到渠成。为此，他总结了历代篆刻大家的经验：刻印第一要眼力好，老眼昏花是刻不好印的。第二要腕力好，有力度、气势，年轻时精力充沛、体力旺盛，有硬条件。第三要有大量时间，年轻时没出名，干扰少，时间多，一方印可以反复推敲、多次修改。那时，一方印如没有好构思、配字不妥，可以放在抽屉里几个星期，经常拿出来反复修改，到六七十岁，就很难还有那么多时间和精力了。邓如石、赵之谦、吴昌硕、吴让之都是书、画、印全能，他们的成功是最先从印中突破的。赵之谦活了五十六岁，刻印主要是在三十岁左右，四十岁以后没有刻满10方。吴昌硕篆刻的全盛期也是在四十多岁至六十多岁之间，这是他印风最强烈、艺术内涵最丰满的阶段。韩天衡正是怀着这种紧迫感、使命感开始了他对"韩流"的探索。

韩天衡认为首先要突破的是篆法。篆刻者，先篆后刻，篆是基础，是起始，是一印之本、一章之根。韩天衡少好铁笔，领悟到书篆对于篆刻的奠基性作用。清代乾嘉时期的邓石如"书从印入，印从书出"，笔刀相应，终开皖派印风。邓石如本身就是一位公认的篆书大家，他早年篆书的婉约温润、

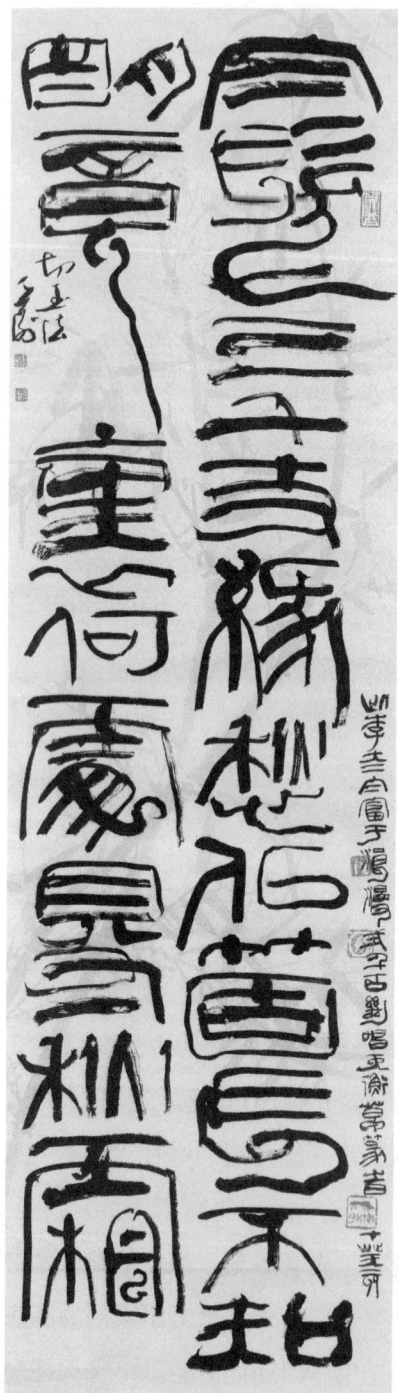

图6-1 韩天衡草篆李白《秋浦歌》

秀丽畅达与晚年的雄浑恣肆、奇崛古穆，为篆印提供了极好的文本。韩天衡20岁前主要临摹李斯的《泰山刻石》、唐代李阳冰的《城隍庙记》，当时的篆书很有些"二李"的形态意蕴。正是变法创新的意识，使他领悟到那些篆刻大师，如邓石如、吴让之、赵之谦、吴昌硕等，都形成了自己独特风格的篆书。有此自具个性的篆书打底，对于篆刻新面目的形成起到了事半功倍的作用，如金文的奇逸高古、小篆的秀约旖丽、汉篆的浑朴堂皇，都有各自的表现方法。而更有如汉篆《袁安碑》《袁敞碑》的遒劲恣肆、《天发神谶碑》的雄迈强劲、《张迁碑额》的豪迈洒脱、《嘉量铭》的峭秀逸放等，都展示着迥异的书风笔形。于是，韩天衡开始了对篆书风格的大胆探索。从自我洒脱豪放、不拘成规的秉性出发，再到汉代碑额、砖瓦、封泥、镜铭等浩瀚的民间篆书里去汲取营养，以这类质朴淳真的篆字滋养篆刻，并以这类富有情趣逸态的笔触线条改变印文篆书的造型结构，从而形成自己那种似颠似醉、不衫不履、恣肆奇逸、雄健旷达的韩式"草篆"。

当时在韩天衡的小屋中，桌上、地上乃至床上，到处都是他书写的草篆，空气中弥散着浓郁的墨香。尽管窗外百花凋零、一派萧瑟，"投路室"内却篆书瑰丽、印花芬芳。当时，方去疾先生在被审查后，发配到南京路上的朵云轩门市部（时为东方红书画社）做营业员。而韩天衡工作的自来水公司办公室在北京东路上，距其仅一条马路之隔，于是韩天衡常利用中午吃饭休息的时间，带着自己书写的草篆悄悄到方去疾处，请方先生指教。"好，有自己的'面孔'。"方先生的肯定，使韩天衡更充满了信心。韩天衡将东西收起来后，方先生说："我们不妨可搞'新印谱'。""何谓新印谱？不是说篆刻是'封、资、修'的东西吗？"韩天衡有些不解地问。方先生苦笑了一下，"什么叫新印谱，就是彻底废除篆书，全部以简化汉字入印，刻毛主席诗词及革命化词句。现在无产阶级要占领上层建筑，改造'封、资、修'。""噢，原来是这么一回事。不过，这样一来，我们至少可以捉刀刻印了。"韩天衡对此的反应是"能刻印即好"。接着，方先生又告诉他说："为了搞新印谱，上面讲要发展一批工农兵篆刻通讯员，我把你的名字也写上了。"因韩天衡不仅当过兵，而且是党员，政治条件过硬，故顺利入选。当时和韩天衡一起成为工农兵通讯员的还有上钢三厂的江成之、广告公司的单晓天、纺织品公司的徐朴生等人。

搞新印谱时，能入印的除了毛泽东诗词、鲁迅的诗作外，就是当时的标语口号。尽管大多数工农兵通讯员对废除篆书入印的做法并不认同，但对聚在朵云轩商谈选题或交流印艺的机会，还是颇为珍惜的。韩天衡认为简化字入印，不是不能搞，以前一些篆刻家也偶尔刻过，但不能不问青红皂白强制性地"一刀切"和走极端。每次工农兵通讯员相聚在一起搞新印谱创作时，方去疾总是让别人先认领篆刻的内容，而把那些最难刻的文句留下。他说："就把那些难写难刻的、挑剩下的留给韩天衡，他有本事把它弄好、弄妥帖。"韩天衡把这种"难"看作是一种自我挑战和自我施压，喜欢"绝"处逢"生"的滋味，寻觅"迁"想妙"得"的奇境，享受独具"匠心"的快乐。为了刻好这些简化字印，韩天衡可花了不少心思，反复推敲那些笔画少、单结构的字，进行了篆文的线条处理和结构调整，有的还处理成宋元关防印形式。所谓的新篆刻及由其派生的新印谱，是那个年代对传统艺术暗度陈仓式的求生和复活，留下了篆刻艺术特殊的印痕朱迹，是中国篆刻艺术史上独特的一页。

"文化大革命"中的岁月尽管那么漫长而难熬，但毕竟有刀笔相伴，韩天衡依然在坚守中前行。门外依然是锣鼓震地、口号喧天，门内的印人却沉潜艺事、唯印为大。

韩天衡的篆刻变法，此时似朝霞初露，新绿乍显，显示出一种整体性的突破。而不像他1963年参加西泠印社展时，主要在于对传统的精到效法和功力的精致体现上，展现一种良好的潜质和坚实的后劲。而此刻韩天衡在个人篆刻风格的打造上，已明显确立了个性追求，以其雄健恢宏的气势、奇谲变幻的造型、灵动朴茂的线条、遒劲洗练的刀法、神酣韵胜的意蕴令人耳目一新。历史地看，自清西泠八家、赵之谦及吴昌硕、齐白石后，韩天衡是现代印学史真正意义上的开风立派者，其风格取向、刀笔形态、造型语境、表现图式等都呈现出谱系化和构造化的特征。从艺术创造学角度上来审视，要达到这一层次和境界，殊为不易。难怪他这种汲古汇今、变汇通融的新印风，对当时沉寂的印坛产生了很大的冲击力和震撼力。而当时的韩天衡并没有享受多少成功的喜悦，依然每天晚上刻苦地写字、刻印，入睡后则时常做梦。韩天衡曾对笔者说："年轻时我喜欢做梦，异想天开。那时我刻刀上包的皮一半白、一半黑。实际上，篆刻就是强调这四字箴言：半白半黑，或知白守黑。"一个艺术家，特别是生活在那个时代的从艺者，在白天与黑夜的交替间，喜欢做梦、能做梦，展现的是一种精神生态和心灵憧憬。这也似乎应了那首流行诗中的句子："黑夜给了我黑色的眼睛，我却用它来寻找光明。"

1971年年底，应丽华从部队转业回到上海，夫妻俩牛郎织女的日子结束了。尽管10平方米的蜗居显得太窄小，但毕竟有了妻子和继母照顾生活与料理家务，韩天衡更可集中精力刻印、写字了。

1972年，一些书画界的老先生从牛棚中出来了，有的停止了隔离审查，有的将敌我矛盾作人民内部矛盾处理，如刘海粟、谢稚柳、唐云、陆俨少、程十发、林风眠等艺术家，又拿起笔来，开始挥洒丹青、运笔书写，正应了鲁迅先生当年写的一句诗："寒凝大地发春华"。这些老先生过去的一些书画印章在抄家时被抄走了，又因为有的老先生在这场劫难中，又有了新的感悟，需要刻些新印章。首先和韩天衡印画相交的是著名山水画家陆俨少先生。

那个场景，令韩天衡记忆犹新：1972年年初，他作为工农兵代表被借到上海中国画院。由于时常到资料室借阅图书，他发现管理员是一位有些佝偻的老人，手臂上有一块很大的疤，平时除了整理书籍画册，写些签条外，常一个人坐在角落，用一枝小毛笔蘸着水在桌上画来画去，有时连水也不蘸，就这么比画着。有一次，这位老人偶然看到韩天衡的书法与篆刻，顿时眼睛发亮，脱口而出："好！好！有自己的'面孔'，真不容易。"随后又似乎明白了自己的身份是在监督劳动，马上喃喃地说道："我是瞎讲的……瞎讲的……"随即有些木讷地要转身离去。"请问老先生尊姓大名？"韩天衡尊敬地问道。"啥，不敢当，不敢当，鄙人叫陆—俨—少。"老人轻轻地回答。喔，眼前这位面容憔悴的老人，竟是山水画大家陆俨少[①]！"噢，您就是陆先生，失敬，失敬呀！"韩天衡边说边扶着他坐下。就这样，他与陆先生相识在资料室的一隅，并开始了第一次交谈。陆先生手臂上的一大块疤痕，是做勤杂工时冲开水烫的。当时陆先生尽管处境艰难，被打入另册，但在韩天衡眼中，他就

---

① 陆俨少（1909—1993），又名砥、字宛若，上海嘉定人。工人物花卉，尤擅长山水，风格独具。其山水画构图严谨，笔墨奇逸，意境古朴，特别是云、水、石别有意趣，勾勒奇谲跌宕，线条变幻灵动，设色典雅瑰美，形成有别于传统的"陆家山水"，是真正把山水画推进到当代艺术层面的标志性人物。其"留白"与"墨块"为经典之法。亦长于书法，得力于杨凝式、苏轼、米芾和《龙门二十品》，线条丰逸华润，气韵古雅高迈，顿挫凝重浑厚，带有高古的篆隶之笔意，有朴逸雍容、苍润超迈之趣。陆俨少平生倡导："四分读书，三分写字，三分作画。"著有《山水画刍议》《陆俨少自叙》《陆俨少画集》等，任上海中国画院画师、浙江画院院长、浙江美术学院（今中国美术学院）教授。

是一位老画家。而陆先生学养全面，对韩天衡的书法、篆刻给予真诚的指点，同时也力所能及地为韩天衡提供所需要的资料。

"文化大革命"中的陆俨少，虽身处逆境，可还是利用一切空余时间勾勒山水，有时手中无笔，俾以指代笔，在身上、桌上画来画去。他对韩天衡那种不拘一格、奇谲古朴的印风很欣赏，亦感到韩印和他那种古奥苍逸、奇拙浑穆的画风很相配，于是诚邀韩天衡为其治印。而韩天衡对陆先生的学养、画艺亦很敬佩推崇，因而不顾政治风险和社会责难与其交往。当时，有人善意地提醒他说："要注意影响，别误了自己的前途！"韩天衡斩钉截铁地表示："我是复员军人、共产党员，头上没有'辫子'、屁股上没有'尾巴'，我和陆先生纯属正当交往，有什么可怕的。"

其实，陆先生当时的处境是相当险恶的。在一个滴水成冰、寒风呼啸的冬夜，万籁俱静中，韩天衡正在灯下刻印，突然听到"嗒嗒、嗒嗒"沉闷的敲门声。这么晚了，有谁会来呢？韩天衡带着一丝疑虑去开门，伴随着一股冷风走进来的是气喘吁吁的陆俨少先生。只见陆先生面色惨白，冻得瑟瑟发抖。"陆先生，这么晚了，你还来？"韩天衡边说着边让陆先生坐下，并为老人倒了一杯热水，让他暖暖手。陆先生眼带泪水，望着韩天衡不说话。"陆先生，你有什么话、什么事就讲嘛，别憋在心里。"韩天衡也有些急了。陆先生这才用嘶哑的嗓音，缓慢而小声地讲："天衡呀，这日子我觉得实在熬不下去了，我想还不如一死了之，一了百了。所以，我今晚特地再来看看你。"一听这话，韩天衡真急了，忙伸出双手紧拉着陆先生的手，语气坚定地讲："陆先生，你千万不要想不开，千万不能走绝路。一切都会过去的！"韩天衡尽一切可能安慰着老人。他拉开抽屉："喏，陆先生，我又为你刻了几方印。不为别的，就是为了你的画，你得活下去！"真是心有灵犀呀，这句话可说到了陆先生的心里。是呵，当年不顾身家性命，从三峡一路闯荡漂流，戴上"右派帽子"后的艰难度日，"文化大革命"初期遭的罪，不都因为舍不得离开画而咬牙挺过来了吗？就这样，在这月明星稀的冬夜，他们促膝交谈，并商定今后陆先生的所谓思想汇报，都由韩天衡来代笔。月上西楼的半夜时分，韩天衡才把陆先生送回家。陆师母还没有睡下，她正在一盏昏暗的孤灯下，提心吊胆、坐立不安地等着。韩天衡返回时，已没有公交车了，他踏着满地冷寂的星光往家走，在凛冽的朔风中长长地舒了一口气，一颗悬着的心终于放了下来。

图6-2　百乐斋

由于陆先生被打成"牛鬼蛇神"后，工资降到仅能维持最低生活开支的标准，而陆师母朱燕因又是没有工作的家庭妇女，经济上的拮据可想而知。陆先生喜欢吃肉，但家中无钱，况且肉是凭票供应的，偶尔买回家一块，几个孩子也如风卷残云般一扫而空。韩天衡是个有心人，用自己节省下的肉票买了蹄髈，回家后浓油赤酱地烧好，就请陆先生来家中，名为谈艺，实为留饭，让陆先生打打牙祭、尝尝肉味。随后韩天衡为陆先生刻印，陆先生为韩天衡挥毫作画。韩天衡为陆先生先后刻了三百多方印，而陆先生先后为韩天衡作了一百多幅字画。为了纪念这段艰难岁月中的人间情、笔墨谊、刀石缘，韩天衡将自己的书斋改为"百乐斋"。这个书斋名是中国人文精神的体现，以言志抒情、自勉自警，愿其成为心灵的家园。"陆"与"乐"谐音，每得一件陆先生的字画为一乐，一百多件为"百乐"，而更深的意蕴为书画篆刻乃人生之百乐矣。在那个年代中，这难能可贵的人生之乐，也是精神家园中的抒情散曲和艺术天地中的命运协奏。

韩天衡比陆先生小31岁，尽管结成的是忘年交，实际上他们在当时情同父子，互不设防、无话不谈、无事不讲。特别是在星期日，不是韩天衡悄悄来到陆先生的陋屋，就是陆先生转三辆公交车默默地推开韩天衡斗室的大门。他们在一起刻印书画，在丹青翰墨中、印花飞舞间、探古阅今里，暂时忘却了尘世的一切烦扰，获得片刻的心灵抚慰。陆先生在赠送韩天衡的《爱新就新册》所作跋中，曾动情地说："天衡与予以道义交，每别则未尝不怀念也。韩天衡治印垂二十年，直欲抉秦改之藩篱而自辟蹊径，覃思精所，卓然成家。予好其印，为予作几近百方。韩天衡于拙画亦有偏嗜，每见予画，定高下所论皆至当，故予亦乐为之画。"陆先生与韩天衡的这种印画之交，在那个特殊的年代，是一种可贵的精神对应与纯真的艺术互勉。在陆先生赠予韩天衡的书画中，有不少直接创作于韩天衡的斗室。创作时，常常是陆先生出诗句，韩天衡入印篆刻；韩天衡出诗句，陆先生以句作画。在《陆俨少画集》中，收有数幅这样的作品。如《激流直上》图的落款为："为学如逆水行舟，不进则退。韩天衡治印诚欲逆秦汉之激流而直趋上游者也。陆俨少画并题记。"又如《浮天水送无穷树》的落款为："浮天水送无穷树，带雨云埋一半山。辛稼轩词之意，天衡同志以为可以图画，因写以博笑。"

看陆先生画画，欣赏他那种神定气闲的风度、淡定从容的运笔，不仅是种享受，而且带给韩天衡不少画艺上的启迪，是一笔非常珍贵的财富。韩天衡曾说无论看多少本绘画技法书，花多少年去揣摩，还不如看大师画张画，那比看十本书更直观更有收获。很多东西是只可意会，不可言传的。陆先生画山水，留给韩天衡最深的印象就是他从来不构思。他绘长卷是从中间往两边画，以中线为准，一路画过来，一路画过去，左右呼应，前后相衔，一气呵成。他笔下的千山万壑、云海流岚、烟波江流、红树古木始终充满了变化。他有自己独特的技法，其用笔方法不像常人用笔是垂直的，而是前倾的，即所谓的卧笔中锋，用卧笔的方法来画线。这是韩天衡反复观察了陆先生用笔后得出的看法。实际上有很多人笔拿得直，但有时反而没了中锋，中锋是通过调整出现的。画工笔的线条，只能够起到写形的作用。陆先生画作的厉害之处、境界之高，就是线条的本身有可读性、艺术性。其实，笔墨和线条本身是有文野、优劣、高下之分的。陆先生的线条是属于文的、雅的、高的、优的。

韩天衡曾将与陆俨少同时代的几个画家的用笔方式与陆先生的用笔方法作过比较，并对陆先生讲："您老真厉害，执笔稍卧，用笔的时候，画细线条强调用笔尖，而且您在表现细线条的时候是在笔尖里包含了一个笔肚的部分。单用笔尖画出的线条，韵律就差。如果笔尖加一点笔肚的线条在那里运动，就不同：第一，线条着纸的程度深了；第二，线条着纸的幅度大了。所以，那根线条出来就如我们平时讲的'入木三分'。您的用笔方法好，笔和纸接触当中产生的痕迹，就感觉厚重。所以，您老画中的线条是飘逸而凝重的。您用笔是以笔尖、笔肚、笔根互为作用，是卧笔中锋。而有一些画家的线条很细，你可以讲他很精工、秀丽，但你很难用洒脱和厚重来评品它。而您的用笔讲笔性，达到了这一层面。这里一半是天分，一半是自己的探索。""噢，是吗？我自己也没有这样认真地总结过，你真是个有心人。"陆先生颇为感慨，真是高山流水，知音难求，知己可贵。在那"雾塞苍天百卉殚"的日子里，这对艺术上的忘年交就这样倾心交谈着。而陆先生对韩天衡的篆刻也相当推崇。尽管有些保守的印苑老先生对韩天衡的创新印风有看法、泼冷水，但陆先生是坚定的"挺韩派"，一直为韩印叫好。陆先生曾说："别人的印章，我们上海话叫是'挖出来的'，韩天衡老兄的印章是真正刻出来的，很自在、很随意地刻出来的，不做作。"他每每说："你韩天衡刻印只用一把刀，我画画也只用一支'李福寿'的加制山水笔。"为此，陆先生曾评论韩天衡的篆刻谓："独创新调，不欲蹈前人一步，遂能超轶侪辈，俯视群流。"

大约也是在这个时候，造反派们对陆先生的管制相对放松了些。因此，那时的星期六或星期天，韩天衡经常陪陆先生到公园走走，散散心。由于种种原因，陆先生是个相对封闭的人。于是，韩天衡经常陪他去拜访老先生，如陪他去曾有矛盾的应野平先生家，喝喝茶、谈谈心，加深双方的了解；还陪他到方去疾先生、朱孔阳先生、苏渊雷先生及华师大几个教授的家里聊天、画画、写字、刻章。

时任东海舰队直属政治部主任张以奇是个老红军，1939年就当团长了。解放后，他开始喜欢上了收藏字画，经常到上海文物商店内部去购买。如苏州过云楼的一些字画，也被他收藏了。老首长对喜爱艺术、能写能刻的韩天衡很好，经常拿一些名家书画让他欣赏。韩天衡知道陆先生爱精品级的古代书画，有时就陪陆先生从位于复兴路的家转好几辆公交车到虹口甜爱路上张以奇首长的家中观摩，如查士标的册页、王蒙的山水等。陆先生相当感叹地讲：我一辈子不玩收藏，看得上的买不起，买得起的看不上。因此，他非常注重看画、读画、记画、背画，到博物馆看，到展览会看，到他老师冯超然的"嵩山草堂"看。冯先生那里时常有人带来收藏的名家山水，请冯先生题字写跋，每逢此时，冯先生就会让陆俨少带回家临摹。有时时间紧，冯先生就叫陆俨少在他家观摩或临摹。而陆俨少独有的一功是不用笔临用心临，把整张画的山石、流水、云岚、人物、林木等都一笔一笔地"心临"背默一遍，故而他看一幅画要花相当长的时间。

那天在张以奇家，老首长拿出一幅唐伯虎的精品《龟鹤图》，陆先生足足看了半个多小时，韩天衡知道他又在"心临"了。那天晚上，韩天衡送他回家时，冷月当空、寒风萧瑟，陆先生却压制不住观画的喜悦说："天衡呀，今朝唐伯虎的这张画我仔细'心临'了一遍，除了桅杆上的这一笔我还搭不够，其他对我来讲都没有问题。"可见他的"心临"是多么精到、精细，像这样一位功力深厚的画家，始终在与别人找差距，始终在"照镜子"。陆先生的"心临"对韩天衡以后的创作与研究产生了相当重要的影响。这不仅是一种独特的临摹法，而且是一种可贵的艺术追求。

韩天衡的从艺一直得到父亲韩钧铭的关心与支持，他今日能在艺术上取得一些成就，都离不开父亲当年的启蒙和熏陶，可以说父亲是他从艺路上的第一个引路人。可是在1972年，父亲病逝了。尽管生老病死是自然界不可抗拒的规律，但韩天衡依然十分伤心。特别是年幼时与姐兄比赛写"飞"字胜出后父亲所给予的奖励，更使人产生了对未来的遐想，从此在他幼小的心灵中埋下了一颗艺术的种子。而今父亲去了天国，他还有长长的艺术之路要走。

第七章

发老智改『豆庐室』

　　程十发还专门为他画了一张十分精彩的贺岁山水画——《豆庐山房图》。画上发老有题句云："文徵明先生刻一印，曰印造斋，取此斋造于印上，亦属子虚乌有，亦可效庄周之梦，少文卧游，不争世俗争房之恶习，而获林泉高致雅趣。"此作发老构思精巧，色彩、笔墨都别具匠心。

奇崛

为不同画风的艺术家刻印，好似为不同式样的服装配搭纽扣，宜融洽和谐。和则双美，违则两伤。吾为程十发治印尚奇，为李可染治印尚重，为谢稚柳治印尚清丽华贵，为陆俨少治印尚峻厚浑穆。

　　　　　　　　　　　　　——韩天衡《豆庐独白》

韩天衡在篆刻上的自辟蹊径，一开始除了极少几位老先生表示赞同外，印坛上的大多数人是不喝彩的，认为其此举是抛弃传统走歪路，甚至尖锐地骂他刻的印是"野狐禅"。他也曾有过迷惘、疑惑，但他的禀性是倔强执着的，开弓没有回头箭，况且历来的变法改革者面对的大都不是鲜花与掌声，而是荆棘与责难。但有一个值得研究的意外情况发生了，那就是韩天衡有别于秦汉印、有别于流派印的新印风受到了画坛的关注。特别令人拍案惊奇的是，他的新印风受到了老一辈画坛大师名家群体性的青睐和首肯。他们纷纷请韩天衡刻印，并钤盖在画作上。第一批用韩印的大师有黄胄、谢稚柳、唐云、陆俨少、刘海粟、程十发、宋文治、李可染、李苦禅、吴作人等。因此，韩天衡的篆刻变法之路，不是农村包围城市，而是从圈外打进圈内、从画坛突入印坛。这种刀笔上的突围，不仅拥有了相应的艺术声势和社会影响，而且具有中国篆刻艺术发展史上的转型意义。

在大师群体性用韩印的过程中，中国近现代美术教育的开拓者刘海粟①先生是颇有戏剧性与代表性的。刘海粟看了陆俨少钤在画上的印后，对那清

---

① 刘海粟（1896—1994），名槃，字季芳，号海翁，别署静远老人、游天阁主，斋号游天阁、艺海堂，江苏常州人。1912年与乌始光、张聿光等人创办上海图画美术院（后改名为上海美术专科学校），时年仅十七岁，并自任校长，开中国现代美术教育之先河。以狂飙突进的精神在教学中实行男女同校，并率先使用人体模特写生，引起轩然大波，后遭军阀通缉，遂流亡海外，考察美术教育。擅长国画、西画及书法。国画以山水见长，气势磅礴激越，色彩瑰丽宏放，笔触老辣奇迈。西画亦气象雄阔奔放，色调浓烈酣畅，构图跌宕恣肆。书法则线条浑朴醇厚，运笔道劲爽捷，气度郁拔壮伟。亦作中西画的比较研究，对中西画多有艺理阐发。著作有《国学真诠》《中国绘画上的六法论》《存天阁谈艺录》等，画集有《海粟国画》《海粟油画》《海粟老人书画集》等。

新洒脱、奇逸豪放的印风很是赏识。生性豪爽的他马上就开口托陆俨少请韩天衡为其刻印。当时刘海老头上也戴着几顶可怕的"帽子",而韩天衡与陆先生的交往已招来了非议,如今再与刘海老这样"大"字级别的"右派""反动权威""现行反革命"接触,韩天衡也是有所顾虑的。

那是木芙蓉花盛开的秋季,有一天韩天衡到陆先生家拜访,陆俨少从抽屉里拿出一封信给韩天衡。打开后一看,笔迹苍老劲健、气势酣畅通达,竟是刘海老写给陆俨少代请韩天衡刻印的信札。信中写道:"尊友(韩天衡)刻印之妙,古不乖时,健而能软,使小松(黄易)再生,奚冈复作,当敛衽而避。兹附呈石章数方,恳转交得闲奏刀。"看了此封信,韩天衡深受感动,刘海老可是一代艺术大师、海派书画的领军人物,连陆先生都尊称他为"老师"。就是这样一位老前辈,竟如此真诚、热情地肯定韩天衡的印风,并急切地要他刻印,体现了一种襟怀和境界。

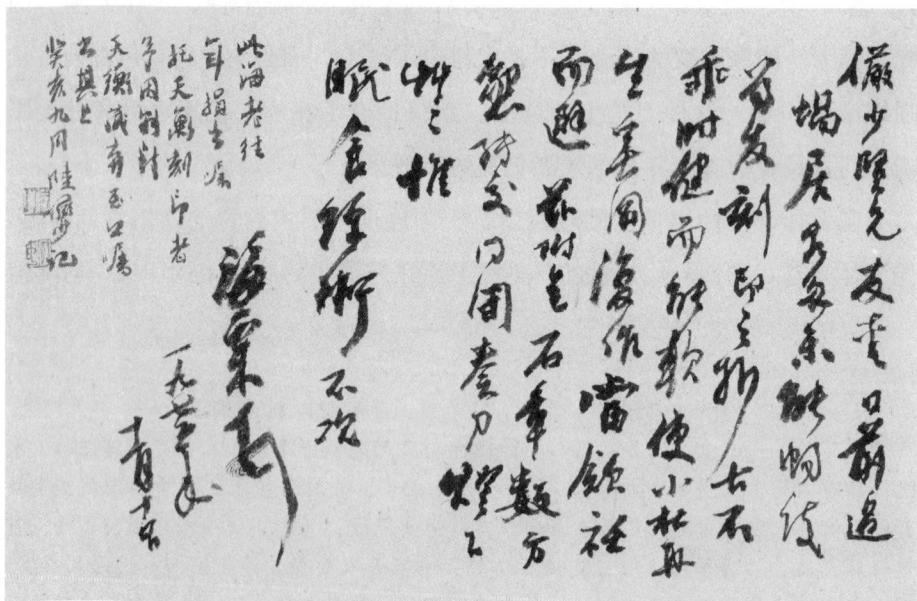

图7-1　刘海粟写给陆俨少代请韩天衡刻印的信札

刘海老还诚邀韩天衡到他家做客。在陆先生的陪同下,韩天衡来到了刘海老的艺海堂。生性洒脱豪放、不拘小节的刘海老和韩天衡一见如故,相谈甚欢。他听韩天衡叫他为"海翁",于是就直率地讲:"天衡,人家都叫我大师,只有你叫我'海翁'。你要知道,我这个大师不是随便叫叫的,我是法国人公认的,是有来头的。"临别时,刘海老拿出几方印石交给韩天衡,并从太师椅上起身,一直送陆先生和韩天衡到楼梯口。在回去的路上,陆先生幽默地说:"天衡呀,尽管你是第一次来刘海老家,但你的待遇比我要高。""何以见得?"韩天衡有些不解。陆先生笑着说:"我每次来刘老师家,临走时,他只从太师椅上站起来挥一下手,说一句'侬走好啊',而今天他居然送你到楼梯口,从里面到外面房间大概有十几米的路呢。"

很快,刘海老的画上,钤上了韩天衡刻的印章。刘海老与韩天衡也成了莫逆之交。当时,有一位刻印的老前辈在复兴公园散步时对刘海老讲:"刘大师,你怎么现在也用韩天衡的印?这人印刻得是好的,但人很狂。"刘海老一听,马上反驳道:"我讲你们不要看别人有才就妒忌,我看他一点也不狂,我年轻时比他狂几十倍呢。"这事是刘海老亲口告诉韩天衡的。可见,刘海老是韩天衡真正的知音。在与刘海老的接触中,韩天衡感到刘海老是一个没有城府的性情中人,一个很率真的、真正有大艺术家秉性、有大师级格局的人,这对韩天衡影响颇深。尽管刘海老当时已是一位七十多岁的老人,又被打入另册,但他依然保持着乐观的本性,给予青年人无私扶植和热情鼓励。因此,韩天衡和他相处,感到很有活力。一个命运坎坷、历遭磨难的老人,尚能保持如此的人生状态,这是一种人境呀。

有一次,刘海老临摹了石涛的一幅长卷,后面有一段题跋,大意是:我要和石涛血战到底。他将长卷摊了开来,郑重地问韩天衡:"天衡,你看我和石涛谁画得好?"韩天衡看了之后,对他讲:"你画得比石涛的好!"刘海老高兴了,然后又追问"何以见得",以为韩天衡也许是给他戴"高帽子"。韩天衡想了想,认真地答道:"因为你是临石涛的,构图、章法、造型都差不多,也谈不上'血战',真正'血战'的是线条,而你的线条真是厚重老辣,具有张力和弹力,所以从这一点上看,你跟石涛'血战'的结果是你胜了。"他听后,一拍大腿:"嗨,天衡啊!你是真的有真知灼见。"

人才的形成、精英的培育乃至大师的出现，固然有许多综合原因，但其中不可或缺的是真正的大师对未来大师的培养，即文脉相传、谱系为继。中华文明之所以能薪火相传，绵延不绝五千多年，就是因为有这种高贵而坚韧的大师精神的烛照与润泽。为此，韩天衡曾深有体会地讲过："我这个人最大的幸运就是碰到了很多好的前辈、大师级的人物，他们给过我无私的帮助和多方的扶持。大师级人物都有非常高的天赋，具有非一般的想象力和变通力，思维非常活跃，善于举一反三。因此，每一位老师都非常值得我去学习。从名人那里得一碎片，足可制作一件灿烂的百衲衣。"海派人物画大师程十发①，可算是其中突出的一位。"发老"者，"勿老"也。这个在圈子里流行的称呼，也是韩天衡第一个叫开的。发老艺高德馨、秉性幽默、才华超群、为人友善，韩天衡与他有着相当深厚的友情。20世纪70年代初，经圈内朋友介绍，韩天衡以印人的身份和他相识。很快，韩天衡便以其独特的印艺、睿智、才学深得爱才重才的程先生赏识，两人遂相知相交了40多年。

　　1972年，韩天衡第一次到延庆路程先生家中去。程先生的家不大，特别是那张画画的桌子，像一张课桌，很小。作为见面礼，程先生画了张画送给韩天衡。后来，程先生也到韩天衡的小屋中小坐，相谈甚欢间，程先生看到了韩天衡的斋号——"投路室"。敏感的程先生马上问："投路室，是啥意思？""投路室么，就是对当下的政治路线，要有些独立思考；对艺术的创新，要坚持下去。总之，要投石问路。"韩天衡随口答道。程先生听后想了想，换了严肃的口气讲："天衡，你胆子真大，有毛主席的革命路线，要你

---

　　① 程十发（1921—2007），名潼，字十发，籍贯上海金山枫泾，斋号有"步鲸楼""不教一日闲过斋""三釜书屋""修竹远山楼"等。1941年从上海美专毕业，1942年在上海大新公司举办了个人画展。1949年后，进入华东人民美术出版社，主要创作连环画及书本插图。1956年参加筹备上海中国画院并被聘为画师。注重深入生活，变法创新，风格独特，其作品被誉为"程家样"。曾任中国美术家协会理事、全国文联委员、西泠印社副社长，上海中国画院院长。著有《程十发画选》《程十发近作选》《程十发作品展》（日本版）等，曾在中国香港、澳门及日本、美国等地举办画展。

去投什么路呀？你是要闯祸的。"程先生沉思了片刻，极为睿智地说，"你可以用谐音——'投路'，上海话讲就是'豆庐'。""好呀，我房子本来就小，像孵豆芽、孵艺术之芽，用'豆庐'，好！"韩天衡高兴地答道。的确，这个斋名既贴切又幽默，富有生活情趣与从艺哲理，是难得的佳构妙想。从此，"投路室"就改称为"豆庐室"，而程先生与韩天衡的画印相交也由此开始。后来，程先生还专门为他画了一张十分精彩的贺岁山水画——《豆庐山房图》。画上发老有题句云："文徵明先生刻一印，曰印造斋，取此斋造于印上，亦属子虚乌有，亦可效庄周之梦，少文卧游，不争世俗争房之恶习，而获林泉高致雅趣。"此作发老构思精巧，色彩、笔墨都别具匠心。可惜此画在1994年借给发老开展时，被梁上君子窃去了。

图7-2 2006年春节，韩天衡给程十发拜年

古今凡成艺术大师者，除了有深厚的艺术造诣和鲜明的风格建树外，还有其独特的人格魅力，程先生就是如此。他成名甚早，聪慧机敏，修持圆满。朋友们曾说："无论在什么情况下，发老是一个从不对朋友说'不'的人。"有一次，韩天衡得到了一张很好的绢卷，便把卷子带到程先生家，请他画湘夫人。程先生欣然命笔，不到10分钟就好了，出手之快，不同凡

响，极有大家风度。韩天衡看着程先生在绢卷上纵横挥洒，觉得他作画与黄冑有异曲同工之妙，两人的快不是草率、偷工减料，而是一种高度熟练后的迅捷、准确表现后的传神，体现了画者的个性、才气、激情和风韵。然而在那个年代，出众的才华是会带来横祸的。1974年，"四人帮"办了一个"黑画"展，这对美术界无疑是雪上加霜。在"黑画"展上，韩天衡看到他所熟悉的画家均在劫难逃。而程先生首当其冲，有几幅画"荣幸"入选，特别是其中一张《芭蕉金鸡》，画得真是精彩。韩天衡在这张画前足足看了一刻钟。看完"黑画"展后，激动不已的他见时间还早，就直奔延庆路140号程先生的家。

他一见程先生，便开门见山地说："我看完那个'黑画'展览，在你的那张《芭蕉金鸡》前，毕恭毕敬地站了一刻钟，那么好的画，要笔有笔、要墨有墨，要趣有趣，真的非常感动！"程先生听后，不以为然地苦笑道："天衡呀，你不要'吃豆腐'（开玩笑），我今天上午刚被拖去批斗，讲我的画'黑野乱怪'，丑化大好形势，恶毒攻击社会主义。人家批斗我，你还感动？你也真另有一功。""我不管，你真是画得好！"韩天衡依然坚持自己的观点，肯定地答道。望着韩天衡真诚的面容，程先生显然被感动了，轻轻说了一句："哦，公道自在人心。"

一周后，韩天衡接到程先生的一封来信："天衡余兄，有空你来聊聊。"寥寥数语，充满着思念之情。于是，韩天衡应邀前去。时值酷暑，程家的小楼上下都住了人家，显得有些闷热、局促。但程先生和韩天衡依然兴致勃勃地聊了起来。对于任何事，程先生都有自己的看法，而韩天衡又喜欢异想天开。这一老一少侃世道，论艺事，说笔墨，讲典故，谈得天马行空。临别时，程先生朝屋外看了看，然后又从这窗踱到那窗朝外张望，确认无人后，从床的席子下神秘地取出叠好的一张纸，低声说："这张画给你，现在别打开，回家再看。"接着又急切地补充了一句："如果你要装裱，千万不要在上海装裱噢。"韩天衡回家后，也把房门关上，然后小心地打开，原来正是韩天衡在"黑画"展上看到的那幅《芭蕉金鸡图》，感激之情在韩天衡心中油然升起。原来发老见韩天衡敢逆时流、慧眼识宝，如此喜欢该画，就认真精到地为他又画了一幅，从中折射出的是一种顽强的抗争精神，显示了一位艺术家的风骨。为了避人耳目，韩天衡将此画专门送到常熟一位朋友处精心作了装裱。此画在笔墨间流泻出一股倔强郁勃之气，感觉到画家有话要讲，有情绪要发泄。而发老相赠此画更深的意义是肯定韩天衡的艺术审美，向青年艺术家传递一种不屈的艺术信念与高瞻的审美追求。

后来，韩天衡再次到程先生家拜访，向程先生表达了感谢之意。程先生听后，再三确认窗外无人后，诚恳地讲："将来，如果有朝一日，那张画还给了我，还是再给你。"程先生是一个言而有信的人，若干年后这批"黑画"作为落实政策之物还给了他，他果然将这幅画又送给了韩天衡。韩天衡是个有心人，将两张《芭蕉金鸡》作了番比较。在"黑画"展上展出的那张应是第一张，上面画的是一只金鸡，笔墨酣畅遒劲，有一种率真朗逸的自然之气；而重画的那一张，画有两只金鸡，用笔恣肆豁达，却有一种郁勃凛然的坚韧之气。有两位从国外回来的华人见了这两幅画后，连赞其为精彩之作、精妙之作，要韩天衡将画卖给他们，并称愿出高价。但韩天衡不为所动，说："老先生送我的画，我是从来不卖的。况且发老这两张画，记载了一段令人难忘的历史、一段倍感珍贵的情谊、一种高蹈可贵的精神，我怎么会卖呢！"

在那个精神、艺术倍感压抑的年代，韩天衡应程先生之邀，先后为程先生刻了不少印章。闲章不闲，成为他心灵情感的倾诉和艺术观念的表白。如有一方印为"古今中外法"，就是程先生和韩天衡聊天时所得的句子。作为一个有变法追求和创新精神的艺术家，就要善于、敢于学习古今中外的优秀技法和先进观念，所谓海纳百川、有容乃大。韩天衡很同意程先生的这个观点。他对程先生讲："古今中外的好东西都应吸收，要取法乎上，贵在探索。但又不能活在前人、古人的树荫下，尽管大树好乘凉，但不能一直活在树荫下，要敢于受日晒雨淋，甚至上刀山、下火海，在树荫下乘凉是没有前途的。"程先生听后，深为赞同："好，你有这种勇气和信心，一定会有所收获的。"

一抹金黄色的斜阳从窗外投射进来，为局促的小屋增添了几缕温馨的亮色。那天他们聊得很开心，从中午一直聊到傍晚还谈兴浓烈。韩天衡请教程先生的书斋为何先起名为"修竹远山楼"，后又称为"三釜书屋"。听了韩天衡的问话，程先生的记忆闸门便被开启了："王蒙有一幅山水画，叫《修竹远山》，特别有味道。画中远山空濛，近水幽碧，修竹青翠，枝叶婆娑，山亭中有人正静观小屋。对于这位'元四大家'之一的名家，我年轻时就十分喜欢。他的这幅画更是有一种超脱淡泊的意境，而且和我老家松江的风景也很接近，就借用来作我的斋号。""好，这个斋号不仅有诗意，而且有种远离名利、志存高远之意。"韩天衡颇有同感地回应道。"是呵，'修竹远山楼'当时的确成了我远离名利的自我修炼处。那是解放前夕，我从美校毕业找不到工作，在大新公司办画展，仅卖掉两三张画，连装裱的钱也不够。只好回到松江'孵豆芽'（闲居），天天临摹古画、读读古书。这段日子对我来讲是十分重要的练功期。"程先生沉浸在往事中。

"那后来'三釜书屋'又是怎么起出来的呢？"韩天衡的好奇心使他想了解其中所有的奥秘。程先生想了想，露出了脸上常展露的笑容："我们程门有个老祖宗，就是老百姓经常讲起的程咬金，他在瓦岗寨上做过几天皇帝，人称'三斧头'。一来三斧太吓人，太武了，我就改为'三釜'，这就有了文化气。二来'釜'即为古代的锅，我正好藏有三件古代陶器，都属炊具。三来以'三釜'为名就是希望日子能过得好些，丰衣足食。'三釜'嘛，就是国家、集体、个人锅中都要有饭。"听了解释，发老的乐观、豁达、幽默令韩天衡哑然失笑。也正是通过这些日常的聊天，韩天衡感受到了发老的精神风貌和人格操守，他后来在《幽默、仁心、才情——忆程十发先生》一文中曾写道："我始终认为程十发先生是一个天才式的艺术家，在艺术上的成就世有公认；而在生活中，发老的幽默感同样值得人们铭记、学习。发老的幽默，是与生俱来的，不是刻意为对付种种磨难和不公而营造的。即使在'文化大革命'中，他被开除了党籍、削减了工资，依旧保持着乐观的心态。全家五六个人仅靠他这份工资维持日常开销，除去约30多元房租，每个月的家用仅有40元，生活之清贫与艰苦可想而知。问他，发老，今天吃点啥啊？他总是调侃地说，家里吃得好！四川菜、广东汤。所谓'四川菜'，上海话谐音为'水汆菜'，即为过水汆一下的蔬菜，没啥营养；而'广东汤'，上海话谐音为'晃荡汤'，即似清水般的汤，在肚中"晃荡晃荡"响。记得有一次，我去探望他，他刚从医院回来。因为胆囊萎缩，做检查时医生问他，你怎么胆没有了？发老回答：我的胆，'文化大革命'的时候就没了。医生给出建议：'发老，你还是要做个手术，拿掉比较好。'发老讲：'这可是父母给我的，是原装货，可不能调包。'那么多年里，他一直用幽默达观的心态消解无端的不幸和噩运。正因为程先生能坦然地面对命运，始终有一种勇气去接受生活，韩天衡便把他视作自己在艺术、人生、精神上的楷模，每年过年都要到发老家拜年，中秋节也去拜望，以示敬师之礼。

由于韩天衡的印风奇崛多变、绮丽恣肆，形式美中寓意境美，金石美中融诗意美，镌刻美中显气势美，令人耳目一新，因而在画家圈子中颇受青睐，印名不胫而走。也就在1973年，经老师兄、书法家徐伯清先生介绍，韩天衡结识了上海著名山水画家应野平①先生及人物画家刘旦宅②先生。

应先生曾自言："对于图画，我所追求者是：气清、骨雅、神秀。以上六字具备，则画品自高。但要到此境界，并非易事，须穷毕生之力探求之。"应先生这种深入传统又力求拓展的精神与韩天衡是很相通的。他对韩天衡的印风很欣赏，先后请韩天衡为其制了100多方印章，而且大都是姓名章，这是颇有难度的，因为不能印印相袭、千篇一律。为此，韩天衡时常日

---

① 应野平（1910—1990），曾名野萍、野革，浙江宁海人。自幼喜好书画，笔墨雅致朴茂，构图严谨和谐，气势雄浑雍容，具有浓郁的生活气息和酣畅的自然情韵。亦工于书法，隶书古雅浑穆，得汉人神韵，行草潇洒遒劲，有晋唐风骨。善作诗文，意味隽永而文字清丽。其山水以清"四王"为发轫，后追踪北宋诸家及"元四家"。

② 刘旦宅（1931—2011），原名浑，又名小粟，别名海云生。天才早熟，擅人物及花鸟，精研传统，工写兼长，才华横溢，画风清新，后成为上海中国画院中最年轻的画师。创作大多以古典题材及历史人物为主，笔墨生动清俊、秀拙相蕴，极富书卷气。后又创减笔泼墨，集线描、工笔、泼墨、泼彩于一体。

图7-3 2008年，韩天衡与刘旦宅先生（左为韩天衡）

思夜想。有一次，韩天衡在梦里想到了一种构思，梦醒后，半夜挑灯刻好，一气呵成，交给应先生。应先生见后很高兴，对韩天衡讲："尽管我也请了不少人刻印，但你的这方印我最满意，最欢喜，都钤盖在我认为满意的画上。"应先生晚年画上所钤之印，大多都是出自韩天衡之手。

韩天衡与刘旦宅的印画相交，也很有缘分。刘先生颇具锐意进取之精神，为人刚正不阿，与韩天衡心有灵犀，引为知己，且刘旦宅又是温州人，韩天衡对温州又有特殊的情感，因而颇为投缘。他先后为刘旦宅刻了20多方印，如"瓯越人""知白堂"等，均成为刘先生作画时的常用印，亦是韩印早期的代表作。刘旦宅性格豪爽且重友情。就在1973年两人相识不久的一个晚上，韩天衡去刘旦宅府上拜望。那天刘旦宅画兴很浓，他对韩天衡说："你天衡嘛，就给你画张天马行空图吧。"说罢即铺纸挥毫，落笔如飞，仅七八分钟，一幅水墨画《天马行空图》即跃然纸上，笔墨酣畅、神采焕发。转眼到了1974年，批"黑画"运动中，画院中的工宣队员来韩天衡处调查，声称刘旦宅为他画了张《天马行空图》，而刘旦宅跟林彪是一丘之貉（林彪的书房中就挂有《天马行空图》的书轴），要韩天衡配合运动，把这张"黑画"交出来。韩天衡毕竟是"老运动员"了，情急之中，他以严肃的口吻对工宣队员讲："我知道此画画意不妥，怕惹祸，前几天我已烧了。"面对如此有"觉悟"的回答，来者望着依然保持着军人英姿、身穿褪色军装的韩天衡，无奈地摇摇头打道回府了。事后，韩天衡感叹道："若此画交给工宣队或造反派，那可是苦了刘旦宅、臭了韩天衡啊！"

第八章　沙老赞誉韩印开出新境界

　　沙孟海在书法篆刻界属于泰斗级人物。他在看了韩天衡的印稿后，敏锐地意识到这是多年来没有见到的新气象。于是，沙老激动地亲自给周昌谷回信，评曰："上海韩天衡同志治印，根底深厚，刀法精熟，加上刻意创造，变幻多姿，为现代印学开辟了一新境界，反复玩赏，赞扬无已！"

可贵者胆

艺术风格讲究"不可无一、不可有二"。抱着别人的宝贝，充当自己的创造是不可取的，是自欺欺人的。要推陈出新，力求突破。"陈"是前贤的创新成果，推陈，为的是借鉴学习前贤之新而出新。从本质上讲"推陈出新"的内核是"推新出新"，即推往昔之新，出未来之新。把陈新对立和割裂开来都是错误的。

——韩天衡《豆庐独白》

1974年初春，尽管"批林批孔"运动正在开展，但自然界的春光是关不住的，杨柳披绿，梨树明艳，桃花吐艳。而在东邻日本，也正樱花盛开，风光妩媚。此时，一个日本代表团来到上海访问。怎样接待，如何传承自古以来中日书法艺术交流的传统，开展中日书法家的艺术交流？由于当时所有的艺术家协会组织都被迫解散，于是只能在工人文化宫组织了中日书法家的交流。中方参加此次交流的书法家，大都是工农兵身份，韩天衡也应邀挥毫作书，用擅长的篆书书写了"中日友谊万岁"六字。那潇洒酣畅的书写、古朴苍劲的运笔、疏密自如的结构及豪放雄健的气势，令日本书法家眼睛一亮，十分佩服，纷纷鼓掌示敬。当时，上海电视台新闻部还作了现场采访报道。此次中日书法家的交流，产生了较大的社会反响，不仅增进了中日友谊，还为日后中日书法家更广泛的交流奠定了基础。

不久，市里下了调令，要调三位书法家、篆刻家到已"瘫痪"的上海中国画院"掺砂子"，打破"反动艺术权威"的一统天下。能到大名鼎鼎的书画艺术最高殿堂——上海中国画院工作，并从业余爱好者一下子成为专业艺术家，这对韩天衡来讲自然是梦寐以求的天大好事。回想自己每次到汾阳路上那环境清雅、花木茂盛、绿树成荫的上海中国画院拜望师辈们时，对这里是多么向往，憧憬着自己也能有一天步入这座艺术之府。而今终于梦想成真了，他怎能不激动？但当韩天衡冷静地面对当时火药味十足的"批林批孔"运动形势，并权衡利弊时，他又犯难了。他十分明白自己当时的身份和角色，是作为"掺砂子"到画院里去参加"斗、批、改"的，这意味着他将面临的相当残酷的现实是：那些昔日自己敬重有加、教导自己书画、篆刻的画院老先生，如刘海粟、唐云、陆俨少、程十发等，将成为自己今后"斗、批、改"的对象。他认为：艺术是毕生的追求，而品格是高于艺术的德行，批斗师长，无论从情感上、伦理上还是艺术上，他都于心不忍，更认为是不可饶恕的罪过。

"小韩呀，你调去画院的事，考虑得怎么样？究竟去不去？"当自来水公司组织部门的同志关心地问韩天衡时，韩天衡坚定地作出了抉择："我想还是不去为好，就留在自来水公司，一样干革命。"那位领导挺惋惜地说："小韩啊，你可想想好，这可是别人想去而不能去的地方。""天涯何处无芳草。"韩天衡淡定地答道。

上海中国画院不去了，但韩天衡所在的自来水公司也不"太平"。据同在自来水公司工作的老学生何焕清回忆说：在"批林批孔"运动开展的同时，社会上还兴起了一股清算"资产阶级反动路线"复辟风，被处理过的几个造反派骨干又跳出来闹事，仗着有人在背后撑腰，气焰嚣张、有恃无恐，在自来水公司召开了共300人参与的斗争批判大会，从点名批判党委书记开始，一个个点下来，后来点到了韩天衡，说他贯彻"资产阶级反动路线"，抵制学习毛泽东思想等。韩天衡公然在会场上第一个毫不畏惧地站出来，与造反派开展辩论，摆事实、讲道理、明是非，显得大义凛然，博得了广大干部的好评。

韩天衡在自来水公司任党委办公室秘书，属于干部编制，每年在暑期要安排一个月到农村干校（当时称为"五七干校"）劳动。自来水公司的"五七干校"在奉贤，条件很艰苦，住房是用竹架搭起的芦席棚，桌子是用肥皂箱代替的。白天种田、养猪、浇水、施肥，晚上还要"斗私批修"，学习马列著作。就在这种环境下，韩天衡仍坚持每天刻印、写字。中午别人休息午睡，他就因陋就简地在肥皂箱上刻印。他给自己定的指标是一个月刻印150方，每次都提早完成。有一天中午，他正埋头在"咯咯咯"地刻印，突然间双手被人从背后抓住，"哦，原来是你在刻图章。"韩天衡忙抬起头一看，原来是住在隔壁芦席棚里的一位老干部。老干部说："我每天中午睡觉时，总是听到隔壁发出'咯咯咯'的声音，我以为是谁午睡在磨牙，奇怪怎么磨得这样响？因此，我今天特地来看个究竟，想不到是你在刻印章。"韩天衡明白了此位老干部的来意后也笑了，忙打招呼："对不起，影响你午休了。"

农村的蚊子很多，尤其到了晚上，像是轰炸机成片成片地飞来。石灰刷的芦席棚天花板上停满了乌黑一片的蚊子，看了叫人心里发怵。韩天衡为了刻印、练字，只得"全副武装"，穿起分解式雨衣，把自己裹得严严实实，然后再奏刀或挥毫，二三个小时下来，衣服、鞋子里能倒出一大摊水。由于他能写会画，于是负责出黑板报，从写散文、杂文、诗歌到配画，一条龙式地全包。有一次，他写了一首诗《汗的颜色》："有人说汗是翠绿色的——请看汗浇灌的青菜，有人说汗是银白色的——请看喜人的棉花，有人说汗是金黄色的——请看沉甸甸的稻穗；请听'五七'战士的回答：汗么，七彩俱全，五色缤纷——因为在咱们的心田里，有着万紫千红的壮丽图画。"这首诗后来被从上海来看望他的解放日报社文艺部主任储大泓看到，觉得写得很有生活气息，于是便拿回上海，在《解放日报》上发表了。陆俨少先生也很欣赏这首新诗，还书写成一幅横披送给韩天衡。

从奉贤的"五七干校"回来后不久，马上就要到中秋节了，韩天衡又到家住复兴路254弄的陆俨少先生家拜望，正逢才从浙江美术学院来的著名人物画家周昌谷[1]也在。于是，陆先生热情地介绍两人订交。一位是新浙派人物画的领军人物，一位是新海派篆刻的新锐代表，两人颇有艺缘，一见如故。陆先生见状很高兴，按文人传统，"订交"不可无记。周昌谷当场画了一张人物画，陆先生补画并题了字："昌谷与韩天衡订交于海上，昌谷因写此图，韩天衡治印报之，予画补蕉草以记，俨少。"韩天衡发现周昌谷没有题年月，就问："昌谷兄，你怎么不写年份呢？"周昌谷听后，苦笑了一下，用一口杭州官话无奈地讲："'文化大革命'以来我画画，从来不写年份，写了年份，容易给人家抓住把柄。"陆先生则马上讲："这一次是你和韩天衡

---

[1] 周昌谷（1929—1985），号老谷，浙江乐清人。自幼喜爱书画及诗文，1948年考入国立艺术专科学校，毕业后留校任教。历任浙江美术学院教授、中国美术家协会理事、浙江美术家协会副主席等职。以人物画名世，花卉画也别有风韵，亦能诗文、书法及篆刻。

订交，不能不写年份。"周先生听后觉得也有道理，于是就提笔题写了年月："甲寅中秋前一日为韩天衡画。"这幅周韩订交之画，成了周先生在"文化大革命"中唯一写有年月的作品。

订交后，周昌谷与韩天衡于艺术上颇多共同语言，时常书信往返，雅兴联谊，互作画印。韩天衡先后为周昌谷精心刻了20多方印，既有姓名章，也有斋号章，周先生很满意，常在画上使用韩印。周先生也是位有心人，把韩天衡先后为他刻的印章敲在一张宣纸上，托友人朱关田送给杭州的著名书法、篆刻家沙孟海①先生评点。

沙孟海在书法、篆刻界属于泰斗级人物。他在看了韩天衡的印稿后，面露喜色，敏锐地意识到这些印章胎息秦汉而追踪明清，取法正脉而传承有自，不囿前人而自出己意，有一种可贵的清新之气，这可是多年来没有见到的新气象。于是，沙老激动地亲自给周昌谷写信，评曰："上海韩天衡同志治印，根底深厚，刀法精熟，加上刻意创造，变幻多姿，为现代印学开辟了一新境界，反复玩赏，赞扬无已！"周先生收到沙老的来信后，觉得此信分量与印学价值非同一般，就马上给韩天衡写信并将沙老的来信一起寄给了韩天衡。

读毕沙老大札，韩天衡非常激动，深有高山流水之幸、欣逢伯乐之喜。此封信不仅对韩天衡个人很重要，放在现代篆刻史中看，也具有相当重要的文献意义与学术价值。韩天衡印艺上的变法创新，并不是一帆风顺的，对此其恩师方介堪也有异议，印学界的非议就更多了。正是在艰难之际，美术界的几位大师级画家的首肯并率先钤用，终于使韩印突围成功、登台亮相。但

---

① 沙孟海（1900—1992），原名文若，又名文瀚，别号石荒、沙村、兰沙等，浙江省鄞县塘溪镇沙村人。出身于名医书香之家，自幼喜好书印诗文，师从吴昌硕。曾任国民政府教育部秘书。新中国成立后任浙江美院教授、西泠印社社长、中国书法家协会副主席、浙江书法家协会主席、浙江博物馆名誉馆长。系中国当代书坛巨擘，现代高等书法教育的开拓者之一。著有《印学史》《沙孟海书法集》《中国书法史图录》《沙孟海论书文集》等。

这毕竟是印学圈外的风景，而今沙老的来信评价，特别是“为现代印学开辟一新境界”的厚重赞语，不仅体现了沙老可贵的爱才尊才之精神、相当宏远的历史意识，而且沙老作为篆刻大家、金石权威，他的高度肯定，标志着当代印学界对韩印的专业确认与圈内推崇。同时，这也预示着“韩流”作为现代印艺的一个新流派，终将奔腾向前。

图8-1　韩天衡与沙孟海先生（左为韩天衡）

沙老的提携之恩和扶植之情令韩天衡难忘，而另外有一位文化艺术界老前辈的知己之怀和知音之感也令韩天衡铭记。更具传奇色彩和超凡意味的是，韩天衡和这位老前辈竟从未谋面，但却成了莫逆之交。此人即是以“兰亭论辩”名世的高二适[①]先生。

韩天衡与高二适的相识也是很偶然的。高先生有一个学生，请全国比较有名的40多位篆刻家给他刻印，韩天衡也应邀刻了两方。当时，高先生住在南京鼓楼医院，在病榻上看了韩天衡的印后，为其清新俊逸的印风所感染，居然兴奋得精神大振，起床写了两首诗寄给韩天衡。其一为：“百折江流九折文，篆村墨石解纷纭。几时才见韩生笔，伯乐亲题骥北群。”其二为：“向爱元人瑶碧堂，脔龙雕虎势披猖。维提证圣斋前过，江海都为百谷王。”此两首七绝写得古雅绮丽、才气横溢，于说古道今中表达了对韩印的推崇。

① 高二适（1903—1977），原名锡璜，后易名二适，中年曾署瘖盦，晚年署舒凫。斋号孤桐堂，江苏泰州人。1965年以《兰亭序的真伪驳议》和《兰亭真伪之再驳议》参加“兰亭论辩”，驰名文坛书苑。精于文史哲，擅于诗词，工于书法，长于鉴赏。书法取意高古，博览碑帖，尤以草书独步书林。著有《新定急就章及考证》《〈刘梦得集〉校录》《刘宾客辩易九流疏记》《高二适书法选集》等。

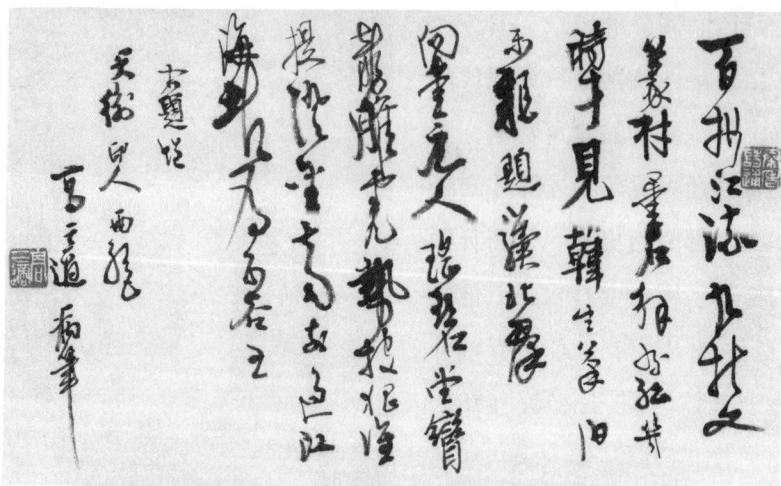

图8-2 高二适为韩印行草题诗二首

韩、高印诗相交后，一发而不可收。高先生先后请学生或友人拿来五批印石，共20多方，每方印都注明刻什么内容，并在信中坦言："晚岁的印都要君刻。"韩天衡对每方印都认真构思，布排妥帖后才奏刀。刻好后再请学生或友人到南京带给高先生。有一次，几位学生回来激动地对韩天衡讲："高先生收到你的印章很高兴，还给我们一人写了一张字。"高先生的书法境界甚高，运笔奇古、气息醇雅、格调清逸，为书界所推崇。但他是典型的文人，清高而孤傲。当时有不少领导及名人慕他大名，请他题字，他都将纸扔在瓷筒中，一直不写。据说当时有数位中央领导请他写字，他拖了三年还没有写，而韩天衡的两个学生请他写，高先生竟一夜交稿，可见高先生对韩印之特殊感情。

当时正值"批林批孔"运动开展，社会氛围使人感到压抑而窒息。高二适、韩天衡正是通过这样的艺术交流，来获得心灵的小憩和精神上的缓冲，此中甘苦二心知。面对艰难时世，韩天衡内心也很忧虑，于是他请学生带了一幅六尺手卷给高先生，请他书写屈原的《渔父》，因为韩天衡特别欣赏其中的一句名言——"世人皆醉我独醒"。在当时的情况下写这一句，韩天衡考虑到可能会有麻烦，于是就请学生转告高先生：有空有便就写，如不写也无妨。高先生毕竟是有骨气的奇男子，他不仅精心书写，而且很有胆量地在后记中抒发了自己的感慨，意谓屈子处世，清醒有什么用，有时越清醒越感到痛苦，自己只能走向万丈深渊。读了高先生的后记，韩天衡深感高先生的人格力量，平添知己之感。后来，韩天衡将这幅手卷拿去给陆俨少看。陆先生看后，沉思了一会，很有感叹地讲："真写得好，气格高，直追宋元，不落明清。"从陆先生的眼神、语气中，韩天衡读懂了他的心思。心曲共鸣，道义相应。于是，韩天衡把陆先生介绍给高先生，使二老也订交了。高先生不仅赞佩陆先生的画艺，而且赞他才学高蹈。尽管他们也没有见过面，仅凭书信诗画交往，却心心相印。

韩天衡与高二适这种精神上的沟通，主要通过信件来往。有一次一位带信的学生回来讲："高先生在病床上读到你的信非常兴奋，还拿给他的女儿高可可看，并说韩先生那么年轻，印刻得好，字写得好，文章也好。"遗憾的是韩天衡与高二适的这种精神交往并没有延续多久，两年多后，高先生即归道山。临终弥留之际，高先生嘴里一直叫着几个人的名字，其中就有韩天衡。病床边陪他的人并不知道韩天衡是谁，后问了几个搞书画的朋友，才知道韩天衡是上海一个年轻的金石家。这件事韩天衡原先并不知道，后来是一位朋友告诉他的，听后深为高先生的真情所打动。上海几位收藏家知道韩天衡手中有不少高二适写给他的信，想出高价收藏，都被韩天衡拒绝了。他说，这些信是他和高先生友情的见证，千金不换。

也正是通过与高先生的尺牍传书，韩天衡真实地了解了像高老这样深受传统人文精神浸染的知识分子的"士之精神"。高先生多次说过，"吾素不乐随人俯仰作计"，其学识操守和人文精神是令人敬佩的。韩天衡是位篆刻家，其熟谙文字形义学。许慎在《说文解字》中解释："士，事也。始教于一，终于十，从十一。"孔子则从"士"的社会职能上解读为"士志于道"（《论语·里仁》）。而余英时在《士与中国文化》中也说过：士在中国史上的作用及其演变是十分复杂的现象，绝不是任何单一的观点所能说明的，但是无可争辩的，文化和思想的传承与创新自始至终都是士的中心任务。高先生就是有这种担当精神和道统追求的。韩天衡知道，高先生当年和郭沫若有关《兰亭序》真伪的论辩，后来给高先生带来了很大的压力，但高先生依然坚持己见、铁骨铮铮，体现了真君子的精神力量。1965年，郭沫若先生根据南京郊外出土的几种东晋时代的墓志，其书体与《兰亭序》迥殊，从而认定《兰亭序》不是王羲之所书，撰写了《由王谢墓志的出土论到〈兰亭序〉的真伪》一文。该文先在当年《文物》第六期上发表，后又在《光明日报》连载。高二适读后不同意郭文的观点，遂根据史实与书法演变，撰写了《〈兰亭序〉的真伪驳议》一文，认为《兰亭序》应出自王羲之手笔。此文被他的老师章士钊送至毛泽东处，毛泽东认为"笔墨官司，有比无好"。于是《光明日报》在1965年7月23日发表了此文，形成了一场有关《兰亭序》真伪的全国性讨论。后来在《兰亭论辩》一书出版时，"出版说明"中明确定论："这场争论反映了唯物史观同唯心史观的斗争"。一场原本学术上的争论，成为了两条路线的斗争，高二适则成了唯心史观者。但高先生依然坦坦荡荡，不改初衷。后来韩天衡拜访启功先生于京华小乘巷陋室时，问及启功先生在《兰亭》真伪讨论时，怎会作短文批判高二适。启功先生仰天长叹一声，相当感慨地说："天衡啊，你知道吗？我头上戴着右派帽子，郭沫若捎条子过来，要我批驳高先生，我敢不写吗？"语毕，他一脸的无奈与惭愧。因此，当韩天衡请高二适先生书写屈原《渔父》长卷时，高先生才借后记一吐胸中郁结之气。虽然韩天衡与高二适的年龄差距达38岁之多，但他们在精神上是相通的。

　　长期埋首刻印、写字，韩天衡逐渐发觉颈椎部位酸痛僵硬，开始还以为是低头奏刀时间长了所至，于是就用毛巾热敷并辅以按摩，但情况并没有好转。直至1975年初春，有一次他在刻印较长时间后，抬起头，觉得眼前金星飞舞、头晕手麻，几乎要跌倒，赶紧到医院就诊，被告知是颈椎病所致。医生告诉他：不能再长时间地低头刻印或写字，需要加强锻炼，否则的话，随着病情的加重，后果十分严重，不仅人会突然昏倒，还可能导致瘫痪。

　　韩天衡是位"印痴"，要他停止刻印是不可能的，但医生的话也不能不听，他只得一边吃药一边理疗，一边减少每天的刻印时间。他的两位老师谢稚柳和陆俨少得知他的病情后，建议他不妨多花些时间在国画上，因为画面尺幅大，要站着画，可减少颈部压力。于是，韩天衡接受了两位老先生的建议。也就是说从1975年初春开始，韩天衡相对减少了刻印、写字的时间，以较大的精力、较多的时间开始在谢稚柳、陆俨少严格的指导教授下，攻习画艺，挥洒丹青。这对韩天衡个人从艺历程来讲，具有重大的转折意义，意味着韩天衡在篆刻、书法方面达到一定的艺术水准后，又向其姊妹艺术——绘画发起了攻坚战。由于韩天衡本身就有绘画基础，在经过了一段时间的集中突击后，韩天衡在六月间画了两本荷花及水仙的小册页，拿去请谢、陆二先生指教。他们看后，颇为赞许。谢稚柳说："小韩呀，看了你的画后，我觉得这很好，这也就是常说的'得笔'。"而陆俨少先生看了韩天衡的重彩泼墨荷花和工写结合、纤秀灵逸的兰花后，直言道："你笔性好，画的东西有魄力和灵气。"他还欣然在册页上以楷书为其题写长跋。

1975年下半年，韩天衡应邀参加《辞海》一书中有关书法部分的修订，同时也因撰写《中国篆刻艺术》一书的需要，借调至上海书画出版社。《中国篆刻艺术》是一本篆刻艺术专业书，在当时的大环境下，撰写相当艰难。首先，"文化大革命"期间出版的文艺书，大都不允许个人署名，或是以写作组的名义，或是干脆署上"集体创作"。为此，出版社组织了方去疾、韩天衡、单晓天、高式熊、顾振乐、潘德熙、陈振濂等进行集体讨论，由韩天衡执笔。稿子反复被审，并一次次修改，韩天衡坚持书稿不涉及政治，但篆刻艺术上的一些基本原则和史实不做任意改动，就这样来来回回，形成了"拉锯战"。

韩天衡性格很直率，胆子也大，时常是想到就说，不隐瞒自己的观点，这为他带来了不少麻烦。借调在上海书画出版社期间，就闹出了一场不大不小的"关于木刻水印可否为五亿农民服务"的争论风波。当时，上海出版系统有一个老干部提出了一个极左的口号——"木版水印要为五亿农民服务"。韩天衡听了觉得很荒谬，木版水印工艺复杂、印刷考究，每道工序都要刻版，且不说印刷周期长、产量低，而且价格也很昂贵，怎么为五亿农民服务？于是，韩天衡就直言这口号根本行不通。不知是谁汇报了上去，那个老干部马上认定韩天衡是反对文艺为工农兵服务，是"封、资、修"回流的阶级斗争新动向。不久，老干部召开了全社辩论大会，想要彻底清算这种"错误"思潮。出版社的大部分编辑都同意韩天衡的观点，称那个老干部根本不懂业务，只是瞎折腾，但迫于形势，又敢怒不敢言，只是为韩天衡捏把汗。韩天衡却显得胸有成竹，因他历经多次运动，已成了"老战士"，学会了一种斗争策略，即"以极'左'对极左"，"以其人之道还治其人之身"。在辩论会上，韩天衡亮出了自己的观点，说我们国家的领导阶级是工人阶级，为什么木版水印不首先提为工人阶级服务而单说为农民服务，这是颠倒主次，有意破坏工农联盟，是以'左'的面貌出现的极右口号！最后，辩论会了不了之。韩天衡居然没被斗倒，逃过了一劫。据当时在上海书画出版社担任责任编辑的书法家周志高先生回忆："当时有人把韩天衡讲'水印为五亿农民服务'是行不通的话汇报给了那位老干部，此人一听相当恼火，指责我们借了一个'假党员'。我和方去疾老师很无奈。"不久，韩天衡被退回到原单位，那本正在写的小册子——《中国篆刻艺术》再度搁浅。后来，出版局曾请他去批判这个老干部，而他婉拒了，平静地说："这一切都结束了，我今天不是左派，当初也不是右派，只是讲了几句真话而已。"就这样，这本极薄的小册子，一直拖到粉碎"四人帮"之后的1980年才出版。

在从艺之途上，韩天衡得到了老先生们的无私关怀、真诚帮助和专业辅导，使他获得了心灵的阳光与成长的雨露，不仅涵养了他的笔墨丹青，冶炼了他的金石镌刻，更奠定了他的审美理念，铸造了他的人格品性。

自1963年韩天衡的印作入选杭州西泠印社展后，浙江美术学院的书画篆刻家陆维钊教授就对韩天衡相当推重，关注韩天衡的目光从未停止。其间，陆先生与韩天衡时常有信件来往，探讨书画金石之事。陆先生以他自创的融篆化隶、古雅朴拙、奇谲飘逸的"蜾扁体"书法相赠，韩天衡亦以精心篆刻的十多方印章回馈。也就在这一年，长期患病的陆老从病榻上起身，花了半天时间，修书一封给上海复旦大学教授、书法家郭绍虞①先生，把韩天衡引荐给了这位大学者。韩天衡专程拜访了郭绍虞教授，就书法及做学问诸事请教了郭老。谦虚儒雅的郭老对勤学好问的韩天衡进行了具体指导，鼓励他要耐得住寂寞，方能登堂入奥，显示了一位大学问家的高瞻远瞩与不同凡响，也使韩天衡多有启发。郭老还对韩天衡的印学创新表示了肯定，并请韩天衡刻印以作存念。

1975年，浙江与上海的青年书法家举行了书法篆刻联合展。在杭州展出后不久，就有不少的杭州朋友来上海请韩天衡写字。韩天衡觉得有些奇怪，怎么杭州书界会如此喜欢他的书法？后来，有位杭州来的朋友揭了秘，原来这个展览在杭州举办时，沙孟海先生也去孤山西泠印社展厅看了，而且一张张看得很仔细。当别人问沙老对展出印象如何时，沙老说，上海韩天衡写的那张篆书很有新意。于是，韩天衡的大名在杭州一下传开了。

从在印学界旗帜鲜明地首肯韩天衡的篆刻新风，到在书法展上公开推荐韩天衡的书法，沙老对韩天衡的支持之情和扶助之恩使韩天衡感到难能可贵，颇感知遇之恩。深秋，韩天衡专程从上海去杭州拜望沙老。

沙老的家在龙游路，韩天衡先去找了师兄朱关田，约他一起前往。当时，龙游路还是一条十分僻静幽逸的小巷，颇有旧式江南的古风遗韵。绿树相拥着窄窄的碎石小路，两边是粉墙小院，砖缝中的青苔诉说着远去的历史。斑驳的院墙上，蒿草摇曳，偶尔有数枝桂花从院墙中伸出，散发出幽逸的清香，不经意间传递出了古老宅院的人文底蕴。在这样的小巷中行走，俯仰之间使人浸染在悠然的怀旧与人生的感悟中，体验到岁月的优雅和时光的从容。

---

① 郭绍虞（1893—1984），名希汾，出生于苏州。1921年他与郑振铎、沈雁冰、叶圣陶等共同发起成立文学研究会，后经师友胡适、顾颉刚推荐到福州协和大学任国文系主任兼教授。1949年后到复旦大学任教，兼任中文系主任、图书馆馆长，系中国文学批评史权威、语言文字学家、书法家，中国科学院学部委员，著有《中国文学批评史》《宋诗话考》《照隅室古文学论集》《照隅室语言文字论集》等。

龙游路15号，是一个多户居住的小院。尽管此番是沙老和韩天衡的第一次见面，但大家并没有陌生感。韩天衡握着沙老的手说："沙老，您好！真是久仰、久仰呀！"沙老也显得很高兴，热情地讲："哦，上海客人来了，请坐，请坐。"沙老的家当时在底楼，并不大，再加上堆着各种书籍、字帖及杂用品，显得有些凌乱和局促。沙老坐在一张狭小且油漆剥落的写字桌后，穿着一件中式上装，头戴一顶旧呢帽，面容和蔼、谈吐平易，就像邻家的一位老爷爷。韩天衡取出了近两年刻的印稿请沙老指教。沙老很认真地一方方审看，然后颇有感叹地讲："自赵之谦之后，还没有一个人可以在篆刻方面表现出那么多的风貌。"随即沙老又问："你是否有定型的打算？"韩天衡则坦诚地答道："我还在探索，还没有考虑定型。定型即是退步，我觉得探索非常重要。"沙老听后，肯定地点了点头："你有这种想法很好！"这次两人相见，尽管时间不长，但对韩天衡篆刻艺术的发展，起到了很大的推动作用。在今后的岁月中，沙老的提携之恩，越来越凸显。临别时，沙老站起身，握着韩天衡的手，语重心长地说："欢迎你经常来。我们都老了，今后都要靠你们年轻人了。"沙老所作出的贡献是划时代的，不仅开创了自己的艺术风格，而且在当代书法篆刻的创作方式、笔墨形态、理论研究、传承创新乃至高端人才的培养等方面，均有重要的建树与引导意义。可以这样讲，沙老在韩天衡的篆刻崛起之时，起到了一锤定音的作用，为韩印的问世，投了关键的一票。

1976年春节刚过，韩天衡少年时的启蒙老师郑竹友先生病重了。他躺在病榻上，直呼"天衡，天衡"。韩天衡赶紧去看他，只见在阴暗狭小的老房子中，一位年届八十的老人蜷缩在床上，面容憔悴。"天衡呀，你来了，这次我恐怕是不行了。"郑先生伸出青筋暴突的手，拉着韩天衡伤感地讲。"不要紧的，我陪你去医院看看，会好转的。"韩天衡一边安慰着老人，一边看着先生的那双已枯槁的手，心酸不已。这双手不仅在上海，就是在全国也是屈指可数。因为郑竹友的书画修补、接笔功夫绝对一流，不仅有精深的艺术造诣，亦有精妙的工匠精神。有一次，郑先生在一旧货市场买了一张据称任伯年的扇面，整张扇面已破得面目全非，但两周过后，韩天衡看到的已是一张品相完好扇面了。还有一次，郑先生让韩天衡看明代书画家吴宽的书法作品，上面有两个字烂掉了。过了不久，郑先生再让韩天衡看时，已烂掉的两个字不仅补上了，而且一点也看不出修补的痕迹。郑先生的这手绝活，当年的张大千、陈半丁、吴湖帆及齐白石等人，都很敬佩。郑先生在北京工作时，徐邦达为了修补旧字画，曾多次找过郑先生。当时，郑先生手头备有一本册页，凡来找他的书画家，都要留下字画，徐邦达也欣然从命。待徐邦达画好后，郑竹友对他说："我上海有个小徒弟，很有灵气，这是他写的字，请您老看看。"说罢，拿出韩天衡写的书法。徐邦达先生戴上老花镜看后，说了一句挺有趣的话："他的字写得像我这个年龄写的，而我的字却像是他这个年龄写的。""哈，徐老过奖。"随之，他们都露出了会心的微笑，从中可见郑先生对韩天衡的厚爱。郑先生也曾想把修补旧字画的绝活教给韩天衡，韩天衡也学过一阵子，但受限于时间精力及地分两头，韩天衡未能深入学习下去，乃为憾事。

不久，郑先生终因年迈体衰、心肌梗死而辞世，终年八十岁。韩天衡含泪为先生料理了后事，尽了弟子之道。作为韩天衡从艺道路上的第一位恩师，几十年来，郑先生对他的教导与扶植使他终生铭记。郑先生的离世，也是中国文物收藏修复界的一大损失。

也就在这一年年底，韩天衡经陆俨少介绍，结识了著名山水画家宋文治①先生。两人画印相交后，韩天衡先后为宋文治刻印20多方。由于宋文治与陆俨少情在师友之间，平时与陆先生亦多有交往。因此，韩天衡与陆、宋相聚时，也常谈书、论画、说印。陆俨少与宋文治在艺术观念上都讲传承而重创新，因而韩天衡与他们在一起有颇多共同语言。

---

① 宋文治（1919—1999），笔名宋灏，江苏太仓人。习"四王"，后效法宋元，转益多师。其山水画具有南派之灵秀，兼北派之劲健，尤善画烟雨江南，风格鲜明。曾任南京大学教授、江苏美协副主席、江苏省国画院副院长等职。著有《宋文治作品选集》《新加坡画展选集》《日本西武画展选集》《宋文治画谱》等。

1976年金秋十月，祸国殃民的"四人帮"被一举粉碎，历时十年的"文化大革命"终于结束了，历史翻开了新的一页。人们纷纷走上街头，敲锣打鼓，欢庆崭新时代的到来。

　　此时的韩天衡已经历了许多的风风雨雨，无论是在人生经历上的顺逆坎坷，还是在艺术之路上的曲折探索，都甘苦自知。韩天衡在同代人中是有幸的。他那么早就接触了第一流的艺术大师，蒙受他们的教诲指导，打下相当雄厚的艺术基础，取法正道而传承有序，拥有相当高迈的起点。大师们的苦难遭遇，也使韩天衡从中感悟到不少人生哲理。这些都是他日后登攀艺术之巅的精神资源和艺术养料。而韩天衡本人则始终在勤奋而执着地积聚文化能量和创造元素，除了刻苦地从事书画、篆刻外，他还攻习古典诗文、研读文艺理论、注重博览群书。如今，面对一个艺术春天的到来，他已蓄势待发。是呵，只要不负岁月，不负理想，不负自我，总有振翅高飞的时候。

　　大地回春之后，韩天衡赶紧去看望那些敬重而熟悉的老先生，从方介堪、陆俨少、刘海粟、谢稚柳、程十发到沙孟海、唐云、方去疾等，尽管十年浩劫所积下的许多问题不可能一下子解决，有些老先生的处境才刚刚有所改变，但他们的精神面貌及从艺状态有了很明显的好转，他们已不再悲观、失望或无奈、消沉。韩天衡去看望他们也再不用偷偷摸摸，像个地下工作者一样，而可以光明正大地走进他们的画斋，为他们尽心尽力地去做一点力所能及的事。

每次七八个学生到他家来上课，只能脱鞋后站着听，连坐的空间都没有。特别是在大热天，脚臭味、汗臭味沾在地板上，大家戏称这里为"站训班"。可以这样讲：韩天衡是继吴昌硕之后，在培养弟子数量、弟子成才率上做得最为成功的一位。

意与古会

学我者，都不是我的好学生。先生贵在授人以心而不授人以面，不能把学生当作自己的二级广告牌，不能把自己的面孔来覆盖学生的面孔，要为学生创造广阔而多方的探索天地。老师的责任非但是传道、授业、解惑，还得立德、建功、求新，做一个对社会有奉献的人。

——韩天衡《豆庐独白》

粉碎"四人帮"后,社会各界百废待兴。就以书画篆刻界来讲,也面临着严重青黄不接的断层现象。韩天衡意识到现状的严峻性和紧迫性,遂以一种对艺术的责任感和传承的使命感,注重接纳学生,培养新生力量。实际上,早在1968年他从部队复员回上海后,他的印名已在全国及上海传开,收了童辰翊、孙慰祖等人为学生,其后也有一些青年篆刻爱好者想投于韩天衡门下,但限于影响,他只得有所控制。而今随着春回大地,面对篆刻艺术的后继乏人之景,他开始扩大规模地接纳了一批学生,如张伟生、何焕清、吴申耀、吴承斌、朱鸿生、黄连萍、张炜羽,以及外地的张公者、许雄志、洪序光、王丹、邹涛等青年学子。

当时韩天衡家住杨浦区龙江路一间仅10平方米的陋屋,屋子还被隔成两间。里间是一个衣橱、一张床,住着韩天衡的继母及女儿韩因之;外间放着一张小方桌、一张小床,临窗放着一张小红木书桌。小方桌一桌多用,吃饭、刻印、写字、画画都在这方寸之间。晚上女儿在不到两平方米的地板上打地铺,韩天衡就睡在小方桌的下面,头顶着房门,腿从小桌里穿过,用一句上海俗话讲是"小得连一只蟹也爬不进"。斗室尽管狭小,却也布置得颇为雅致,弥散出浓郁的书香。门上挂着一排常用的大小毛笔,写字桌边的一个小巧的竹木书架上,印谱、古籍、书刊排列有序,房门边挂着陆俨少的山水与谢稚柳的工笔花卉。里间的壁上,挂着清代篆刻大家吴让之的横幅书法,可谓是"室雅何须大,花香不在多"。由于居住空间属于"螺蛳壳里做道场",为此,每次周三晚上,七八个学生到他家来上课,只能脱鞋后站着听,连坐的空间都没有。特别是在大热天,脚臭味、汗臭味沾在地板上。学生走后,他要用拖把擦半天,等地板干了,才能打地铺睡下。条件虽然艰苦,但由于他讲课深入浅出、语言生动、妙语连珠,因此学生们听得很开心，时常笑声不断，气氛相当活跃，大家戏称这里为"站训班"。

艺术的兴盛发展，需要师授传承。如东晋书圣王羲之师承卫夫人，画圣顾恺之师承卫协。近代海派书画艺术的崛起，也与师授传承分不开。如吴昌硕培养了陈半丁、潘天寿、沙孟海、王个簃、钱瘦铁、诸乐三等，沈曾植培养了马一浮、吕凤子、于右任、王遽常、谢无量等，李瑞清培养了张大千、胡小石、李仲乾等，从而支撑起了海派书画百年大师之门。而在当代，韩天衡在培养弟子上的贡献也是相当突出的。他设帐授徒分为前期、中期、后期，为新时期后书画篆刻人才的涌现构建了梯队，输送了精英。可以这样讲：韩天衡是继吴昌硕之后，在培养弟子数量、弟子成才率上做得最有影响、最为成功的一位。

设帐授徒，原是中国传统艺术的教学方法，但也有其相对局限性，如谨守师门、取材单一、方法老化等。而韩天衡在教学上，采取了先进的理念、开放的方式，因人施教、因材施教、循循善诱、启发为上，并反复强调不要学先生、不要仅守师门。韩天衡曾深有感触地说："学我者，都不是我的好学生。先生贵在授人以心而不授人以面，不能把学生当作自己的二级广告牌，不能把自己的面孔来覆盖学生的面孔，要为学生创造广阔而多方的探索天地。"凡学生示韩天衡以印稿，他都点评实在，不虚不诳，有一说一。他还毫无保留地操刀示范，戏谑为"实战操练之法"，从而使技艺交流、心扉互敞、教学相长。后来在全国性的书法篆刻大展或大赛中，韩天衡学生的入选率及获奖率往往独占鳌头。

韩天衡设帐授徒从1968年他复员回上海算起，他与每一位学生从相识到授艺几乎都有着故事性的情节与感人的场景。在韩门弟子中，孙慰祖是开门学生之一。1970年5月，在知识青年上山下乡的大潮中，孙慰祖去了江西生产建设兵团，那是一个地处偏僻山区的军垦农场。在劳作之余的时间，特别是星期日，他会继续着在上海时的业余爱好——刻印章，并每隔一段时间将自己的印作寄给小学时的书法篆刻老师翁思洵、顾懋钧先生，请他们指导批改，然后再寄回给他。1971年元旦刚过，翁老师信中转来韩天衡对孙慰祖所篆刻印章的评点，并告知孙慰祖韩天衡是自己原来南市区的老邻居，且是篆刻大家方介堪的高足，虽然年纪比自己小，但在篆刻上已很有功力与造诣，并在上海颇有名气。翁老师对孙慰祖说，已向韩天衡作了推荐，今后可直接写信去向他请教；他还关照孙慰祖，写信去时要附上邮票，这是礼貌和规矩。按照翁老师的嘱咐，孙慰祖认认真真地给韩天衡写了求教信，并选了几方篆刻印花附上。一个多月后，他收到了来自上海自来水公司办公室寄出的一封信，打开一看，竟是韩天衡给他的回信。信尽管文字不长，但相当精要地指点他："首先是篆法，其次才是章法、刀法和腕力。"

从此，孙慰祖与韩老师鸿雁传书，就篆刻印学向他隔空请教探讨。韩天衡不仅在给他的每一封信中具体、认真地评改篆刻作业，还无微不至地关心他的学习、工作，祝他"政治好、工作好、艺术好"。无论是在朝霞初露的清晨，还是在寒雨敲窗的冬夜，他捧读老师的来信，都感受到心灵的温暖与精神上的启迪。在那段劳作艰苦、生活平淡、文化萧瑟的岁月中，期盼老师的来信，是他的一种渴望和幸福。直到今天，孙慰祖还相当感动地说："'烽火连三月，家书抵万金。'这一艰难时期的老师来信尤其珍贵，我都一一珍藏起来，一共有十多封呢。几十年过去了，我每年还要拿出来重温一遍，有几封信至今都能背出来。这些是我的宝贵财富。"

1972年，孙慰祖回上海探亲。他先前往南市桑园街57弄12号的翁思洵家，然后由翁老师带着，来到桑园街75弄3号韩天衡的阿奶家。没有传统的拜师叩礼，也没有早在孔夫子时就定下的拜师要送三条肉干的见面礼，三人围着阿奶家门前那张木板小方桌，谈临摹秦汉印，讲篆法的印上结构，说用刀的力度气势。当孙慰祖问今后如何提高篆刻水平时，韩天衡说："艺术没有捷径，不走弯路就是捷径。"这句话言简意赅，又富有哲理。韩天衡谈到如何运刀时，问孙慰祖："印石带了没有？""带了。"孙慰祖平时口袋中总带着一方把玩摩挲的青田石，随即递给韩天衡。"第一次见面，给你刻方印算作见面礼吧，也让你看一下如何运刀。"韩天衡接过印石，在上面涂了墨后镌刻，刀石相应，提按冲走，迅疾畅达，不到五分钟，一方古朴浑穆的汉白文"慰祖之印"便完成了。孙慰祖明白，过去在印学界有一规矩，老师是不会随便亲自操刀刻印让你看的，由此可见韩老师的大气坦荡。时间已到正午，翁思洵和孙慰祖想起身告辞，韩天衡热情地说："别走了，今天老阿奶看到我来，特地烧了菜饭，大家就一起吃吧。"就这样，孙慰祖与韩天衡从通信到面见，再到一起吃菜饭，完成了一次相当简朴、平民化的拜师仪式，也可以称这是一次相当纯洁、高贵的拜师仪式。其后，韩天衡与孙慰祖印学两地书的往返频率加快了，韩老师还在信中嘱咐他："不要单纯地刻印，也要搞些印学研究。"孙慰祖曾动情地讲："那几年生活相当艰苦，艺术园地萧疏凋零，远在穷乡僻壤、四顾无人的环境中，自己之所以能坚持下来，是因为有灯亮在心里。"

韩天衡的早期学生中，有自己的同事吴申耀。复员后韩天衡的工作单位是上海自来水公司，任党委办公室秘书，而当时公司的团委书记就是吴申耀。吴申耀是一位喜好艺术的"儒官"，从小就喜欢书法、篆刻。当时篆刻的资料很少，但凡看到报刊上有印章他就剪下，还专门去朵云轩抄摹印章。他的刻刀是用锯条做的，临写的篆书也是七拼八凑的，不管怎样，刻出的印章自己觉得挺好看。韩天衡复员到上海自来水公司，可谓是天赐良师。吴申耀看了韩天衡那些印系正宗、篆法严谨、刀法刚健、传承有序的篆刻印章后，如梦初醒，觉得自己所谓的篆刻一切都是错的，得从头来。

当时，自来水公司有一道独特的景观，在工作时间，吴申耀是团委书记，和韩天衡是同事；休息时，韩天衡是老师，吴申耀是学生，吴申耀常向他请教印艺，韩天衡则奏刀示范。好在吴书记也没有什么架子，韩老师也尽心尽力地从篆刻的"ABC"开始指教。"工欲善其事，必先利其器"，韩天衡先送了一把正宗的吴昌硕式篆刻刀给吴申耀。工具问题解决后，韩天衡又借了赵之谦的篆书字帖给他。篆刻者，先篆后刻。因此，写好篆书是关键的第一步。午饭后，韩天衡放弃午休，抓紧时间向吴申耀传授如何临摹。就这样，一个秘书老师、一个书记弟子，头碰着头鼓刀走石。后来，吴申耀的官越做越大，先是到上海公用事业管理局当工会主席，后又到上海市总工会任副主席、党组副书记等职，但他韩门弟子的身份始终没有变，韩天衡对他的辅导指教也始终没有变，经常为他一个人"开小灶"。

照片，是岁月的记忆，是时光的留痕。张伟生保存着数张黑白老照片，那是他于20个世纪80年代初摄于龙江路64号2楼半双亭子间韩天衡的家中。狭小拥挤的空间里，桌上堆满了书籍资料，背景是国画镜框，这也许是龙江路最早的影像留痕。因为地方小，无法展开，故每张照片都是不完整的局部画面。照片上韩天衡戴着一副黑框眼镜，一身军便服，连风纪扣都扣着，还保持着军人的英武，时年四十一岁。张伟生则穿着青年装，笑得有些腼腆，显得颇青涩，时年二十七岁。照片上还有韩天衡的夫人及一双儿女，女儿韩因之，十一岁，儿子韩回之，仅五岁。当时一家人虽住在逼仄的小屋，却也生活得其乐融融。张伟生当时在上海铁路局党委宣传部工作，1976年初夏时节到上海郊区奉贤农场"五七干校"劳动。那时，公用事业局和铁路局的人员在同一所干校劳动。尽管那时的劳动条件比较艰苦，但自小喜爱书法的张伟生依然坚持在劳作之余练习书法。一位同来干校的公用事业局干部见张伟生如此痴迷于笔墨，就对他说："我们局下面的自来水公司有一个喜欢刻印写字的韩天衡，你知道吗？""知道，他很有名气的，可惜我不认识。"张伟生马上答道。"哦，那好，等干校劳动结束，回上海后，我介绍你与他认识。"那位干部热心地讲。

一个多月后，张伟生结束了干校劳动。一天晚上，他随着那位朋友来到了龙江路韩天衡的家。那时是夏天，韩天衡穿着白汗衫正在灯下弄印章。那位朋友开门见山地对韩天衡说："天衡呀，今朝我给你带来一位学生，他非常喜欢书法，也很用功，对你仰慕已久，想请你多教教他。""好的，我们一起学习，一起学习！"韩天衡热情而爽快地答道。就这样，张伟生将带来的书法习作摊在小方桌上，韩天衡很认真地一张张看过后，肯定了张伟生基本功是扎实的，但在运笔上太拘谨，有些点画没有写到位，结构也较生硬。为此，韩老师推荐他临习《唐砖塔铭》，这本字帖虽不是典型的欧、颜、柳楷书，但点画秀逸自然，结构疏密有致，比较容易上手。同时，韩老师在与他

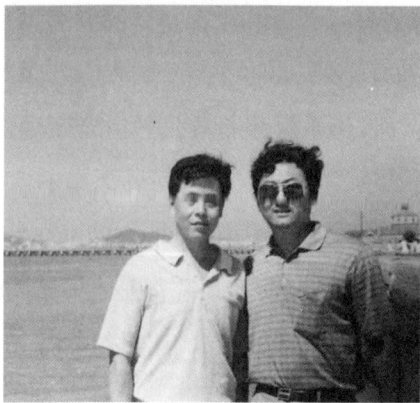

图9-1　与学生张伟生合影

的交谈中，觉得他的文化素养也不错，于是鼓励他要多看经典的书法理论，因为书法最后的提升是靠文化修养来推动的，故开阔眼界、提升审美，很有益处。就这样在一个月明星稀的炎热的仲夏之夜，通过笔墨的演示、艺理的阐发，张伟生完成了他的拜师仪式。原本在来之前，张伟生还是颇有些忐忑和紧张的，而现在他感到如沐春风。从此，张伟生基本每周都要到韩老师家请教，他在书法上的进步也使他跻身于上海青年书法家的行列，此后又在韩老师的指导下涉足书法理论研究及书法作品评论，在《书法报》《书法》等报纸杂志发表了文章，还写出了专著《临帖指南》，韩天衡高兴地为其作序，肯定该书"因为又是理论者的阐述，故所论颇为辩证而不坠于极端"。

韩天衡早期的外地弟子中，来自武汉的洪序光也和他别有一段师生缘。洪序光的父亲有一位朋友叫韩公权，是当时的华中工学院副院长。1979年初春，自幼喜好绘画的洪序光正在家中备考湖北美术学院。一天，韩公权正好到他家来，见他的一些画作后，热情地对他说："你喜欢画画，我可推荐一位老师给你，对你将来也许会有帮助。他是我弟弟，叫韩天衡，在上海工作。""好的，那要谢谢你了！"洪序光马上答道。尽管他是第一次听到韩天衡的名字，但凭直觉便认为这人肯定不简单。不久，他在翻阅《中国青年报》时，看到了介绍韩天衡书法、篆刻的文章，加深了印象。这一年高考结束后，洪序光就带着韩公权的亲笔推荐信去了上海。

到上海后，洪序光先住在了位于人民广场附近的亲戚家，然后骑了一个半小时自行车才找到杨浦区龙江路64号。韩天衡看了哥哥的信后，高兴地说："好呀！好呀！又一个喜欢艺术的年轻人！"

通过交谈，韩天衡了解到洪序光从没有写过书法，于是对他说："中国艺术传统历来重视书画同源，学会书法，对你今后画画是大有益处的。"然后，手把手地教他"五指执笔法"，并告诉他说：如写篆书，可临吴让之的；如写楷书，可学颜真卿的《告身墨迹》。说着，韩天衡又在宣纸上演示篆书与楷书的运笔方法，让他理解学会书法线条对于画中国画是很有帮助的。

不知不觉已到了傍晚，韩天衡夫妇热情地留洪序光吃晚饭。由于老师家实在太小，时值夏天，他们就坐在楼下的小天井里，搬来几只方凳当小饭桌。为了款待他，韩师母还特地开了一听当时难得的午餐肉罐头，放在他和当时只有三岁的小回之面前。

一个下午的时光是短暂的，但韩天衡的真诚、博学与热情温暖着这位远道而来的学子的心。握手告别时，韩天衡告诉他，每周三晚上是他固定在家上课的日子，如方便，可来听听。因正好是暑假期间，洪序光先后去了几次，从此加入了韩门弟子群。

"程门立雪"，是一个美丽而虔诚的求师故事。韩门弟子中也有类似的故事。1980年5月，全国第一届书法篆刻展在沈阳开幕，这是由上海《书法》杂志发起、著名书法家周志高等人参与筹办的展览，韩天衡不仅作品格外引人注目，还是评委之一。十七岁的王丹是位痴迷书法篆刻的年轻人，自然不会放过这次观展学习的好机会。他十四岁起就跟着李世伟、沈延毅、杨仁恺等学习书法篆刻，见到奇崛雄浑、大气磅礴的韩印后，很是崇拜，凡见到韩印都剪下来反反复复临习。见弟子如此痴迷，李世伟便借着这次展览，把王丹引荐给随同展览一起来到沈阳的韩天衡。

韩天衡在认真地看着王丹的篆刻后笑了，因为大都是临摹或仿刻他的作品，如"万毫齐力"印刻得似可乱真，从中也透出难得的才气。"你刻的不错，也挺用功的。但不要学我，要学秦汉印、学传统，这样你才会有更大的进步。"韩天衡的意见很直率且直奔主题，他又进一步指出，"你的印章路子应该讲带有北方人的粗犷、豪放，但也可适当学些南方人的细腻、精到，这才是一种好的互补方法。"韩老师话不多，却相当到位，既指出了要向传统取法，也为他今后的印路提供了方向。王丹受到很大的启发，回到锦州家里后，专心致志于秦汉印的临摹，每天保证四五方，节假日则加倍。第二年春暖花开的四月，王丹挑选了部分临摹的印作专程乘火车来到上海，欲正式投师韩门。

由于没有韩天衡家的住址，那天一早他到上海后，直奔岳阳路上海中国画院。门卫师傅告诉这个从关外远道而来的小伙子，几天不见韩老师来了，今天来不来吃不准。那就只能等了，看运气吧。就这样，王丹一直守在画院门口。眼见太阳西斜了，还没见到韩老师的身影，只能回旅馆住了一晚。第二天，他又到画院门口报到，可是依然运气不佳，还是扑了个空。王丹可是铁了心的，那就继续吧。第三天，他又准时来到画院，一直等到中午肚子唱起了空城计，只得到画院附近的小面馆吃了一碗面，继续回到画院门口等待。坐在台阶上人感到有些困乏，再加上仲春的阳光暖洋洋的，不一会儿他就打起盹来。"咦，这不是王丹吗？你怎么会在这里？"迷迷糊糊中，王丹睁开眼，看到韩天衡就站在他的面前。"呀，韩老师，我终于等到你了。"王丹一下子站了起来，激动地拉着韩天衡的手说。是呵，去年在沈阳仅一面之缘，韩天衡就记住了他的名字。"这个小伙子在这里等你已是第三天了。"门卫师傅上前说道。

韩天衡得知情况后很感动，忙把王丹请到他的工作室内，递上茶水，告诉王丹自己正在选编《历代印学论文选》，需到各地图书馆收集、查阅整理资料，刚从外地出差回来。接着，他仔细地看了王丹的印稿，脸上露出欣慰的笑容，说他临摹秦汉印很认真，刀法也有很大的进步，方向是对的。他叮嘱说："你要记住，只有在传统上下扎实的功夫，今后的路才会越走越宽。"讲着讲着，韩老师问王丹："你带了石头吗？""带了。"于是韩老师接过王丹递上的青田石，直接在上面奏刀演示，讲解运刀之要法，不一会儿，一方端庄古朴的"王丹印信"就完成了。这使十八岁的王丹很感动，自己来拜师一样东西都没带，反而是老师刻印相赠，送学生见面礼。

韩老师将画院的一些事务处理完后，就带着王丹乘上画院门口的公交车，到位于河南中路的西泠印社买印泥。一路上，韩老师关心地询问王丹的生活、工作情况。

由于王丹在沈阳铁路部门工作，有乘车之便，从此经常到上海请教韩老师，韩老师也叫同门师兄张一帆照顾王丹在上海的交通、住宿。正是在韩老师的因材施教、专业辅导下，再加上王丹的勤奋刻苦及颇高悟性，经过数年的努力，王丹已成为篆刻界的新秀。1985年，韩老师与王丹一起在北京参加全国第二次书法家代表会议，说起当时王冬龄正在浙江美术学院（现中国美术学院）举办首届书法篆刻干部培训班。王丹就在韩老师的推荐下进了这个班，这为他日后的提升、成长提供了一个相当高的平台。这个班的班主任是陈振濂，老师是王冬龄、祝遂之，沙孟海、陆俨少等大师。韩天衡又把王丹介绍给陆俨少先生，王丹便也成了陆先生在杭州的常客，时常在陆家吃午饭，跟陆先生学书法绘画。这为王丹日后崛起于篆刻印坛做了准备。

先生，不仅是一种称谓、一种修为，更是一种境界、一种标志。范仲淹在《严先生祠堂记》中写道："云山苍苍，江水泱泱，先生之风，山高水长。"这体现了在中国人的人文传统中对先生这种社会身份的认同与尊重。而与先生最接近的一种角色，就是老师。陶行知的名言是"德高为师，身正为范"。无论是先生还是老师，他们对学生的影响都是巨大的，甚至能改变学生的命运。远的不说，就以近代陈师曾、陈半丁、潘天寿、沙孟海、王个簃、诸乐三等人来讲，他们拜师吴昌硕后，命运都发生了重大而深刻的变化。可以这样讲，在艺术发展史上，当一位真正的大师级人物或领军级代表出现时，必然有相应的时代背景及艺术源流。在韩门弟子中，日后就有不少人改变了自己的命运，成为社会精英和艺界名流，这是先生之道与老师之风的必然结果与因缘和合。

韩门早期弟子中，有些人是最初从媒体、报纸杂志上看到了韩印后，被其俊美奇崛、雄健恣肆的印风吸引，特别是韩印所呈现的那种清新阳刚而又潇洒浪漫的气息和气势，对年轻人尤有独特的吸引力，这也是促成"韩流滚滚"的社会因素之一。徐庆华就是这样走进韩门的弟子。在20世纪70年代末80年代初，他喜欢上了书法篆刻，每当在报刊上看到刊发的韩天衡篆刻，都如获至宝，一方方地剪下来认真临摹，但一直苦于没有机会认识韩天衡。世间之事，有时自有缘分。机会，会在不经意间来敲你的门。

1983年，上海《书法》杂志举办了"文化大革命"后全国首届篆刻评比展览，徐庆华不仅入选，还得了奖，是年龄最小的获奖者，成了初出茅庐的篆刻新秀。而他的那方参展作品"有抱负"，正是借鉴了韩印的表现形态，特别是"有"字就是从韩印"是有留人处"中的"有"字略作变化移植而来的，具备较强的艺术表现力和较生动的形式感。实际上，作为评委的韩天衡也注意到了这位颇有才气的印坛年轻人，只是两人的相识还在静待机缘。

1984年，上海中国画院迎春画展在上海博物馆举行。开幕后的一天，徐庆华带了中午的干粮——两个面包和一本速写簿，在韩天衡的印屏前开始一方方地仔细临摹钩画，这引起了正在展厅值班的韩天衡的关注。多年后他还能清晰地回忆起当时的场景："恰见一位学生模样的小青年，在我创作的印屏下钩描印稿，我到他的背后凑近一看，居然一笔不苟，很得神气。我没有惊动他，走开了。约莫过了一个小时，这位小青年还在那里钩描，他的执着，我的好奇，驱使我产生了与他接触的念头。我对他说：'这种印不宜临习，要注意临习借鉴历史上最好、最高明的东西，这样即使不能得其上，也能得其中。'我这突然的发话和对韩天衡印的大不敬口气使他震愕……"

听了韩天衡的话后，徐庆华的确很震惊和茫然，场面有些尴尬。此时，善解人意的韩天衡轻轻拍了拍徐庆华的肩，笑着说："我就是这些篆刻的作者韩天衡，小伙子，侬叫啥？"嚯，自己数年来的学印偶像就站在自己的面前，这富有戏剧性的场面使徐庆华由惊转喜。"我叫徐……徐庆华。"他有些腼腆地答道。敏感的韩天衡马上答道："噢，侬就是徐庆华，我晓得侬的。"就这样，两人在印苑神交了数年后，终于在展厅中相识、相认了。随后，他们互相交换了地址。

回到家后，徐庆华把当日与韩老师意外相逢之事激动地和父亲说了。知子莫如父，父亲知道儿子对篆刻的痴迷程度，因此也为他的幸运感到高兴，并嘱咐他赶紧去拜师。但徐庆华是个对自己要求很高的人，他觉得自己水平还不够，还要再努力一段时间再去韩老师处。就这样一个月过去了。有一天，他收到了一封来信，打开一看，竟是韩老师的亲笔信。信里告诉他每周三晚上，韩老师会固定接待同学上门辅导篆刻，并邀请他加入，相互交流学习，随信还附上了好几方韩天衡的钤印。这是徐庆华没想到的。韩老师如此真诚热心，使这位年轻学子的心中倍感温暖。于是，他等日历翻到星期三，就带上自己的印章加入了韩门弟子群。韩老师针对他善于思考的特点，要他多看多临秦汉经典印章，多关注明清流派印章中善于变法的大家，这为他开拓了思路，提供了取法多师的资源。韩天衡还专门引用韩愈《师说》中的名句："是故弟子不必不如师，师不必贤于弟子。闻道有先后，术业有专攻，如是而已。"鼓励他不必囿于师门，可以自己大胆地拓展。这为徐庆华日后自辟蹊径打下了基础。

韩天衡的早期弟子中，朱晓东是通过唐云先生牵线而拜师韩门的。朱晓东 1983 年拜唐云先生为师，主要临习大写意。他特别喜欢唐先生的兰竹，因为其气息灵动，韵清格高。那时，他除了绘画写字外，还十分喜爱篆刻。早在读中学时就自己操刀刻印，对韩天衡亦是十分仰慕。从上海复旦大学分校首届考古与博物馆专业毕业后，他以优异的成绩留校任教，曾在 1981 年团中央举办的"全国大学生书法展"上获一等奖，同时获奖的还有鲍贤伦、王冬龄、曹宝麟、沈培方等。1985 年上海中国画院开办书画篆刻研修班，由一批著名书画篆刻家带班教学，其中有唐云、程十发、胡问遂等，韩天衡则出任篆刻班老师。朱晓东在报纸上看到招生广告后，前去报名，经面试合格入选。学校也支持他再进修，给他报销了 80 元进修费。

唐先生是很善解人意的，他知道朱晓东想拜韩天衡为师，就对朱晓东说："在篆刻班开班前，你先到画院里来一下，我为你介绍一下韩天衡。"那天朱晓东来到画院，唐先生正在下面的大厅内，见他来了后就带他上楼去韩的办公室。想不到刚到楼梯转弯处，两人正好遇见身材高大的韩天衡，快人快语的唐先生一把拉住韩天衡说："这是我学生，他想跟你学篆刻，拜你为老师，你就教教他。""好的，好的。"韩天衡笑着答道。"谢谢韩老师!"朱晓东鞠躬答礼。

就这样在楼梯转弯处，在唐先生的引荐下，朱晓东完成了拜师，那个年代的纯真朴实并非童话。之后每个星期四晚上，朱晓东都去画院篆刻班上课，同班的同学有徐庆华、李唯、朱鸿生、张之发等。韩天衡上课深入浅出、系统全面，毫无保留地示范用刀技法。1986年结业时，大家拍了一张师生集体照。照片上的韩天衡四十六岁，雄姿英发，而同学们大都还很青涩。之后，朱晓东时常去昌平路韩天衡的家中拜访，韩天衡为他题了"浅砚斋"的横匾。对朱晓东的篆刻，韩天衡要求他多学多临汉印，吃透汉印的精神，要进得去、脱得出。对朱晓东的书法，韩天衡认为他运笔气息灵动是优势，但线条还欠淳厚，缺乏力度气势，要取法碑学，故专门借了《西狭颂》给他临摹。从1991年初起，朱晓东经商下海17年，2007年因参加世界华人收藏家大会的筹备工作而重归艺苑。2013年应韩天衡邀请，出任韩天衡美术馆首任馆长，与恩师朝夕相处，请教受益，切磋艺事，策展办馆。

现定居日本名古屋，执教于名古屋中京大学的邹涛，1983年毕业于吉林大学法律系，后在《人民公安报》当记者。1986年7月，他将自己的篆刻作品从北京寄给韩天衡求教。尽管他学篆刻已有五年多的时间，但自己认为还是初级。那个时候很多年轻的学印者都很崇拜韩天衡，纷纷学他的篆刻。邹涛信寄出后不久，就收到韩天衡的回信。韩天衡建议他不要学自己，指出：学得再好再像，永远是别人的面孔，是没有意义的；要学秦汉印，这才是有意义的经典。

一年后的1987年，韩天衡到北京和邹涛见了面，看了他的不少印稿后，专门分析了刀法。韩天衡说，吴让之是运刀的高手，披、削、冲、切相当灵活；钱松是浙派中的刀法大家，有独特的刀感。这种具体的、针对性的指导，使邹涛得益匪浅。从此，韩天衡和邹涛结下了师生之缘。在后来的交往中，韩天衡反复对邹涛强调要刻好印章，一定要把书法与篆刻结合在一起搞，即书以印入、印从书出。历代篆刻大家如文彭、何震、汪关、苏宣、丁敬、邓石如、吴让之、赵之谦、吴昌硕、齐白石等，都是将书法与篆刻成功结合而开创出风格的。这可谓是一种方向性的引领与策略性的指导。邹涛遵从师言，进步很快。1990年，邹涛的篆刻在第三届全国中青年书法篆刻家作品展中获优秀奖，1991年，又在西泠印社举办的第二届全国篆刻作品评展中获优秀奖。这一年的9月，邹涛赴日定居名古屋，其后与韩天衡鸿雁传书，交往不绝。韩天衡凡到日本，邹涛等大都陪同。邹涛亦担任中央美术学院的客座教授、中国艺术研究院中国篆刻艺术研究院研究员等职。他始终牢记韩天衡的叮嘱，"作为一个篆刻家，一定要有思想的支撑、理论的研究，反之是走不远的"。这也就形成了在韩门弟子中一个相当独特的重要现象，即创作与理论互为表里，比翼齐飞。邹涛对赵之谦、吴昌硕研究精深，出版了《赵之谦年谱》《日本藏吴昌硕金石书画精选》，还主编了迄今规模最大、收录作品最多、面貌最为完整的12卷本《吴昌硕全集》。

韩门弟子中，来自浙江温州的张索与韩天衡有特殊的情缘。1978年他还在读中学时，就拜当地的篆刻家林剑丹为师。林剑丹和韩天衡同是方介堪的学生，因此，张索把韩天衡视作自己的师叔，对韩印的奇崛雄奇很是仰慕。他有时陪着林剑丹去看望方介堪老，碰到过韩天衡，但是与韩天衡的正式接触，始于1986年，当时温州书法篆刻展在上海市静安区工人文化宫举办。林剑丹是温州书法家协会主席，张索是理事，负责接待工作。开幕当天，来了很多上海书法篆刻界人士，有方去疾、韩天衡、张森、吴建贤等。林剑丹专门把韩天衡拉到张索的篆刻作品前作了介绍，韩天衡也很热情地和林剑丹、张索合了影。

1988年，张索已从中学调入温州师范学院工作，协助方介堪的学生张如元编方介堪的一部重要专著《玺印文综》及《方介堪印存》。7月底两部书编完，8月底方介堪先生就去世了。韩天衡作为方的弟子，对老师很有感情，他马上和上海书店的编辑童辰翊、陈其瑞一起，不顾酷暑赶到温州，帮助料理老师的后事。那时张索天天和韩天衡在一起，利用空隙时间拿出自己的印稿请韩天衡指教。人的情感是很微妙的，由于林剑丹与韩天衡同出方介堪师门，韩天衡对张索也倍感亲切。张索没有拜师就入了韩门。

后来由于《玺印文综》在上海书店出版，因为一些编辑事宜，张索经常到上海。他总是去拜访韩天衡，他的篆刻开始学韩印。韩天衡直率地对张索讲，不要学他，要从秦汉经典中临摹效法、吸取养料。张索的秦汉印当时在林剑丹老师的指导下已刻得具有一定功力，韩天衡鼓励他将此作为今后努力的方向，此外还要深入地理解秦汉印的内在精神，以及其字法的空间组合，并具体地建议他由用小刀改为用较大的刀来刻，以便刻出力度、厚度与气势。后来张索改用大刀刻就是接受了韩天衡的建议。那时他的刀法也是单一的推刀，韩天衡认为还可以结合冲刀，推、冲刀法互相配合，使线条富于变化。张索后来调到华东师范大学美术学院任中国画与书法系副主任后，与韩天衡的交往就更多了。张索认为韩天衡的创作观念与理论研究是具有时代高度与开拓意义的。他时常与韩天衡一起切磋教学理念、研究方向及教案实施，在培养学生方面也取得了不小的成就。他的学生在全国性的书法篆刻展及学术研究中，多有获奖者，被称为华东师范大学的"书法天团"。

韩门弟子中，也有"二传手"学生，即弟子的弟子后又拜入韩门。张炜羽就是颇有代表性的一位。那些较早涉足篆刻的人，都知道20世纪60年代曾出过一本《怎样刻印章》，作者陈寿荣是因辑录《十钟山房印举》而著名的晚清金石学巨擘陈介祺的宗亲。80年代初，此书经过增订又再版了，成为那年代不少爱好篆刻年轻人的启蒙读物。当时正在读大学的张炜羽也是从这个小册子开始学篆刻的。那个时候配合学习篆刻的资料很难寻觅，于是报纸杂志上的篆刻印章就成了主要资料，张炜羽也有这样一本报刊剪贴篆刻本。说实话，当时发在报刊上的篆刻印章也良莠不齐、鱼龙混杂。1983年，张炜羽在《解放日报》上看到一方"朝花漫笔"，作者是韩天衡，那灵动秀逸的线条、刚健畅达的刀法、开合有序的章法令人耳目一新，极富美学冲击力。他再一打听，便知韩天衡是上海颇有名气的篆刻家。

当时的上海市书法家协会设在巨鹿路上海作家协会、上海文联所在的那幢花园别墅内。1984年春节，上海市书法家协在这幢别墅的金色大厅内举办迎春书法创作展览活动。当时上海刚崛起的中青年书法家周慧珺、韩天衡、张森、吴建贤等做书法示范交流，韩天衡亦以潇洒酣畅的运笔书写了风格独具的草篆。这是张炜羽第一次零距离地观看心中的偶像挥毫，但碍于当时观看者众多，韩天衡又被书友围着，他没有上前请教。大学毕业后，张炜羽走上了工作岗位，篆刻印章依然是他的最大爱好。有一天，同科室的一位同事告诉他普陀艺校正在招生，主讲老师正是韩天衡。他立即就报了名。根据学员的实际水平，篆刻班分为初级、高级两个班，张炜羽被分在初级班。第一次开课时，课堂上坐着两个班近三十位同学，他们中有的已是韩门弟子。韩老师在看了几位新老学生的印章后，就在讲台上强调："篆刻学习是一个相当长期的过程，学篆刻要有一种殉道精神，才会出真正的好成绩。"韩老师在第一堂课中所讲的"殉道精神"，奠定了张炜羽今后艺术之路的基础。

由于学习认真及善于思考，张炜羽在篆刻上进步很快，这使在初级班担任老师的孙慰祖对他刮目相看。孙老师要求他一是再要多写篆书，篆是刻的基础；二是要再临秦汉印，理解其内在的艺术规律。一年之后，张炜羽的篆刻已在初级班中脱颖而出，极富潜力。于是，为了他能进一步提升，孙慰祖慷慨地将其引荐给韩天衡，从而让张炜羽与韩天衡结下师生缘。在此后的日子里，韩天衡对张炜羽给予了很大的关注，为他讲解篆法、刀法、章法，手把手地教他刻边款等。当时，上海博物馆办了华笃安先生明清流派印章捐献展，这些从明及清、精彩纷呈、流派辉煌的印章，令他大开眼界，让他认识到在传承秦汉印的基础上，可以涌现出如此缤纷的流派、如此众多的名家、如此瑰丽的印风。

转眼到了1985年7月，上海书店出版了《韩天衡印选》。这不仅是韩天衡的第一本印谱，也是"文化大革命"后新生代篆刻家最早出的一本个人印谱，当时在篆刻界引起了很大的反响。张炜羽专门到淮海路新华书店排队购买，回家后反复阅读，认真临习。他认为韩天衡在传承秦汉印及流派印的基础上，成功地开创了自己独特的印风。再说张炜羽自升级到高级班由韩老师教授后，印艺上进步很明显，也得到了韩老师的表扬。于是，他想自己应该

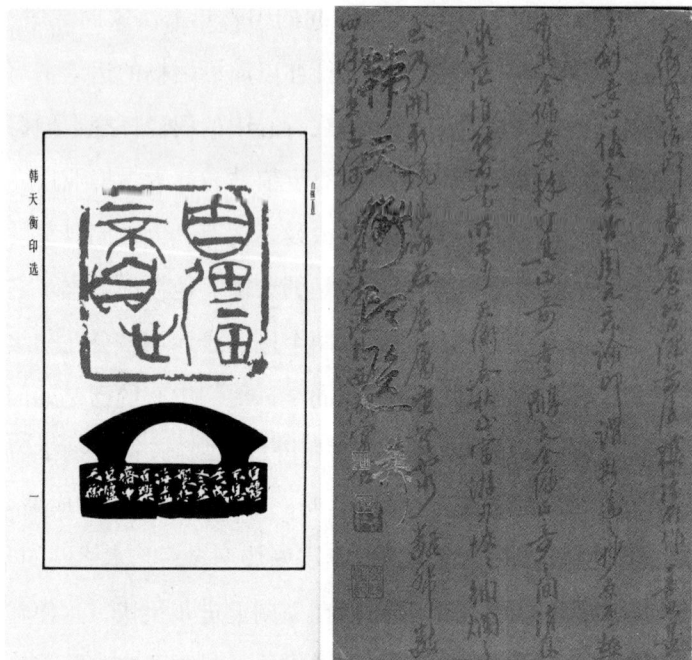

图9-2 《韩天衡印选》

学学韩老师，可以放开胆子创新了，这也算是初生牛犊不怕虎吧。他拿着这些所谓的创新印作满怀希望地请韩天衡指点，韩天衡看了之后，收敛了笑容，深思了一下后以严厉的语气说："我先声明，我是从不反对创新，而且是鼓励创新的。但创新必须要在吃深吃透传统的基础上求变，你传统根基还不深，对印章真正的规律还不甚了了，就盲目地求变，这是走歪路。"韩老师停顿了一下，语气也平和了一些："你看你的篆法很乱，不伦不类，刀法更是浮躁无力。你记住，艺术是无捷径可走的。"就这样，在韩天衡的耳提面命下，张炜羽再返传统秦汉印系，钻研流派印谱，坚持上下求索，在十多年后，才真正叩响了变法之门。

第十章　李可染赠言：天才不可仗恃

以"老梅"自喻的梅舒适与韩天衡的订交，在相当程度上促进了中日两国篆刻家的交流，也为日后中国篆刻再度风靡日本做了铺垫。关于韩天衡，老梅深深地感慨，经过"文化大革命"，中国还能出现这样功力不凡、印风独树的篆刻家，而且年仅三十七岁，实在令人刮目相看。

是有留人处

艺术有圈，只是为了切磋、攻错、互补，除此不宜化圈为域，收益更丰。艺术不是娱乐圈，攻艺者要力求远离商业活动和搞笑般的炒作，力排千般万种耀目移神的诱惑，艺术是需要以诚实而虔诚的殉道者心态去捍卫的事业。扎扎实实而挤尽水分的劳作，决定艺术的含金量。

——韩天衡《豆庐独白》

1977年来临了。在"桃红复含宿雨，柳绿更带朝烟"的仲春时节，日本著名篆刻家梅舒适①先生率团来上海访问，在中日篆刻家的铁笔交流中，韩天衡那种既有古玺印功底、流派印传承，又有个人风格、时代气息的篆刻作品，使梅舒适颇开眼界，耳目一新。自此他每年来上海都要与韩天衡相聚，并在东湖宾馆举办过篆刻展览。梅舒适对中国文化相当推崇，可谓是渊源有自。早在20世纪40年代，他到上海，便在六三园与京剧大师梅兰芳相识。他对梅兰芳说自己非常敬仰中国文化，尤其崇拜吴昌硕的书法篆刻，还曾向梅兰芳请教自己怎样做才更像一个中国人。梅兰芳建议他把名字中的"郎"字去掉，就更像中国人了，于是，梅舒适当场就改了名字。他经常到上海、杭州出差，这为他学习书法、篆刻提供了便利。

以"老梅"自喻的梅舒适与韩天衡订交后，在相当程度上，促进了中日两国篆刻家的交流，也为日后中国篆刻再度风靡日本做了铺垫。关于韩天衡，老梅深深地感到，经过"文化大革命"，中国还能出现这样功力不凡、印风独树的篆刻家，而且年仅三十七岁，实在令人刮目相看。于是，六十有三的老梅诚邀韩天衡为其刻印数方。韩天衡在精工华美、旖旎婀娜的鸟虫印"舒适真赏"的边款上写道："舒适先生属制鸟虫印，并以手刻佳石为报，以砖引玉，可喜可记也。"在篆刻界有这样一条不成文的规矩，凡刻印有一定

① 梅舒适（1914—2008），原名梅舒适郎，系日本关东、关西两大篆刻流派的掌门人。他自幼喜好篆刻，为了更好地学习篆刻、读懂中国印学典籍，考入大阪外国语大学研读中文。毕业后，他因汉语流利而被公司聘用，前往中国北京任职。正是在中国的八年工作、学习经历，使他对篆刻艺术有了系统而深入的钻研。梅舒适回国后，以青年篆刻家的身份闪耀日本印坛，于1948年创立"篆社"，随后又担任日本书艺院理事长。他于1981年被吸收为西泠印社名誉社员，著有《篆刻概说》《隶书、篆书、篆刻》，发行《篆美》杂志。

成就者，一般是不会邀其他刻印者为己刻印的；但凡邀请，均是对被邀者的推崇。老梅以日本篆刻界泰斗之身份邀韩天衡为其刻印，这种行为的本身，就是对韩天衡印艺的赞赏，为中日两国的篆刻艺术留下了一段佳话。

图10-1　韩天衡在日本与梅舒适先生合影（右为韩天衡）

也就在这一年，韩天衡有一幅书法作品被天津艺术博物馆收藏，这是具有时代标志性意义的文化事件。"文化大革命"结束后，不少地方的博物馆尚未恢复工作，天津艺术博物馆在这方面先行一步，公开征集藏品，不仅开风气之先，而且是具有文化艺术战略意义的。韩天衡书法作品的入选，反映了他艺术水平已达到了博物馆收藏级别，无疑也是对中青年书法篆刻家的一种肯定。自此，韩天衡与天津结下了深深的艺缘。

1978年开始，韩天衡经常被借到上海中国画院。经过十年的浩劫，这座当年由国务院总理周恩来提议建起的闻名遐迩的艺术殿堂，已显得衰败而凌乱：原先中西合璧、典雅气派的主楼，石灰剥落、墙体开裂；原先花木茂盛、修竹婆娑的花园，杂草丛生。在此工作的老先生精神状态相较于过去却有了根本性的转变。韩天衡此时来此工作，也感觉到与过去相比完全是两重天地。于是，他在工作之余，尽量多争取时间向熟悉的老先生请教问艺。

韩天衡的儿子也在这年出生了。因春回大地，气象一新，韩天衡为儿子起名"回之"。他抱着胖墩墩的儿子，内心充满着喜悦。女儿因之已有六岁，很是乖巧可爱，如今喜得贵子，更是儿女双全，只是10平方米的住房显得更狭小了。

韩天衡的从艺经历有一个很重要的特点，就是以印交友、以印结缘。在这一年，韩天衡结识了著名画家徐子鹤①先生。徐先生是一位全能型画家，山水、花鸟、人物、走兽均有造诣，尤喜画兰竹、梅花。由于他20世纪50年代中期在安徽博物馆工作，对黄山情有独钟，曾十上黄山，将黄山的奇崛险峻及四季的变幻多姿，生动地呈现于腕底笔端。他尤擅长教学，并精于文物鉴定及修复古旧书画。其时韩天衡正在集中精力攻研丹青，时常写竹撇兰、画鸟造松，徐先生对他精心指导，甚至亲手动笔修改他的画作。从用笔、构图、章法、色彩一一评说，毫无保留地指教、示范，使韩天衡画艺长进。两人友情日深，韩天衡为谢其赐教书画之恩，曾先后为其刻印百方之多。

随着中国外交事业的发展，驻外使领馆日益增多。为了弘扬中华文明，也为了美化使领馆的环境，外交部特邀了当时全国各地一流的画家到位于北京台基厂的招待所作画。尽管当时这种作画几乎是无偿的，无非是住得好一点、吃得好一点，临走时最多给200元车马费或宣纸之类的文房用品，但许多画家都相当看重，因为这象征着来自国家层面的政治荣誉和艺术肯定。上海有几位画家先后被邀请了，在韩天衡的多方斡旋下，陆俨少先生也终于获

① 徐子鹤（1916—1999），又名徐翼、徐寿昌，江苏苏州人。1930年从曹标学人物、山水。1934年师从钱瘦铁，后留学日本。1946年执教于苏州美术专科学校。1951年始，任安徽省书画院副院长。工传统笔墨，尤精南宋四家山水，于工致清丽中见畅达洒脱；书法工行草，有晋唐笔意。上海博物馆藏有唐代孙位《高逸图》，破损残缺严重，经他接手修补，绝迹顿还旧观，令人叹服。其多幅作品被人民大会堂、天安门城楼、钓鱼台国宾馆收藏。

邀赴京。这对长期被贬受压的陆俨少先生来讲，无疑标志着一次政治上的重生与艺术上的解放。这也使陆先生的画艺获得了全国性的认可，韩天衡对此兴奋不已。

　　陆先生在外交部招待所作画期间，韩天衡也正好撰写了一个《书法艺术》的电影拍摄本，需到北京故宫博物院拍摄一些历代书法名迹。到北京后，他先去看望陆先生。因是创作大尺幅绘画，陆先生有些疲劳，但精神振奋、心情舒畅。他兴致勃勃地向韩天衡展示了自己创作的一批山水画，笔墨精湛灵动，构图严谨和谐，气韵丰逸深邃，内中洋溢着一股勃发盎然的生机，可称是"陆家山水"难得的精品力作。韩天衡见到陆先生状态如此，内心很是高兴。那一晚，在招待所柔和的灯光下，他们一边品着香茗，一边谈着人生的感悟和作画的感受，直到星光满天，还没有一丝倦意。是呵，从寒冬迎来春天，从逆境进入顺境，他们都有太多的感叹与感悟。应当感恩艺术，正是艺术成为他们精神上的坐标与人生中的伴侣，与他们不离不弃、一路同行。过了几天，韩天衡陪伴搀扶着陆俨少去登八达岭长城。那一天，陆俨少手扶着逶迤起伏的城墙，望着连绵起伏的群山和苍莽葱郁的林木，有些气喘吁吁。陆先生腿力不行，韩天衡几乎是一路架着他登上了烽火台。这时陆先生感慨万分地讲："'不到长城非好汉，屈指行程二万'，天衡呀，我们也好算是好汉了！"为此，随行的友人为他们拍了照片：陆俨少身穿呢制中山装，戴着呢帽，笑容相当灿烂，那可是从心底溢出的笑容。多少年了，陆先生都没有这样尽情地笑过。是呵，多少年来，陆先生似乎已失去了笑的功能与权力，这个笑容标志着他个人命运的转机与一个新时代的到来。韩天衡一身军便服，风

图10-2　1978年韩天衡与陆俨少在长城（左为韩天衡）

纪扣依然扣着，戴着一副黑框眼镜，山风撩起了他的头发，他也笑得很畅朗潇洒，更显得气宇轩昂、神采飞扬。他们的身后是巍巍群山上逶迤起伏的长城，那高耸雄悍的烽火台，似也诉说着岁月的沧桑与时光的心语。

此次北京之行，韩天衡还受唐云先生之托捎带东西给许麟庐①。许麟庐见了韩天衡相当热情，并把早已画好的《花果双虫图》送给他，题款为"天衡弟一赏"。韩天衡曾在一篇短文中写道："只记得进门进去是个园子，种了各类树木花果，颇似一个姹紫嫣红、生机盎然的园林。我想这也许跟他画花鸟画是相关的，所谓日变日新的天然粉本。先生引我入屋，已放好盛了白酒的小杯，递我一杯，称'进来者都得先喝一杯方能入室'。我告因酒精过敏严重，滴酒不沾，故得破例过关。时见其画室的吊绳上已挂着这张别致的新作，款也是预先书写的，说：'天衡，送你的。'又侧视我良久，蹦出一句山东腔的普通话：'天衡不喝酒？没劲！'"

韩天衡在北京期间，还专门拜访了山水画大师李可染②先生。中国近代山水画有"南陆（俨少）北李（可染）"之称。在这之前，李先生就请韩天衡刻过两批印，此番两人一见如故。李可染与上海有着不解的艺术情缘，1923年他考入上海美术专科学校，在这所由刘海粟任校长，蔡元培、梁启

---

① 许麟庐（1916—2011），又名德麟，山东烟台蓬莱人。1934年从天津商业学校毕业后，在商界任职。1939年与画家溥心畬相识，得其绘画艺术指导。1945年经好友李苦禅引荐，拜齐白石为师。1953年在东单西观音寺创办的和平画店，成为京城艺术名流相聚的沙龙。1957年起在北京荣宝斋工作，曾任北京花鸟画研究会会长、北京中国画研究会副会长。

② 李可染（1907—1989），江苏徐州人，出生于贫民家庭。1917年十岁时，小学美术老师王琴舫见他颇勤奋好学，称赞谓："孺子可教，素质可染。"从此改名为可染。后师从徐州画家钱食芝，习清代"四王"中王翚一路山水，笔墨清逸灵动，细笔皴擦精妙。1949年，新中国成立后，李可染任中央美术学院中国画副教授，开始积极探索艺术变法与笔墨新腔。从1962年至1964年，李可染先后完成了《万山红遍（一、二）》《黄山烟霞》《清漓天下景》及丈二巨幅《漓江》《巫山云图》等代表作，标志着"李家山水"最终成熟。1979年，李可染当选为中国美术家协会副主席、中国画研究院院长。

超、王一亭、沈恩孚、黄炎培任校董的新型艺校中，李可染接触到了不少著名的书画家教授。1929年，李可染考上了西湖国立艺术院研究部研究生，师从林风眠及法国油画家克罗多，学习素描和油画，同时进一步钻研国画，并研习美术史论。是年，杭州成立了"一八艺社"，李可染是早期社员。1931年5月，一八艺社在上海举行习作展览。鲁迅先生前往观展，写下了著名的《一八艺社习作展览会小引》，热情地称赞这些作品"以清醒的意识和坚强的努力，在榛莽中露出了日见生长的健壮的新芽"。李可染开始被社会关注，成为新崛起的青年画家。1933年冬，李可染在徐州举办了首次个人画展。抗日战争前期，李可染在周恩来、郭沫若领导下的政治部第三厅进行爱国抗日宣传画创作。抗日战争胜利后的1946年，他到北平艺术专科学校任教，第二年正式拜齐白石为师，相随十年。白石老人质朴酣畅、生动奇妙的笔墨，使他多有开悟。

有一天，韩天衡又来到了李可染的画斋"师牛堂"，作为一个国内外著名的大画家，他的画室出人意料的简朴，也很小。一个大师，却纯朴得像京郊一老农。这次，李老拿出三方印石叫韩天衡当场刻。韩天衡就在他的画室里操刀而刻，一方是上下白文的"可染"，一方是右左白文的"可染"，一方是独字印"李"，10分钟后，三方印就刻好了。李老和他妻子在一边看得很惊讶。敲出印花后，只见线条张弛有度，刀法酣畅遒劲，气韵生动奇逸。"好！好！你的基本功真扎实，用刀也又狠又准。"李老以内行的眼光满意地称赞道。原来李可染也曾刻过印，如他于1954年为中国画法的变革，曾自刻过"可贵者胆"和"所要者魂"两方。因此，他对韩天衡的印功刀法是很欣赏的。"怎么刻得这样快！"李可染之妻邹佩珠在旁感叹道。韩天衡放下印章，笑着对邹佩珠说："师母，你别看我刻印那么快，我用刀快中带涩，前面是有阻力的。没有阻力就没有线条的张力，就像拔河时双方拉紧的绳子一样，线条间充满着搏击的力量，这种力就是篆刻与书法所需的线条。"李老听后，点着头说："天衡呀，我跟你所见略同啊，你讲得真好。我也常对别人讲：'我不相信天才，我是一个苦学派。'这也就是俗话所讲的，台上一分钟，台下十年功。"

图10-3　韩天衡为李可染刻印"可染"

李老的随和平易，使韩天衡不再拘谨。他们在"师牛堂"中相谈甚欢，看得出李老很喜欢和有见解的年轻人探讨问题。说着说着，话题转到了李老的老师齐白石的身上。"天衡，你谈谈你是如何看齐老师的艺术创作？"李老诚恳地问道。韩天衡想了想，直率地讲："对于白石老人，我是非常钦佩的，他的绘画、书法、诗文，都非常好，有乡土味，有生活气息，那是一种文人气质的乡土味。他表现的东西看起来很拙，但内在是非常巧、非常灵的，可谓大朴不雕，大巧若拙。""嗯，有道理。"李老喝了一口水后，又继续说道："齐老师的画最了不起的是绘画形式感非常强，和别人不一样，他那种民间情趣多么鲜活。他写字旁边放着一把长的尺，就是木匠用的那种长尺，写了几个字后要停下来，要用尺量，思考后，随后再往下写。你看，齐老师是一个挺认真的人。"说到这里，李老话锋一转，问天衡："天衡呀，你是篆刻高手，你对齐老师的篆刻如何看？"韩天衡知道李老对齐白石的感情非同一般，整整十年相伴左右，齐白石居住的跨车胡同13号内留下了李可染的无数回忆。只要你听李可染一口一个"齐老师、齐老师"的，就知道师生之谊是很深的。因此，韩天衡感到这个问题有些不好回答，但他还是实话实说："对于白石老人的篆刻，我是这样看的，他开创了一个新风，但也有其不足，就是表现上比较单调，内蕴不够。用刀时单刀直冲，这样一来，刀法就显得单一；在篆法上舍圆求方；在章法上用多斜角对称，也似乎程式化了。外在风格强，内涵略单调。"李老听后，若有所思地沉默了一会，然后只说了一句："齐老师还是了不起的。"李老说罢，拿起韩天衡已刻好的三方印赏读了一番，又问："天衡，你的印很有自己的风格，据说你为不少老先生刻过？"韩天衡有些感叹地说："是呀，承蒙不少老先生看得起我，才请我刻印。我觉得印章是服装上的纽扣，给各位大画家刻印，追求的风格意趣应都不能一样。印章虽小，但毕竟是一件精美服装上不可忽略的纽扣呀。""好，天衡呀，你这个比喻真对！"李老挺赞同地讲。在"师牛堂"刻印论艺，使李老和韩天衡结下了深深的艺缘和相知的情谊。出于真诚的关爱，也是出于殷切的期望，临别时，李老曾语重心长地说："天衡，我送你一句话：'天才不可仗恃'。希望你取得更好的成绩。""天才不可仗恃"作为李老赠送的金玉良言，在日后的从艺岁月中时常在韩天衡的耳边响起，使他时刻保持着清醒自律，戒骄戒躁、善待批评。

为了使《书法艺术》的电影拍摄本臻于完善，韩天衡还去拜访了著名鉴定家、书画家徐邦达①先生。在文物鉴定界，有"南谢（稚柳）北徐（邦达）"之说。早在1974年，韩天衡在蒙师郑竹友家邂逅了徐邦达，在郑老师的介绍下得以认识这位"北徐"。

韩天衡叩响了徐先生的家门，徐先生颇为热情地接待了他。之前，韩天衡已将《书法艺术》的电影拍摄本寄给了徐先生，这一天是登门拜访求教。"徐先生，《书法艺术》是我写的一个不成熟的本子，请你指正。"韩天衡开门见山地讲。徐先生也是一个爽快之人，他听了韩天衡的话后，直率地讲："你写的这个本子我看了，总的来讲写得不错。中国书法源远流长，你能简明扼要地将其写出，是不容易的。"他停顿了一下，韩天衡马上接口道："你老过奖了。"徐先生拿起《书法艺术》本子，翻到做了记号的一页，说："我

---

① 徐邦达（1911—2012），字孚尹，号李庵，又号心远生、蠖叟，祖籍浙江海宁，出生于上海。十四岁正式拜李醉石、赵叔孺为师，学习书画及诗词古文。及长后，入梅景书屋，成为海上大名家吴湖帆的弟子，并开始涉足书画鉴赏与收藏。由于徐邦达工于书画，熟谙笔性墨色及线条构图，再加上吴湖帆等顶级收藏家的指点及自己刻苦用功，因而在鉴定上造诣深厚，以至有"徐半尺"的雅号，即许多书画只要打开半尺就可知道真假。

看张旭的《古诗四帖》是假的，不能用，而且是劣迹。"实际上，韩天衡来北京之前，谢稚柳专门和韩天衡谈了关于张旭《古诗四帖》的真伪问题。因此，韩天衡尽管胸有成竹，但出于对徐老的尊重，用协商的口气讲："徐先生，关于张旭《古诗四帖》的真伪问题，我想和你探讨一下，可以吗？"面对韩天衡的提问，徐先生挺大度地讲："可以，可以，学术问题嘛，就是要探讨、要争论的。"徐先生尽管在京生活多年，普通话还是带着海宁腔。于是，韩天衡缓缓地说道："徐先生，您和我的老师谢先生，都是鉴定界的大人物，你们有不同的观点，肯定各有各的道理。但从实际情况来看，我还是同意谢先生的意见，这倒不是因为他是我的老师。这件东西是唐代张旭的，他的这种用笔是中国草书史上的创造，即逆锋使转、疾中寓涩。通篇书法尽管运笔极为豪放洒脱，但内在法度还是相当严谨的。所以，我觉得是真是假，可以进一步辩论，但说它是劣迹，我认为是不妥的。"听了韩天衡的这一番言语，徐先生颇有雅量地笑了："你说的倒也有些道理，那你就坚持你的看法吧。"韩天衡知道在鉴定专家组中，谢老和徐老经常针锋相对、意见相左，也就是"怼上"的。因为他们各有鉴定方法和评判侧重，谢老强调的是书画本身的"笔墨风格特征"，而徐老看重的是"可资对比"的互补性。

韩天衡拜访徐老，虽然就张旭《古诗四帖》发表了不同意见，但对徐老在书画鉴定上的深厚造诣还是相当敬佩的。徐老对韩天衡的才学与印艺也很肯定，并欣然请他为其治印留念。从此他们成了忘年交。

韩天衡的这次京城之行，收获颇丰，而在"文化大革命"前就交好的师友黄胄，他是必须要去看望的。早在1973年，韩天衡思友心切，就到北京友谊医院去看黄胄。由于遭受折磨迫害，黄胄一身疾病。当时他的十指已经僵硬，但依然笔不离手。只见他一个一个手指往后扳，痛得头上都冒出了黄豆大的汗珠。画了一会儿，手指又僵硬了，再一个个往后扳。他想外出写生，但走路很困难，一拐一拐的，只好在画桌旁放上《人民画报》，拿上面的图像或照片当写生稿。韩天衡看着黄胄这样子实在太痛苦，就劝他："你就少画些，这样痛你行吗？"黄胄抬起头，可手中的笔依然没有停下，他用有些无奈的口气讲："我要画，不画，我就觉得自己像死了一样！"看到一代大画家落到如此境地，韩天衡颇为伤感。在20世纪五六十年代，黄胄的人物画是很风靡的，特别是他为经典小说《红旗谱》所作的插图，真是精彩生动　细腻传神。如今，他尽管落得像个残疾人，但依然以不屈的意志创作不止。韩天衡就这么一路想着，已来到了黄胄的家。在这样的年代老友相见，大家自然是又高兴又感叹，经过数年的治疗，黄胄的病好多了，但毕竟劫后余生，身体已大不如前。

　　还是老样子，韩天衡在他的画桌对面坐下。"哦，天衡，我以前放在你这里的一些印章石你说被人收缴了，后来你去找，怎么，找着了吗？那可是些好石头呀。"黄胄问道。"我到原来的部队里去找过了，铁打的营盘流水的兵，人都走了，你找谁去，成了一笔糊涂账。"韩天衡很过意不去地答道。黄胄却豁达地摆了摆手："算了，算了，我难为你了。这些都是身外之物。""我用自己的石头为你刻了一些，这次带来了。"韩天衡边说着，边从包中取出刻好的印章，放在画桌上。黄胄边看边说："好，好，真的谢谢你了！""那你老近来在忙什么呢？"韩天衡深知黄胄的秉性，可是一刻都闲不住的。黄胄听后，才放下手中的画笔，郑重地讲："我近来呀，正忙着筹建炎黄艺术馆，这可是个大事。"语气中还不无得意之情。可在一边的夫人却发话了："是呀，为了筹建这个炎黄艺术馆，他不顾自己身体，整天东奔西走，把自己的东西也全捐出去了。"黄胄在一边摆摆手说："得诸社会，还诸社会嘛。再说，让我的东西能给大家共享有什么不好呢？"黄胄的语气相当坦然，使韩天衡感到了一位大艺术家的博大胸襟与家国情怀。

　　1978年12月18日至22日，党的十一届三中全会在北京召开。全会重新确立了实事求是的马克思主义思想路线，从根本上冲破了长期"左"倾错误的束缚，总结了新中国成立以来经济建设的经验教训，作出实行改革开放的战略决策，把党的工作重心转移到社会主义现代化建设上来，标志着中国社会主义发展新时期的到来。韩天衡是敏感的，他意识到一个崭新的时代来临了。这将为他的人生追求与艺术创作开辟更广阔的前景。

由韩天衡撰写并任艺术指导的电影《书法艺术》稿本，在经过征求意见和反复修改后，终于由上海科技电影制片厂在1979年初开拍了。韩天衡随摄制组走访了南北各大博物馆，近距离观赏了平时难得一见的历代书法名迹，从春秋战国至秦汉，从晋唐到宋元明清。面对从古到今的书法大师的墨迹碑帖及信札诗文，他们那精湛生动的笔法、疏密自如的章法，特别是笔墨线条中的气韵格调、个人风格的独特追求，使韩天衡得益甚多，眼界大开。由于这部电影开拍于改革开放之初，条件还相当简陋，再加上经费有限，其艰苦、困难是可想而知的。而韩天衡又是一个完美主义者，这就要使他付出更多的努力，特别是有些名碑是在荒郊野外的，需要跋山涉水去拍摄。如为了拍摄泰山碑林及岱庙碑，需攀登1927级的十八盘，山路陡峭，而且要背着资料等物，常常累得腰酸腿痛。好在那时他还年轻，体力上还能支撑。

在拍摄过程中，也时常有不少感人之事温暖着旅程。当摄制组一行人来到四川剑阁拍颜真卿的《大唐中兴颂》摩崖石刻时，一个叫梁光辉的年轻人，是当地书法篆刻爱好者，亦是韩天衡的崇拜者，在两天的拍摄过程中始终陪伴相助，晚上又拿出自己的习作请韩天衡指教。临结束前一天，他郑重地提出要拜韩天衡为师，韩老师觉得他的基础不错，路子也算正宗，于是欣然答应。想不到这个小伙子挺讲礼数，一定要举行一个拜师仪式，还要请老师吃饭。在这个相当荒僻、衰败的小县城，他们仅看到一条小石板路，路边开着三五家简陋之极的小店。在一家低矮破旧、油垢满地的小面馆前，韩天衡就说"大家吃碗担担面吧"。韩天衡和科影厂的导演、摄影、道具等五人，每人吃了一碗三分钱的红油辣子面，一场别致而难忘的拜师仪式结束了。

1979年的4月，正值杭州景色最美的时节，西子湖畔的西泠桥边，满眼新绿，桃花盛开，一片飞红流翠。中国印学最高学府——西泠印社，在此举办传统的春季雅集暨建社75周年社庆及"文化大革命"后首批新社员入社仪式。在热烈的掌声中，韩天衡从社长沙孟海先生手中接过"社员证"。此时他的内心是相当激动的。作为一名印人，谁不向往西泠印社？况且作为一个六岁就开始刻印的印人，加入西泠印社，可谓最好的归属和最高的荣誉。

这一年，韩天衡年近不惑，加入天下名社西泠印社，对他来讲，既代表外界对其艺术的认可，更是"西泠印社中人"的一种身份认同。韩天衡所熟悉、并曾给他诸多帮助和扶植的老先生方介堪、丁吉甫、周昌谷、谢稚柳、方去疾、王个簃、程十发、叶潞渊等纷纷向他表示祝贺。这一年和韩天衡一起入社的还有陈巨来等人，这实际上也是西泠印社自1963年后的第一次吸收社员，因而相当隆重。

图10-4　西泠印社成立75周年纪念大会合影（第三排左四为韩天衡）

在尔后的社员书画笔会上，翰墨飘香、笔花飞舞、丹青焕彩。韩天衡先是刻了一方印章"破荷亭长"，只用了三分钟。娴熟的刀法、郁勃的气势、隽逸的造型，获得了老先生们的好评。随后，从北京来的徐邦达先生欣然邀请："天衡呀，我们今天两人一起来画一幅，留作纪念。"（这张画至今还收藏在社里。）徐老不但有胸襟，亦是爱才之人，他对韩天衡的才华相当赏识，曾在多种场合向人隆重推荐。有一个阶段，不少广东人来上海，都要韩天衡刻印画画，韩天衡觉得有些奇怪，心想自己和广州的联系并不多，而且海派与岭南派亦是不同的流派，广东人何以这么喜欢他的画？后来广东的朋友告知，原来徐老到广东博物馆帮助鉴定书画，常对人说，十年后的印、画是韩天衡的天下。徐老一言九鼎，因此广东人开始收藏韩天衡的篆刻、书画。徐老还曾专门写信给韩天衡，说自己的太太很喜欢韩天衡的画，要劳驾他画一张。于是，韩天衡很用心地画了一幅半工笔的水仙花呈上。不久，韩天衡到北京看望徐老，随身带了一本小印谱，是沙孟海题的签条《韩天衡创意》，第一页是唐云题句"铁木之外，别有一天"。韩天衡也想请徐老题两句。不久，徐老就托人将印谱带给了韩天衡，翻开一看，徐老画的是一幅非常精致的山水画，显示了"梅景书屋"（吴湖帆）传人的深厚功力。可以这样讲，徐老晚年在印谱上画画是绝无仅有的。如今，他们相逢于西泠印社，雅兴联谊，再继笔墨之情缘，自然是其乐无穷的。在杭城分别时，徐老提笔赠诗，题为《惜别为赠天衡俊士，蠖叟时在湖上》：三绝艺林孰与齐，羊裙未敢作新题。明朝淞浦挂帆去，把臂何时返故蹊。全诗透出了厚谊和深情。

回上海不久，韩天衡收到了李可染先生从北京寄来的信。信用小楷相当认真地工整书写，李可染在信中挺谦和地讲："韩天衡同志，印章钤样三方极佳，圆厚生动，结构不凡，将为拙画增加胜色，实不胜欣喜，感激之至。我因见此佳作，另生无厌要求，拟请再赐刻三方。……兹托便带去印八方，石上我又写上印语。我之慕大作，故有此无厌之求，实不胜感激。"李老还将印文贴在印章上，可见他做事的一丝不苟。这些印文内容分别是："为祖国山河立传""艺海楼""师牛堂""孺子牛""色无功""七十始知己无知"等，并注以白文或朱文。

韩天衡后来看到李老女儿在一篇文章中谈到他父亲在晚年从不给人写信，唯独给韩天衡写了几封，而且都是毛笔书写的蝇头小楷，珍贵异常。还有一次，韩天衡遇到香港的书法篆刻家马国权先生，听他讲，李可染曾请他刻过两印，还写了两张小的印文纸条。马国权专门写了文章，并将这两片小纸条也发表了。这才提醒了韩天衡。李老前后共写了二十几张这样的小纸片给韩天衡，但韩天衡有些大大咧咧，有的纸片已扔掉了，后来从抽屉里总算找到了十多张。于是，他全部将小纸片粘在一张纸上，并题了跋送给儿子韩回之珍藏。

为了完成李老的嘱托，韩天衡每次都精心构思、斟酌再三，然后才奏刀刻之。有朋友或学生去北京，韩天衡就托他们带去。每次都是李老亲自接待，这些朋友或学生都很高兴，说总算一睹大画家的风采。他们说李老为了保持清静、不受打扰,一般是不接待客人的,有时部长去敲门,他也不出来。某次,韩天衡有事赴京,前去拜访李老,只等到阿姨出来,隔着门讲"李先生不在家"。韩天衡也不多说,就让她递一张名片。两三分钟后,李老出来开门,马上把韩天衡迎进画室,握着他的手足足有三分钟,大热天的手心里都是汗。李老真诚地说:"天衡呀,很想念你!"韩天衡也动情地说:"李老,我也想你呀!这次来北京出差,就想着来看看你老,本想先打个电话,可总是打不进。"李老有些歉意地笑了:"我的电话太多了,我叫电话局改掉了其中一个号码。"说罢,马上把新的电话号码写给韩天衡。随后又对妻子讲:"快去开西瓜,这么热的天。"这一天,李老很高兴,主动让韩天衡看了他最近创作的八幅画,还热情又谦虚地对韩天衡讲:"你很有眼光,替我评点一下吧。""我哪敢评你老的画,只是谈些读画感想吧。"韩天衡谈了些欣赏这些画的美妙感受,随后又把摊在地上的画收起来,交给李老。此次大饱眼福,给他留下了美好的回忆。后来有一位熟悉李老的朋友对韩天衡讲,李老从来不会随便把画给别人看,他这么做的目的很清楚,就是让你从中挑一张,这么好的机会你却错过了。但韩天衡觉得这些都无所谓,重要的是心灵的沟通。李老过世后,他妻子有一次来上海专门要见韩天衡,并告诉韩天衡:李先生很器重你,所以李可染基金会成立,一定要你担任理事。有此情分高谊,韩天衡感到足矣。

　　也许是韩天衡印风具有北人之豪放雄健、南人之典雅秀逸,复有奇谲灵动之姿,也许是黄胄、李可染、徐邦达等书画大家的钤用青睐,韩天衡的印名在京城艺界颇受推重。也就在这一年的秋天,北京著名花鸟画家、齐白石的入室弟子李苦禅①来信,嘱刻印章两方。

---

　　① 李苦禅(1899—1983),名英杰、英,字超三、励公,山东高唐人。1922年考入国立北平美术学校西画系,为维持生计,夜间拉人力车,同学见此,赠"苦禅"二字,遂改名。1923年拜齐白石为师,后在北京及保定任美术老师;1930年,应林风眠之邀,任杭州艺专国画教授;1946年,徐悲鸿聘其为北平国立艺专国画教授。李苦禅是当代写意画的标志性人物,成就卓越。

对于李苦禅，韩天衡也是很熟悉的，其花鸟大写意取法于石涛、八大、扬州画派、吴昌硕及齐白石，笔墨简洁朴茂、浑穆老辣，气势雄健磅礴。韩天衡根据他的画风精心设计，印章篆法苍劲奇崛，刀法爽捷酣畅，颇合他心意。李苦禅收到韩天衡印章后不久，即以两张花鸟画相赠。

　　韩天衡提出集中一段时间到西泠印社的葛岭库房里看书查资料。他每天早上带一个热水瓶、一盘蚊香、两个馒头，8点钟进去，下午5点出来。紧闭的库房又闷又热，像个蒸笼。晚上他回到6角钱一晚的湖滨小旅馆后，便在一盏孤灯下把白天抄写的文字进行标点、校勘、整理，每天晚上直到下半夜才睡下。

虎步

当寂寞直到心头时，往往就是灿烂呈现之时。然而旧的寂寞过去了，新的寂寞会又来。唯其如此，耐得寂寞是永远的进行时，是从这个心头再到那个尽头。那么，待灿烂呈现之后，才能出现真正的辉煌之日。这是一种哲理，亦是一种禅机。从心无挂碍乃至到亦无无明尽，应作如是观。

——韩天衡《豆庐独白》

一元复始，万象更新。20 世纪 80 年代的第一个新春来临了。整个社会呈现出生机与活力，标志着一个令人憧憬、放飞梦想的时代向着金色的阳光敞开了大门。

新春佳节，韩天衡照例到程十发先生家拜年。他们谈艺论画，无拘无束。谈着谈着，发老笑着站起身，对韩天衡有些神秘地讲："天衡呀，我有一样好东西要给你。""哦，是什么好东西？"韩天衡也挺感兴趣地问。"你看了就知道。"发老边说边从床铺下抽出一卷画，这次他没有担心地朝窗外张望，而是大大方方地将画放在桌上。韩天衡上前慢慢地将其打开，嚯，就是当年黑画展上的《芭蕉金鸡图》。发老在一边感叹地讲："当时被批为黑画的那批画，前不久，作为落实政策都还给了我。我就留下这一张，因为当年我答应你，如有朝一日这张画还我，它就是你的。这'有朝一日'今朝果然来了，这张画就送给你，其余的画我都捐了。"韩天衡听后很是感动："发老呀，你真是一诺千金。"发老听后，以"程式幽默"说道："不是一诺千金，是不赖一诺。"

1980 年，由韩天衡执笔、集体讨论出来的《中国篆刻艺术》由上海书画出版社出版。从 1975 年借调到书画社搞这本小册子，历时五年才完成，内中甘苦，韩天衡体会颇深。此书一出版，立即在社会上引起了极大的反响，这可是十年"文化大革命"后最早出版的篆刻技法书。第一版 6 万册一上市，就销售一空。全书言简意赅、结构严谨、图文并茂，论述技巧力去玄奥，不沿陈说，辨析入里；分列为印章概论、刻印技巧、印章艺术简析等，所附古今印章去伪存真、既多且新，很适宜初学者学习。值得一提的是，《中国篆刻艺术》第一次提出了"明清篆刻流派"这一史学概念。此书的出版，在某种意义上掀起了 20 世纪 80 年代初的第一次全国性的"篆刻热"。不少篆刻爱好者，特别是那些后来成为著名篆刻家的人都把此书作为入门教材。数年后，日本亦出版了翻译本。

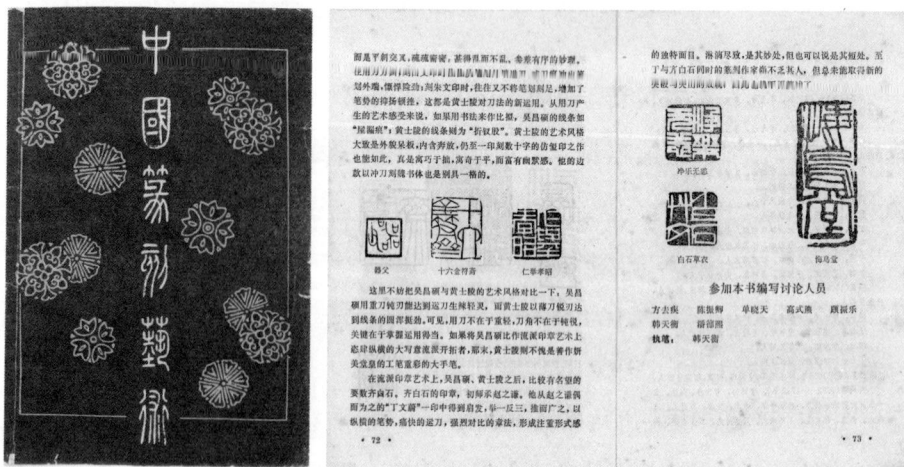

图11-1 《中国篆刻艺术》

韩天衡是个很珍惜时间的人，追求充实的人生。为此，他创造了立体式地使用时间的方式。他认为晚上的整段时间是相当宝贵的，用来书画刻印或写作阅读，而边角零星时间，也不能浪费。他会利用早上上班或晚上下班候车、乘车的时间构思文章、打腹稿，由于注意力分散，他的皮夹在一个月先后被偷了三次。而中午吃饭时，他总是最后一个去食堂，因为这样可以不排队。尽管没有什么菜了，但他可以利用这半个多小时在办公室里写字画画。

韩天衡的人生转机又一次出现了。1980年的仲春，调韩天衡入上海中国画院的调令又来了，面对一个拨乱反正的崭新时代，韩天衡这一次欣然接受。韩天衡在离开上海自来水公司前，请同事和他一起整理东西。那些同事把他平时练习画画用的稿纸集中打包，拿到废品回收站一称，整整143斤，每斤1分钱，共得1元4角3分。这143斤画稿，凝聚了他多少时间和心血。这不禁使人想起了王羲之勤奋学书，朝夕临池，池水尽黑；想起了怀素刻苦习字，"退笔如山"，即写坏的毛笔堆成了小山，埋之曰"笔冢"。韩天衡是一个相当勤奋且勇于否定昨天的人。他女儿韩因之讲，每次搬家，父亲都要撕掉自己一大批——包括出版过的——书画旧作，她还偷偷地拍了一张老爸撕作品的照片。韩天衡相信，只有敢于否定自己的人，才能更好地拥抱明天。

按指定时间，韩天衡前往位于绿树成荫的汾阳路的画院正式报到。这不仅是他一次岗位职业的转变，也是一次人生形态的转变，意味着韩天衡再也不是业余的书画篆刻爱好者，而是专业的书画篆刻家，是书画艺术最高殿堂中的一员，这对他今后事业的发展和艺术的提升具有重大的转折性意义。为了这一天，他历经曲折坎坷、不计得失，从工厂去参军起，已整整过去了二十一个春秋。2000多年前，古希腊物理学家阿基米德曾说："给我一个支点，我能撬动地球。"尽管当时的韩天衡还是以篆刻、书法为主，刚涉足绘画，但他是一个富有艺术思想、极有思辨精神与审美追求之人。进入专业画院，无疑使他获得命运改变的支点，使他日后能在篆刻、书法、绘画乃至理论研究、学术著述等方面获得全方位的突破。

画院制度初创于我国五代时的西蜀、南唐，尽管汉代就有"画官"，唐代有画官应奉于禁宫，但这仅为五代时期画院的滥觞。而五代创立画院后，才初步形成了组织机制和创作架构。北宋的画院至宋徽宗赵佶时的政和、宣和年间，达到了鼎盛。宋徽宗首先从政治上提高画家的社会地位，使画院体系成为科举制度的一部分，画家的职位有画正、艺学、祇候、待诏、供奉、画学生，绘画的科目分类有佛道、人物、山水、鸟兽、花竹、屋木。南宋时，宋高宗赵构偏安于临安（今杭州），画院依然兴盛，汇集了不少名画家，如马远、夏圭、梁楷等；明代画院开始变弱；清代虽没有设立画院，但在启祥宫之南设立如意馆，就是专供画家创作的场所。新中国成立后，在上海、北京、广州等地成立的画院，不仅是对历代画院的传承、发展，汇集了一批大师级的或是著名的画家，保障了他们的生活及创作，而且在艺术的传承、弘扬及培养年轻人才发展方面，做出了有益的探索，起到承前启后的作用。画院在十年浩劫中是"重灾区"，因此在新时期到来后，必须充实新生力量，引进人才。当韩天衡到一间间画室去看望他所熟悉的老先生王个簃、唐云、陆俨少、程十发、叶潞渊等人时，这些鬓染银霜的老先生除了向他表示祝贺外，都说"画院今后的发展，要靠你们年轻人了"。真挚嘱托和殷切的希望，不仅使他感到温暖，同时也使他感到肩头沉甸甸的。

图11-2 韩天衡（左三）在上海中国画院画展开幕式

由韩天衡撰写脚本的电影《书法艺术》上映后，反响良好。这部电影结构完整、重点突出、脉络清晰，展示了中国书法艺术的流变与发展，介绍了不少著名书法家的生平及作品，评析了历代著名碑帖的艺术特点，从而为新时期书法艺术的兴起与提升，起到相当大的促进作用。为了撰写电影剧本，韩天衡翻阅大量的书法资料，梳理历代碑帖，研究古代各种书体及书法大家，访问当代具有代表性的书法名家，以普及为主导，兼顾理论与学术，言简意赅、谱系明晰、表述严谨。在跟随拍摄的两年多时间中，他遍访各地博物馆，寻崖刻、找名碑，跋山涉水，时常啃自带的干粮，喝肩背军用壶里的水，有的奇峰险谷，只能靠双脚攀越。历经严寒酷暑、栉风沐雨，其艰苦程度可以想见。但功夫不负有心人，这部影片以内容翔实、艺理相参、精当扼要、生动具体，获得了艺术圈内外的好评。

《书法艺术》完成后，韩天衡又接手艺术片《篆刻艺术》，并继续担任撰稿和艺术指导，使他有机会再次畅游于浩瀚而悠久的篆刻艺术的长河中。从奇谲瑰丽的春秋古玺、雄浑劲健的秦汉官印到千姿百态的明清流派印等，影片都做了生动翔实的展示。韩天衡是那种要么不做，要做就要做好、做到极致的人。他的太太应丽华常一觉醒来，发现小方桌上的台灯还亮着，他还在灯下改稿充实。"天衡呀，你早点睡吧，要注意身体。"太太关切地嘱咐道。"知道，知道，我马上就睡。"韩天衡应付道。天道酬勤，由于韩天衡精益求精，多方听取意见，《篆刻艺术》播出后，国内国外一致叫好。客观地讲，20世纪80年代初《篆刻艺术》的推出，对此后全国性的篆刻热起到了推波助澜的作用。值得一提的是，在《篆刻艺术》中，韩天衡用于刻印示范的那把刻刀，引起了不少篆刻家及爱好者的兴趣。韩天衡原先用的也是小刀，就像他的先生方介堪用的那样。方先生的刻刀是在红木杆头上，缚着一片刀刃，是小刀、薄刃。孔子曰："工欲善其事，必先利其器。"后来，韩天衡在方介堪的用刀基础上，对刻刀不断进行改进，四十岁后改用了高145厘米、宽1厘米、厚0.8厘米、角度35度的刻刀，比吴昌硕的刻刀还要大一点。这样的刻刀便于他冲、披、削等，也可发力，便于多面用锋。他的不少学生也都选用了这种"韩式"刻刀，颇得心应手。

又到了金风送爽、桂花飘香的时节，这时常州有个收藏家来找韩天衡，拿来了40多件老书画请他帮忙鉴定，其中有真有假。韩天衡认真地审看后，挑出其中的14件，说这是真的，其余的20多件都是有问题的。后来，这位收藏家通过熟人又找谢稚柳先生鉴定。不久，韩天衡到谢老家中拜望，谢老见了韩天衡就讲："小韩，你是不是可以到文管会来工作？"韩天衡觉得有些摸不着头脑。望着韩天衡疑惑的神情，谢老笑了，接着开口问："小韩，你不是最近给常州来人看过东西？"韩天衡这才想起，点头应道："是的。""你的鉴定很准，只有14件是真的，其余都是赝品。"谢老这才说出了真相。当时鉴定界的人才也严重断层，谢老觉得韩天衡的眼光不错，希望他能到文管会工作。韩天衡很理解老师的用心，但他一则刚调到画院，二则自知离真正的鉴定家还有相当的距离，于是诚恳地说："谢谢老师，我学会看一点东西、有一些眼光，是和老师的栽培和指教分不开的。人贵有自知之明，我虽然能看一些老字画，但要成为一个真正的鉴定家，还差着十万八千里。要是到文管会吃鉴定这碗饭，我将不得不放弃书画印的创作，而半路入行，我首先得把古今的相关书籍、史料研读个十年，才能成为行家。看来这辈子我搞鉴定只能够业余，专业做不成了。"谢老听后，也很善解人意地讲："是呀。不过，小韩呀，你能学些鉴定本事，对你今后搞书画篆刻是大有好处的。"

在培养韩天衡看东西的眼光和鉴别的能力上，谢老不遗余力。当时杭州有位老先生的收藏很有分量，同时还做些字画生意。有一次，他拿来一张南宋马远的人物画叫谢老鉴定。当韩天衡来时，那位老先生才走出房间十来米，谢老见状马上快步朝外走，喊住那位老先生，让他回来把画重新打开给韩天衡看。谢老在一边叮嘱韩天衡仔细看其用笔、造型、头卷、成色及画上的落款等，韩天衡一一仔细察看、默记于心，而在一边的谢老始终不说真假，耐心地等韩天衡看完，待老先生卷起画带走后，才以郑重的口气说："小韩，这张画不得了，是开眼的东西。它是南宋大画家马远的真迹，是国宝啊。我为什么不讲给此人听，不能讲啊，因为他是做生意的。我要跟浙江省的领导说，最好由公家拨款收藏这张画。这种国宝级的东西可不能流到国外去啊！"谢老不仅通过此事培养了韩天衡的鉴别力，而且言传身教了一种历史责任、社会担当和文化情志，即对祖国文化瑰宝的珍视和保护，这正是老一辈艺术家可歌可颂的高风亮节。

在别人的眼里，谢老似乎很威严清高，但在韩天衡的眼里，谢老非常温和友善、侠义慷慨，而且十分爱才。为了尽心栽培学生，他会尽力而为。韩天衡有时到他的"壮暮堂"拜访，如遇上下雨天，没有人来，谢老会关上书斋的门，拿出他收藏的国宝级精品手卷给韩天衡看，这些手卷大都相当珍贵。谢老的眼界很高，收藏以宋元为主，他写的《中国绘画史》就只写到八大山人、石涛，因其认为之后的基本上是末流了。后来，上海有一所大学要韩天衡去当艺术系主任,韩天衡便去请教谢老。谢老想了想,直率地说:"小韩,我觉得你还是不要去,大学里有很多杂务、行政上的事,对你搞创作不利。你如今在画院非常好,你也不是一个做官的人。你有才能,就是将来当领导,在画院还是一样可以搞创作。"

谢老的谆谆告诫,使韩天衡感受到了一位大师对后生的厚爱和扶持。韩天衡曾深情地忆及当年的情景:"谢老为人正直、不奉承、不捣糨糊,你有什么事请教他,他都会像个父亲、长辈一样帮你分析。他对学生真慷慨,而且绝不要求回报。"当年韩天衡正致力于学画,又值"文化大革命"时期,可供学习的书画范本奇缺,谢老便取了自己画于乾隆当年专用玉牒纸上的重彩荷花册页十二张,要他认真临摹。不久,韩天衡拿着临摹的作品请老师点评,他说:"可以了!你可以自己画了!"后来,从其他师兄弟口中得知,谢老对他们说:"小韩啊,画画胆子大,如果你们画画能有他一半的胆量,就可以画得好了!"谢老作画时经常邀韩天衡观摩,示以技法,晓以道理。此后,谢老还将这本珍贵的画册送给韩天衡。那时,书法学习的资料也同样奇缺,谢老在"文化大革命"时期被批斗,家里的书画藏品、自己的作品乃至笔墨纸砚都被抄光,这对书画家来说,比没饭吃、比"莫须有"的被揭发和被扣上天大的"帽子"还要难熬。那时,谢老居然像地下工作者似的,悄悄弄来一本张旭的《古诗四帖》,又下大功夫复制了一本,不仅惟妙惟肖,且精气神俱佳,堪称"下真迹一等"的宝贝,这也是谢老平生唯一的自摹件,宝贵自不待言。从此谢老书风为之一变,直追唐晋之室。韩天衡有幸,在"文化大革命"后期,谢老慷慨地把这件作品借他临习了几个月,供他借鉴学习。

韩天衡在艺术上常有奇思妙想,经常带着一些学术疑难问题去请教谢老。当初少不更事,认为真理越争越明,因而会与谢老争执不休。有一次,谢老拍起了桌子:"你尽管争好了,在学问面前没有老少之分。"在边上的一位好友警告他说:"你以后跟谢老可不能再这样争论了,你看谢老跟你争的时候脸憋得通红,脖子上的青筋都暴出来了。老先生小中风过,你要闯祸的啊!"后来韩天衡便有所留意,只同谢老作正面请教。聪明的谢老对此心知肚明。一次韩天衡去看望谢老,谢老别有意味地说:"有一位领导来过了。他对我说,小韩好像对其他人都不咋的,对你却很敬重。我跟他讲,小韩啊,他现在聪明了,不跟我争论了。"记得那时韩天衡被借调到上海书画出版社,撰写《中国篆刻艺术》一书。谢老家离出版社不远,他时常会拄着拐杖,与佩秋老师散步过来看看韩天衡。社里的朋友会惊讶地议论:"我们平时请都请不到,谢老居然主动来看韩天衡。"

谢老对学生的缺点或过失,也会及时地批评指正。有一次,韩天衡陪谢老到杭州拍些《书法艺术》中的镜头,他们都住在西湖边的大华饭店。因为不放心谢老一个人住,韩天衡一直跟他同住一间。因怕影响老师睡眠,他要等老师轻轻打呼噜以后,才闭上眼睛,实际上谢老的睡眠比韩天衡还好。当地有一位青年画家来看谢老。两位青年导演在一边起哄:"你是来向谢老请教的,画两笔看看。"可能是在谢老这样一位大画家面前,年轻画家有些紧张,手抖得厉害,导演和摄制组的几位员工都笑开了,韩天衡也跟着笑。等那位青年画家走了之后,屋子里没有其他人,谢老终于把憋在心中的怒气发了出来,他板起脸,狠狠地批评韩天衡说:"人家画画看到我有些不习惯或胆怯,是很正常的,你们这样笑人家很不礼貌。特别是你,更不可以这样笑,你这样是看不起人家,是嘲笑人家,不应该的!"谢老的这次批评,对韩天衡终身受益,由此更深刻地意识到尊重他人、以礼待人、呵护弱者,是为人之道的一种境界。为此,谢老总要韩天衡多读书、多修炼。读书是基础,修炼是层次,可以养气固本,可以陶冶情操。只有把文学的造诣、修养的境界融入书画里,才会有高格调的艺术。那天,谢老可能觉得批评韩天衡有些过狠了,为了缓和一下气氛,颇具诗人气质的他指着窗外山明水秀的景色,对韩天衡说:"小韩呀,你看这西湖的景色多漂亮,山外青山楼外楼。一个搞艺术的人,只有学问、修养到家了,才能山外见山、楼外见楼、天外见天。"

谢稚柳作为中国当代书画鉴定的国家级专家,是业内顶级权威。凭借着广博的学识、深厚的功力、精湛的造诣，他在鉴定书画时，只需将卷轴打开半尺，看见露出的竹竿或树梢的两三笔，就能即刻指出是何朝何代哪位大家的作品，而且一语中的，洞察力惊人。为此，谢老谆谆告诫韩天衡，无论是搞书画创作还是鉴定，主要是做到"四多"：多读、多想、多看、多问，这样才能练出独门神功。为此，韩天衡曾深有感触地讲："我一直不赞成'笔墨等于零'的过激言辞，对于中国画，高明的鉴赏家往往只需要看一根线条，就可以敏锐地品评和鉴定出因人而异、千差万别的个人性格和艺术风貌来。一根线条足以看透、判定一个画家。"

1981年，全国第一届书法篆刻展览举办，韩天衡不仅有风格独特的篆刻作品参展，而且是篆刻领域的五位评委之一。这次展览具有重要的时代引领意义，不仅是对全国书法篆刻作品的一次大检阅、大交流，而且标志着全国性的书法篆刻振兴活动已呈现出可喜的势头。秦汉印传承有序，流派印风采独具，如学赵之谦、吴让之、黄牧父、汪关等印的作者能变而化之，自出新腔。特别令人关注的是，这次展览反映出参学韩氏印风已成为一种现象。

面对全国性篆刻热的兴起，需要从理论上加以引导、从审美上加以提升、从学术上加以探索。而在以往的篆刻界，理论研究的氛围并不浓厚，学术撰述的力量也相对薄弱。韩天衡是颇有全局观念和责任意识的，经过一个较长时期的思考后，他结合篆刻创作的实践及现状，花一个多月的时间撰写了长篇印学论文《不可无一 不可有二——五百年篆刻流派艺术出新谈》。全文以宏观的视野、微观的深入，第一次对五百年流派印作了全面系统而精辟独到的总结，观点独特、立论精辟、义理阐明、文采飞扬。韩天衡在论文的起首，就开宗明义地指出："上溯到明代中期的流派印章发展史，是一部篆刻艺术的出新史，其中不乏勇猛精进的出新者，但也有更多安之若素的守垒者。这些繁星般的守旧者都在不远的未来中沉沦消匿，那为数寥寥而标志着时代的创新家，却在青史上添写了光辉的一页又一页，开创和续写着一部流光溢彩的流派篆刻艺术的发展史、创新史。"韩天衡先是从印学史上将秦汉古玺印与明清流派印作了整体上的比较，然后从明代流派印鼻祖文彭与何震的革新印文、力矫时弊开始，讲到他们正本清源、开风立派，随后论及汪关、朱简、苏宣等，最后谈到清代的程邃、丁敬、邓石如、吴让之、赵之谦、吴昌硕、黄士陵及近代齐白石等的继承拓展、探索创新之路。全文发表于上海人民美术出版社《美术丛刊》第16期，随即在印学界引起极大的反响，为新时期的篆刻发展做了理论奠基和学术推动。

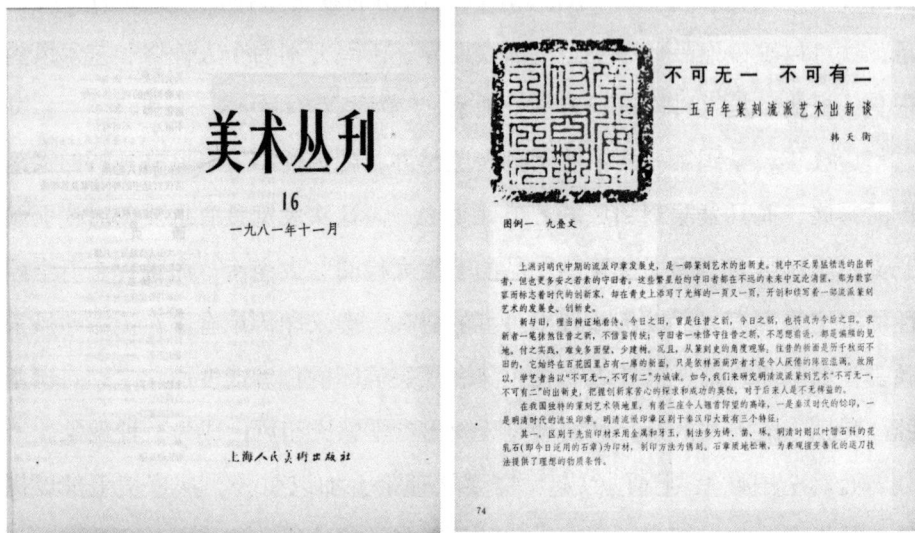

图11-3 《美术丛刊》刊登《不可无一 不可有二——五百年篆刻流派艺术出新谈》一文

　　韩天衡在画院属书法创作组，该组内还有两位刻印的老先生，堪称印坛名家，即叶潞渊与陈巨来，都师从赵叔孺。叶先生篆刻上窥秦汉，取法封泥、碑额、瓦当，下效明清，师法浙皖，印风稳健堂皇、工整秀逸、平中见奇。此外，他还擅书法、绘画，精鉴别考证。叶先生为人儒雅淡泊，谦和低调，与世无争，对韩天衡亦多扶植。陈先生刻印初从赵之谦、黄牧甫入手，后师法汪关、巴慰祖，专攻元朱文，典雅雍容、雅静工丽，被其师赵叔孺称为"元朱文近代第一人"，书画大家张大千、吴湖帆等皆喜爱用其印。

　　陈先生的性格很有特点，想到什么就说什么。有一次画院里叫韩天衡送东西到他家。陈先生见了韩天衡，开门见山地讲："天衡呀，听说你在外面很有'狂名'，我今天想请教你三个问题，好吗？"韩天衡点点头："好的，请陈先生示教，请教是不敢当的。"韩天衡知道这是陈先生要考考他，对他在外面所谓的"狂名"来个下马威。"第一个问题是巴慰祖的字号叫什么？"尽管搞篆刻的人大都知道巴慰祖，但冷不丁地问到他的字号，可能一时答不出来。好在韩天衡对明清流派印系列做过长时间的研究，记忆力也好，随即答道："巴慰祖，字叫予籍，又一字子安，号晋堂、隽堂，又号莲舫。""噢，都对的。汪关的印谱你见过吗？是什么本子？"陈先生又提了第二个问题。"见过的，印谱是粘贴本，"韩天衡略一停顿后又说，"汪关的这部粘贴本印谱共有12本，原来是吴湖帆先生收藏的，20世纪30年代曾借给过你陈先生，后来这部印谱转到了上海的一个老先生、也是吴湖帆梅景书屋的弟子任书博处。'文化大革命'中印谱被扔在火堆中，待从火堆中抢出，仅存四本了。"陈先生笑着点了点头，赞许地说："好！不仅晓得是粘贴本，还讲得出来龙去脉。第三个问题是：你知道吴昌硕为我的老师赵叔孺刻过图章吗？印文是什么？"韩天衡研究吴昌硕是下过苦功的，他花了数年功夫，反复阅读吴昌硕几乎所能见到的所有印章。"知道，图章的印文是朱文'纫苌手拓'四字，'纫苌'是赵叔孺先生的号。"见韩天衡如此轻松地答出，陈先生有些激动，说话也带出了上海话中的经典用语："赤那（他妈的），侬倒是结棍（厉害）的，三个问题竟对答如流！"

那时韩天衡还年轻气盛，觉得既然老先生问了他三个问题，那他不妨也请教陈先生三个问题（事后，韩天衡觉得自己这样做有些唐突和失礼）。他以尊敬的口气说："陈先生，侬是老前辈了，我也想请教侬三个问题。"陈先生爽快地挥挥手，扶了一下眼镜框说："没问题，互相探讨、互相学习嘛。""陈先生，侬见过明朝人徐上达的《印法参同》哦？"陈先生想了想，答道："我倒是不晓得。"韩天衡又继续请教道："吴昌硕先生是哪一年开始请他夫人施酒代刀的？""喔哟，这倒是不清楚呀。"陈先生摇了摇头。"汪关原名汪东阳，字尹之，后得到一方汉印'汪关'，就改名为汪关，他是哪一年改的？"韩天衡知道陈先生精工秀婉的印风从汪关处多有借鉴，因而提出了这个问题。"嗳，这个问题我没有关注过。"陈先生有些遗憾地答道，随后又说了句，"赤那，侬是研究印学的，我只是刻刻图章的。"

也许是个性使然，陈巨来三个问题均未答上，却没有不高兴或感到难堪，而是继续兴致勃勃地对韩天衡讲："天衡呀，上次我们在西泠印社参加新社员入社仪式后，要大家刻印，侬记得哦？侬刻印时，我在隔壁房间偷偷地看，侬仅刻了二四分钟就刻好了。侬走后，我拿侬刻的印章看了。"说到这里，他的目光从镜片后射向韩天衡，看得韩天衡心里有些紧张，想不到他迸出一句："赤那，侬倒是真的刻得灵呀！"韩天衡忙摆了摆手："陈先生过奖，过奖！"陈先生却拉着韩的手说："不，不，侬不要谦虚。我想请侬也按这种风格，刻一方'安持老人'，可好？""好的，好的。"韩天衡马上点头。后来，韩天衡因忙于诸事，又考虑到为篆刻大家刻印须反复推敲，事情这样就拖了下来，想不到1984年陈先生归道山了。因此，韩天衡觉得颇有遗憾。

1982年，韩天衡应邀出访日本，在富山、大阪作书法篆刻艺术交流，这是韩天衡初次走出国门。日本，作为中国的邻国，在历史上，其书法、篆刻深受中国的影响，从嵯峨天皇师法初唐欧阳询遒劲秀健的书风，到空海和尚崇尚王羲之、颜真卿潇洒酣畅的笔势，就说明了这一点。从唐代的遣唐使到明清的留学生，不少日本人到书法篆刻的母国来拜访名师、学习书刻。海派书画领袖、西泠印社社长吴昌硕就曾收过两位日籍学生——长尾甲与河井仙郎，他们日后都成了日本书法篆刻界的领军人物。吴昌硕有诗赞长尾甲的书法："羡君风格齐晋唐，书法遒劲张钟王。意造不学东坡狂，奇石苍寒索我画。"河井仙郎的篆刻浑厚高古，清逸朴茂。《西泠印社志稿》载："河井仙郎，字荃庐，日本西京人。精仓史之学，工篆隶，善鉴别金石碑版。数游中国江浙间，曾入本社，受知于吴俊卿。"日本现代书法篆刻名人、全日篆刻联盟会长小林斗庵即出其门下。

韩天衡此次出访日本，深感中国传统书法、篆刻对日本的影响甚巨，也涌起一股民族自豪感。而他的书法、篆刻现场交流相当成功，作品展示了其深厚的功力、娴熟的技艺和鲜明的风格。中国新崛起的一代书法篆刻家令日本书法篆刻界刮目相看。韩天衡清楚地记得，到日本的第一天晚宴上，颇为自负的日本北陆书道院理事长青柳志郎写了"兔"等三个甲骨文，问韩天衡是否认识。青柳志郎是日本书道界的领军人物，比韩天衡大7岁，书法造诣深厚。韩天衡看了一眼，不仅马上识读，而且从文字形义学原理上诠释了这三个字为什么要这样造型。青柳志郎的眼神由自负转为惊喜，见中国经历了"文化大革命"后，还有这样的英才，很是敬佩。两人由此结交，成了几十年的好朋友。青柳先后请韩天衡为他刻了十多方印，并两次联合举办书画展，成就了一段中日书法家交往的佳话。在日本书道界享有盛誉的高木圣雨先生在《我所认识的天衡先生》一文中写道："韩天衡老师应该是21世纪以来中国乃至国际最杰出的文人了吧！可谓吴昌硕转世。篆刻就不用说，他在书法、绘画、文学方面也十分杰出，尤其是作为一个收藏家更是他人不能企及的大家。听闻老师自涉足书法、篆刻已经七十年整，不甚欣喜。"同时，韩天衡看到日本书法篆刻界在教育机制、组织架构及展览形态方面相对比较完善、系统，书法的国际化也早在20世纪50年代就开始有意识地推行了。如宇野雪村1950年起历任每日展和日展作品审查员，在欧美各国频繁展出作品。手岛右卿长期在日本书道界工作，1955年起在欧美展上连年亮相。而森田龙子、篠田桃红在20世纪50年代初期、中期一直活跃在欧美的国际展览和个人展览中。此外如小川瓦木、青木香流等人也做了大量的介绍工作，参加当时在欧美的日本书法巡回展。相比而言，我国虽然是书法艺术的母国，但在这方面做得还是很不够的。

这一年，中国书法家协会上海分会改选，韩天衡被推选为常务理事。日本著名书法家、书法教育家今井凌雪先生访问上海，韩天衡与其结为艺友。日本电影大师黑泽明的电影《乱》，就是由今井凌雪题写片头的。他在少年时代起就临池学书，师从日本书法名家中谷釜双和迁本史邑，从唐楷欧字入手，后取法北魏及赵孟頫，传承有序而融铸众家，运笔浑朴苍逸、线条遒劲、结构恣肆奇崛，获日展文部大臣奖、日本艺术院奖等奖项，亦从事书法理论研究。今井凌雪对韩天衡的篆刻颇为推崇，先是经过谢稚柳老师的引荐相识，并请韩天衡为他治印十多方。从梅舒适、青柳志郎到今井凌雪、高木圣雨等，日本书法篆刻界的代表人物开始使用韩氏印章，这在客观上也提升了中国篆刻在日本的艺术影响及社会关注度。

韩天衡多年来一直有意识地收集、研究历代有关印学的专著及文稿。随着篆刻艺术的蓬勃发展，很需要对这些专著及文稿进行汇编、整理并能出版。为此，应西泠印社之邀，韩天衡开始选编《历代印学论文选》，而且规定必须要在1984年春天出版，以便参加西泠印社85周年庆典。实际时间仅有一年多，要编这样一部大部头的文选，需从浩如烟海的历代古籍史料中寻寻觅觅，的确任务繁重、时间紧迫。于是，韩天衡提出集中一段时间到西泠印社的葛岭库房里看书查资料。他每天早上带一个热水瓶、一盘蚊香、两个馒头，8点钟进去，被反锁在里面，直至下午5点下班出库房。他埋头在里面看读、抄写古印谱序及印学论著。正值炎热的夏天，尽管点了蚊香，但依然抵挡不了蚊虫的叮咬。紧闭的库房又闷又热，像个蒸笼，不一会儿他就汗流浃背。晚上回到6角钱一晚的湖滨小旅馆后，便在一盏孤灯下把白天抄写的东西进行标点、校对、整理，每天直到下半夜才睡下。日复一日，一个多月共抄读了500多部印谱及古籍。有一位韩天衡的学生抽空到杭州来帮忙，搞了一个星期就眼睛红肿，可见工作强度之高。回到上海后，韩天衡又一头扎进上海图书馆古籍部，每天带一个军用水壶、两个面包，从早到晚看书、做笔记。这样长时间、大量地审看、查阅考证文史资料，不仅使《历代印学论文选》成为有史以来收集印学论文最多、最精当的一部专著，而且为韩天衡此后开展印学理论的进一步研究夯实了基础，同时也为印学的学科建设提供了历史资料、理论依据及学术储备。这本书对原张鲁庵收藏印谱中最精要的几十部中的序记、题跋做了系统梳理，从而成为当代印学理论研究的工具书，为国内印人、印学家的必备书。

1984年，韩天衡一家五口终于从蜗居的龙江路10平方米小屋搬出，迁入昌平路一套二居室，共50多平方米，系他的太太应丽华单位所分。

在当代篆刻界，韩天衡不仅奏刀纵横、石耕勤奋，更难能可贵的是他极有理论觉悟、学术责任、探索精神和撰写意识。在这一年，他分别撰写了三篇印学论文：《明清流派印章初考》《五百年印章边款艺术初探》《九百年印谱史考略》，由武汉书法家协会编印。这三篇论文是在一种历史演变意识及印史发展时空逻辑的指导下，对明清流派印、五百年印章边款、九百年印谱史做出的梳理归纳和总结评述，填补了印学研究的空白，代表了当代印学研究所能达到的高度和深度，具有标杆作用。《明清流派印章初考》论述了明清流派印章崛起的四个特定因素，提出石章广泛引进印坛和"以石替铜"标志着明代由铜印时代跨入石章时代，前所未有地对明清印坛巨匠做了艺术风格与技法特点的剖析、梳理。《五百年印章边款艺术初探》一文则对边款艺术的起源、技法推进及历代边款大家的作品做了评述，分析了印人在边款中所倾注的情感思绪、治印理念及奇思妙想，证明边款是印学史料的一座宝库。

《九百年印谱史考略》是韩天衡印学理论著述中相当重要的一篇学术论文。20世纪70年代中期至80年代初，韩天衡或专门或利用出差等机会，到各地图书馆或博物馆查找未见过的古印谱。他第一次到天津图书馆去找古印谱及相关古籍，管理员让他把书名写出来，他说写不出。管理员以为他开玩笑，说道："你要找书，书名都写不出，你叫我怎么找？"这时陪韩天衡去的学生说，这是上海的韩天衡先生。管理员居然知道他，就说："韩先生，你既然要找书，为什么不知道书名呢？"韩天衡说："我要读的书是我没看见过的书，就像古人说是未见之书。"管理员这下理解了，带他进去，把收藏的书目给韩天衡看。看到这个书目，韩天衡眼睛一亮，里面有一本是他从来没有读到过的书——1762年出版的清代学者周亮工的《赖古堂别集印人传》。

值得一提的是韩天衡具有强烈的图书馆研读意识。20世纪70年代末至1984年底这段时间，他利用周末和节假日，从早到晚泡在上海图书馆古籍部，查找研读了700多种古印谱和印学著作。此间，得到了当时上海图书馆馆长顾廷龙先生及古籍部版本专家的帮助与支持，他曾称"上图是我学艺、攻艺阶段相当重要的老师"，当时就想"滴水之恩，日后必当涌泉相报"。2021年8月19日，他向上海图书馆中国文化名人手稿馆捐赠了40多种他的著作签名本。这自然是后话。

正是在上海图书馆的查考研读，使他系统地梳理和考证了印谱的渊源及发展，历代印谱的版本、品类、传世及辑编，并第一次经过史料考证，指出《宣和印谱》并非印谱之祖，且此谱是子虚乌有的。韩天衡认为印谱之滥觞应是杨克一所辑的《集古印格》，并查考出从北宋《集古印格》到明隆庆时《顾氏集古印谱》的问世，这漫长的期间谁也没有想到用原印来钤印谱，都描摹翻刻到枣梨木上，而搞翻刻的编纂者和刻版的匠人都不懂篆刻，因而印是失真的。中国印谱直接用古代流传下来的古玺原印，用好的朱砂印泥直接钤到白麻纸、连史纸（当时称越纸）上，制作成原钤印谱，始于上海顾从德（汝修）。这是历史上第一本用原印钤的印谱，具有里程碑意义，也是海派篆刻的骄傲。这是中国的古玺印第一次以它真正的本来面目出现，而这本印谱出版在明隆庆六年，也就是1572年。

从北宋杨克一集辑的《集古印格》发轫，印谱的历史至今逾900年。韩天衡接着还将九百年印谱史分为四个阶段。

第一阶段自北宋末至明后期（约1107—1572），这近500年的漫长岁月，是以文人恋古渊史为特征的集辑印谱初发期。

第二阶段自明末至清雍正（1572—1735），是以赏古崇艺为特征的重要转型期。上海顾从德所辑的《顾氏集古印谱》，突破先前枣梨翻刻模式。顾氏认为以往印谱"皆摹拓重翻，未免失真多矣。唯兹印章，用墨、用朱、用善褚，印而谱之，庶后之人，尚得亲见感人典型，神迹所寄，心画所传，无殊耳提面命也已"。顾氏使此谱弘扬上古优秀传统，下承明清流派印章，产生了强烈而深远的典范意义。

第三阶段自清乾隆至新中国成立前（1736—1949.9），开启了赏、创并举，推陈出新的勃兴期。这一时期印谱出版的总量，古玺及印人印谱不下3000余种。这一时期的印谱，分类之细、品种之多、风格之别、思想之宽、创作之巧、艺术之丰、学术之深、手段之妙，蔚为壮观。

第四阶段自新中国建立后至今（1949.10—   ），由渐衰而复兴期。由于众所周知的原因，印谱跟画册、字帖一样有一个较长时间的式微。从1949年10月到"文化大革命"结束的27年间，作为原钤的印谱甚少。但随着改革开放的到来，篆刻艺术日益走向繁荣，篆刻印谱出版日趋兴盛，无论是古典印谱、流派印谱、大家印谱还是当代篆刻家的印谱，其数量都将超过此前900年间印谱的总和。

在做了具体深入的追踪溯源后，韩天衡还对编辑印谱的种类、史上称"最"的印谱、印谱制作和访读的故事、印谱的人文价值与意义等做了系统的阐述，立论精到、考证翔实、材料全面、品评客观、新说迭出，为当代印学研究做出了突破性的贡献。

由韩天衡执笔的《中国篆刻艺术》，在日本翻译出版，由于这本书是来自篆刻母国的当代篆刻艺术教材，简单扼要而义理精当，在日本篆刻界反响甚好，读者众多。韩天衡有几位日本学生，正是看了这本书后，才拜师韩天衡的。

这一年，日本大书法家小坂奇石来上海，时年已八十二岁的奇石先生是现代日本汉字书法的代表书家之一，被誉为"线之行者"，历任关西书法会理事、关西综合美术展评委、奈良教育大学主任教授，曾获日本综合美术展文部大臣奖、日本艺术院奖。其作品讲究气势力度，注重节奏旋律，推崇变幻奇逸，既有强劲的力度又有宽博的气度，通过线条的变化、空间的分割、墨色的润泽及在不均衡中产生的均衡共同构成书法的气势与意韵。他尤善用中锋枯笔运驰，书风老辣生拙，极有表现力。而韩天衡的篆刻线条奇崛恣肆而灵动多变，有"线之舞者"之称，尤为奇石先生所欣赏的是他们交流时韩天衡表现出对艺理书韵甚为精通。韩天衡亦对奇石先生的书法运笔相当推崇。"线之行者"与"线之舞者"遂结交为友，韩天衡为小坂奇石刻印三方。小坂奇石的书风对中国书法界也产生了一定的影响，20世纪80年代以来他数次访华。

随着中日两国的友好交往，韩天衡应邀为日本国友好人士藤山爱一郎、土光敏夫、稻山嘉宽等先生治印，并作为国礼相赠。这三位都是中国人民的老朋友，为恢复中日邦交正常化做出了很大贡献。以印相赠，亦有金石千秋、世代友好之意。由此，韩天衡的篆刻在日本的影响也得到了进一步扩大。

1984年，韩天衡被选为上海市文学艺术联合委员会委员。不久，上海市文化局领导找韩天衡谈话，告知他被提拔为上海中国画院副院长，同时得到提升的还有著名画家方增先、张桂铭。韩天衡听后，平静地拒绝担任这个职务。他说自己是到画院来搞艺术创作的，不是来当官的，若是要当官，早在部队就提干了，由此可见其人生志向和艺术追求。因他再三推辞，最后上海市文化局两位主要领导找他沟通，很耐心地听取了他的意见后，以严肃的口气对他说："你是共产党员，应该为党做点工作，这是组织的决定，你必须服从。"既然话说到了这个分上，便不好推辞，但他还是坚持了三条——还是创作员；只抓业务，不管行政；半天工作，半天创作——否则就不担任这个职务。领导居然同意了。

20世纪80年代初，正是改革开放大潮涌起之时，韩天衡在当时也可谓顺风顺水、风头渐起，他已编写主导了两部艺术专题片《书法艺术》《篆刻艺术》，出版了《中国篆刻艺术》，撰写了几篇重要的印学论文，成了全国性篆刻展的评委，并实现华丽转身，正式进入书画艺术的专业最高殿堂画院，还担任了副院长。尽管诗仙李白曾豪迈地说过，"人生得意须尽欢"，但有时也要"人生得意且冷静"。

就在他当上画院副院长不久，有一件事使他很受触动。有一次，一批香港书画家来上海访问，韩天衡代表院领导宴请他们，画院中的几位同事作陪。酒过三巡，有一位同事不知是喝多了，还是出于其他原因，站起来当着众人的面，冲着韩天衡讲："你刻印是刻得蛮好，但是画画么，又画得不灵的！"本来其乐融融的场面一下子变得有些尴尬，韩天衡瞬间有些发窘。但韩天衡毕竟还是有修养和胸襟的，况且自己是后学画的，智者不生烦恼，贵在从中开悟，当时他仅一笑了之。

回到家中，夜阑人寂之时，他仔细想着那位同事的话，虽然在场面上令人难堪，但对自己还是颇有激励、启发作用的。这位同事的话，看来是代表了一部分人的看法，使韩天衡从中明白，在画院当领导，要取得话语权、能服众，就得在画画上有相当的造诣，并要开创出自己的风格。这就需要自己更加努力、更加刻苦、更加睿智地攻习中国画，寻找到属于自己的表现方法和笔墨语汇。在此之前，韩天衡尽管也在绘画上花了不少精力与时间，但主要还是临摹传承与师法前人，从现在起他必须"外师造化、中得心源"，开始变法创新，实现蜕变涅槃。在此后的两三年里，他的印

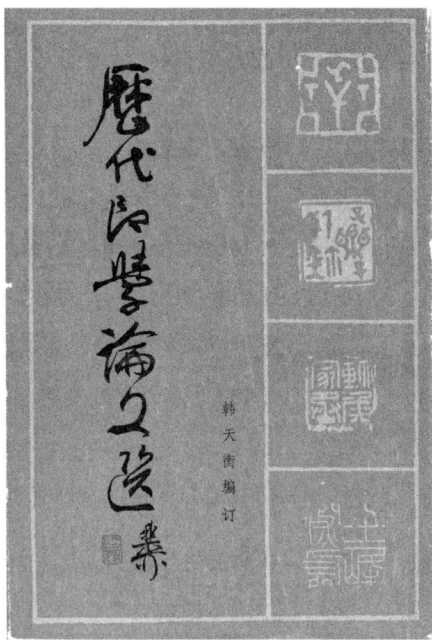

图11-4　《历代印学论文选》

作极少，集中精力攻画，故当时有人撰文说韩天衡淡出印坛了。若干年后，当韩天衡和那位同事谈及此事时，韩天衡真诚地对他说："我真的很感谢你，当年就是因为你在饭桌上的一句话，激励我努力画画、努力变法，才有今天的成果。"这也使他深深地体会到批评无论是轻重善恶，都是攻艺者不可拒绝的。

1984年，西泠印社成立85周年庆典，韩天衡受命编订的《历代印学论文选》（上、下）正式出版了。韩天衡的老师谢稚柳先生在序中评此书为"钩陈揽玄，多有未闻之见者，兼之孜孜校勘，辨析舛讹，考释题端，得七十万言，既赡且精，诚为古今印学丛书之大观"。该书共分为四编：一编为印学论著，收唐代至民国印学论文、论著计44家50部，上自李阳冰《论篆》，下至马衡《谈刻印》；二编为印谱序记，收录南宋至民国印谱序跋题记，计108部236篇，上自王俅《啸堂集古录》，下迄方约《晚清四大家印谱》；三编为印章款识，收明清印人印章边跋中论述印学之文字，计18家

522则，上自汪关，下迄王国维；四编为论印诗词，计62家249首，上自唐代皮日休《和陆鲁望印囊》，下迄丁仁《题明清名人刻印汇存》。全书体例清晰，考订严谨，资料多有罕见者。每篇文字前有编者导语，内容是相当简要的评点，另外还有作者传略。该书的出版，既是对中国古典印论的系统梳理与总结，又为当代印学研究提供了完整的资料库和学术源。诚如学者钱定一先生在该书的序二中所言："预卜斯编一出，顿使学者一广见闻，研讨称便；由此可进窥印学之渊源，深穷篆刻之堂奥，其裨益后学，岂浅鲜哉！"

第十二章

『韩流滚滚』

从20世纪80年代中期开始，各种书法篆刻展览中雷同化的"韩流滚滚"已退潮。随后，凤凰涅槃式的"韩流滚滚"新崛起。特别是韩天衡一直坚持因材施教、推崇经典、鼓励创新，从而在韩门弟子中形成了优化架构，他们师其心而不师其迹，已成为当今书画篆刻界的中坚力量。

小寿三千

艺以新为贵。不必为恋于守旧的成功者欢呼，应该为勇于出新的失败者鼓掌，因为艺术的新曙光总在这一方。艺以新为贵，又当注重贵在新有艺。舍弃艺术属性，单纯地以怪异为新。犹如将分娩的怪胎误以为是传宗接代的新品种，则难免贻笑大方，且后患无穷。

——韩天衡《豆庐独白》

韩天衡的印艺创作与印学研究，始终得到沙孟海先生的关心与扶持。从某种意义上讲，沙老是中国篆刻艺术的压舱石。尽管当时沙老已八十又四，但依然保持着与时俱进的艺术敏感及审美认知，思想开放、观念更新、精神矍铄，可谓老骥伏枥。因此，沙老对韩天衡的肯定与关爱，不仅对韩天衡个人，更对当代篆刻的发展，具有积极的导向意义。

　　西泠印社每年均有春季、秋季两次雅集，印社的85周年大庆放在秋季雅集时举行。除了篆刻展览外，还要举行印学研讨会。韩天衡应印社学术部之约，于1989年8月10日至15日撰写了一篇1.6万字的《明末清初篆刻流派印评析》论文。当时正值气温最高的酷暑，韩天衡的家中又没有空调，经常写得汗流浃背，汗水把稿纸都打湿了。西泠印社85周年社庆时，韩天衡到杭州，先遇到了沙孟海先生的高足祝遂之。祝遂之对他说："沙老讲你这次写了篇很好的文章，要我好好读读。"开会时，韩天衡又遇到社长沙老。沙老高兴地对韩天衡说道："你写了一篇非常好的文章。看过你的这篇文章后，我沿着你的思路也写了一篇。"沙孟海的这篇文章与韩天衡的论文形成了理论对应和学术对话，备受印学界的关注。

　　1985年樱花盛开的时节，韩天衡第二次出访日本，做篆刻书法艺术交流。韩氏印风及书画颇受东瀛民众推崇及艺界青睐。在这之前，他已先后为日本首相、要员及梅舒适、青柳志郎、高木圣雨、小坂奇石等日本书法篆刻界名流大家刻印，确立了他在日本的印艺地位。

韩天衡访日回上海不久，画院著名老书画家王个簃①先生要赴新加坡开个人画展，叫其儿子、书画家王公助来找韩天衡，请他为其画展写篇文章。王个簃在书画界德高望重，书画印深得缶翁（吴昌硕）意韵精髓，笔力雄健、气势郁勃，于书法绘画中融入浓郁的金石气。其篆刻亦浑朴古穆、凝重遒劲。韩天衡根据个老的从艺经历及书画篆刻的风格特征，认真撰写并作了客观的评述。个老从新加坡回沪后，韩天衡去看他。个老以一贯不紧不慢、相当儒雅的口气讲："天衡呀，你的那篇文章写得不错，文笔生动，言之有物。""个老过奖了。"韩天衡则谦虚地说。随后个老取出一张画，送给韩天衡以示谢意。韩天衡一看落款很有意思，用了一个非常妙的词："天衡世好"。可见个老对人的尊重，因韩天衡不是他的学生，称同志又太生疏，所以斟酌之下用了这个典雅又颇亲切的称呼，同时，也唤起韩天衡对往事的一段美好回忆。

　　1962年，韩天衡在温州当兵，王个簃、朱屺瞻、张守成等几位画院的画家到温州雁荡山写生，方介堪先生专门带韩天衡拜见了王个簃等几位师辈。因个老不仅是书画家，亦是一位篆刻名家，深得缶翁（吴昌硕）真传。个老对这个英俊年轻的水兵很有好感，与他谈了自己跟吴昌硕学艺的经过及经验，非常实在地对韩天衡讲："小韩，搞艺术的人不要急于参加各种应酬，这样会影响艺术上的进步，我有切身体会。"那时的个老一头银发，讲话慢条斯理，很有儒雅的大艺术家的风度。后来，韩天衡复员回上海，也经常去拜访他。个老当时住在中山公园斜对面的弄堂里，听到韩天衡敲门后，他会从二楼探头往下看："哦，是天衡。"就把开门钥匙扔下来。个老没有什么架子，一般也不会重声重气地批评人，是谦谦君子。韩天衡拿自己的画请他指教，他都说"很好"，有时也会非常委婉地讲一些不足。"韩天衡"落款像个

---

　　① 王个簃（1897—1988），原名能贤，后改名贤，字启之。斋名有"霜茶阁""千岁之堂"等。祖籍江苏南通海门，问艺于南通书画家、吴昌硕弟子李苦李，后成为吴昌硕晚年入室弟子。与吴东迈、诸乐三、诸闻韵创办上海昌明艺校，曾任上海中国画院副院长、西泠印社副社长等。

符号，为此，个老说："你的落款人家看不懂，人家会问：是谁写的，谁画的？"韩天衡曾经请教个老："吴昌硕先生写字那么有力量气魄，线条厚重雄浑，是不是用狼毫？"因为唯有个老经常在缶翁身边，他应该是最清楚的了。个老听后摇摇头，笑着说："我先生的石鼓文书法另有一功。他的笔在画画前先用手掰，再拿牙齿咬。画完不洗笔，下次用时还这么掰，把上面的墨掰松，若毛不散开再用牙咬咬，毛依然是硬的，此时沾墨写，写出来的线条就介于狼毫、羊毫之间，厚重雄浑，这跟工具的特殊用法有关。狼毫刚中少柔，羊毫柔中少刚，这样一来刚柔就相济了。"韩天衡从中很受启发，这也可说是缶翁用笔真正的揭秘。因为羊毫笔经过这样的处理，可柔中带刚、刚中兼柔，而且在运笔过程中带有一种毛糙感，从而增强苍劲老辣、恣肆粗犷之感。

20世纪80年代初，韩天衡在《新民晚报》上发表了《吴昌硕刻印的代刀人》，谈到吴昌硕从四十八岁起，因病臂而请人代刀刻印。当时的上海市委书记王一平是位艺术爱好者，他到个老家拜访时谈到此文，便问："个老，你对韩天衡的文章如何看？"个老直率地回答："不是事实。"后来王一平到韩天衡家玩，谈到此事。韩天衡讲："我很敬重个老，但很多东西应当根据史料。我不是凭空捏造，是有史料、实物根据的。"吴昌硕在四十八岁这一年为吴遂初刻印，在印蜕边款注明："臂剧痛，此印为施酒代刻。"施酒即是其夫人。他自己在太平天国运动中因逃难受伤，肩臂得病，时常发作。六十岁后吴昌硕已成名，求印者甚多，而他又不时受病臂困扰，且求字画者日增，加之社会应酬甚忙，所以代刻就更多了。吴昌硕七十岁时在一方印的边款上写道：十年不刻印了，现在手生疏得很。后人看到他六十岁至八十多岁刻的印章非常多，其实不少是别人代刀的。当然，个老出于对老师的尊重，否定了韩天衡的看法。但个老并没有因这件事对韩天衡产生看法，后来一位友人告诉韩天衡，西泠印社选韩天衡当理事、画院要韩天衡当副院长等都是王个簃、唐云、谢稚柳、程十发等提名的，可见个老的雅量及对后生的提携，显示了一代大师的风范。

韩天衡成名甚早，他的篆刻时常在各种书法篆刻展中亮相，并经常发表于专业杂志及报纸，但他的个人篆刻印谱还尚未结集出版过。1985年7月，《韩天衡印选》由上海书店出版，遴选了韩天衡从20世纪70—80年代起所刻的万余方作品，可以讲是韩氏印风第一次整体性、规模性的展示，因而一经出版，旋即售罄，两个月后再版，总印数达1万册。一部当代人的印谱能这样受欢迎，的确是印谱出版上从未有过的现象。

《韩天衡印选》由谢稚柳题签，王个簃题"秦汉流风"，方去疾题"别开生面"，沙孟海、程十发作序，高二适、陆俨少、苏渊雷题诗，后附韩天衡自撰的后记，论述的是学艺过程及对印艺出新的追求。印谱内容有姓名、字号、纪年、斋馆、图案、诗词章等。其中为当代著名书画大师刘海粟、李可染、陆俨少、谢稚柳、唐云、程十发、应野平、徐子鹤及日本书法界名流刻印尤多。

《韩天衡印选》的出版，在当代篆刻史上具有现象级的意义，由此也引出了印学界长期关注的话题，即这本书所引发的"韩印热"，实际上是中国当代印坛"韩流滚滚"的真正源头。其中的艺术现象与相应的学术逻辑是具有编年史意义的。

历史的叙事常常需要作"观澜索源"式的回顾及"振叶寻根"般的探索，距离不仅可以产生美，亦可以凸显真。韩天衡本人在谈到"韩流滚滚"时，曾这样说："20世纪80年代中期有位不相识的'阿山'先生写过一篇文章发表在《书法报》，采用了'韩流滚滚'一词，他说：韩天衡只有一个，都去学韩天衡是没有意义的。这讲得非常好。"经查考，韩天衡所说《书法报》上的这篇文章是阿山所写的《"韩天衡"何其多——当今印坛小议》，刊发于1987年10月7日。阿山对当时篆刻界的现状、《韩天衡印选》出版后引发的社会反响及"韩天衡"们应运而生的成因，做了客观具体的分析，并将此归纳为"韩流滚滚"："近几年，书法篆刻热席卷全国，爱好书法篆刻的青年多如牛毛，他们渴望成功，但对艺术创作的艰苦性认识不足。成天想着标新立异，一鸣惊人，而忽视、甚至鄙视对传统的继承学习。要想在篆刻这小小方寸之间开垦出一片新天地，谈何容易！年轻人创新的想法又过于简单、幼稚，这样势必使自己身陷艺术沼泽地里不能自拔，痛苦和绝望又使他们灰心丧气，前途渺茫。恰在此时，《韩天衡印选》出版了，这似一股清新湿润的风，使茫然的青年们干渴的心田恰如久旱逢甘霖，于是一哄而上，争先恐后地呼吸这新鲜的空气，'韩天衡'们应运而生。'韩天衡'们吸进的是'氧气'，吐出的却是清一色的'二氧化碳'，把篆刻界的空气弄得'韩流滚滚'，单调而令人窒息。"

此文观点鲜明，褒贬有别，肯定了人们喜欢勇于创新的韩天衡，而否定了千印一面，"单调而令人窒息"的"韩流滚滚"。因此，"韩流滚滚"初始时是带有批评、否定、贬抑的指向的。

诚然，促成"韩流滚滚"现象的出现，固然有"干渴的心田恰如久旱逢甘霖，于是一哄而上"，但从更深层的原因来讲，也是和当时的展览评选机制分不开的。取"韩流"印式，不仅视觉效果鲜明，吸引评委眼球，而且放在同类学秦汉印、流派印的印章中，很是出挑。也就是说"韩流"印式，在字法、章法、刀法乃至风格呈现上都有独特的表现形态与郁勃的美感展示，不仅入展率高，而且得奖可能性亦大。如1987年8月，在全国第二届中青年书法篆刻展览的无记名投票时，学韩印的徐庆华获得最高票，但在最后的评奖环节，有的评委感到徐庆华韩印风格太明显而只颁给优秀奖。也就在此次展览中，学韩印的河南尚仁义、吉林张树、四川夏昌谦等人也风头正健。可见"韩流滚滚"在当时蔚然成风，既有作者们的"跟风趋时"，也有评委们的"顺风应时"。

由于韩天衡从来不要求弟子学自己的风格，一贯旗帜鲜明地反对模仿、走捷径，再加上后来篆刻评委们也认为"韩流滚滚"的现状不能再延续了，于是，从20世纪90年代初，各种书法篆刻展览中雷同化的"韩流滚滚"已退潮。随后，凤凰涅槃式的"韩流滚滚"新崛起。也就是随着韩天衡所收弟子的不断增加，特别是由于韩天衡一直坚持的因材施教、推崇经典、鼓励创新，从而在韩门弟子中形成了优化架构，他们师其心而不师其迹，如孙慰祖、徐庆华、王丹、黄连萍、张炜羽、邹涛、蒋瑾琦、刘洪洋、晋鸥等，均自辟蹊径、自树风格，已成为当今书画篆刻界的中坚力量。

2012年韩门弟子耿忠平出版了《韩流滚滚——韩天衡和他的弟子们》一书，标志着"韩流滚滚"已具有了褒义指向，代表着韩天衡领军的一个篆刻艺术（涵盖书法、绘画、理论）精英团队和高端群体的形成。

1985年，韩天衡被推选为中国书法家协会理事，他的国画获日本国第十八届全国精选现代水墨画美术展优秀奖。他编的《篆法辨诀》由上海书店出版，与友人合著的《大学书法》由复旦大学出版社出版。这一年，他还应邀赴澳门讲学并作艺术交流。

1986年，韩天衡书画篆刻展在新加坡举办，《韩天衡书画篆刻》同时出版。韩天衡的篆刻、书法、绘画，以其独特的表现形态和鲜明的个人风格，在狮城艺界引起强烈反响，各华文报刊均作了大篇幅的报道，称其为"书、画、印三绝"。韩天衡还应邀访问、讲学于新加坡南洋美术专科学校、新加坡国立大学，深获师生好评，弘扬了中华文化。新加坡国宝级的书法家、学者潘受先生也听了讲座，并给予好评和推介。两人以艺为缘，成了忘年交。另外，韩天衡还受聘新加坡啸涛书画会常任顾问，并为著名的香格里拉大酒店集团书写标记"S"，做上浓下淡之处理，如山之倒影。这手书的标记，被世界性集团的香格里拉沿用了十多年。

韩天衡书画篆刻展期间，新加坡一位素未谋面的外交部官员单独请韩天衡吃饭，席间称赞了一番韩天衡的艺术及其在新加坡的影响后，开门见山地对韩天衡讲："新加坡是个福利国家，一般的人很难留下来，有的人偷渡过来还被我们遣返回去。尽管现在中新还没有建交，但韩先生可以留下来。"新加坡因文明及富裕程度高而成为不少人的向往之地，新加坡官员的这番话应当讲是充满诱惑力的。韩天衡听后却很平静地讲："我是搞中国传统文化艺术的，我的根在中国。这就好像是黄岩橘子，长在黄岩最甜，移栽上海就变种退化，迁种黄河以北，连叶子都不长，更谈不上结果实。不瞒你们讲，美国前两年也有人来找过我，但我都说没有这个打算。因为我是搞传统艺术的，如果我离开了自己的祖国，我的艺术源泉就会枯竭。但我也会常出来走走，黄岩橘子也不可拒绝外国养料呀！"那位官员听后，跷起大拇指感叹地说："韩先生，人各有志。佩服！"

这一年的十月，韩天衡荣获上海市文学艺术界联合会颁发的上海市首届文学艺术奖。上海中国画院也举办了韩天衡书画篆刻观摩展。画院，作为中国画的最高艺术殿堂，推出韩天衡书画印综合展，是具有圈内推介意义和专业确认作用的。韩天衡自正式调进画院，特别是担任画院副院长以后，对中国画的攻习钻研更加自觉而

图12-1　韩天衡获1998年上海文学艺术奖

奋发，对唐画的富丽、宋画的娟秀、明画的华滋、清画的雅逸，都深窥堂奥。而对青藤、八大、八怪、赵之谦、吴昌硕等的画风，他也都潜心揣摩，再加上他的老师谢稚柳的耳提面命、亲自指点，陆俨少、唐云、程十发、徐子鹤的具体辅导，韩天衡的画艺日益提高，其格古韵新的画风也开始展露丰姿，引起了美术界尤其是北方画坛的瞩目。

韩天衡在画中引入书法的线条韵律和篆刻的金石气息。用笔将书法的写意性和篆刻的造型性相参相糅，笔墨酣畅、骨力强健，造型生动、形神兼备。用色则将水墨与重彩之美发挥到极致，时而泼彩浓烈而缤纷华美，画面水墨淋漓和晶莹剔透，富美堂皇而又格古韵新，具有独到的墨彩表现形态和多艺综合的优势。

从艺术哲学的角度来看，不同的地域环境会培育出不同的艺术风格。在中国画的漫长发展过程中，就形成了南人雅致秀逸、北人雄健豪放的风格走

向。当代社会的开放性、多元性和综合性，又要求艺术家善于融贯互补。韩天衡敏锐地意识到打通南北、各显优势的中国画突破之新途。于是，他在运笔造型上，在设色构图中，既注意南人的典雅精致而又不局促拘谨，既注重北人的雄健豪放而又不粗躁狂肆，使画面呈现精湛而雄浑的气象、富丽而又瑰美的气度、奇逸而又华润的气韵、酣畅而又恣肆的气势。海派书画大家刘海粟、谢稚柳、王个簃、唐云、程十发、徐子鹤等人看了韩天衡书画篆刻观摩展后，对他的画风给予了热情的肯定，认为这是海派绘画出现的可喜的新气象。

不久，湖南邀请韩天衡去长沙办韩天衡书画篆刻展，韩氏书画印艺术遂在湘江畔引起强烈反响，观众甚多。之后，韩天衡的国画作品被辽宁省博物馆收藏。辽宁省博物馆在中国博物馆群中，算得上是大博、名博，尤以原清宫书画藏品著称。

1986年秋，韩天衡和程十发赴上海总工会苏州西山疗养院创作布置画。他们先去了苏州文物商店二楼看东西。发老跟黄胄一样喜欢古董字画及明式家具，而且精于鉴定。文物商店的主任居然知道韩天衡，而发老又是大名家。一番寒暄后，他们开始看东西。两块田黄石引起了他们的兴趣，大的重四两，小的一两多。主任看了看两块田黄石，然后对他们讲："你们要，我看了底价，稍许加一点，大的4500多元，小的1800元。"韩天衡就让发老拿大的，自己拿小的。当时他们没带那么多钱，文物商店就让他们拿走，下次来时再付，很相信他们。在西山疗养院，韩天衡到发老房间时，看到他在台灯下拿着田黄石反复欣赏，很是喜欢。

田黄石是印章中最名贵的石料，产于福州市寿山溪两边的水稻田之下。"田"寓财富，"黄"为帝王专用，具备细、洁、润、腻、温、凝之印石六德，故被尊为"帝石""石皇"。由于当时正值改革开放之初，玩石之风尚未兴起，因而有幸捡漏。民谚云："一两田黄，三两金。"而如今一两田黄又何止一斤金。

西山疗养院有一天开笔会画画，丈二匹的大画没有专门的大画毯可供使用，就拿白的床单布垫在下面。大家画好把画卷取走时，发老突发奇想，他看着粘有五颜六色的床单讲："印在床单上的颜色跟墨色非常好，很有趣。"就着垫布上朦胧的、有色块和墨块的堆集，发老就东一笔西一笔地画了一张非常精彩的抽象画，还题了字："花非花雾非雾"。韩天衡觉得这张画很有奇趣，跟发老平时画的不一样，就让工作人员卷起来，带回上海，寄存在画院的库房。韩天衡和发老在西山的这段日子，过得很有乐趣。发老幽默，天衡机敏，两人时常擦出火花。那时的苏州还不讲环保，发电厂的烟像一条黑龙，韩天衡笑言这可是好资源，发老即接道："物尽其用，开个墨厂最好！"他们在沧浪亭看到一副对联："清风明月本无价，远山近水原有情。"那时社会上出现只讲钱、不讲情谊的倾向，发老深有感慨地讲对联换一个字会更好，叫"清风明月本有价，远山近水原无情"。

从苏州西山疗养院回上海后，上海老正兴饭店的一位朋友把韩天衡、发老及发老的学生毛国伦、发老的小儿子程多多请去，让他们尝尝上海老正兴饭店开发的上海特色菜，饭后众人画画、写字。大家落款钤印时，程多多的印章忘带了，发老见压在画上的镇纸正好是很普通的印章石，就讲："天衡兄，侬叫伊拉（他们）拿把刀来，凿两刀好嘞。"韩天衡想效法当年的吴昌硕用铁钉刻印的遗风，况且自己也曾这样刻过印，于是叫店员找个大铁钉来，但找不到，只得到厨房拿

图12-2 "程多多"印

了把剪刀。这可有些难了，因为剪刀两面交叉，都是刀刃，极锋利，没办法拿。后来试了几下，勉强能行，韩天衡就用墨将印面一涂，用两三分钟的时间刻了一枚"程多多"印。发老看多多钤在画上后，对韩天衡称赞道："这方印刻得好，非常有特点。""这是名副其实的急就章。"韩天衡答道。发老听后，讲了一句程式幽默的名言："天衡兄，侬是名副其实的'天下第一撬客'。"在场的人都笑了起来。韩天衡在刻印时，程多多在旁边拍了几张照片，后来送了一张给韩天衡，背后是发老亲笔题字——"天下第一撬客"。

1986年，香港举办"上海绘画——蜕变中的中国艺术"大型展览，韩天衡任团长，率上海美术代表团参加展览的开幕式。由于此次展览作品精彩纷呈、风格鲜明，再加上名家云集，因此在海外获得了很好的评价，观众踊跃。香港的报纸杂志及电视台纷纷作了报道及专访，使新时期的海派画风再度风靡海外。

韩天衡赴港前就知道当时香港有个专门收藏印谱的收藏家叫林章松，此人也是一位篆刻家，出生于1950年，字秉承，号松荫轩主，毕业于岭南艺术学校，为香港友声印社社员。他收藏的印谱有不少是珍本与孤本。因此，韩天衡一到香港就与他取得了联系。白天，韩天衡忙于社会活动及艺术交流，一到晚上，他就埋头灯下，翻阅林章松送来的几十本印谱，做笔记直到下半夜。维多利亚湾美丽的夜景、铜锣湾热闹的夜市，韩天衡一次都没有领略，一连十多天就只专注于阅读记录这一批珍贵的印谱，对此他自讽为"小民暴富"。

图 12-3　程十发题"天下第一撬客"的韩天衡刻章照片

在篆刻艺术的理论研究及学术撰述上，韩天衡极具建设精神和建树意识。继《历代印学论文选》后，他在1987年又出版了填补空白的《中国印学年表》，上自宋、元，下迄明、清及至当代，以编年史的形式呈现。做这件事情的起因是1980年左右，韩天衡看到日本人做了一个中国印学年表，作为一本书的附录，大约1.8万字，而中国人自己还没有做过中国印学年表。当时，他已读到的古印谱大约有2000多种，而且做了大量笔记，所以他感觉中国人应该编一部自己的印学年表。于是，韩天衡把这本书的构思和上海书画出版社主编蔡大抟讲了，后者觉得这件事非常好，毕竟这将是填补篆刻史空白的一本书。接下来韩天衡花了几年的时间，拿出自己的读书笔记进行整理，在1987年出版了第一版《中国印学年表》。此书跨度上下千年，汇辑可编年之印人2000多家，印谱印学书籍1700多种，并辑录了篆刻家、金石家、印学家、印谱篇纂者之生卒、事略、代表印作、印谱及印学论著之成书年份、卷册、印坛史话、事件等，对印学发展有明显影响之作者、著录及近世出土印钵、封泥等有价值者，也一并辑入。其中，有世人熟知而不尽知者，也有寡闻而首次披露者，多由韩天衡30多年来读谱本、阅印学资料的笔记整理而成。《中国印学年表》按印学的历史发展，条理清晰、内容丰富，虽欠全面，但远胜于无。韩天衡的老师谢稚柳先生在该书的序中说："余素对资料搜罗、整理工作抱钦佩之忱，而今喜添此编，补前人之所未备，实有助印学研求之助，诚印坛之盛业也。"这本专著的出版及新鲜资料的推出，对近30年篆刻艺术的勃兴起到了不可低估的艺术引导、学术参照作用。

韩天衡编订的《秦汉鸟虫篆印选》也由上海书店出版，这是一部秦汉鸟虫篆印的集大成之作。韩天衡花费20多年，从原拓印谱之祖、海内孤本《顾氏集古印谱》和现代秦汉玺印名谱及近年出土的约500方鸟虫篆印中精选文字清晰、钤盖精良者成此谱，共计354方。此书以秦汉印为主，是中国第一部汇辑研究鸟虫印的印谱，前有韩天衡的代序《秦汉鸟虫篆印章艺术刍议》。历史地看，鸟虫印起于春秋而兴于秦汉，在两汉得到了较大的发展，但也只是印工偶一为之的小众之作。自明代石章被引进印苑，尤其是流派印崛起后，鸟虫印得到了关注，但也不是十分普及。近代篆刻家对此有所涉足，还远未形成一种势头。韩天衡推出的这本《秦汉鸟虫篆印选》，既是对古代鸟虫印的一次历史梳理，也为日后鸟虫篆印创作的兴盛提供了实物参照与艺术借鉴。

美国著名的丹佛博物馆在1987年举办了中华人民共和国当代绘画展，参展作品共51件，韩天衡有2件作品入选，并应邀出席开幕式。这是韩天衡首次赴美，他认真地参观了丹佛博物馆中的中国艺术藏品，颇有收获。日本国高畑常信编纂了《中国游印二百选》一书，收入明清著名印家丁敬、邓石如、赵之谦、吴昌硕等49人的作品，韩天衡及其作品亦收入此书，在海内外产生了相当影响。

1987年8月5日至14日，《人民日报》（海外版）刊发了记者柯愈春写的长篇通讯《铁笔春秋四十年》，向海外比较全面地介绍了韩天衡的艺术人生，共分八段：（一）一颗中国的书法篆刻艺术之星；（二）不平静的童年；（三）在坎坷的人生道路上追求；（四）在军舰的甲板上；（五）走上创新之路；（六）"摇橹艺术"；（七）艺术摇篮中的奥秘；（八）刻刀在阻力中前进。

韩天衡的篆刻恩师方介堪先生在这一年病逝，韩天衡赴瓯江奔丧。在大殓仪式上，望着恩师安详似睡的遗容，韩天衡思绪如潮：当年在瓯江从军的日子里，是先生的指教、扶植，使韩天衡的印艺大有提高。他清晰地记得，当年恩师见了他刻的印章后，第一句话就是："要学习秦汉印！"当时，韩天衡仅是普通士兵，无权无势，而恩师当时身为温州博物馆馆长、一代印学名家，但毫无架子，亲切而又真诚。想到这，泪水涌满了韩天衡的眼眶，师恩难忘，师情永存。

这一年底，韩天衡收藏了大型榉木画桌椅一副，与吴昌硕所使用的原为一对。缶翁的一副今在孤山的吴昌硕纪念室，这也许是韩天衡与海派书画前贤的艺缘吧。

1988年在水仙花的清香中来临了。按惯例，画院每年都要举办迎春画展。韩天衡想起了和发老一起在西山疗养院时，发老画在大被单上的那幅大型抽象画还寄存在画院的库房里，于是就拿了出来。一看，果然效果不错。发老一开始也同意参展，后来却有顾虑，怕惹来是非，特别是画题"花非花雾非雾"容易让人产生联想，况且他自己又是院长，因而就将画抽了出来。韩天衡跟发老讲："这张画是你私人的，也不要再寄存在画院里了，你拿回家吧。"发老回答说："这样也好，我就拿回家吧。"可发老一连几天都没有将画拿回去，而是把它放在韩天衡的办公室里。连续几天看着发老的这幅抽象画，韩天衡越看越觉得有味道，于是对发老讲："我跟你的这张画产生感情了，你就别拿回去了，给我吧。我付稿费给你。"发老从来不主动提钱，但韩天衡还是按发老画的价格付了钱，并请发老在画面上题了名款。

　　发老是个全能画家，山水、花卉、人物、走兽，没有不能入画的，而且样样非常精彩。韩天衡就将自己平时的稿费用来收发老的画。因考虑到自己和发老交情非同一般，又是同事，说自己要买，担心发老会不好意思收稿费。于是，韩天衡就假托朋友名义向发老买："发老呀，我有个朋友很喜欢你的画，想要买几张可好？"发老很随和而大气："好呀，价钿（钱）嘛随便好了。"发老在当时非常精彩的山水300美金一尺，就是2000多元人民币一尺，4方尺才万把元。发老当时才六十七岁，身体也颇硬朗，正是艺术上最成熟的黄金期。韩天衡画画的热情很高，特别是他当初担任画院副院长时，那位同事的"席间发言"使他深受触动，因此，他沉浸在丹青天地中，而发老的这些画，使他得到了不少运笔用色、构图造型上的启发与借鉴。

　　在韩天衡的眼中，发老是德艺双馨、德高望重的大师级人物。发老做人最大的特点就是与人为善，经常想到别人，喜欢一双手拉两个朋友。有一次，韩天衡和发老一起去香港，一个朋友拿画给发老看，画一看就是假的。但那位朋友的话里却有故事：这张画是某某送给我的，他知道我手里有好照相机，我跟他换的。发老听后感到不能讲是假的，一讲两位朋友都不高兴。他有他的胸襟与气度，就讲"画得蛮好"。朋友请他在画上题字，他也只好题。假画真题，为的是不让朋友红脸不开心。后来，有一次发老与韩天衡两人来到香港的某名士家，一进客厅，看到挂有发老的一张画。韩天衡悄悄地对发老讲："发老，这张画是假的。"发老马上拉拉韩天衡："不能讲，不能讲。讲了人家没面子了。"回上海后不久，发老对韩天衡讲："真画来过了。居然那么巧，让我知道是谁干的事。实际上是香港那位把钱交给那人，那人收到我的画之后作了一张假画给人家，将真画留下。结果真画还拿回来叫我题字。"对于作假画、卖假画，发老当然是反对的，有时颇感愤怒。但面对现实，他又很无奈，调侃地说：做假画是别人在帮忙宣传我，在帮我画。

发老以他鲜明独特的画风、精深全面的造诣、卓尔不群的成就、睿智高迈的追求、幽默大气的襟怀，为当代海派书画乃至整个当代艺苑做出了具有历史意义与文化价值的贡献。发老一生的艺术实践都相当推崇不墨守成规，要变法创新，如他经常讲的：谁不学王羲之，我就投他一票。这并不是否定王羲之，而是说不能大家都去学王羲之，重现就是复制，复制必无价值。发老叫韩天衡刻过一方印"古今中外法"，即是心志表白。他的绘画，不局限于一家一派，而是变通、吸收古今中外大家的方法理念和表现手段，以丰富自己。所以程十发先生的绘画并不在前人的笔墨、技法里讨好处，而有很多的自创。如画人物，或面部或身段，往往不是先用线条勾一个轮廓再敷色，发老的很多人物画，脸部是不钩轮廓线的。画花卉，也打破线与面的疆界，迷蒙混沌。现实生活中，活体人物哪来凝固不变的轮廓线呢？中国画的先贤们提炼出多变善化的人物十八描，正是一种中国式的智慧和发明。他在画的用色上与其他画家也很不一样。发老跟韩天衡说过，他绘画色彩的斑斓，是受松江民间的灶头画、彩陶及唐三彩的启发。唐三彩釉色经过窑变，展现出来的丰富、奇幻、不可言喻的色彩感被发老借鉴，这也是别具匠心的画外求画。发老对欧洲文艺复兴三杰之一的拉斐尔也相当推崇，拉斐尔的圣母像安宁恬静、和谐柔美，并且构图饱满、笔致精细，这对发老笔下的女性题材创作也有颇多启迪。

20世纪80年代，住房困难是个社会现象。当时画院里有几位画师及职工住房很小，三代人挤在一小间，发老认为自己是院长，有责任帮助大家解决。于是，他许下诺言："我要为大家画房子。"韩天衡一听就明白了发老的用意。发老用了整整一个多月的时间，精心画了30张画，其中2张丈二匹，被一位新加坡的华人收藏家以60万元买走。韩天衡对于住房的窄小也是深有体会，从1969年至1982年，他家三代五口人挤在10平方米的小屋内；1983年他的太太应丽华单位分房，才搬到昌平路的一套两居屋，他的卧室有16平方米，晚上睡在床上，看着天花板，觉得竟是这么大，海阔天空。以前在10平方米还一隔二的小房内，天花板看上去就像四尺宣纸对开般大小。正因感同身受，韩天衡作为副院长也出了几万元钱，还有一位副院长也拿出了钱，总共以70万元不到一点的钱，买了多套房子。在1988年的时候，画院用这些房子套进套出，让一些困难户调剂居住，总算解决了十几户的住房困难。画院是文化局原来住房最困难的单位，从此变成住房相对宽绰的单位。发老的功德，不仅使画院的人难忘，对韩天衡也起到了言传身教的作用。做人就是要有大爱之心、大仁之德、大悲之怀、大善之情，这样才算是一个真正的大写之人。

1988年，韩天衡还担任了上海市文化发展基金会理事，并参加了上海美术家协会主办的海平线画展。香港《良友》杂志以四个版面专题介绍韩天衡的艺术，又在广州举办韩天衡书画篆刻展，深获海内外好评。韩天衡的两件国画作品入选上海赴法国巴黎画展。

第十三章

『韩鸟』是属于思索型的

韩天衡那时住在昌平路，有一次见到楼下门口台阶上打翻了油漆。那油漆淌开的痕迹抽象而引人遐思，看上去似鸟非鸟、似鹤非鹤，他从中提炼出抽象变形的鸟画。此后，他更进一步，从传统中、从造化里变汇通融，创作出了现实中没有、但又匠心独具、造型俊美的"韩鸟"。

自娱

唐代张璪讲"外师造化，中得心源"，是中国美学史上"师造化论"的经典，但在这句话前，还得加一句，即敬畏传统。"造化"是属于大自然的范畴，艺术创新源于大自然、源于生活。"心源"是艺术家内心的感悟体验，是主体对客体的认识理解。但这二者还得借鉴、敬畏传统，从优秀的传统中吸取养料，三者的有机结合，才能形成良好的创作审美势态。

——韩天衡《豆庐独白》

1994年，西泠印社在明媚的春光里迎来了90周年社庆，那金黄的迎春花、艳美的桃花和粉红的杜鹃花，把孤山点缀得五彩缤纷。韩天衡以增订本《中国印学年表》赠沙老，并请他指教。后来，沙老在90周年社庆大会发言中讲："我们非常感谢韩天衡先生，他为我们写了一本很好的大书。我非常感动。"韩天衡每次到杭州，都去看望沙老。沙老年纪大了，身体还有病，因此一般都不见客，而是由他的秘书或学生接待。不过，但凡韩天衡来看望他，他都亲自接待，还声如洪钟地说："噢，上海客人来了，上海客人来了。"当韩天衡和沙老谈起印学方面的事时，沙老总是问韩天衡最近有什么新的见解，看到了什么新的东西，在写什么新的文章，让韩天衡感到非常温暖而亲切。从沙老的言语中，韩天衡体会到了一位印学前贤对后辈的殷切之情和提携之意，也看到了沙老活到老、学到老的精神。像沙老这一辈老艺术家的言传身教，对韩天衡从艺、创作乃至处世的影响是相当深刻的，奠定了他的人生观、从艺观。

几十年的访书、读书，总有遗憾：当时上海有位姓谢的收藏家，也是西泠印社社员，他藏有一部明代的全本《顾氏集古印谱》，是中国第一部拿秦汉印原打的印谱，对中国篆刻艺术的发展，特别是对明清流派印的推动有非凡的贡献。韩天衡是印谱迷，很想看这部印谱，沙老也很想看，毕竟天下就那么一部孤本。沙老有时到上海，提出想看这部印谱，但这位谢姓藏家总是推诿，不让看。有一次他对韩天衡讲，什么时候约一下，看看这部印谱。韩天衡随后到杭州和沙老讲："他答应让我看了。"韩天衡去了之后，此人却说还是不能让他看，要兄弟几个点头才能让看。因此，这本印谱韩天衡和沙老始终未看过。

日本北鹿书道院理事长青柳志郎与韩天衡是艺友。1988年，青柳志郎邀请韩天衡与夫人应丽华访问日本，并举办了"韩天衡·青柳志郎书画篆刻展"，出版了一本作品集，青柳志郎主要作品展出的是书法作品，而韩天衡却书画印三艺并举，展示了全面的才艺、实力与风采。

韩天衡在完成了《历代印学论文选》《中国印学年表》两书及几篇重要的篆刻学术论文后，开始着手筹备编辑大型篆刻工具书《中国篆刻大辞典》。他和印学家柴子英①开始共同筹划，并拟出了全书结构、篇幅及条目，字数将逾200万。

韩天衡在这一年被聘为中国书协篆刻艺术委员会委员，参加全国首届篆刻作品展，并任评委。他撰写了《印论五题——全国首届篆刻作品展内外谈》，就继承传统与刻意出新、多向汲收与单向借鉴、书艺与刻技、字的准确与形的夸张、技巧与意境五个方面作了客观而公正的评述。

著名书画篆刻家王个簃先生在1988年辞世，追悼会在龙华殡仪馆举行。一幅很大的挽联要挂到外面六米高的柱子上。当时正逢大风、大暴雨，韩天衡是领导，但他身先士卒，叫人架好梯子，自己冒雨爬上柱顶把上联挂好，抹了一把脸上的汗水与雨水，然后再爬上另一根柱子把下联挂好。不少人看着，为他捏把汗。多年后，他早忘了这点小事，但有一次，个老的儿子王公助拉着韩天衡的手说："你那天的举动至今让我们全家感动！"韩天衡只是真诚地讲："应该的，平时个老对我多有帮助，我做这点小事算不了什么。"这样一件小事，凸显了韩天衡内心深处对老先生的深情。他曾说，没有那么多老前辈的支持，就没有他的今天。鸡蛋可以孵小鸡，但没有温度、适当的条件，是孵不出小鸡的，今天不臭明天臭，今年不臭明年臭，臭掉为止。的确，性格儒雅、为人谦和的个老，尽管资格很老，在海派书画篆刻家中地位颇高，但对韩天衡一直多有鼓励和扶植。对此，韩天衡是心怀感激的。

---

① 柴子英（1912—1989），别署之隐、之颖、颖之，浙江慈溪人，长期寓居上海，专志于印史研究。曾于张鲁庵处遍读其收藏的大量印谱、印学专著及相关史料、古印、明清流派印等，勤于考证，悉心收集史料，熟悉明清印人、印事。

子曰："三十而立，四十而不惑，五十而知天命"。1989年，韩天衡正好进入知天命之年。春秋鼎盛，精进不息。这一年，韩天衡的国画被香港拍卖行列入《中国名画拍卖》手册，这也标志着他的作品开始走向国际市场。

随着在书画篆刻创作上的不断提升，韩天衡对艺术创作的思考与践行理念也在不断深化。唐代张璪讲"外师造化，中得心源"，是中国美学史上"师造化论"的经典，但韩天衡认为在这句话前，还得加一句，即敬畏传统。"造化"属于大自然的范畴，艺术创新源于大自然、源于生活；"心源"是艺术家内心的感悟体验，是主体对客体的认识理解；这二者还得借鉴、敬畏传统，从优秀的传统中吸取养料。三者有机结合，才能形成良好的创作审美势态。为此，韩天衡一直以审美的眼光来观察生活，以经典的传统来思考艺术。如韩天衡绘画中标志性的符号"韩鸟"，就经历了敬畏传统、外师造化、中得心源三部曲。韩天衡的花鸟画主要师从谢稚柳，从传统的唐宋元花鸟画中临摹，学习鸟的用笔、构图及造型。从黄居寀的花鸟写生到宋徽宗的柳叶鹭鸟及八大、新罗等人的鸟形，韩天衡对斑鸠、鹧鸪、黄鹂、麻雀都进行了认真观察。他家中还养了小鸟，以便朝夕相对。同时，韩天衡也很注意观察生活，他那时住在昌平路，有一次见到楼下门口台阶上打翻了油漆，他横看竖看、左看右看，那油漆淌开的痕迹看上去似鸟非鸟、似鹤非鹤，是一幅绝妙的

图13-1 《夏威夷冬游印象》

抽象变形鸟画，对他画鸟很有参考价值。出国访问时，他开始注意现代艺术，特别是毕加索的变形牛给了他很大启发。

由此，他从传统中、从造化里变汇通融，创作出了现实中没有，但又匠心独具、造型俊美的"韩鸟"。这是他"中得心源"之鸟。有一位德国收藏家，在看了"韩鸟"后说："韩先生，你画的鸟很有修养，好像在思考，具有独特个性的生命力。"韩天衡即答道："你们日耳曼民族是一个善于思考的民族，你看出了一些艺术特征。我的鸟是属于思索型的，不是现实生活中存在的鸟类，我笔下的鸟，是读过几年书的知识分子。"

画竹，也是韩天衡的强项。他笔下的翠竹清丽、奇崛、灵动、秀逸、劲挺，弥散着浓郁的金石气，亦被称为"韩竹"。"韩竹"主要师法北宋大画家文同及元诸家。韩天衡认为郑板桥的竹虽有名，但主要胜在题诗有趣。画竹重在运腕，郑的竹缺乏气势力度，有"钉头鼠尾"之弊。同时，韩天衡亦关注从生活中得到启迪和参照。20世纪60年代初，他见部队中工匠粉刷厕所时，老师傅用排笔蘸着石灰水刷天花板，石灰水飞打到墙上似竹叶，爽捷而富有力度。呵，这就是金错刀的生动写照！这对他后来画竹时运臂、运腕相结合，充分体

图13-2 《月白风清图》

现竹叶的力度、质感很有启发。这就像张旭见公主与担夫争道，观公孙大娘舞剑那样得笔法；又像怀素观夏云多奇峰，又如飞鸟入林、惊蛇入草，又遇折壁之迹那样悟书道。正像《易经·系辞》中所说："在天成象，在地成形，变化见矣。"20世纪80年代初，锦江饭店到花园饭店之间都是墙，韩天衡时常骑车在晚上经过，发现梧桐树投在墙上斑驳的树影是一幅天然的水墨画。黑与白、浓与淡、疏与密变化自然生动，巧夺天工，这为他创作水墨画提供了很好的灵感来源。因此，韩天衡的水墨画敢于水墨淋漓、晕化渲染，变幻无穷。80年代，韩天衡观看中国女排与古巴女排的比赛，这是当时世界上最好的两支女排。他不单看球扣来扣去，而且还看女排的站位，六个人有前有后有中，而且随时有队列变化，或聚或散，或松或紧，围绕球的轻重、远近、快慢等，有千变万化、千差万别的布阵，使人能感觉到其中的章法，即"宽可走马，密不容针"。这对书画篆刻的章法是大有启发的，也就是谢赫六法中"经营位置"的深邃内容。所以，他一直强调深入生活的重要性，有了对生活的感悟，才能使艺术更生动，充满活力。

除了生活的启迪和哲理的思考外，韩天衡在书画篆刻创作时还善于向前辈、同辈乃至学生学习。韩天衡曾在老师谢稚柳的直接指导下，从画荷花学起。为此，他花了不少工夫观荷、画荷。不少人认为他笔下的荷花水墨淋漓、气韵酣畅，但他总觉得还有可提高之处。有一次，他将画好的荷花拿给张桂铭提意见。张桂铭很直率地讲："你画的荷花似乎太黑了，有的地方可以淡一些。"韩天衡觉得有道理，试了后，发现浓淡对比强烈，画面更生动了。有一次，文化部点名要韩天衡画一张丈二匹的松树。他先画了初稿，在画院请施大畏看看有些什么不足。施大畏认为韩天衡画松针封墨时，不应封到松针尖头上，有些地方要让松针露出来，这样更有层次感。还有一次，韩天衡画了一张《竹枝小鸟》，总体较为满意，但感到不足的是小鸟似埋在竹枝里，不突出。他带着这张画到程十发家中请教，程先生说我给你"一点颜色"看看。于是仅用一点点颜色在小鸟的头上、身上点缀了一下，这个小鸟就活了，仿佛就跳出来了。于是韩天衡明白了画画要善于画龙点睛。韩天衡平时上课，要求学生当场画画、写字、刻印。他亦仔细观察，发现有的同学构图很有特点，疏密处理得当，而有的同学刻印用刀运腕很活络，颇值得借鉴。韩天衡认为，三人行，必有我师。因此，自己要虚心、真诚地向他人学习，这样才可以百尺竿头，更进一步。

1989年，上海市书法家协会改选，韩天衡任副主席，上海市美术家协会改选，韩天衡任理事。同时，韩天衡还被聘为中国书画函授大学上海分校名誉校长、上海交通大学兼职教授。天津杨柳青画社出版了《韩天衡印存》，这是继《韩天衡印选》之后三年间的新作，多为姓名、字号、斋馆、诗句章，共计164方，间有边款，前有韩天衡《关于篆刻艺术传统与出新的思考》（代序）。上海书店出版社出版了韩天衡与其学生孙慰祖合作编订的《古玉印精萃》，收战国、秦、汉玉印377方，基本囊括了这一时期的代表作。韩天衡的国画作品荣获日本国际书人会展三个主要奖项之一，另两个奖为中国台湾画家获得。

正值"最是一年春好处"的时节，韩天衡学生90多人在上海举办韩天衡五十寿庆。韩天衡在致词中感谢弟子们的盛情与美意，并与各位弟子共勉，同为振兴当代篆刻而努力开拓创新。后《百乐斋同门印汇》出版，系韩门弟子为其庆寿而刻印所集印谱，收韩天衡印作12方，门生79人的印作——按入门先后次序排列，每人一页，印作1方至5方，间附边款，共计224方。弟子印文大多为寿同金石、尊师重道之内容。前有韩天衡近影，朱屺瞻题签，谢稚柳、程十发、方去疾题词，苏渊雷作小序："其及门诸子，类皆业有专精，各深造诣。在各重大评展中，曾获特奖、金奖者，实繁有徒。印谱所列异文多采。既禀师承，亦饶修改，显示百乐同门之风格；兼收并蓄，继承创新，极尽布白分朱之能事。"孙慰祖在后记中写道："业师己立立人，己达达人。我等自辛亥以来，先后从其门下，而业师有教无类，于受业门人，必固其性而尽其材，使继其志、传其道，晓以理、解以疑，循循善诱，滞者导之使达，蒙者开之使明。业师教人为学，不执一偏，尝谓为艺之道，必以品格为根本，经学问为底蕴；又谓'幸勿学我、似我，宜学古人、他人'。我等闻道虽有先后，而于人品、学养、艺事三者莫不得其教益而竿头寸进。同门诸友感业师传艺树人之德亦久矣。今岁正逢业师五十华诞。江浙沪上三二印友相议为业师荣寿治印钤谱，以蕴寿同金石之意，以昌尊师重道之风。而同门诸兄早有灵犀之通，此议既出，无不会意于心而寄情于刀。遂于一月之内，成此《印汇》，以问师先后为序，编拓印行。"

韩天衡自1986年在新加坡举办个展后，他的金石书画作品颇受狮城艺界及收藏界的青睐。1989年底，韩天衡应邀与夫人应丽华再访狮城，举办书画展与讲学，并与当地华人一起在牛车水共同聆听1990年的元旦钟声。伉俪二人沉浸在南洋辞旧迎新的欢庆之中，感受到浓郁的华夏人文情韵。

对于此次展览，韩天衡做了认真的创作准备及展览的主题策划，定名为"韩天衡新古典书画印展览"。由谢稚柳题词"格古韵新"，程十发题词"探幽索微，濯古来新"，朱屺瞻题写展名，在新加坡著名的豪珍画廊主办。由于作品精彩、内容丰富、风格鲜明，颇有传统意韵和时代精神的融汇变通，因此好评如潮。当地报刊、电视等媒体，也作了多次报道。特别是新加坡第一大报《海峡时报》作了大幅专题介绍，题为《沉静的韩，中华艺术大师》。不久，新加坡著名杂志Accent对韩天衡艺术作了长篇专题介绍。与画展同步，出版了《韩天衡新古典书画印选》，由著名美学家、画家，复旦大学教授伍蠡甫作序，称韩天衡"以书、画、印驰誉艺坛，既有传统，更有创新"。书中还有韩天衡关于人生、艺术等方面的感言——"豆庐独白"。在展览期间，韩天衡为新加坡总理李光耀刻了一方鸟虫篆的姓名印，印章线条清丽婉约，刀法畅达秀逸，特别是鸟、虫、鱼等形象栩栩如生，堪称精品力作。

新加坡展览取得圆满成功后，韩天衡又在"映日荷花别样红"的6月，应天津市艺术博物馆之邀，赴津门举办韩天衡书画篆刻展览，这是韩天衡在国内举办的一次大规模个人展览，引发了很大的社会关注与艺术反响。中央电视台、中央人民广播电台、天津电视台均在新闻节目中作了介绍，《天津日报》发表了整版书画印作品。观众踊跃，后应馆方及观众的要求，展期延长 17 天。据馆方统计，参观人数创历年新纪录。

韩天衡在天津、北京相熟的一些老先生也投来了关注的目光。书画大师李可染先生亲自书写了"金铁烟云"四个大字相赠。"金铁"是指韩天衡的金石铁笔，"烟云"是比喻韩天衡的篆刻书画浑朴生动而又内蕴丰富，可见李老是费了一番心思的。书画鉴定家徐邦达先生也写了贺词寄给韩天衡。当时韩天衡未到天津，挂号信被退了回去，徐老又在外面再套了一个信封，直接寄到天津市艺术博物馆，让韩天衡在开幕前夕收到。捧读贺词，韩天衡深感老先生的厚爱和老一辈艺术家的期望。

有一位德国朋友专门从北京来天津参观韩天衡的展览，一连数天，都在展览馆转悠。他见到韩天衡后，用生硬的中国话说："我很喜欢你的画，更喜欢你的'韩鸟'，买了一批，其中有真有假。今天认识你，我很高兴。"这位德国朋友在中国是搞物流的，开了一个很大的公司。由于喜欢画，后来干脆把公司关了，专门回到德国开了一家画廊。

韩天衡书画篆刻展在天津的举办，从韩天衡个人的从艺历程上来讲具有承前启后的意义：代表着从 20 世纪 90 年代开始，韩天衡的绘画与其书法、篆刻一样，已形成成熟的创作形态、独特的图式语境和鲜明的个体风格，并最终构成韩氏艺术总体表现系统。历史地看，韩天衡在"知天命"之年后，在书画印艺术上所达到的创新性境界和全方位突破，是不少艺术家忙碌一生也未能企及的，甚至在某一局部领域都难以破茧。而像吴昌硕、黄宾虹、齐白石等为数不多的人取得了"三绝"的突破，登上艺术的峰巅时，都是在七八十岁之后，垂垂老矣。韩天衡却在自己生命的壮年开拓出一片崭新的疆域，取得不凡的业绩，显示了其艺术的巨大的包容性、变通性和创造性。他大大缩短了艺术登攀的岁月历程，这不仅是一种高迈的艺术成就，更是一种勃发的生命成就。其外因力及内驱力是什么？其个人的知识结构和艺术创造才能又是怎样的体系？其时代背景、流派成因、师从要素、个人际遇又是怎样的构成？这应当是"韩天衡现象"中最值得研究的。

图 13-3　韩天衡书画篆刻展览海报

1991 年的金秋十月，韩天衡的篆刻作品在日本获日本国文部大臣奖（保利耕辅）。该奖在日本属高规格奖项，本国印家获得亦属不易，而韩天衡却以他国印家身份获得，可见其印艺在日本的认知度和承认度。12 月初，经上海市人民政府批准，市委宣传部委任韩天衡担任上海文学艺术奖评委。同年年底，韩天衡创作的国画《霜竹楼禽》被北京中国画研究院选展，后被列为正式藏品收藏。香港的英文杂志《雅趣》对他作了专题介绍，题目为 *Master of The Three Perfections*（《书、画、印三佳的高手》）。

书画家作为一个具体的、生活于某个历史阶段中的人，必然会与同时代的艺术家进行交往，从而有创作上的相互交流、笔墨体悟的相互展示及审美观念的相互认同，而展览则是实现这种效应的有效途径。在近现代艺术史上，海派书画家在这方面是开风气之先的，在艺术展事上产生了重大而广泛的海内外影响。从任伯年、吴昌硕、胡公寿、赵叔孺到吴湖帆、冯超然、贺天健、刘海粟、张大千、徐悲鸿、钱瘦铁、唐云、马公愚等，都成功地举办过各种展览。丹青焕彩，笔墨风流，金石传世。

韩天衡在办展这方面不仅继承了海派书画前贤的优良传统，而且做了富有时代精神的开拓，既注重艺术理论交流，又注重学术价值阐述，使创作与理论比翼展翅。他相当认真、严谨地投入每一次展事的准备。

1991年的元月，韩天衡接到中国首届水仙花节筹委会通知，他的书画印荣获中国美协、中国书协、西泠印社协办的当代书画篆刻名家作品展览大奖"三佳奖"。获奖者大陆共两人，台湾地区一人。香港《中国文物世界杂志》第60期专题介绍了韩天衡书画印，共计10个版面。

从1991年万象更新的新春开始，韩天衡就一直忙于个人艺展的创作准备。自在南洋新加坡、中国天津成功举办个人艺展后，国内外艺界画廊邀请韩天衡办展甚多。经过认真考虑和具体选择后，韩天衡决定应香港同福画廊之邀赴香港办展。香港作为一个国际性的大都市，画廊艺展的运作颇为规范，和各国画廊及艺术策展人的联系也较多，是与海外艺术交流的一个窗口。韩天衡在这里也有一定的影响力及一批艺友，在维多利亚湾畔办展，可以内联外拓。为此，他对本次展览的书画印作品构成、内容形式、布展方法等做了全面的考虑与策划。

碧蓝的海水映衬着秀美的紫荆花，这正是香港一年中最富有诗意的仲春时节。4月12日，韩天衡书画篆刻展在香港大会堂揭开帷幕，80只花篮把整个艺展布置得姹紫嫣红、流光溢彩。香港艺界前辈、同道及观众云集，场面热烈而欢快。香港无线电视台播出了开幕式盛况。整个展览为期五天，反响强烈，好评如潮。已年七十又五的香港中文大学教授、著名学者、书画家饶宗颐亲赴展览致贺并与韩天衡合影。中外报纸杂志发表了约60篇报道和评介文章，称韩天衡的书画篆刻"开创了新古典主义路向"，"具有很高的收藏潜质"。"韩鸟"一词在海外广被公认，香港艺术馆亦正式收藏了韩天衡的国画作品。画展的最后一天是4月16日，闭展后，发现一画被窃，亦算是一小花絮。

韩天衡在20世纪90年代初推出的这三次展览，新加坡展、天津展、香港展，标志着他已从一位印人成功转型为书画印全能的艺术家，以自己独特鲜明的风格取向和卓尔不群的表现形态亮相于当代艺苑，并在创造能量、艺术高度及美学境界上展示了大家风范与气魄。他从此为海内外艺界所瞩目，他的书画篆刻也开始进入知名的画廊和国际拍卖行。一些海内外著名的美术家、收藏家也将韩天衡作为研究、评论的对象。

韩印以篆籀的笔画作印面化的构造，使线条在方寸印面间灵动婉约、疏密穿插、纯任自然。韩印的章法既有外在的"威势"，又有内在的"仪态"，注重印面空间的造型性，折射出具有现代感的结构，大开大合，恣肆跌宕。解读韩印的章法，可以引用哲学命题：二律背反与双向同构，奇崛而不怪诞，豪放而不粗野，精湛而不做作，睿智而不油滑，浪漫而不靡糜。韩印刀法的特性就是不单纯地表现"笔意形态"，而是能动地展现"形质神韵"，气淳势酣，雄姿英发，凸显篆刻美学的本质属性"金石气"。

韩印的鸟虫篆印可谓独领风骚。韩天衡对从秦汉至明清的鸟虫印进行了相当深入、全面的研究，对鸟虫印的线条模拟形式、构图处理方法及变形抽象原理做了梳理分析和由表及里、由此及彼的仔细考察，并从生活中去体悟感知万物、提炼再现，从而融汇变通，自出机杼。

韩印鸟虫印的线条更注重图案化的象形表现，形象灵动，造型优秀，极大地丰富了鸟虫印的题材表现、取法样式和图像构成，更以虎、蛙、龙、夔、鹤、马等入印，而且因用字及篆法的需要而极尽变化，使之姿态变幻莫测，观赏性、趣味性弥漫印间，变形夸张，惟妙惟肖。在结构上更注重装饰化，整体视觉形象饱满，强化了符号图像，分朱布白于移步换形之中，物象变化于篆法融合之间，繁复简约于随类赋形之变，绸缪缭绕，旖旎秀逸。其刀法则披、削、冲、切参用，灵动剔透而恣肆遒劲，于酣畅淋漓中见妙态纷呈。用刀或婉约细丽，或质朴苍厚，均生动传神，游刃恢恢。或如行云流水，或如抑扬顿挫，线条质感纤毫毕现。在整体印风上显得美而不妖、奇而不怪、变而不诬，极有出人意料的丰富想象力。韩印的鸟虫篆印是当代印坛推陈出新的一面旗帜。

韩天衡的书法取法多元，转益多师。从二王、颜柳到苏米，从让翁、悲庵到苦铁，他潜心追摹，深思力学；从甲骨钟鼎、石鼓秦刻到汉简唐碑，他吸纳融贯，朝夕用功。由此，他挥毫驰墨间形神并茂，既有厚实的传统遗绪，又有鲜明的时代精神和个性追求。

韩天衡书法的最大特点是赋予每一根线条以勃发的生命感和昂扬的精气神。他的行草神酣气畅、浑朴厚重，既有碑学的高古强悍与雄健凝重，又有帖学的典雅严谨与朴茂秀逸，为以柔和秀逸为主的上海书风带来了一股清新的阳刚之气和大度禀性。韩天衡对当代书坛的最大艺术贡献，无疑是韩氏草篆的创建。韩氏草篆源于篆额和碑刻，参以竹简、缪篆、八分等多种元素，巧妙地运用草书笔法，将原本静态的篆书笔画进行动态化创作，将工稳的篆书结构进行变形化的造型，使之产生线条的动感浪漫之美和结构的灵动变幻之美，具有一种龙跃天门的豪迈气势和虎卧凤阙的雄悍风采。其运笔纵横起伏而翻转摇曳，线条飘逸舒展而收放自如。其结构则多变而疏密有致，布白开合响应而豪放豁达。用墨则枯湿浓淡润涩相间，气息古朴而情致丰弥，可谓"端庄杂流丽，刚健杂婀娜"。

台湾地区权威杂志《雄狮美术》在1991年4月号上，刊出了艺术评论家施叔青的《韩派篆刻艺术》，这是台湾地区艺界第一次全面地介绍、评介韩天衡的印艺。全文脉络清晰、评述到位、分析入理，显示了独到的评论功力。特别是作者从不同的时代背景及印艺追求上，将赵之谦、吴昌硕、齐白石与韩天衡做了综合性的比较分析，揭示了韩天衡开派的艺术成因。此文在台湾艺界影响颇大。

全国第二届篆刻展的评选中，韩天衡担任评委。他从全国性的篆刻来稿中，感受到了近十年篆刻艺术良好的发展势头。为此，韩天衡撰写了《评印杂说——全国第二届篆刻展评选有感》。这期间，天津人民美术出版社准备出版《韩天衡水墨花鸟画册》。尽管韩天衡的画院事务、社会工作等十分繁忙，但依然利用星期日及夜间时间，抓紧创作。此阶段，他的精神状态及创作状态相当好。

第十四章

『赠画、借画、索画』，
一个迟到的说明

而今三十多年过去了，韩天衡也已八十二岁高龄，笔者在写这本评传时，觉得当年广为流传的陆俨少先生说他"强我割爱""造谣中伤"之事，是绕不过去的环节。此事当年以至之后在社会上，特别是在艺术圈里掀起过不小的涟漪，有着许多不同版本的传闻和非议。因此，希望对此事向来沉默的韩天衡，能对笔者与读者还原事情的真相。

云中龙

陆先生在《题赠韩天衡册页》中感情真诚地称
"天衡与予以道义交，每别则未尝不怀念也"。又如在
另一本送韩天衡的《以报其好》册页扉页上，他称
"天衡好拙画，何幸而得此宋纸，以我二人情好，予又
何幸图之"等多次的表白，都证明了情谊之深。

　　　　　　　　　　　　　　——韩天衡《豆庐独白》

季节的交替，时光的转换，是自然界常态化的演绎与程序。然而，人生及世事的变化，有时不是常态演绎的，也不以人的主观意志为转移，即所谓"世事无常终有因，人生际遇却无常"。1991年的春夏之交，一场与韩天衡有关的风波意外地平地而起，真是"溪云初起日沉阁，山雨欲来风满楼"。是的，生命的历程和时光的流转，将会成为事实的积淀和真相的佐证。生活中的曲折乃至无奈，是要让人变得更加从容与坦然。

韩天衡就此阐述了这件令其苦涩而心碎的往事：1991年6月，陆俨少先生在香港刊物《名家翰墨》发表《杜甫诗意画一百开巨册后序》一文，在该文中陆先生提及韩天衡对其杜甫诗意画十开"强我割爱，无偿赠予"及"借画索画"中"到处造谣中伤，并为其不再出借之借口"。此文在社会上反响颇大，被传得沸沸扬扬，对韩天衡造成的声誉影响及压力可想而知。韩天衡读到文章后，感到很突然也很震惊，本想通过新闻媒体披露事实，平息传闻。但当时考虑到陆先生年迈且是多病之躯，如果拿出来的过硬证据证明陆先生所说的都不是事实，他若受此事刺激而影响健康，是自己于心不

图14-1　陆俨少发表在《名家翰墨》上的《杜甫诗意画一百开巨册后序》

忍的。为此，韩天衡以一种常人难有的大气度做到了克制和沉默。

岁月菩提，时光悠然。而今三十多年过去了，韩天衡也已八十二岁高龄。笔者在写这本评传时，觉得当年广为流传的陆先生说他"强我割爱""造谣中伤"之事，是绕不过去的环节。此事当年以至之后在社会上，特别是在艺术圈里掀起过不小的涟漪，有着许多不同版本的传闻和非议。因此，希望对此事向来沉默的韩天衡，能对笔者与读者还原事情的真相。唯其如此，韩天衡在三十多年后，首次披露整个事件的来龙去脉，以陆先生当年出版的画册及事件前后写给韩天衡的亲笔借据、信件等原始材料一一对应地加以澄清。

三十余载的春秋轮回，足以证明韩天衡的胸怀是开阔的，内心是坦然的。他坚信清者自清，如果不是陆先生有几次发表的书面文字存世，他永远不会去复原事实，去回忆这些不愉快的往事。时至今日，即使亮出的事实与陆先生的说辞恰恰相反，韩天衡依然真诚地说，他与陆先生超常的情谊依然如旧，对其精湛的艺术依然一以贯之地敬重有加，不会因这一桩事情而改变。

陆先生于1991年6月在香港《名家翰墨》发表的《杜甫诗意画一百开巨册后序》（以下简称"陆文"）一文中，先叙述了自己辍学后怎样学画、避难巴蜀、崇尚杜诗及创作此一百开册页的经过。"一九六二年为杜甫诞生一千二百五十周年，列为世界名人。予拟作杜甫诗意画册四十开，以资纪念。一日偶与吴湖帆先生言及，吴先生建议创作一百开，并谓古今画史所载，山水册页未有一百开者。"

1966年"文化大革命"开始时，陆先生将此一百开册页上交上海中国画院。"文化大革命"结束两年后册页归还于陆先生时，仅存六十五开。他在文章中称："以我当时处境，唯有忍耐，不敢复有多言。当归还时，上海一小有名气的金石家（指韩天衡）在场，知我得此六十五开，尾随至我家，声言虽已藏我不少画迹，但皆近年所作，独缺中、早年画，引为憾事，强我割爱，无偿赠予。我当时心头不是滋味，即非完璧，意甚耿耿。遂任其挑选，那位金石家拿去了十开。后此金石家补上我前赠他'泥留虎斗迹，月挂客愁邨'一开，此乃画一百开时所多余者，他复要我补画一开，以成十二开之常数。"1987年，美国纳尔逊博物馆准备邀陆俨少前去举行回顾大展，陆先生开始着手向亲友商借自己早、中年各个时期的精品力作。

韩天衡本人一开始没有看到陆先生的文章，只是听看过此文的朋友讲，陆先生在香港发表文章指责他，言辞颇为尖锐、激烈。韩天衡当时甚为惊讶，几乎难以置信，后托人找来此期《名家翰墨》，阅读了陆先生的全文后，才不得不信。而此时"陆俨少严厉指责韩天衡"的传言已不胫而走，传得沸沸扬扬，这使他感受到很大的社会压力，几乎成为舆论谴责的对象。

韩天衡由此想起自1987年借画之前，有不少朋友告诉自己，陆先生在杭州许多场合里说他（内容不出1991年在香港杂志上指责的内容）。他不相信，也未上心。

那张1978年他架着陆先生登上长城的照片，依然在书桌的灯光下弥散出温馨的光泽，氤氲出岁月的真情，友谊的长城是不能受到伤害的。韩天衡和陆俨少先生的友谊发轫于"文化大革命"期间，在此期间，陆先生是受到严厉打击、批斗的一员。陆先生曾书写两副不寻常的对联赠送韩天衡，其一为："人生得一知己足矣，斯世当以同怀视之"，还在《题赠韩天衡册页》中感情真诚地称："天衡与予以道义交，每别则未尝不怀念也"，"以予老悖不合于时，天衡执友朋相规之义，谅直以之，故不能已于言而书之其后"。从"一知己"到"道义交"，包含了漫长的动乱时期韩天衡不顾安危地为陆先生避难免厄的太多动人故事。韩天衡清楚地记得

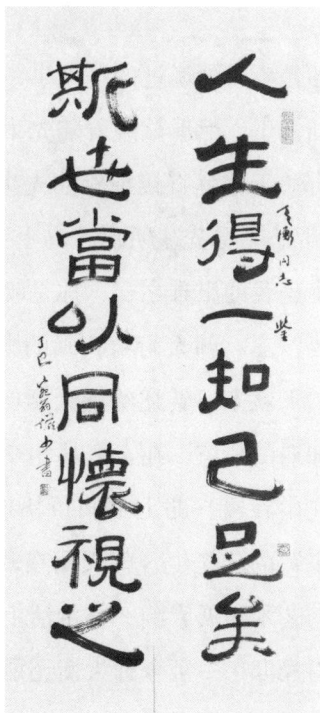

图14-2　1977年陆俨少赠韩天衡"人生·斯世"八言联之一

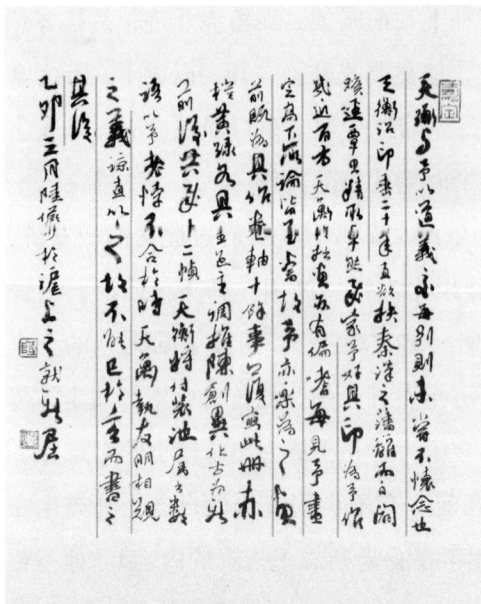

陆俨少题赠韩天衡册页跋

（一九七五年）

天衡与予以道义交，每别则未尝不怀念也。天衡治印垂二十年，直欲抉秦汉之藩篱，而自辟蹊径。覃思精取，卓然成家。予好其印，为予作几近百方。天衡于拙画亦有偏嗜，每见予画，定高下所论皆至当，故亦乐为之画。前既为其作卷轴十余事，今复写此册，赤橙黄绿，各具主色、主调，推陈创异，化古为新，前后共成十二帧。天衡将付装池，属书数语。以予老悖不合于时，天衡执友朋相规之义，谅直以之，故不能已于言而书之其后。

乙卯三月，陆俨少于沪上之就新居。

钤印：陆（朱文）、俨少（白文）

图14-3　1975年《陆俨少题赠韩天衡册页跋》及释文

陆先生对他说过的一件事，陆先生家附近有个人，平时总以一些小恩小惠给陆先生，然后就缠着陆先生画画。碍于情面，陆先生也画了一些画给他。但有一天他竟直接抱怨陆先生："你画给韩天衡的都是精品，画给我的都是应酬品。"陆先生听后，马上义正词严地讲："你怎么能和韩天衡比？一、韩天衡是我的患难之交，你是吗？二、韩天衡要我作画会出点子、出思路，你会吗？三、韩天衡给我画的大都是乾隆老纸，你有吗？"这三问都是陆先生第二天就亲口转述给韩天衡听的，从中可见陆先生对韩天衡相濡以沫的知己、知遇的情谊。在上海那相交相处的前十几年里，韩天衡每周都有三四次去陆先生在复兴路上那间每块地板都会"咯咯"作响的陋室。对自称"老不更事"的陆先生，韩天衡在政治上尽心为他"保驾护航"，在艺事上为他高妙的艺术拓展影响，在生活上尽己之力为他操劳解困，在家事上掏心掏肺地竭力操办……至今韩天衡还能拣出一百余封陆先生写给他的亲笔信，这都证明了两人之间无话不谈、无事不商、直言相见、不谀不媚、意气相投、心心相印的情谊。谢稚柳先生多次感叹："小韩待陆俨少比对自己的父亲都好"，这话笔者也听到过。陆俨少先生暮年定居杭州后，即使少了见面机会，也还时有书信，嘱他办些事物。怎么会突然地反目变成这样？

陆文中的描述是具体的。"尾随至我家，声言虽已藏我不少画迹，但皆近年所作，独缺中、早年画，引为憾事，强我割爱，无偿赠予。"但据韩天衡回忆，事情应该是这样的："记得那是1978年2月一个星期五（老画师每周五上午来画院学习半天），他来画院，把我拉到一边，说：'杜甫诗意还我了，可惜只剩六十五张了，你挑十张。你下午来（家）。'到了陆府上，陆先生从木橱里取出六十五张册页，说：'任你挑。'于是，我从画的品种考虑，挑选了十开。接着，他非常郑重地说，要在后面写段文字。"几天后，韩天衡又取回了陆先生手书的同等尺寸的《杜陵诗意册自跋》（以下简称《自跋》）。其中明明白白地写着"因择其尤者十帧，持赠天衡藏之"。这清楚地表明十张册页是陆俨少先生的主动赠送，而非强取。

《自跋》一并装裱在《杜陵诗意图》十二开的册页本子里，1987年陆先生向韩天衡商借杜诗画册时，并未要借此《自跋》，而韩天衡考虑到一部装裱精良的册页，不必分拆，便一并交付了他。也许，此时的陆先生觉得这主动

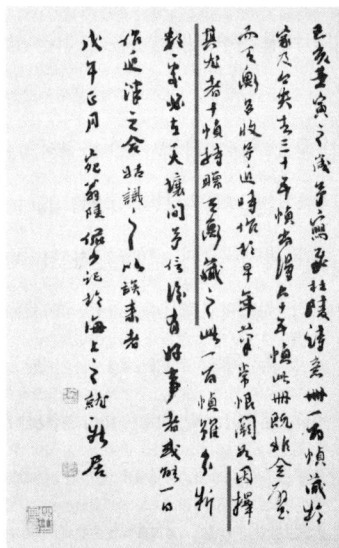

《杜陵诗意册》自跋

（一九七八年）

己亥壬寅之岁，予写成《杜陵诗意册》一百帧藏于家，及今失去三十五帧，尚得六十五帧。此册既非全璧，而天衡多收予近时作，于早年笔常恨阙如。<u>因择其尤者十帧，持赠天衡藏之。</u>此一百帧虽分析数处，必在天壤间。予信后有好事者或能一日作延津之合。姑识之，以俟来者。

戊午（1978年）正月，宛翁陆俨少记于海上之就新居。

图14-4 《杜陵诗意册自跋》（1978年）及释文

赠画的《自跋》已到了自己手里，故虚构了"尾随至我家……强我割爱"的情节。幸运的是，早前上海人民美术出版社《陆俨少画集》1987年初版收录了《自跋》（第7页），从而幸运地保留了足以证明韩天衡清白的珍贵原始记录。

陆文称："我因心动，向此金石家索回拿去之上述之十二开。我毫无掩饰，正大光明地说明索回原因。其时美国纳尔逊博物馆邀我前去举行回顾大展，需向亲友商借中、早年作品，我前为此金石家画卷册立幅大小不下数十百事，为中年晚期精到之作，皆无偿赠予。"

1987年3月5日，陆俨少先生写借条给韩天衡，称为筹备美国回顾大展，商借"在您处拙作《杜陵诗意》十二页，人物二幅（横式）"，共十四幅，并有"应用为感"之语。陆先生在美国纳尔逊博物馆的大展，缘起是1984年台湾留美学者张子宁先生来韩天衡家嘱刻印时，韩天衡极力推介了陆先生的画艺。张子宁独具慧眼，拍了不少画的幻灯片。从此，韩天衡与张子宁开始策划、启动陆先生的美国纳尔逊博物馆的画展。（张先生至今还常来中国。对借画及索回之事，他一无责任，但后来出人意外地向韩天衡表示过歉意。）为了筹备画展，韩天衡认为应该必须支持，并给陆先生他"应用"的，"为感"倒是不必的。于是，韩天衡在3月12日踏着自行车，顶着大雨，将包裹好的十四件作品（另《自跋》一页，共十五件）如数送交到陆先生家人处。

当陆俨少先生借到"交与应用"的十四件画作后，于同年5月9日来信，称"前时送（此时还说是'送'）您的11幅（指20世纪60年代初创作的十幅加一幅），我拟索回"。韩天衡没有跟妻子商量，随即去信称"陆先生凭我俩的情谊，您留下就是了"。陆先生以"交与应用"，先把十四张画借到手，两个月后再提出"我拟索回"其中十一幅。事实上，另外三幅画和《自跋》也从未归还。直至2019年冬，韩天衡在上海的一家拍卖行见到了被借去的"人物二幅"，并将其一购买了回来。这也算是一种别样的"物归原主"。

韩天衡认为友情重于书画，道义大于功利，爽快地同意"索回"。1987年6月9日，陆先生来信称赞"'还画'之事流传众口，足见我兄高风"。此

1987 年 3 月 5 日陆俨少先生致韩天衡借画信件释文

天衡兄：您好。

我于前昨奉上一书，想已收到，委画小卷，来纸不知放在何处，遍觅不见，近乃发现，日后有暇，即当竭笔，勿念。我的赴美回顾大展，现正着手准备，即须把画件编号，注明尺寸大小，创作年月，以及具体介绍，**为此在您处拙作《杜陵诗意》十二页，人物二幅（横式）交与应用为感。**

此颂

日祺

陆俨少 1987.3.5

（签名印）

作品十四件如数于三月十二日交陆亨家，此外有"杜甫诗册"陆先生长跋一件。

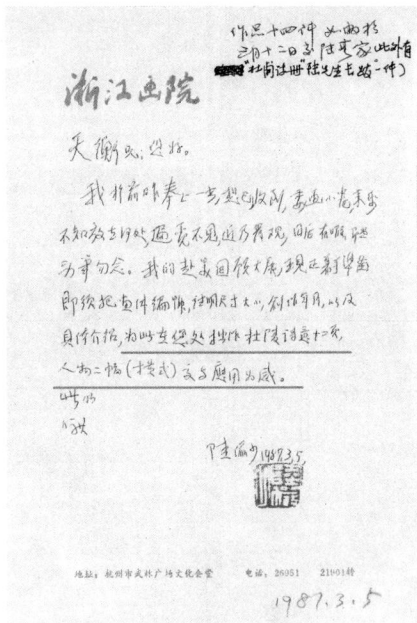

图14-5　1987 年 3 月 5 日陆俨少先生致韩天衡借画信件及释文

1987 年 5 月 9 日陆俨少先生致韩天衡信件释文

天衡同志：我兄，

我于上月下旬回杭，身体粗安，勿念。

《杜甫诗意》册已收，兹接青为来信，纳尔逊博物馆已开过董事会，着手准备我画展，并已选完展品，您处当有数幅要借去展出，以说收到（摄影片）片，再来洽借。

兹有一事相商，《杜甫诗意》册一百幅，还下六十五幅，当有 35 幅在画院未还，此册是我中年得意之作，也是一个里程碑。在北京人大，我提了一个提案，请其相助觅得此 35 幅，以求完璧，此文将来必会传到画院，望大力相助，也因之想到 **前时送您的11幅，我拟索回，想您必能成全此事，先此致谢。**

有关做寿事，校内如姚耕云、童中焘等，已于前日为我做过。您要特地来杭，不必了，心领。谢谢。

知去香港展出，成绩甚佳，多贺多贺。

此复即颂

日祺

俨少顿首
5 月 9 日

图14-6　1987 年 5 月 9 日陆俨少先生致谢韩天衡信件及释文

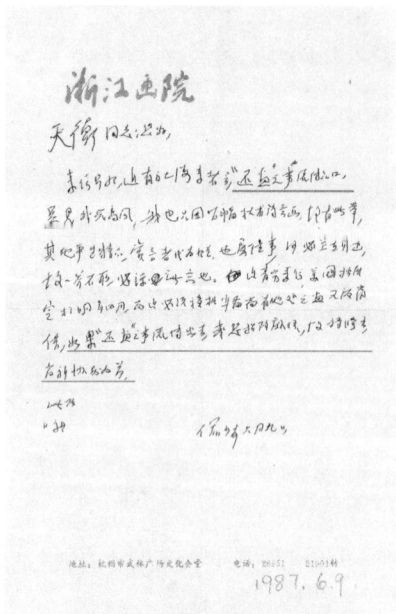

1987 年 6 月 9 日陆俨少先生致韩天衡信件释文

天衡同志：您好

来信早收，近有自上海来者言"还画之事"流传众口，足见我兄高风。我也只因百幅《杜甫诗意》画，故有此举，其他平生精品，赏音者代为收藏，也属佳事，何必藏在身边。故一分不取，必谅此意也。近青来来信，美国拙展定于明年四月，而近必须积极准备，尚有他处之画必须商借。如果"还画"之事流传出去，或恐招致麻烦，故特修书，尚祈协助为荷。

此颂

日祺

俨少顿首

六月九日

图 14-7　1987 年 6 月 9 日陆俨少先生致韩天衡信件及释文

时陆先生正在向他人借画备展，也许是自知向韩天衡先借画后索回的做法，会影响信誉，再向他人借画难度加大，故要求韩天衡"如果'还画'之事流传出去，或恐招致麻烦，故特修书，尚祈协助为荷"。韩天衡听从陆先生所嘱，在陆先生为《名家翰墨》撰文前，对外从未提及"还画"之事。

陆先生写文后，大概也察觉到画册上发表过印有"择其尤者，持赠天衡藏之"的《自跋》，与他 1991 年撰文"强我割爱"的说法自相矛盾。因此，上海人民美术出版社的《陆俨少画集》再版前，陆先生对初版的这一页亲手删削，将《自跋》图版删去，以圆其"强我割爱"之说。

此外，陆先生对第一版《陆俨少画集》的序言也作了删改。如初版的江辛眉教授在序言中写道："一九六一年俨翁摘帽以后，政治问题仍然没有最终解决，生活还是比较艰苦的。这时潘天寿先生主持浙江美院，见到俨翁的画作，坚决邀请他去任教，经过多次交涉协商，总算顺利地解决问题。俨翁到了浙美以后，如鱼得水，做出了很大的贡献。有人说潘天寿先生与俨翁素不相识，何以受到他如此之器重？甘冒政治上的风险，甚至在'文化大革

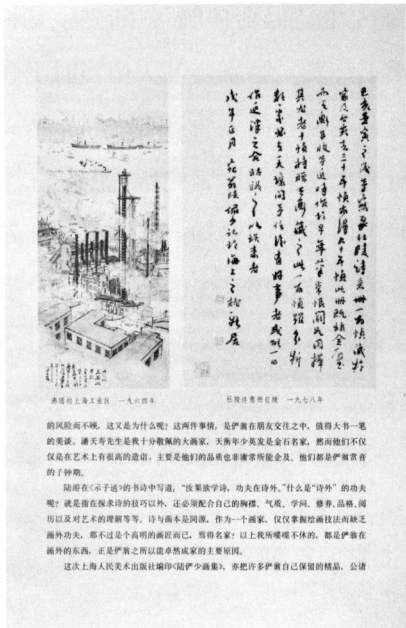

图 14-8　1987年初版《陆俨少画集》序言（第7页）版面

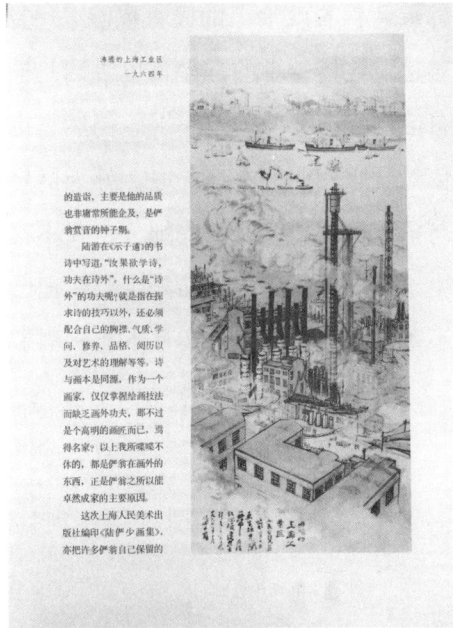

图 14-9　再版时删去赠画《自跋》的序言（第7页）版面

命'中间也作为潘先生罪名之一，这到底是什么缘故呢？另外，韩天衡同志，当俨翁在艰危之际，很少有人敢去接近他，而天衡却无所畏惧地与之交往，尊敬他，照顾他，也甘冒政治上的风险而不顾，这又是为什么呢？这两件事情，是俨翁在朋友交往之中，值得大书一笔的美谈。潘天寿先生是韩天衡十分敬佩的大画家，天衡年少英发是金石名家，然而他们不仅仅是在艺术上有很高的造诣，主要是他们的品质也非庸常所能企及。他们都是俨翁赏音的钟子期。"《陆俨少画集》是陆先生七十七岁时才出的第一本大型画集，不言而喻，他对这本画集的序言应是极为重视，所请作序的人也应是他敬重和熟悉的，这篇序言也应是得到他认可的。该序言对他平生的交友，只郑重地提到与陆先生休戚相关的两个人和事。一人是潘天寿。在陆俨少被打成"右派"、人生陷入低谷时，潘天寿邀请他到浙江美术学院任教，序言提及此事，表达了钦佩。另一人是韩天衡。应当讲，"文化大革命"比"反右"运动形势更严峻，政治风险更大，当时有不少受冲击的人没能熬过去，要不是

第十四章　"赠画、借画、索画"，一个迟到的说明　199

韩天衡冒着政治上的极大风险，一路上为陆先生"保驾护航"，陆先生是很难逃过这场劫难的。序言也讲到此事，给予了称赞。特别是韩天衡当时不顾自己已经在"黑名单"上，仍然坚持这么做，足见在陆先生患难之际，两人依然肝胆相照，友谊深厚。韩天衡与江教授并无交际，序言中所说的陆先生与韩天衡的情谊及一些细节，要不就是当时为内部人士熟知，要不就是陆先生亲自提供的。可是陆先生居然把已经作古的江教授序言中的这段文字一字不落的删去了。但事实是不能一删了事的，初版中的这段文字说明了一切。

> 一九六一年俨翁摘帽以后，政治问题仍然没有最终解决，生活还是比较艰苦的。这时潘天寿先生主持浙江美院，见到俨翁的画作，坚决邀请他去任教，经过多次交涉协商，总算顺利地解决问题。俨翁到了浙美以后，如鱼得水，作出了很大的贡献。有人说潘天寿先生与俨翁素不相识，何以受到他如此之器重？甘冒政治上的风险，甚至在"文革"中间也作为潘先生罪名之一，这到底什么缘故呢？另外，韩天衡同志，当俨翁在艰危之际，很少有人敢去接近他，而天衡却无所畏惧地与之交往，尊敬他，照顾他，也甘冒着政治上的风险而不顾，这又是为什么呢？这两件事情，是俨翁在朋友交往之中，值得大书一笔的美谈。潘天寿先生是我十分敬佩的大画家，天衡年少英发是金石名家，然而他们不仅仅是在艺术上有很高的造诣，主要是他们的品质也非庸常所能企及。他们都是俨翁赏音的子钟期。

图14-10　1987年初版《陆俨少画集》江辛眉序（第7—8页）局部

> 一九六一年俨翁摘帽以后，政治问题仍然没有最终解决，生活还是比较艰苦的。这时潘天寿先生主持浙江美院，见到俨翁的画作，坚决邀请他去任教，经过多次交涉协商，总算顺利地解决问题。俨翁到了浙美以后，如鱼得水，作出了很大的贡献。有人说潘天寿先生与俨翁素不相识，何以受到他如此之器重？甘冒政治上的风险，甚至在"文革"中间也作为潘先生罪名之一，这到底什么缘故呢？这件事情，是俨翁在朋友交往之中，值得大书一笔的美谈。潘天寿先生是我十分敬佩的大画家，然而他不仅仅是在艺术上有很高
>
> 的造诣，主要是他的品质也非庸常所能企及，是俨翁赏音的钟子期。

图14-11　1993年再版《陆俨少画集》江辛眉序（第7—8页）删去评价韩天衡文字后的局部

陆文还说韩天衡"出于无奈，十分痛心，因扬言上海人民美术出版社出版我之大画册，所借画幅我都未归还，到处造谣中伤，并为其不再出借之借口"。

陆先生毕竟年衰，至少记忆有误。《陆俨少画集》是1985年启动编辑的，陆俨少先生向韩天衡借画、索回乃1987年。1985年秋，上海人民美术出版社的袁姓责任编辑向韩天衡借去入编的陆先生的画，当天拍照后就归还韩天衡，不存在"出版大画册所借画幅都未归还"（指被陆先生拿走）。若有此事，画已在陆先生手里，又何来1987年他再向韩天衡借画册中的画并索回的事呢？

借走第一批画到陆先生手里后，过了一个多月，陆俨少提出"索回"。韩天衡的妻子与陆先生也十分熟悉。陆先生在"文化大革命"中及去杭州前，常来韩天衡家，如同走亲戚一般，都是由她忙碌茶饭。她对陆先生先借后索，是有想法的，很抵触，对韩天衡同意让陆先生索回画作而未与她商量感到生气。为此，她与韩天衡多次发生了激烈争吵，一时家里鸡犬不宁。所以对二次借画，韩天衡左右为难。韩天衡为家庭和睦，又不想阻碍陆俨少先生办展，故一面把家里的矛盾如实禀告陆先生，一面又主动和张子宁先生商

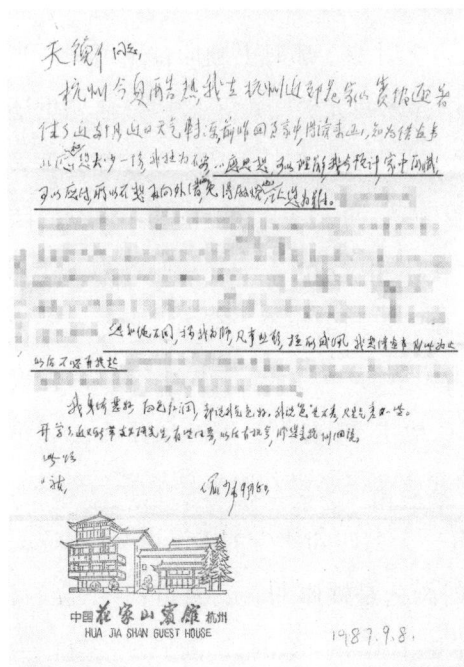

1987年9月8日陆俨少先生致韩天衡信件释文

天衡同志：

　　杭州今夏酷热，我去杭州近郊花家山宾馆避暑，住了近两个月，近日天气转凉，前昨回至家中，得读来函，知为借画事儿小应和您大吵一场，我极为不安，小应思想可以理解。我今预计，家中所藏，可以应付，所以不想再向外借画，免得麻烦，也让您为难。

　　您和他不同，称我为师，凡事照顾，极所感佩。我想借画事，到此为止，以后不必再提起。

　　我身体很好，面色红润，都说我气色好，我说"色"是不差，只是"气"差了一些。开学了，近又新带两个研究生，有些任务，以后有机会，盼您来杭州细谈。

　　此颂

日祺

俨少顿首9月8日

图14-12　1987年9月8日陆俨少先生致韩天衡信件及释文

定了保证举办好陆先生美国画展的另一可行方案，即由主办方美国纳尔逊博物馆出面再向韩天衡夫妇借画，展后直接归还到韩天衡处。陆先生和韩天衡妻子都同意此方案。因此，不存在所谓的"不再出借"。此时，陆先生也主动来信称"小应（韩天衡妻子）思想可以理解……不想再向外借画，免得麻烦，也让您为难"。这让韩天衡对陆先生的宽厚深为感动。信中还谈到，"您和×××〔一位拥有陆先生大量画作，而坚持不借一张画，也不让拍一张照（陆先生语）的老画家，即陆9月8日给韩信中打马赛克处〕不同，称我为师，凡事照顾，极所感佩。我想借画事，到此为止，以后不必再提起"。因此，不存在所谓的"不再出借"。至于"造谣中伤"更是没有的事，纯粹是陆先生自己想象出来的，或是听信了某些谗言所致。

陆文还指责韩天衡"当时无偿赠予，后又无偿收回，取不伤廉，问心无愧……而今全忘旧日为他无偿作画，不肯出借，我可不予深究，但又何必造谣中伤，翻云覆雨，人情凉薄，一至于此，可为寒心"。

韩天衡和陆先生除却政治上是"道义交"，艺术上更是惺惺相惜，一直画印互赠。"文化大革命"是很特殊的历史时期，那时书画印都不值钱。当时，韩天衡买到一张陆先生早年的佳作，才两元钱。就是这样，陆先生还说："太贵了，我画给你就是了。"陆俨少先生先后赠韩天衡很多佳作，韩天衡也应陆先生的要求，为他篆刻过大批印章，两人是艺术上的忘年之交。陆先生早在1975年的《题赠韩天衡册页》题跋中写道："予好其印，为予作几近百方。天衡于拙画亦有偏嗜，每见予画，定高下所论皆至当，故予亦乐为之画。"韩天衡与陆先生相识于"文化大革命"之中。陆先生彼时尚无大名，而且是运动对象，头上戴着"逃亡地主""右派"等四顶吓人的"帽子"，处境艰难。他当时曾悲观地说，"我这辈子是没有出头日子了，今后人们可能从你韩天衡的印谱中，还知道有一个名叫陆俨少的人"，语气中透露出无限伤感与凄凉。韩天衡对陆先生的画艺是钦佩的，安慰道："不会的，凭你陆先生的画艺，今后一定会在艺术史上留下一笔的。"陆俨少一直认为韩天衡是真正读懂并珍惜他画的人，又见他常写文章给自己宣传，故多有佳作相赠，说是"宝剑赠烈士"。韩敬其丹青，陆赏其篆刻。至于1975年至1989年间，韩天衡为他及应他之请为其友人赠石赠印，实际上也不下300方。

更重要的是，陆俨少在"文化大革命"期间蒙难，韩天衡陪伴左右（韩天衡自己并未蒙难），两人建立了深厚和可信赖的交情。同时，韩天衡竭尽全力在政治上为陆俨少避祸、排难、过关。陆先生信任、感激韩天衡可贵的忠诚相护和百般的顶风照拂。那时他们的关系真可以用"情同父子"来形容。陆先生无论遇到什么事、碰到什么困难，第一个想到的就是请韩天衡帮忙解决。如陆先生曾在一本送韩天衡的《以报其好》册页扉页上题词："天衡好拙画，何幸而得此宋纸，以我二人情好，予又何幸图之。"

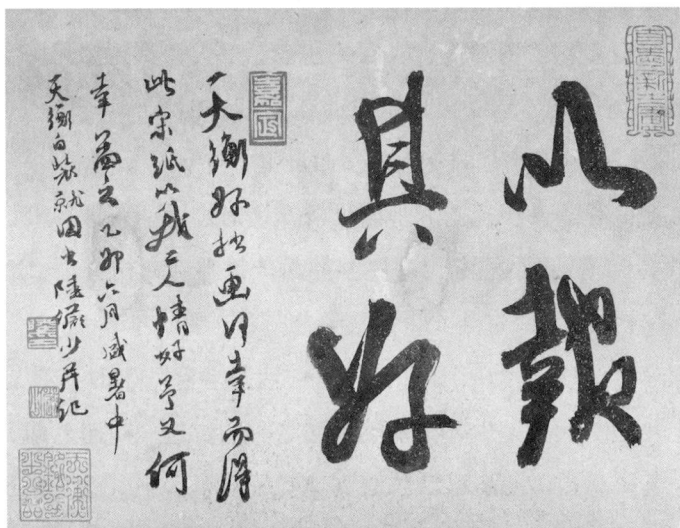

图14-13　1975年陆俨少赠韩天衡《以报其好》扉页题词

这些送韩天衡的作品及文字，都是陆俨少有感于韩天衡在"文化大革命"中置安危于不顾，救护自己于水火的友情而说出的肺腑之言。这方面的例证太多了，显然这不仅仅是以印易画的艺术交往，而是患难之交的情谊的见证。

以上是用陆先生给韩天衡的部分书信和亲笔书写的文字、资料、行为来逐条说明事情的来龙去脉。韩天衡真应该感谢20世纪七八十年代资讯的落后。陆先生于80年代初中期移居杭州，故而1987年的借画与索回，所有互动都是靠信件的往来。好在这些往来的信件都在，所以能幸运地还原真相。

对陆先生暮年撰文之事，韩天衡总告诫自己做人要厚道，一直保持着谦让和沉默。有趣的是，1991年冬，与陆先生莫逆、与韩天衡也交好的刘日宅先生告诉韩天衡，他曾问过陆先生："你与天衡'文化大革命'中一路走来，关系之好人人皆知。你怎么会发这样的文章？"陆先生回答了四个字："心血来潮。"

"文化大革命"中，韩天衡跟许多大师级的师辈都保持着良好的关系，从未揭发、批判过一人，自始至终尊师守道。可惜的是，与陆俨少先生近二十年的真挚情谊，在"最后一公里"受了伤，好在他一直是践行着陆先生"桐乡岂爱我，我自爱桐乡"的信念。回想往事，韩天衡都无怨无悔，也从未邀功渲染。韩天衡至今还是以相交相知近二十年，以及借画索画三十多年来，他都以没有做过一件对不起陆先生的事而自幸、自慰。

值得一提的是，韩天衡的老师谢稚柳在当时也听闻了这件事，他特意把韩天衡叫去，问道："小韩呀，这件事外面传得沸沸扬扬，是怎么一笔账？"韩天衡讲："什么时候我拿陆先生的信给您过目，您就会明白了。"第二天韩天衡就将陆俨少借画、索回画的五封信拿到谢老家。平时若有信件及文章等，因谢老年迈，大都是由韩天衡读给谢老听的。这一次谢老却不要韩天衡读，而是拿着高倍放大镜自己认认真真地看了半个多小时。谢老看完陆先生的亲笔信后，用手一拍画桌，很有感慨地讲："小韩呀，原来是这么一回事。你保持沉默是对的，说明你有肚量。"当时《文汇报》有一个颇有影响力的栏目"独家专访"，该版面的责任编辑是韩天衡的朋友。他找了韩天衡好几回，想披露事情的来龙去脉。韩天衡经过认真思考后婉拒了。他自嘲地认为能忍、能沉默正是对自己胸襟和品格的锤炼。1992年，谢老及另一位先生到香港访问。《名家翰墨》的主编许礼平先生请谢老及那位先生吃饭，因为谢老是该杂志的艺术顾问。席间，谢老对许礼平讲："陆俨少写天衡的那部分不是事实。因为天衡拿陆俨少借画、索画的信都给我看过。"许礼平答道："我叫陆先生不要这样写，他坚持要这样写，说文责自负。"回上海后，那位先生对韩天衡说："你的老师对你真负责、真好。在吃饭时，专门跟《名家翰墨》的主编申辩了这件事。"

如今终于尘埃落定，可以客观地讲，韩天衡对陆先生当年的文章及借画、索画之事，仅是澄清事实、说明情况而已。三十多年来，韩天衡在多篇文章及多次讲话中，始终称颂、赞佩陆先生，并没有因为这件事而诋毁、贬低陆先生。他明确表示："当时，陆先生的文章发表后，我是在短期内有怨而无恨的。而今三十多年过去了，我依然初心不变、不计前嫌，一直是陆公高妙艺术的忠实崇敬者、宣传者。无论是以往、今天和以后，我都永远地敬仰和怀缅陆公。"诸如他在2018年国庆日所写的《海上六大家印象》（刊于2018年10月20日《文汇报·笔会》）一文中，虔诚地写道："现当代的海上画坛，名家巨擘林立，而基于策展的紧迫及借展诸原因，故而仅推出了来楚生、陆俨少、谢稚柳、唐云、程十发、陈佩秋等六大家。这六家都是本人的师辈，推出此展画，既是我们美术馆开馆五周年最佳的庆典选项，也是对六大家其人其艺的推介和弘扬。六大家宛如六本大书，此文只是掠影式地谈点印象，聊窥一斑，而非全豹。"尤其是在评价陆俨少时，特别指出："宛翁尚卧笔中锋，那浑脱自在、意韵悠扬的线条，半为天授半自造，足以令识者在梦牵魂绕中咀嚼其玄奥的至味。"

再如2021年12月31日在上海韩天衡美术馆举办的、由韩天衡精心策划的"百川入海——二十世纪海上代表性书家作品大展"，亦专门陈列了陆俨少先生的书法作品。韩天衡在特为展览撰写的长篇文章《百川入海——二十世纪海上书坛散论》中，专门高度评价了陆先生的书法："陆俨少为本土嘉定人。他初临碑后学帖，钟情于杨风子《卢鸿草堂十志跋》的生、拙、大、稚，天真烂漫的意韵生趣，而能舍形取神，自成其古拗倔崛的风貌。陆书线条圆健，骨气洞达。他的书法得诗文与画境滋养，在其书作中可以看到山川云气的氤氲翻涌。其以书入画，也擅以画入书，对布局谋篇，他尤具独创性，尤其是书写手卷，时若雪絮飘零，时如冰雹骤降，静与动、起与伏、敛与狂、疏与密、平与奇，随心所欲地交替调节，营造出坐'过山车'般惊心动魄的视觉冲击力、感染力。"韩天衡的评述观点独到精当，文字生动凝练且富有诗意。

　　笔者在此也想披露一件憾事：在20世纪80年代中期，韩天衡就真诚地准备为陆先生写一部至少30万字，全面反映陆先生的坎坷人生、从艺之路与笔墨成就的《陆俨少传》，并对此进行了艺术构思、提纲拟就、材料准备、文献收集等。但后来由于陆文的刊发，韩天衡处境相当尴尬，只能无奈地作罢。这对于陆俨少、韩天衡，乃至对于当代艺术史来讲，都是一种无法弥补的损失。

第十五章 韩天衡所强调的『马蜂窝效应』

　　韩天衡是有追求与眼光的。时代垫高了他。尽管书画篆刻的稿费远远比写文章高，但正是写文章所进行的理论思考、学术评判、精神观照及哲理辨析，使韩天衡能"得真如"，使他具备了一个艺术家非同寻常的思维能力和美学理念，亦为他艺术上的崛起与创作上的提升提供了精神资源和认知能量。

万古

字写得好，这根线条就站起来了，画就画得好，起到骨骼的作用。印刻得好，你就懂得了章法，懂得了什么叫古意。写字、画画就可以驾轻就熟，有意外的收获，就能产生大体量的化学反应。而要把这几门艺术打通，就要依靠读书，懂得辩证法，使其内在的艺理互相发生关联，这就是我所强调的"马蜂窝效应"。

　　　　　　　　　　　　　　——韩天衡《豆庐独白》

1992年的早春二月，韩天衡在日本静冈、群马两地举办韩天衡书画篆刻展。2月7日，静冈市长天野进吾授予韩天衡"静冈市友好大使证"，宣布他为静冈市荣誉市民。以此为标志，韩天衡在日本的影响已从艺界走向民间。当月，台湾壶春阁出版了精装本《韩天衡艺术特刊》，共140页。这是台湾地区第一本全面推出介绍韩天衡生平简历及书画印三艺的书籍。

　　桃红柳绿的三月，北京中国书法家协会筹划组织的摄制组来上海韩天衡的"豆庐"，拍摄《中国当代部分著名书法家创作及作品荟萃》电视纪录片。这是一部高规格的片子，全国入选的仅有舒同、启功、谢稚柳、沙孟海、赵朴初等30多人，韩天衡是其中年纪最小的一位。可见他已跻身于全国一流书家的行列，特别是其草篆以酣畅矫健的运笔、刚柔并济的线条、奇谲灵动的结构、疏密相揖的章法，写出纵横多变的空间造型感和视觉冲击力，因而自开体式，风格鲜明，以"韩篆"名世。

　　韩天衡的国画也已渐入佳境，以其笔墨的精湛、构图的奇崛、色彩的瑰丽、意境的丰裕和中西相容的光影处理而受海内外瞩目。他的画《大吉大利》以荔枝和小鸟为主角，设色鲜亮富丽，营造出祥和的氛围，被美国著名的《读者文摘》选为1992年的7月号封面，并印成月历。海外一些大拍卖行也将韩天衡列为重点关注对象，尤其是他擅长的荷花题材，颇为走俏。10月，他的《墨荷手卷》在香港苏富比拍卖行拍得港币10.45万元。大英博物馆则收藏了韩天衡的数方篆刻印章。大英博物馆是著名的老牌博物馆，其收藏标准相当严格，它收藏韩天衡的印章，足见对其的认可度。从篆刻书法至绘画，韩天衡都实践了几十个春秋，并进行了深入的艺术思考和大胆的创新开拓，从而形成自己豪放奇谲、富美堂皇的艺术风格，最终受到海内外的关注，这在当代艺苑无疑是有开创意义及导向作用的。

10月3日，韩天衡的女儿韩因之赴日本读书，韩天衡送她至机场，勉励她要不怕困难，认真学习。韩因之是个乖乖女，每次做完作业后，总喜欢站在父亲的画桌旁看着他画画、写字、刻印。天衡也时常教育她做人应简单，学业需努力，生活要简朴，对人要善良，不张扬、不逐利，女孩也当自强。女儿成长的过程，一直有父亲关注的目光追随。

在这一年的整个11月里，韩天衡都相当忙，不断地上镜。原来，上海市委宣传部正在为他拍摄《从水兵到世界名人》电视报道片。片子介绍了他从一个瓯江之畔的水兵战士，怎样通过刻苦攻艺、勤奋创作、努力著述、突破创新，从而在书法、绘画、篆刻界脱颖而出，成为走进世界名人录的著名艺术家。这部片子播出后，社会反响甚大。不久，韩天衡又出席了国务院民政部、解放军总政治部举办的全国军地两用人才表彰会，接受全国先进个人的奖状、奖牌，获奖者全国共104人。

又到了年底，12月20日至30日，韩天衡在珠海市珠海度假村艺海精舍举办"韩天衡艺术展"，观众云集，艺界多有好评。《珠海特区报》专辟半版介绍，《澳门日报》则以一整版介绍韩天衡的书画篆刻。一个艺术家，能经常应邀在海内外举办个展，这不仅是艺术知名度的展示和艺界推崇度的反映，在更大意义上是对一个艺术家创作实力的检验和表现能力的测试。因为展览是艺术家个人的一次整体的、系统的、当下的亮相，几十幅乃至一百多幅作品集中在一个展览空间，很容易产生单调、重复、拼凑感，这就需要题材多样、笔墨生动、色彩变化、内容丰富、款式别致，使受众产生审美的愉悦和观展的兴奋。特别是韩天衡在海内外的展览，大都是艺术展而非商业展，对这方面的要求就更高。而他都做得相当成功。韩天衡在珠海展的翰墨飘香、艺友雅集中辞旧迎新。刘海粟先生当时在香港，闻讯后即在病榻上写下"狂来轻世界，醉墨得真如"（真如，佛教用语，谓永恒存在的实相、本体与真知）的题词，请人捎到展场。海老是中国现代美术的开路先锋，是一位富有狂飙精神的艺术大师。他的这副对联，生动地反映了他对韩天衡的赏识，可谓知己之言、知音之声，令韩天衡感动不已。

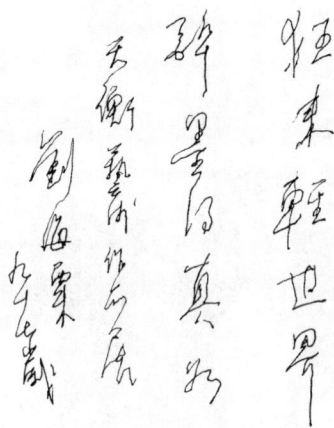

图 15-1　刘海粟题字

1992年，韩天衡家从昌平路迁至南阳路183弄1号楼901室，系韩天衡画院所属的上海市文化局所分，面积144平方米。该地段位于市中心的南京西路波特曼酒店后，闹中取静，环境很好。

1993年5月29日上午10时半，由程十发先生题写展名的韩天衡及门弟书画篆刻展在浙江桐乡君匋艺术院开幕。出席仪式的有西泠印社秘书长吕国璋、理事朱关田、画家何水法等及浙江桐乡市文化局、市文联的有关领导。在5月的灿烂阳光及馥郁的花香中，韩天衡在开幕式上发表了热情洋溢的致辞。他把这次展览称作是一次艺术汇报和学习交流，是建起一个共同提高、取长补短的平台。孙慰祖代表学生作了发言。展后，韩天衡与弟子们又观摩了钱君匋先生捐赠的古代书画、篆刻印章收藏展，参观了位于石门的丰子恺故居"缘缘堂"及乌镇的茅盾故居。

尽管此次韩天衡及门弟书画篆刻展没有出作品集，也没有如之后的师生展那样定名为"百乐雅集"，但这是韩门师生第一次名副其实的联展，为此后历届的"百乐雅集——韩天衡师生书画印作品展"做了奠基，积累了经验，具有开山意义。当时韩门弟子已达130多人，参加本次展览的有67人。这些人中大多是韩门早期的弟子，为了录以备案，现将名单附上：

图 15-2　1993 年 5 月在浙江桐乡君匋艺术院举办韩天衡及门弟书画篆刻展

刁联福、王强、王振民、包健、朱震、朱鸿生、李志坚、李唯、吴蘅、吴承斌、吴泽民、吴申耀、沈鼎雍、沈建国、何积石、林依峰、林墨、林少华、林晓明、屈立中、柴聪、姜秋生、施伟国、施鹤平、孙慰祖、孙佩荣、唐惠钟、张炜羽、张颐、张伟生、张之发、张铭、徐国甫、徐庆华、陆金良、夏宇、范振海、袁龙海、曹云、曹醒谷、陈杰、陈建华、陈华康、戚振辉、梁冰、杨永久、童可移、黄连萍、黄卓中、贺焜、雍立、汤乃星、蒋凯华、董宏之、廉亮、翟金根、赵鸿康、刘广庆、刘小曼、刘惠英、刘兆麟、刘玉良、寿健人、蔡进华、何磊、黄教奇、韩回之。

这一年的上半年，韩天衡除了应邀为日本首相宫泽喜一郎刻印外，主要精力用于书画印的创作及理论著述。他每年均有出版计划，不仅有书画印作品集，还有学术著作。在创作与理论方面，他是很注意比翼齐飞的。他在《豆庐独白》中曾说："艺术是思维支配四肢的劳动，想法决定技法，而不是技法支配想法，更不是技法甩开想法。失去想法的技法则是灵魂逃遁后的一具骨架。""有想法的技法者上；有想法乏技法者中；无想法少技法者下；无想法者无技法者，其艺则妄。"艺术家最可贵的是要有艺术思想和审美理想，无此作支撑，艺术家的创作是走不远的。在当代艺术家中，韩天衡在这方面有着相当清醒的意识和相当执着的追求。韩天衡在艺术思考上的深入、理论研究上的开掘、学术著述上的高产，在同代艺术家中是相当突出的，体现了新一代海派书画篆刻家的风采与担当。

　　当时也有友人好心对韩天衡说："你如今在国内外很有影响，书画印也很受追捧，拍卖价也很高，你不多搞些作品，却用宝贵的时间坐冷板凳，写什么理论文章及专著！"韩天衡听后，很坦然地讲："作品的市场流通、价格的高低，不说明艺术的高下。作品不在多，而在精。要出精品力作，必须要有积累，尤其是学习的积累。钱，我不是不需要，但人不能一味钻在铜钱眼里出不来。搞艺术是需要理论引导的，是需要储蓄的。我曾说：'勤劳的艺术创造是一种实力的储蓄，储蓄必有利息，但并非为了利息。利息不足贵，不足求，可贵的是一如既往地储蓄，为时代的艺术事业作全身心的储蓄。'"面对市场大潮的涌起，社会竞争的加剧，人心变得浮躁，需求变得功利，关系变得异化，此风在书画界也有反映，如颠覆优秀传统，否定前贤大师，追求狂怪变态，满足刺激眼球，热衷自我炒作，强求画价飙升，丧失职业底线，等等。对此，韩天衡在《豆庐独白》中披露了自己的心声："世事纷呈，社会繁杂，节奏飞快，环境喧嚣，吾身不能静而求静心，故常于笔底楮面，寻觅与构造怡静冷寂环氛以自娱自适。奋力多年，似有所获。"在这段时间里，韩天衡写下了大量的富有哲理诗情、言简意深的"豆庐独白"。

　　应当讲，韩天衡是有追求与眼光的。时代垫高了他。尽管书画篆刻的稿费远远高出于写文章的稿费，说是天壤之别也不为过，但正是通过写文章所进行的理论思考、学术评判、精神观照及哲理辨析，使韩天衡作为一个艺术家具有了非同寻常的思维能力和美学理念，亦为他艺术上的崛起与创作上的提升提供了精神资源和认知能量，即他能将知识转化为智慧，将理论转化为方法。如佛家所言：转识成智，转理为法。他的《豆庐独白》，使人联想起了中国古代顾恺之的《论画》、谢赫的《画品》、米芾的

《海岳名言》、董其昌的《画禅室随笔》、石涛的《画语录》及欧洲的《歌德谈话录》和《罗丹艺术论》等。不可否认，韩天衡是一位思考者，他在理论上的功力、能力与造诣，颇有时代意义与引领作用。

韩天衡相当重视综合能力与写字、刻印、绘画的关系，多门交汇，相得益彰，受益无穷。字写得好，知道如何运用线条，画就画得好，因为线条起到骨骼的作用。印刻得好，就懂得了章法，懂得了什么叫古意，写字、画画就可以驾轻就熟，会有意外的收获。画得好，气韵生动，再来写字、刻印，就不会坠入呆板与恶俗，就能产生化学反应。而要把这几门艺术打通，就要依靠综合能力，懂得辩证法，使其内在的艺理互相发生关联。年轻时，他跟谢稚柳先生到上海博物馆鉴定，看到谢老拉开一个轴头，只要见到一个小山头、一根树梢或几片竹叶，就能报出这是八大、石涛或是谁谁。结果拉到底一看，八九不离十。判断的依据就是线条。线条从大处讲是画家对五千年中华文明的感情，从小处讲表现的是画家自己个人的能力、功力、修养、认知、笔性等的体现。线条往大了说包含了哲学观念，往小了说是个人性格的表达。

1993年桂花遍地香的日子里，韩天衡应邀访问日本，这是一次探寻名胜、访问艺友的文化之旅、雅兴之旅。他到访大阪、东京、奈良、京都、静冈、伊豆等地，作书画印艺术交流与讲学。日本艺界泰斗梅舒适、谷村憙斋等宴请相聚，并在谷村先生府上读印数百，观赏书画多件。韩天衡的这种访游，比单纯的办展更进一步，成为两国艺术家间的常规交往，更有亲和性和影响力。日籍华人、书法篆刻家周志江先生曾说："韩先生在日本篆刻界几乎无人不晓。"

10月20日，正值一年一度的西泠印社雅集，韩天衡与台湾著名书法篆刻家王北岳①先生相聚于西泠锦带桥畔，两双操笔运刀之手紧紧地握在一

---

① 王北岳（1926—2008），原名泽恒，以字行，号子苍。1926年出生于河北省文安县，毕业于北京大学园艺系，后赴台湾。1972年后兼任台湾师范大学等校美术系教授。1984年退休后，主要从事书法篆刻之艺。他长期致力于推动台湾印艺的创作与发展，曾创办《印林》杂志，著有《篆刻述要》《篆刻探微》《印林见闻录》《王北岳印选》等。

起，同声说："幸会！幸会！"尽管韩天衡与王先生是首次面晤，但作为铁笔同道，两人神交已久。海峡两岸两位印学领军人物握手，更有益于日后两岸的印艺创作与交流。

王先生早在20世纪80年代初即从友人处看到韩天衡的篆刻作品，其精深的造诣、鲜明的印风给他留下了深刻的印象，遂开始关注韩天衡的印艺，并相当推崇，后在其主办的《印林》中作专题介绍。早在1984年6月，他就在致邓昌成的信中说："韩天衡先生印，似以盘搏为主，附以刀法之崛奇，自然高古。东坡云'以奇取正'者是也。廿年前弟亦用此法脱出师门，惜未能更立面貌耳。有一篆刻家前曾来台（湾），现住美国之魏乐唐，亦用此法，但魏削薄，远不及韩先生也。又韩先生印中有木刻意味，与魏极为相同，大陆作家苏白，即似由此出，而终未能，可知一艺之成，天分、人工必当配合得宜方可有成，若韩氏者即此中豪杰耳。"同年7月，他又在致张子宁的信中写道："韩先生治印极具特色，已超脱古人范畴，所谓推陈出新者也。至于刀法之朴厚，笔意之搏扬，又非时下印可比。而鸟篆更是一绝。以美术体入印，古者商周已然，但韩先生又能新之，毫无牵强之意，较一般纯以工取胜者又远矣。我对大陆现存印人尤佩服韩先生也，故曾于《印林》介绍之。"这次西泠相会，韩天衡与王先生就篆刻创作、印学研究及两岸交流等作了探讨，气氛甚为融洽。值得一提的是，韩天衡与海内外艺术家的交往，都没有停留在泛泛之交的层面上，而更为注重艺术上的交流、创作上的探讨、理论上的研究、学术上的论辩乃至思想上的碰撞，这就使他与这些艺术家都能深交、并互相借鉴与促进。

10月22日，西泠印社改选，韩天衡以高票（得102票中的98票）当选为西泠印社副社长。从1963年参加西泠印社篆刻展到1979年成为西泠印社中人，再到1993年成为西泠印社副社长，整整三十年。这三十年的金石情、这三十年的西泠缘、这三十年的刀笔悟，真使韩天衡百感交集。

汇集了韩天衡历年发表印学文章的《天衡印谭》，于这年的10月底出版，共有文章75篇，共计40万字。全书收录了《豆庐独白》《不可无一 不可有二——五百年篆刻流派艺术出新谈》《明代流派印章初考》《五百年印章边款艺术初探》《九百年印谱史考略》《秦汉鸟虫篆印章刍议》等重要论文，以及论及历代印谱、印著、明清印人、印学流派等的文章，为韩天衡多年广征博求、精微考察研究的成果。其中还包括篆刻审美、篆刻技法、篆刻评析及印石鉴赏等内容，是韩天衡长期探索体验之心得及理论思考的总结。如对吴昌硕，历来有不少研究、评论，但韩天衡不满足于此，他通过反复观察吴昌硕的篆刻原石，感悟到了吴昌硕的慧眼独具之处。吴昌硕从汉铜印的"烂"得到了感悟。所谓"烂"在别人眼中是不好的、朽坏的、不值一看的东西，但吴昌硕却从"烂"里面发现了奥秘，发现了大美。吴昌硕看到恰恰正是这些汉铜印埋于地下2000多年，大自然中的化学反应对铜印的腐蚀进行了漫长的二次创作，这正是对汉印的再创作。于是，吴昌硕发现这"烂"里面有新意、有学问、有新的创新模式，但别人没有发现。吴昌硕对汉印"烂"的发现与再现，前人没有论及，而韩天衡正是通过进行深入地研究、辩证地分析，才发现了这一化腐朽为神奇的独特艺术奥秘。另外，他对赵之谦、黄牧父及钱松的运刀也作了颇有创见的阐述。韩天衡认为书法、绘画要八面出锋，而篆刻用刀要三面用刀，三面即刀刃、刀角、刀背，才能表现丰厚性、多变性、深邃性。12月28日，上海书店在福州路举行韩天衡签名售书仪式，仅两小时就售出600本。

1993年，《中国印学年表》（增补本）出版，共42万字，发行3000册，这本书及《历代印学论文选》，被一代印学大师沙孟海称为杰作。在韩天衡身上有一种值得称道的精神，就是求索不止、攻艺不息。《中国印学年表》（增补本）出版后，他并没有就此画上句号，而是继续读书查考，披阅资料，在后十多年的时间中，选读了至少达数亿字的古籍、文献、史料等，如海底捞针、沙中淘金，又增订加入了4000多条。自唐宋至当代，宛如一部印学史志。他深有感触地讲："我每能补入一条新条目，都像拣到一粒珠宝般兴奋。自知多加补入一条有价值的条目，就为自己六十年不间断的努力少了一份遗憾。"此书将于2022年第四次再版。当然，这是提早剧透。

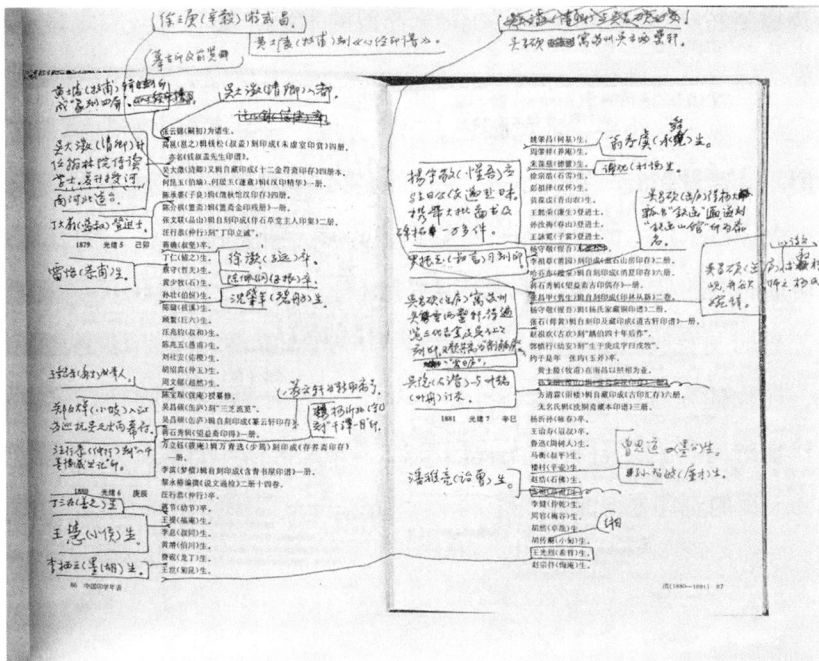

图15-3　韩天衡对《中国印学年表》的修改

又是一年樱花绽放时，韩天衡于4月4日访问日本，18日归沪。在这两周中，韩天衡主要参加了疗休性质的活动，会见了日本友人，与著名书法家谷村憙斋、樽本树邨等，作了笔墨交流，也品鉴了一些日本藏家收藏的中国古代书画，特别是明清印章。谷村憙斋先生是日本著名书法家、学者、书画鉴定家，全日本书道联盟顾问、日本书海社社长。从20世纪60年代起，谷村就随青山杉雨多次访问中国，为中日书法交流作出了贡献。他精通中国书法史，对王羲之、孙过庭深有研究，撰写了大量学术著作。他还是中国古代书画收藏名家，精于书画考鉴，被称为"日本的启功"。樽本树邨是东京大学教授，任中部日本书道会理事长。他是青山杉雨的高足，是日本谦慎书道会的主要领导之一，也是日本最负盛名而规格最高的"二十展"作者之一。"二十展"是由日本朝日新闻社主办的日本超流派书法巨匠展，从20世纪50年代以来每年一展，参展书家不仅资历最高，水平也最高。参展作者去世一位再增补一位。观此展，基本可以看到当今日本书法的最高水平、最新创作走向及风格特征。樽本先生是一位学者型的书家，编写过《赵之谦字典》，撰写过不少与赵之谦相关的论文，对苏东坡亦很有研究。樽本的家在名古屋市区，是一幢三层小楼，环境雅致、书香弥漫，家藏不少书画典籍。韩天衡赴日期间，曾做客谷村和樽本家，品茗论艺、鉴画赏书，相谈甚欢。两位先生的夫人还以东道主的身份用日本料理款待韩天衡夫妇。

初夏时节，韩天衡访问香港，从6月4日至13日，整整10天。他拜访了一些艺界朋友及收藏家，身心颇放松，购买了外流的周秦玺印35方，品质甚好，还代他在日本的学生邹涛买了34方。韩天衡从香港购回35方古印，此事让他颇为得意。自古印人视印石如佳人，得佳印自然如遇佳人。而此时，韩天衡的刻印任务来了。

第十六章

继吴昌硕后，在日本最有名气的
中国书画篆刻家

20世纪30年代起由刘海粟、徐悲鸿、张大千等书画家所从事的国际性的办展、讲学、交流，在改革开放后的90年代中期后将由韩天衡等一代人来传承践行。他不仅书画印三绝，能著述、善演讲，有着完善的知识结构和深厚的人文修养，而且为人友善、内联外拓，建立了广泛的海内外人脉，享有极高的艺界声誉。

千秋万岁

攻艺者当有才、有艺、有胆、有肚。才者，天赋也；胆者，魂魄也；肚者，豁达大肚也。得此四端，则艺必大成，名必传世。

——韩天衡《豆庐独白》

1994年2月28日，在海外游历五年的艺术大师刘海粟与夫人夏伊乔回到了阔别已久的上海。此时，虹桥路上一座金字塔形、玻璃结构的刘海粟纪念馆已屹立在初春的阳光下。3月16日，在虹桥宾馆气派的嘉庆堂中，春意盎然、色彩缤纷的花篮绽开喜庆的笑脸，欢迎来自海内外的600多位各界嘉宾。海老坐着轮椅，身穿大红的羊毛衫，外套笔挺的西服，红光满面、精神矍铄地接受大家对他百岁华诞的庆贺。韩天衡的心情也格外激动。早在20世纪70年代初，海老热情地肯定其篆刻上的变法，并致信邀请他为自己治印。海老虽为当代画坛泰斗，但对年轻人从不摆架子。他知道韩天衡爱吃鸭子，每次请他吃饭，都会点鸭子。韩天衡到海老的画斋去，看到一桌子的印章，就对海老说："你有一台子图章，还要叫我刻？"海老笑着说："你别看我有一台子印章，都是'软脚蟹'，所以要请侬刻。"韩天衡作为受恩于海老的后辈，又是画院的领导，自然要参与海老百岁华诞庆典，并从中感受到了海老不屈不挠的创造意识和开拓精神。嘉庆堂左右两面的大屏幕上，放映着海老的历年代表作和江泽民参观他十上黄山画展的录像。海老的百年华诞庆典，展示的是他一生追求的理想。奋斗者的人生是美丽的，创造者的岁月是辉煌的，高寿者的世缘是明媚的。海老这位海派书画的开拓者，以他的世纪之寿，见证了一个流派的百年风采，艺苑流芳，薪火相传。100支红烛点亮，把整个寿堂映照得红光万丈，辉煌璀璨。"祝你生日快乐"的歌声响起来了，这是对生命的讴歌，也是对创造的赞美。

　　百岁寿庆后的6月，海老即嘱韩天衡镌刻二印"百年吞吐"和"真手不坏"，并对韩天衡说："此为一百岁后的用印，非你来刻不可。"作为一名世纪老人，海老的百年经历真是风云激荡，可谓之"吞吐"。海老晚年因高血压而中风过，右手有一阵子不好使，写字、作画都需以左手辅于右腕。经治

图16-1 韩天衡
为刘海粟刻"真手不
坏"

疗和锻炼后，居然恢复如初。因此，他要向艺坛告知自己"真手不坏"，还能健笔凌云。由于是为海老刻印，韩天衡需要反复构思。同时也由于画院内事务繁多，因此，两方印搁了一个多月未刻。后来全国政协要出一本画册，向上海的刘海粟、谢稚柳、沈柔坚、吴青霞和韩天衡征稿。海老很睿智，他写好一张书法后，对征稿者讲"图章到韩天衡那儿盖"，以此来催促韩天衡快些动刀。韩天衡遂将两方印精心刻好，送到海老处。海老很高兴，连连说："好！好！有气势气派，有看头。"

对于篆刻艺术，韩天衡素以"奇中见平、动中寓静"及"雄""变""韵"这二言三字为探索目标，强调"奇""动"能给人以不凡的第一印象，强化不与人雷同的清新感和写意画情趣。但"奇""动"务必以"平""静"垫底，奇能见平则不怪诞；动中寓静则不轻浮。印作"雄"，方能壮伟劲迈，有气势、拒小派，自有时代气息；"变"则力求篆法、章法、刀法、意趣上区别于古人、他人和故我，常变常新，使艺术生命长青；"韵"是在"雄""变"的基础上求韵致，要有一种令

图16-2 韩天衡与刘海粟先生（左为韩天衡）

人玩味爱恋的鲜美劲儿。但离开"雄""变"去求"韵",则像用味精泡水当汤喝,其味必欠醇郁。唯其如此,海老对韩天衡的篆刻情有独钟。8月7日,海老的心脏停止了跳动。韩天衡的这两方印,伴随着海老走完了最后的艺术人生,"百年吞吐"也正是知音相送。

这年,韩天衡的国画在国内拍卖行开始亮相,并受到青睐。1994年6月19日,朵云轩拍卖韩天衡的一件册页(10张),竞拍热烈,最终以8.6万元成交。一次,在上海博物馆馆长马承源先生举办的招待宴会上,佳士得拍卖行上海代表、来自英国的朱仁明女士主动与韩天衡打招呼,说很喜欢他的画。那部册页即是她拍下收藏的。

从刘海粟到程十发,他们都是智者,对同样也是智者的韩天衡给予了相当扶植、理解、推重。正如韩天衡的好友、《文艺报》资深编辑、作家包立民在《书法报》特辟的"书家自画像集锦"专栏刊发的《聪明人重绘聪明像》一文中所道:

世上确有不少搞艺术的人、艺术家乃至艺术大师,给人的印象有点痴、呆、疯、癫,有的干脆自称为痴子、疯子。尽管如此,但是谁都清楚,这些人不是真痴、真疯,而是大智若痴、大智若疯。若不是大智者,是当不成艺术家和艺术大师的。当然也有一些艺术家,让人一看就是一个聪明人,听其言,观其艺,更可断定,他不是寻常聪明人,而是绝顶聪明人,是聪明人中的聪明人!韩天衡就是其中之一,常言道,"人不可貌相",但韩天衡可以貌相。

"在印、书、画的艺术创作上,韩天衡是个传统派,但传统派不是守旧派,他的作品(无论印、书、画)都不旧,而且在造型语言、章法、匠心经营上不时透露出新意来。他的艺术观念,审美观念更不陈旧。"包立民要韩天衡画张自画像。这幅自画像,借鉴劳生柏的波普艺术手法,以自己的两幅书画照片,竖贴在双眼上,又以一幅边款照片横贴在颈部,以替代衣领。妙就妙在这幅拼贴起来的画像，明眼人一看就知道是韩天衡，绝不会看成是别人，真是聪明人绘制的一幅绝妙的聪明像！韩天衡还以调侃的口吻在像上题了一首打油诗：

不擅卡拉莲擦擦，呼生为伍印书画。
立民勒令作画像，拼之贴之算交差。

诗中说他不喜欢唱卡拉OK，不擅长跳舞，这倒有些意外。他长得风流倜傥、一表人才，却不是能歌善舞之辈，可见聪明人不是万能，更不是"万金油"——有所能，必有所不能，有所不为，才能有所为！

7月仲夏，台湾某个出版社拟出版程十发先生的大型画集，请韩天衡撰文。从20世纪70年代初与发老相识开始，这二十多年的交往，使韩天衡对发老的人品艺德颇为敬佩和了解，于是他耗时一个多月，完成了《巨匠——程十发》一文。当发老向韩天衡表示感谢时，韩天衡充满感情地讲："当初我开展览会，请您写文章，您很鼓励我，还谈了'四个不及我'。如今通过写此篇文章，您猜我弄清了我有多少个不及您？""那你讲有多少？"发老笑着问。"挺多的，有97个。"发老听后马上接口道："你真不容易呀，能总结出97个。"两人都会心地大笑。

韩天衡与发老的感情是很深的，在发老"天衡兄、天衡兄"的亲切称呼中，他感受到了一位艺术大师的人间温情、知己之谊和平等精神。韩天衡开画展时，发老撰文，在文中说了自己"不及他（韩天衡）用功""不及他的见识""不及他的处世""不及他的谦虚"。可见发老的虚怀若谷。发老对他的创新不仅十分支持、鼓励，而且相当肯定。他在韩天衡的《新艳图》彩墨画上题词："天衡画莲曰新艳图，客问何谓新艳？余曰八千年，莲实发新花，岂非新艳乎。"有一次，他在一个展览上看了韩天衡的一些笔墨新颖、色彩富丽、气韵丰逸的画后，真诚而深有体会地讲："想不到现在，我发现有些年轻书画家很有才能，让我有了前不如古人、后不及来者的感觉。若论年龄，我要比他年长二十来岁，他是我的后辈，但学问不是靠年龄排队的。当我们走进故宫博物馆的绘画馆，十几岁的王希孟照样和七十八十的李晞古不分前后、平起平坐。所以卖老有时卖不掉，大拍卖也无人要。"

7月20日，韩天衡被评为上海市复员军人先进个人，由市长黄菊授予奖状、奖章和奖金。9月，《韩天衡画集》出版，共印1500册。10月，韩天衡为台湾的星云大和尚刻印两方。10月29日至11月6日，访问东京、富山、大阪。12月，日本日贸出版社出版《韩天衡印谱》，共印3000册。同月，日本《墨》杂志发表韩天衡所写的《寿山石、青田、昌化印材略说》一文，共3000字，附韩天衡收藏的15方珍贵印石的照片。

1995年对于韩天衡来讲是赴日本文化艺术交流年。一年中，他先后春、夏、冬三次踏上扶桑。3月18日至27日，应日本墨滴会之邀，韩天衡与发老、钱茂生访问大阪、那霸、石垣、竹表等岛，在冲绳岛作了1小时题为《中日书法比较》的演讲，听众达800多人。7月28日至8月7日，韩天衡与发老、程多多应日本著名书法篆刻家师村妙石之邀访问福冈。日本招待规格甚高，打出了"中国两巨匠"的标语。韩天衡对发老说："发老，你是当之无愧，我是借你的光。"发老则调侃道："共享，共享。"12月2日，韩天衡在当年第三次赴日作文化艺术交流，并看望了在日读书的女儿韩因之。父女他乡相遇，倍觉亲切。见韩因之攻读日本文学颇认真，日语已讲得十分流利，韩天衡感到很是欣慰。

1996年开年，韩天衡即赴马来西亚办展。1月20日至23日在吉隆坡帝苑酒店举办韩天衡书画印展览，由马来西亚财政部部长黄思华剪彩，各界嘉宾云集，文莱苏丹的弟弟也参观了展览。该展览反响良好，展绩极佳，展后出版了《韩天衡画展》。后又移展马来西亚其他城市，2月7日载誉归国。

香港艺术馆在农历元月举办了"20世纪中国绘画——传统与创新"世界巡回展，出版了大型画册，选吴昌硕、齐白石、刘海粟、张大千、溥心畬、傅抱石、徐悲鸿、潘天寿、吴湖帆、谢稚柳、关山月、李可染、陆俨少、唐云、程十发等海内外112人之作品，作为对20世纪中国画的总结。韩天衡的画作也选列其中，其《月照》被香港艺术馆收藏。这次巡回展展期为1996年至1997年，第一站为中国香港，后为新加坡、英国、德国等。

11月20日至27日，韩天衡随上海文化代表团访问台湾，同行的还有程十发先生等人，这是韩天衡首次到台湾。在台北故宫博物院，他认真地观赏了所展历代名家书画，如王羲之的《快雪时晴帖》、颜真卿的《刘中使帖》、苏东坡的《黄州寒食帖》及黄公望的《富春山居图》后卷、张宏的《华子冈图》等，收获颇丰，大饱眼福。12月13日，应日本大东文化大学之邀，韩天衡赴日讲学。15日，韩天衡作了演讲，题目为《我的书画印世界》。他生动地叙述了自己在书法、绘画、篆刻上的继承传承、大胆创新之路。来自东京及其他地方的书画篆刻家、艺术爱好者350人到场。韩天衡在演讲中说出了自己的从艺心得："攻艺者当有才、有艺、有胆、有肚。才者，天赋也；胆者，魂魄也；肚者，豁达大肚也。得此四端，则艺必大成，名必传世。"这段话讲完后，全场爆发了热烈的掌声。韩天衡不仅书画印三绝，亦能著述写作，而且口才极佳，擅长演讲，语言生动鲜活，逻辑条理清晰，主题思想突出，而且极善作妙趣横生的比喻，因此听众反响甚好。韩天衡此次访日讲学，日本的中文导报有整版的报道及采访。韩天衡主编的《古瓦当文编》在该年底出版。

1997年1月19日，韩天衡应韩国之邀，赴韩北金罗道参加中日韩三国书法大展。中方被邀请者还有刘炳森、刘正成、尉天池、朱关田、王冬龄、邱振中、王镛、周志高等。在书法家中，韩天衡是书画印三艺全能，且印名甚大，所以在韩国颇受关注。

韩天衡的艺术人生在20世纪90年代中期已发生了显著的变化：人到中年的韩天衡已奠定了他在海内外著名艺术家的地位和身份，特别是在日本、东南亚影响甚大。日本艺界称其为"继吴昌硕后，在日本最有名气的书画篆刻家"。天衡在绘画、书法、篆刻上所开创的独特风格，既继承了悠久的华夏文明传统，又凸显了鲜活的当代精神，因而获得东西方受众的审美认同和艺术欣赏。可以这样说，20世纪30年代起由刘海粟、徐悲鸿、张大千等书画家所从事的国际性的办展、讲学、交流，从改革开放后的90年代中期起将由韩天衡等一代人来传承践行，而韩天衡无疑在这方面起着领军作用，他不仅书画印三绝，能著述、善演讲，有着完整的知识结构和深厚的人文修养，而且为人友善、谦逊有礼，擅长交友、内联外拓，建立了广泛的海内外人脉，享有极高的艺界声誉。这也意味着，此后韩天衡所承载的艺术使命、所担负的社会责任，是以不断在海内外的办展、讲学、交流来体现的。

1997年7月1日，香港回归祖国。为了庆祝这一伟大的事件，5月1日至8日，香港举办了大型的庆祝香港回归中国现代名家真情精品展，共邀请了内地的10位艺术家，如北京的张仃、王明明等，南京的宋文治，上海的程十发、吴青霞、邵洛羊、钱君匋、韩天衡等。每人拿出15件作品参展，并结集出版了精美的画册，为香港的回归增添光彩。

上海书画出版社准备为当代著名学者、诗人、书画鉴定家、书画家谢稚柳先生出版书法集。谢老本人也有这个心愿，他驰笔泼墨一辈子，还没有出过一本书法专集。谢老颇慷慨，从壮岁之作到暮年精品大多散落在亲友、学生中，这让事情有些难办。后经大家努力，总算收集而成。6月下旬，年迈的谢老因身体不适住在医院。韩天衡去看望先生，谢老坐在病房的沙发上，尽管人有些清瘦，但精神状态尚好。他对韩天衡说："我要出本书法集，序就劳驾你了。""谢老，由我来为你的书法集写序，合适吗？"韩天衡觉得自己是谢老的学生，由他来写恐不妥，这个序应该请德高望重的老先生来写。谢老听后，马上挥了挥手，用肯定的语气讲："这篇序请你来捉刀才好。"

从谢老处领命后，因一时找不到角度，两个星期过去了，韩天衡依然没有动笔。此时，上海书画出版社的一个编辑来韩天衡处小坐，谈到谢老看了《谢稚柳书法集》的清样后，提笔把"法"字圈掉了，改成《谢稚柳书集》。敏感的韩天衡一听，马上讲："好了，角度有了，文章出来了。"从书法源流来讲，"书法"这一词汇出来得很晚，汉魏唐宋大都用"书"而不用"书法"，指的就是纯书境界，也即是老子所讲的"道，可道，非常道"。元明以后，"书法"一词才作常规用。谢老崇尚唐、宋，且不使世人误以为"法"

就是技法，所以将"法"字圈掉了，这是归璞返真，道法自然，视无法之法
为最高之法。韩天衡记得"文化大革命"后期，谢老从牛棚出来后，曾将唐
张旭的《古诗四帖》精心地用响拓法钩摹一通。从此，谢老书风为之一变，
豪放潇洒而格高韵清，笔墨恣肆而意境丰逸，线条畅达而气势郁勃，深得
"韵胜""度高"之晋唐神采。因此，韩天衡在序中谈了书法领域里的两条路
线追求，一条是格调派，追求艺术观念、意境、情操；另一条总是拿"法"
摆在第一位，即炫技派。技巧不是不要，但观念、意境、情操更重要。东汉
大书家蔡邕就在《笔论》中开宗明义地提出："书者，散也。欲书先散怀
抱，任情恣性，然后书之。"而南朝大书家王僧虔在经典的《笔意赞》中就
认为："书之妙道，神采为上，形质次之，兼之者方可绍于古人。"韩天衡就
以谢老去掉"法"字说起，讲了谢老的笔墨追求。此序共4000多字。

　　韩天衡顶着7月的骄阳，骑着自行车和儿子韩回之一起到医院去看谢
老，告诉先生所交待的任务已完成。谢老叫韩天衡念给他听。谢老一边听，
一边点头，笑眯眯的很满意。"完了？"谢老问。"是的。"韩天衡答道。
"好，写到点子上了。你的文章是越写越好了！"谢老称赞。随后，谢老又
说："前天两个台湾朋友来看我，谈到你了。现在你的画很有名气。""那都
靠老师的栽培。"韩天衡谦虚地回答。"那还得靠你自己努力。哦，你最近画
画有什么新体会？"谢老关心地问。韩天衡想了想，答了四个字："诗心文
胆。""好！"谢老听后，兴奋地一拍大腿讲："你应该刻方印，钤在画上。"
那天，韩回之还央求谢老写块匾。"你要什么匾？""味春草堂。"可能跟谢老
当时正生病的心情有关，每一个人的春天都是美好的，到晚年回味青春、思
念曾经拥有的春天，那是多么有味。谢老听后，动情地讲："这个匾名取得
好！"接着，谢老又问是谁取的，韩回之说是自己取的，还跟爸爸推敲过。
谢老听毕便支撑着站起来，挥笔书写下"味春草堂"四字，气势酣畅爽达，
笔力遒劲郁勃。这也是谢老的绝笔，十分珍贵。韩天衡后来在匾上题了一段
文字，该匾至今仍挂在儿子韩回之的家中。

　　9月，上海吴昌硕艺术研究协会改选，程十发先生因年迈辞去会长一

职，大家一致选举韩天衡为会长。10月，韩国梨花文化出版社出版韩天衡主编的《古瓦当文编》翻译本。11月，《墨荷小手卷》一件在香港苏富比拍卖行拍出6.9万元港币。

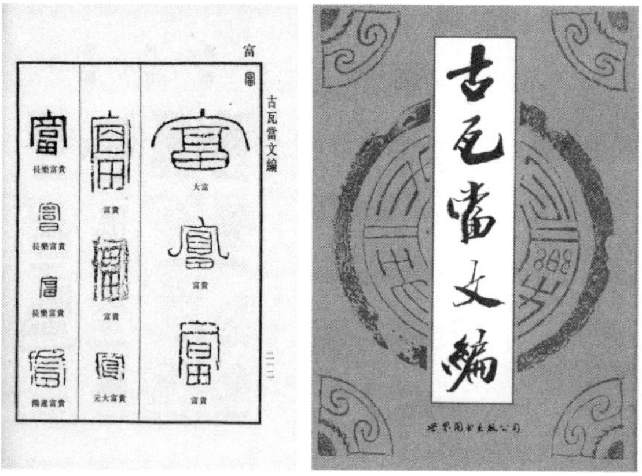

1998年1月31日至2月13日，韩天衡赴美考察，在美国各大博物馆系统地

图16-3　《古瓦当文编》

观赏了所藏中国古代之书画、篆刻，看到大多是精品、孤品，甚为感叹。

2月10日，韩天衡还远在美国，20世纪已故著名书法家遗作展便在北京开幕了。在这个展览上，韩天衡共向中国文联和中国书协出借吴昌硕、康有为、于右任、林散之、沙孟海、郭沫若、丰子恺、吴湖帆、沈尹默、沈寐叟、王个簃、谢稚柳、陆俨少、唐云、费新我等人的53件作品，显示了他的收藏质量和能量，在京城引起轰动。特别是其中郭沫若早年题写的一副对联，极其珍贵。

4月22日，上海戏剧学院剧场举行了隆重的上海文学艺术奖颁奖典礼，韩天衡被授予上海文学艺术优秀成果奖。此奖为上海市的最高文化艺术奖项，三年一评。后来，韩天衡把奖金交由工会分给画院职工。8月，韩天衡获评国务院政府特殊津贴专家。

第十七章　法国总统希拉克来信了

为APEC会议及21国及地区领导人刻印的任务由韩天衡担纲操刀，可谓时间紧、要求高。这批印章将作为国礼送给各国及地区领导人。自新中国成立以来，在世篆刻家创作之印被定为一级藏品的，此为首例。当时，社会上也有传闻，说韩天衡刻这些印是"一字万金"，发了大财，实际上完全是无偿的。

喜出望外

诚心攻艺者必有成，然其成有先后迟早之别。喻之以花，或春花，或秋花。若张大千早熟，春花也；若黄宾虹晚出，秋花也。故技艺虽十年无成，毋须自卑，当一如既往，孜孜为学，以俟秋发。诚然，花有复开者，春花复有秋发，则其成就益大。若毕加索，一生标新立异，勇猛精进，时出新腔，堪称花中月季，直令吾辈妒煞。

——韩天衡《豆庐独白》

经过这些年的展览、讲学、交流及台湾艺界王北岳先生等人的推崇，韩天衡的书画篆刻在宝岛已有广泛的知名度。11月13日至20日，韩天衡在台湾羲之堂举行韩天衡书画篆刻展，由黄石诚先生主持，台湾艺界、收藏界的朋友相聚一堂，观众云集，场面欢快而热烈，使韩天衡充分感受了两岸文化同根同源的骨肉情缘。约有几十家台湾报纸杂志发表了大篇幅评论文章、报道，以及韩天衡不少书画印佳作，同时，精美的《韩天衡书画篆刻展图录》及大量的宣传卡问世出版。这些年来，韩天衡时常在海外办展，但在祖国的宝岛展出，有回家的感觉，有同胞的亲情，有艺脉的传承，有笔缘的凝聚，给他留下了难忘的记忆。韩天衡书画印在台湾的艺术影响力，随之扩大。

　　韩天衡从台湾回沪不久，即接到北京中国书法家协会通知，将作为中国书法代表团成员访问法国。12月5日，由江泽民主席和法国希拉克总统商定的二十世纪中国书法大展在法国索邦大学教堂举办。法国人对中国书法很感兴趣，开幕式现场观众甚多。他们认为书法是东方传统艺术的精华，其笔墨变化意象无穷，其结构造型极富空间意识，其线条飞舞更具抽象夸张之变幻。法国总统希拉克也来了。在展览现场，韩天衡当场为总统先生施刀篆刻。随着刀落印面，石花飞起，几分钟后，一方刀法刚健洒脱、线条雄浑奇崛、气势酣畅生动的"希拉克印"（白文）便完成了。希拉克先生看着鲜红

图 17-1　1998 年韩天衡在法国巴黎为希拉克治印

图 17-2 希拉克印

的钤印，不禁连连称赞。全场对这位来自中国的印人报以热烈的掌声。

这个动人的瞬间，折射出数千年来中国金石家的劳绩，鲜花应该献给印坛先贤。是的，此时的韩天衡心平如镜，他似乎看到了父亲第一次教他执刀的身影，听到了老师方介堪的殷殷嘱托，想到了谢老对《文心雕龙》的赞许及沙老对他"刻意创造"的肯定，他自己已然把篆刻看作是生命的存在与精神的释放。宠辱不惊，无怨无悔。是呵，中国古老的篆刻之花，终于史无前例地在国际艺苑上开放得如此绚丽璀璨。

1999 年的元月，澳门依然是鲜花盛开，一派盎然的春意。1 月 5 日，韩天衡与夫人应丽华及儿子韩回之同赴澳门。1 月 8 日下午，澳门特别行政区政府举办的韩天衡书画印展在市政厅隆重开幕。澳门特别行政区政府对韩天衡的这次展览相当重视，印有中文、葡文的大幅海报，张贴于澳门标志性的建筑大三巴牌坊及繁华的商店、公共场所。长约一米多的宣传条幅，挂在市中心的每根电线杆左右两边。《澳门日报》及电视台等媒体作了多次宣传报道，展览被友人称为"近年来澳门难得的艺界盛事"。

回上海不久后的 1 月下旬，韩天衡接到一封外文的来信，便随手放在书桌上。两个月后，一位懂法文的朋友来访，一看后惊讶地讲：这可是法国总统府的信封，里面是希拉克亲笔签名的感谢信。

教授先生：

参观了"现代中国书法艺术大展"，容许我再一次确认书法艺术在中国文化中的重要性。

我从中获得很大的快乐，并同时对我们的会晤留有最美好的记忆。我同样非常高兴地看到，有赖于像您这样有才华的"艺术家"，书法这种传统的艺术，还继续活跃在今天的中国。

我对您在我们面前即席所作的书法作品，赋予很高价值。同时，衷心感谢您现场为我本人雕刻的印章。

教授先生，请接受我由衷的敬意和友谊。

雅克·希拉克

法兰西共和国的总统亲笔为一位中国印人写感谢信，这不仅是对韩天衡个人的尊重，更是对中国艺术的尊重。这也昭示着经过历代印人的努力奏刀耕石，古老的篆刻艺术正青春焕发，且昂首阔步地走向国际。

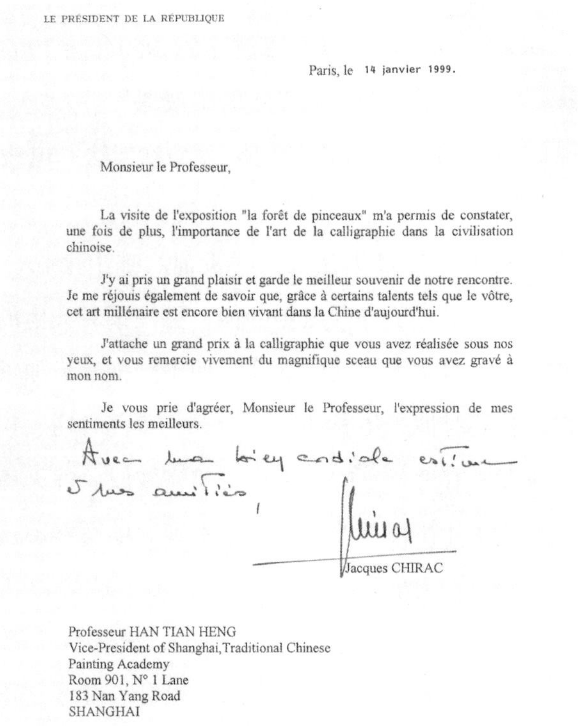

LE PRÉSIDENT DE LA RÉPUBLIQUE

Paris, le 14 janvier 1999.

Monsieur le Professeur,

La visite de l'exposition "la forêt de pinceaux" m'a permis de constater, une fois de plus, l'importance de l'art de la calligraphie dans la civilisation chinoise.

J'y ai pris un grand plaisir et garde le meilleur souvenir de notre rencontre. Je me réjouis également de savoir que, grâce à certains talents tels que le vôtre, cet art millénaire est encore bien vivant dans la Chine d'aujourd'hui.

J'attache un grand prix à la calligraphie que vous avez réalisée sous nos yeux, et vous remercie vivement du magnifique sceau que vous avez gravé à mon nom.

Je vous prie d'agréer, Monsieur le Professeur, l'expression de mes sentiments les meilleurs.

Avec ma bien cordiale estime et mes amitiés,

Chirac

Jacques CHIRAC

Professeur HAN TIAN HENG
Vice-President of Shanghai,Traditional Chinese
Painting Academy
Room 901, N° 1 Lane
183 Nan Yang Road
SHANGHAI

图17-3　希拉克总统感谢信

在改革开放的大背景下，中国的书法、绘画、篆刻艺术呈现出强劲的活力和勃发的势态，在国际艺苑上争奇斗艳，竞吐芬芳。7月7日至17日，日本东京举办20世纪中国书法大展，韩天衡作为中国书法代表团成员，赴日参加开幕式。前首相村山富市很欣赏韩天衡的篆刻作品，并请韩天衡合影留念。村山富市作为老一代日本政治家，对中国人民一直怀有友好的感情，发表过著名的"历史性的村山谈话"，痛切反省日本殖民侵略给中国人民造成的巨大伤害和痛苦。这是日本首相第一次就日军侵华明确表示歉意。他对中国的书法篆刻艺术也很热爱，因而以相当浓厚的兴趣参观了本次书法大展。

10月22日，韩天衡赴温州，出席温州大学兼职教授授予仪式。随着韩天衡在书画篆刻上所凸显的鲜明风格及取得的卓越成就，兼之其理论著述新作迭出，国内不少大学想聘请其为兼职教授，韩天衡一般都婉拒了，不想挂个虚名。但对温州，他有特殊的情感。当年方介堪先生的师恩，梅冷生先生的扶植，使他深深地感恩这片土地。特别的是1960年至1963年，他曾在这所大学的前身——温州师范学院读过三年的函授课程。

11月27日，中央美院来韩天衡处拍摄《篆刻技法》电视专题片，并制成光盘发行。

新年的钟声敲响了，2000年在人们的祈福欢呼中来临。新千年，新召唤，韩天衡也迈入了一甲子。耳顺之年的他，更注重对人生的思考，更追求艺术创造的精度，更崇尚学术研究的深度。他十分推崇毕加索，曾研究过毕加索的创作历程，尤其对他一生有四个时期——蓝色时期、粉红时期、综合立体主义时期、新古典时期——的艺术蜕变相当敬佩。韩天衡认为毕加索是一位真正具有不断创新开拓精神的大师级艺术家。他写下了这样一段人生感言："诚心攻艺者必有成，然其成有先后迟早之别。喻之以花，或春花，或秋花。若张大千早熟，春花也；若黄宾虹晚出，秋花也。故技艺虽十年无成，毋须自卑，当一如既往，孜孜为学，以俟秋发。诚然，花有复开者，春花复有秋发，则其成就益大。若毕加索，一生标新立异，勇猛精进，时出新腔，堪称花中月季，直令吾辈妒煞。"

台湾南天书局、上海科技出版社在这一年新春伊始，同时出版了精装本《天衡印话》，北京邮政管理局也在此时发行了《中国当代书画名家精品系列——韩天衡专辑》明信片一套9张。2月，河北教育出版社出版了装帧精美且考究的《当代篆刻名家精品集——韩天衡》，分上、下两册。这套丛书中，韩天衡的这一本销售是最好的。

天有不测风云，4月22日，韩天衡坐出租车出门，所乘车辆与另一车相撞。他坐在前排，因而受到较严重的撞击，出现了轻微脑震荡、颈肩肌肉拉伤。继而又腰椎间盘突出，坐骨神经疼痛异常，治疗了近一个月，才见好转。他自嘲"大难不死"。

西安举办有韩天衡作品参展的中日百家书法展，韩天衡应邀出席，后游览了延安、黄帝陵、黄河壶口瀑布。那奔腾激越的瀑布，是民族精神的体现，使他有颇多艺术上的感悟。8月，北京文雅堂出版《韩天衡画集》。11月，韩天衡与太太应丽华同赴日本富山市，出席北陆书道院三十五周年展，并剪彩致贺词，随后又举办了书法篆刻讲座，颇受欢迎。12月，他任上海书法代表团团长，率团赴日本东京，出席日本书画振兴协会联展。

这一年，韩天衡主动提出辞去副院长的职务，这可是开风气之先的。此后六十岁退休成了画院的规定，以便让出编制，让更多的新鲜血液充实进画院。从画院退休后，韩天衡改任画院艺术顾问。从1980年正式调入画院，到1984年出任画院副院长，再到新千年从领导岗位退下来，他对画院充满了感情，也颇多感叹。画院为他提供并营造了一个良好的从艺环境，而画院中的那些前辈、同事，则是他的良师益友。在他担任画院领导的16年间，原本是说好不管杂务的，但实际上做不到。上至评职称、分房子等大事，下至职工福利、家庭困难，他都得操心，为此耗费了不少时间和精力，但他觉得为大家服务，苦中有乐。如今终于从领导岗位上退了下来，他决心调整状态，全身心地投入艺事，以开启退休后第二次的艺术进军。

2001年1月，中央美术学院、北京好莱梦文化艺术交流中心联合制作出版了新编《中国书法技法——篆刻技法与创作》VCD，时长约一小时。至此，韩天衡已完成多部有关书法、篆刻、国画的影视剧拍摄，在中国的书画印电化教学上，作出了相当的贡献。

香港财政司原司长梁锦松先生是位艺术爱好者，对韩天衡的书画印甚推崇，曾嘱他画丈二匹大幅荷花。4月20日，梁锦松在出任财政司司长前夕，专门邀请韩天衡夫妇访问香港,大家相聚论艺谈文,甚为欢快。韩天衡夫妇后到梁先生府上,在已挂于墙上的丈二匹巨型荷花前摄影留念。在这之后,凡韩天衡到香港或澳门举办展览,只要抽得出时间,梁锦松都会参加开幕式。

5月,中国青年出版社出版《篆刻病印评改200例》,并邀笔者撰写序言。韩天衡在《绪言》中说:"古来,每以治印拓谱、传灯后世为慰。至于治印之全过程,或匿其心计、或隐其曲折、或略其思路、或毁其创稿,一者自轻少作,恐误后学;二者自秘家法,宜子宜孙。"韩天衡在此书中,将自己创作刻印的起稿、构想、修改、得失均作实例展示,无私地自我揭秘,深入浅出、由表及里、金针度人。全书分为二编,上编是《课徒印稿评改》,系韩天衡评改学生之印;下编是《自创印稿评改》,是韩天衡自刻印评改。敢于自我解剖,足见他的宽大襟怀。此书首印5000册,不久即销售一空,又重印数次。

6月23日,北京大学人文学院国际MBA高级经理研究班邀韩天衡赴京,为研究班上《古书画鉴赏》一课,课长3小时。是夜,正值世界三大男高音歌唱家在紫禁城演出。然而上课者未受影响,有160多人出席。还有不少听众挤满了过道,站着听讲。下课后,有同学调侃道:"不听唱的男高音,听韩先生讲的男中音,值得。"

金秋时节,举世瞩目的APEC会议在上海召开,世界各国政要会聚黄浦江畔。为此,会议筹备组要准备礼物,先后就不同方案征求了专家意见,亦向韩天衡征询意见。天衡认为赠送篆刻印章为好,因为篆刻是东方民族特有的传统艺术,象征着诚信为凭、友谊长存,金石千秋。组委会讨论后,采纳了韩天衡的意见。

为APEC会议及21国及地区领导人刻印的任务由韩天衡担纲操刀(后因台湾地区领导人没来,实刻20印,印材是内蒙古巴林石),可谓时间紧、要求高、任务重。韩天衡以饱满的创作激情完成了镌刻任务,而且款式多样,风格多变,有鸟虫印、古玺印、汉印、朱文印等。这些印章作为国礼送给各国及地区领导人。这不仅是中国篆刻史的盛事，也是篆刻艺术走向国际化的崭新开拓。后来，中国历史博物馆收藏了韩天衡为APEC会议20国及地区领导人所刻印章的印稿，并将这些原打印花装裱成的手卷，定为国家一级藏品。自新中国以来，在世篆刻家创作之印被定为一级藏品的，此是首例。当时，社会上也有传闻，说韩天衡刻这些印是"一字万金"，发了大财，实际上完全是无偿的，他分文未收。

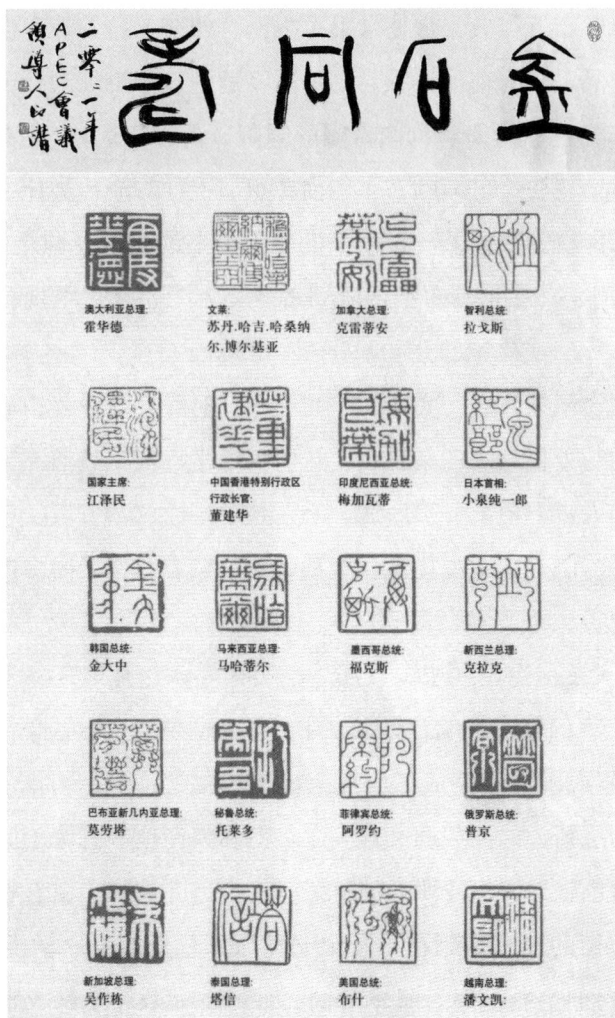

图17-4　2001年上海APEC领导人印谱

2002年1月20日，韩天衡的家自南阳路183弄1号901室的高层公寓乔迁至苏州河边泰兴路689弄31号。这是一排造得颇为考究的联体别墅，屋外绿草如茵，花木扶疏，环境清逸。韩府的门楣上挂有一块木匾，是由一百零二岁的著名老画家朱屺瞻先生手书的"豆庐"。这一年的端午佳节刚过，空气中依然飘着清新的棕香。窗外的小园颇为雅致，翠绿的芭蕉婀娜地掩映着娇美的绣球花，青碧的樟树衬着娟秀的月季花。一场雨后，整个小院更显得清新如洗，纤尘不染。

韩府的客厅布置得典雅古朴，书香弥漫。四壁上挂着韩先生及书画名家的书画篆刻作品，丹青瑰丽典雅，书法酣畅遒劲，印蜕红润朴茂。正面墙上是韩天衡所作的色彩缤纷、构图奇崛的国画《荷香清远》，中堂两边是对联"岂能尽如人意，但求无愧我心"，侧面花板墙上挂着清代吴让之手书的横幅"居处恭，执事敬，与人忠"和程十发先生手书的对联"两个黄鹂鸣翠柳，一行白鹭上青天"。多层博古架内陈列着青瓷古玺、文房雅玩，氤氲着浓郁的人文气息。

书画抒怀，篆刻言志。实际上这些国画、对联、横匾等构成了相当有人生哲理的语境与处世理念的场景：荷花清韵绝尘、气格高洁。身在红尘，不能凡事都尽如人意，但要守住底线，心无挂碍。而"恭、敬、忠"则是对立身处世的承诺与坚守，正是凭借着这种信念与意志，韩天衡的人生才能审时度势，春华秋实。

5月，韩天衡应邀出任中国首届兰亭奖评委，这是中宣部主办的中国书法全国最高奖项的书法评奖活动。5月在青岛初评，8月在青岛复评，并面考60位优秀奖入围者，完成了一次全国性的书法海选。韩天衡颇感辛苦，可是见证了书法新人的涌现，又很高兴。但韩天衡也颇有感于此类评比的利弊兼具，此后也就婉谢担任评委的邀请，这应当讲是一个相当明智的选择。

由于韩天衡的书画篆刻在日本影响日深，艺界朋友、学生甚多。10月18日至11月11日，他应邀赴日本静冈、冲绳、大阪、京都、东京、长野等地讲学，所到之处，他认真授艺，受到了朋友、学生热情款待，并赴各地名胜观光休闲，享受旅游之乐。其中，京都的古典韵味给韩天衡留下了最深刻的印象。

日本京都是很古典的，仿佛刻意为保存平安时期的人文胜迹与史脉，而那么坚韧执着地守望、呵护。那空寂幽深、绿意弥漫的小巷，那门幡低垂、温馨狭小的酒屋，那香烟缭绕、古老静穆的神社，那高古雅致、包浆亮丽的古瓷，那清醇馥郁、齿间留香的抹茶等，都那么波澜不惊地诉说着往事。

京都，又称平安京。恒武天皇于794年把国都从奈良迁到这里，开创了史称"平安时代"的古典文化期。从此，皇都越千年，直到1868年，明治天皇才迁都东京。经过千年文化的滋养，京都已是文化鼎盛，物华天宝，川端康成曾有评论：京都是"与灵魂最接近的地方"。如今想要探古寻幽，最好的去处也许就是位于京都东山区音羽山的清水寺了。

清水寺的山门，有朱红色的木廊，单层八柱，气势郁勃。门下有一对造型雄健的石狮镇守，两边是锥形的石香炉。清水寺大殿为典型的唐式和风栋梁结构，四周屋檐飞翘，殿顶祥兽鸱吻，斗拱层层叠出。殿宽达19米，进深为16米，显得巍峨宏伟。整座建筑未用一根钉子，特别是大殿的屋顶，全部用桦树皮铺就，三十年一换，保存了唐式建筑的风格。

韩天衡去金阁寺时，经过林木相映、竹门相迎的通道，在亮丽的秋阳映照下，只见金阁寺典雅雍容地伫立在清碧明净的镜湖池边，背后是衣笠山秀美的景色，那苍翠茂密的群树，把金阁寺映衬得越发金碧辉煌而华美高逸。而那一池濯魂清波，更像是一面纤尘不染的明镜，将金阁寺庄重古朴、气宇轩昂的形态映在湖面，从而赋予这座名刹盎然的灵动之气。

韩天衡从日本归来后，看到《读者》杂志于10月发表了他的篆刻印章，这也是《读者》第一次发表篆刻作品。

2003年在梅香清溢中来临了。从新加坡传来了苏富比拍卖行的一条消息，即新加坡资政李光耀为了资助公益事业，慷慨地捐出自己珍爱的66件藏品，由苏富比拍卖行拍卖。其中有一方是韩天衡在1990年为李光耀刻的姓名小印，被拍出4万多元新加坡币。

金秋十月，上海辞书出版社隆重推出韩天衡主编的《中国篆刻大辞典》，这是中国印学界的盛事。

　　《中国篆刻大辞典》是被列入上海市"十一五"规划的重点图书，可谓集聚千年印坛之精华，融汇当代印学之大成，因而被称为"中国印学的百科全书"，代表了当代印学研究的最高成果。无论从历史角度还是从学术属性来看，印学并不是一门显学，似乎远离功名利禄。然而，方寸印间，气象万千；枣栗之地，学问精邃，因而印学又是一门绝学。韩天衡正是以虔诚的印学情结和执着的事业精神乐此不疲、无怨无悔地涉足于此，并和数位当代中青年印学精英一起筚路蓝缕、殚精竭虑，历时十五个春秋编撰著述，尔后由韩天衡对近300万字的篇幅进行统稿调整，可谓锲而不舍、金石可镂，从而填补了中国印学史上的又一空白。这也是印学母国对国际印坛的精彩奉献。

　　《中国篆刻大辞典》体制宏大、词目博约。全书分为名词术语、印人、印谱、论著、名印、流派社团报刊、印材、器具八大类，共计8200多条词目，配有印人肖像、书影、印蜕、印钮、印石、碑帖、拓片等图例1900余幅，融史料、资料、谱系、考证、鉴赏、品评、技艺、材质等为一炉，涵盖了印学各个门类和分支，囊括了篆刻的主体系统和流派。该辞典既有理论性、学术性、艺术性、权威性，又有技法性、实用性和收藏性。名词、术语翔实具体、分门别类，从印体、印制、印式到印别、印钮、印文，从字法、章法、刀法到印格、印款、印品等，条理清晰、简明扼要，既引经据典，又客观评述。

　　《中国篆刻大辞典》探幽析微，拾遗补缺。全书以宏观性的审视，追根溯源于浩瀚悠久的印学之海；又以微观性的考查，查究纷繁复杂的印艺之苑。特别可贵的是韩天衡在编撰原则上，强调力争用第一手资料来查证评述，尽力避免翻录传抄、以讹传讹、谬种流传。如清初周亮工的《印人传》又称《赖古堂别集印人传》，流传甚广，但历代版本差错、遗漏甚多，后经韩天衡的深入查考后才明白原委。原来在乾隆时，《印人传》曾作为禁书而被毁，嘉庆道光年解禁后，再版书大都根据删削篡改本翻刻，故而面目全非。经多方寻觅，韩天衡在天津图书馆查到了康熙年间的版本，这才正本清源。另外，如汉魏关中侯金印、北宋石质印窠、清吴让之竹根四面印"师慎轩"等大批珍贵实物，也是首次披露于世。

表述精当、释义准确，也是一大特点。辞典的表述形态主要是词条，要以严谨的态度、负责的精神来逐字逐句地撰写，达到言简意赅、以一当十的作用。《中国篆刻大辞典》正充分体现了这一宗旨。如明周应愿的《印说》一书，颇有学术内蕴与理论深度，以史学、美学、文学等多角度阐述印艺，立论精湛、见解独到、文辞典雅，故广为传阅，后成为赵宦光的《篆学指南》及杨士修的《印说删》的源头。经过此番脉络传承的梳理和甄别，使后人了解了三本印学著作的渊源关系。

最后，值得一提的是《中国篆刻大辞典》的编撰体现了一种先进的人文精神，即在尊重前人、精研传统的同时，又不囿旧说、阐发新义，从而折射出鲜明的当代意识。唯其如此，从学科建设意义上来讲，《中国篆刻大辞典》的出版，是印学在当代正式完成系统化的标志，在中国篆刻史上具有重要的奠基石作用。

11月，《中国书画》第11期举办美术学者推荐古今书目活动，评选出著作10本、文章10篇，结果《历代印学论文选》《中国印学年表》《天衡印谭》和印学论文《不可无一 不可有二——五百年篆刻流派艺术出新谈》《明清刀说》入选，韩天衡成为入选作品最多的个人，显示了他在全国印学研究中的领军作用。年底，《韩天衡篆刻新作集萃》由上海辞书出版社出版，《韩天衡篆书千字文》由上海书画出版社出版。

第十八章 韩天衡出任中国篆刻艺术院首任院长

中国艺术发展史上，以往只有画院、书院，从没有篆刻院。此次中国篆刻艺术院的成立，标志着国家级篆刻院的诞生，从而为中国篆刻艺术的振兴与发展作了组织上的保证及专业上的奠基。

一日千里

中国篆刻艺术有三美。篆法之美：可概括为四个字——平、直、圆、曲，能在方寸之间，把各种矛盾捏在一起，自如处理。章法之美：关键在于"计白当黑"。黑白关系，就是密疏关系。疏可走马，密不插针。从印章的视觉审美来说，斜角呼应关系十分重要。篆刻家创作一方印章，需要很长时间的构思和推敲。刀法之美：传统用刀技法有四种，即冲、切、披、削，刻出的线条才能美轮美奂。

——韩天衡《豆庐独白》

2004年初春时节，韩天衡应日本《乐篆》杂志及日本的中国书法学院之邀，于3月7日在日本东京池袋会馆中心举办了"中国书法篆刻之艺"的公开演讲。韩天衡是位完美主义者，为这次展览做了认真的准备，形成了严谨的构思，因而整个讲座系统全面、简要精到、由浅入深、生动具体。韩天衡首先提出："全世界很多民族都有自己的文字体系，为什么只有中国的书法能成为世界公认的高级艺术？重要的原因是汉字的形成是由图画演变而来的。每一个汉字，都是由一幅非常精致的图画形成的。当然，现在约有五万个汉字是经过组合的……中国文字的形成法，讲究'六书'，归根结底是一幅画。"

韩天衡认为，中国文字之所以能成为高级的书法艺术，主要在于三种要素。第一关键是"用笔"。书法以用笔为上，最好的线条是"积点成线"。第二要领是"结体"，对于字的结体要不断探索思考。第三要领是"章法"，疏密相间、顾盼相应，要有空间意识。但书法还有比技法更重要的东西，那就是书法家的思想修养、审美精神与创作境界。

在谈到篆刻艺术时，韩天衡亦作了相当精妙而独到的讲解："篆刻艺术在中国历史上不是出现一个高峰，而是两个高峰。第一个高峰以周秦两汉玺印为代表，第二个高峰是明代末期崛起、一直持续至今的灿烂的明清流派篆刻。前者为篆刻的铜印时代，后者为石印时代。"韩天衡提纲挈领地总结中国篆刻艺术有三美。其一为篆法之美，可概括为四个字：平、直、圆、曲，能在方寸之间，把各种矛盾捏在一起，自如处理，这是基本的条件。其二为章法之美，关键在于"计白当黑"。黑白关系，就是密疏关系，疏可走马、密不插针。我们可以举出邓石如的"江流有声，断岸千尺"一方印章来论证"疏密"的经典关系。从印章的视觉审美来说，斜角呼应关系十分重要。篆刻家创作一方印章，需要很长时间的构思和推敲。其三为刀法之美，传统用刀技法有四种，即冲、切、披、削。此外，一代巨擘吴昌硕先生还发明了"做"，即"做"出刻印刻不出来的虚实效果，使平面的印蜕呈现出浮雕般的质感，这对印章艺术是一种升华。一个出色的书法家在用笔时需要八面用锋。研究历史上篆刻大师的作品，会发现创作用印刀也得兼及三面·刀角、刀刃、刀背。三者并用，刻出的线条才能美轮美奂。明清流派的篆刻家中，最谙于刀法的是吴让之和钱松两家。当然，篆刻家也需要多方面的才能和审美精神，这也就是吴昌硕先生所倡导的"贵能深造求其通"。韩天衡的整个讲座语言风趣、义理相通，得到了日本书法篆刻界的很高赞誉。

7月13日至18日，"第十九回随风会篆刻展"在京都市美术馆举办，韩天衡所作行书《春华秋实》参展，并刊发于《第十九回随风会篆刻展朱迹集》。京都作为日本的古都，有着深厚的文化积淀，与中国的艺术交流也渊源有自。早在20世纪30年代，中国著名的书法篆刻家、吴昌硕的弟子钱瘦铁，就曾长期旅居于京都银阁寺边的白沙村庄桥本关雪府。钱瘦铁的书法篆刻在当时的日本影响很大，被称为"支那巨手、东亚奇才"。随风会系日本著名的篆刻团体，会长为深受缶翁印风影响的梅舒适的弟子山下方亭。随风会每年都会在京都市美术馆举办展览会，也都会邀请中方艺术家参展。

这一年的9月，在上海市静安区文化交流中心举办了"百乐雅集——韩天衡师生书画印作品展（第一届）"，由此标志着韩门师生艺术展特有模式的形成。"百乐斋"原系韩天衡的斋号之一，以其命名，意在书画篆刻有百乐而可怡情养性；雅集即是韩门老师与学生共同创作丹青翰墨金石，一起展览交流，相互促进提高。这也秉承了海派书画的优良传统，从吴昌硕的缶门师生展、吴湖帆的梅景书屋师生展到张大千的大风堂师生展等，海派书画家作为现代艺术团体，相当注重这种社会化的展示与群体性的交流。而韩天衡的百乐师生展在规模上做得更大、时间延续也更长。韩天衡对每次提交师生作品展的作品认真审稿、严格把关，将需要提高的作品退回给学生，请其再作修改，并淘汰那些未达到质量要求的作品。他对弟子讲："老师爱护每一个学生，对每一个学生都一视同仁，但在作品质量面前，不能迁就、讲情面。对你们的严格，也是爱护的一种表示。"也正是从这次及以后历届的"百乐雅集——韩天衡师生书画印作品展"中，崛起了一支当代优秀的书画篆刻团队，走出了一批在全国颇有影响的中青年精英，从而形成了当代中国书画篆刻界一道令人瞩目的景观。这届"百乐雅集"出版了第一本韩天衡师生书画印作品集。

2005年阳春三月，韩天衡与儿子韩回之合著的《文玩赏读》由上海人民出版社出版，印刷相当精美。中国传统文人的书房，是一个宁静幽逸的精神家园，具有雅致温馨的生存时态，由此构成具有华夏文明特征和儒家人文语境的书斋空间文化系统。从笔墨纸砚到琴棋书画，从佛像玉雕到瓷瓶水盂，从匾额楹联到印章供石，从菖蒲兰花到彝器古韵等，可谓书香拂郁而气象万千，良辰美景而赏心乐事，使人可读可品可赏可思，足以怡情养性、陶冶心志。《文玩赏读》可谓是集书房文玩之大成，将200多件私家珍藏尽显纸上，琳琅满目而精彩纷呈，图文并茂而赏读并举。韩天衡对书画篆刻研究精深，富收藏而善考据，其公子韩回之自幼耳濡目染、家学渊源深厚，毕业于上海工艺美校绘画专业，后又赴日留学专攻艺事。由父子二人联袂对自家所收各类文玩赏析解读，自是义理相畅、言简意赅。这些藏品在年限上上至西周战国、汉魏晋唐，下至宋元明清，品类样式繁多，材质有金、玉、陶、石等，蔚为大观，其中不少是颇令人"开眼"的孤品、珍品。《文玩赏读》重在说来历、讲形态、抓特征、析要义、辨真伪，使人提高鉴赏水平，增强识别真赝的能力。

全书首先展示的是笔墨纸砚。如对元剔犀心形纹毛笔，作者从工艺上分析，指出其是剔犀中最古老的一种剔刻纹饰，用刀圆润婉转，打磨平整精到，为后世所不及。接着又从审美上指出剔犀整体曲线流畅而柔和，透出一种沉静华贵之美。对西汉龟形陶砚的介绍则抓住了细节，此砚历时2000多年，但当年的墨痕依然清晰，从而传递出两汉物质文明的信息。对唐素三彩多足辟雍砚的赏析则从造型、色彩上入手，突出其造型奇特，以兽面作装饰。三彩素雅和谐，以绿釉、白釉和褐釉相映衬，颇有盛唐气象，可见这是难得一见的高古稀有之砚。对明清文人砚的介绍则是从人文角度切入，因明清砚的一个时代特征是文人题铭镌刻，书画诗文合一，砚以铭贵，铭以砚传，如清林佶、余甸铭贡砚，清黄任铭洛神砚、清梁同书双铭祁阳砚等，都是流传有序的名砚。诚如古人所云："文士爱砚，有如美女爱镜，无一日不用之理。"对于纸的展示则着重于皇家宫廷用纸，如清乾隆明黄描金云龙纹宫纸，作者客观地介绍了其生产过程，从宣纸制成粉蜡笺到工艺高手用金汁描画等，其富丽堂皇不言自明，从而弘扬了我国纸文化。书画艺术以墨创作而留存，特别是古代制墨名家的墨，集实用和工艺为一体，备受藏家青睐。作者所藏均为古代名墨，如清靳治荆墨，从清康熙至清末，尽存四笏，作者一是出示了该墨独特而名贵的配方，二是介绍了仅存四笏之墨的传藏，尽显此墨之珍。

《文玩赏读》以文房四宝为大宗外，还介绍了汉魏古印、晋唐铜镜、明清鎏金佛像、历代玉璧玉器、明清剔红工艺、晋唐宋元明清古瓷、明清流派印章等流传有序的文玩。展读一幅幅精美的图片，就是进行一次次美的巡礼。作者所收藏的这些文玩，是历代能工巧匠所为，有幸纳入乃是文缘艺缘。有趣有意义的是，《文玩赏读》的成书出版，乃为见证韩公子的姻缘。在韩回之喜结良缘前，韩天衡希望其子能著书作为纪念，于是父子合作，写成此书。该书出版后，参加韩回之新婚喜宴的来宾人手一册，以作良缘嘉礼。

7月，韩天衡的《荷花图》巨幛在上海敬华拍卖行拍卖出203.5万元，显示了在竞争激烈的书画市场中，韩画的强势走向与推崇效应。韩天衡是一个敏锐而明觉的人，他感到拍卖中的利弊诸因，况且有关他的作品赝品多多，从绘画、书法到篆刻均有。此后，他再也不向拍卖行提供作品了，从而在这纷繁婆娑的世界里，奉志守道、真如本性。这一年的9月，在日本名古屋市举办世博会国际书道展，韩天衡任中国书法代表团团长出席开幕式，和日本书道界新老朋友进行艺术交流。

2006年元月，中国电信推出韩天衡的生肖篆印磁卡一张，是年生肖为

"狗"。从该年起，中国电信每年元月都会推出一方韩天衡刻的生肖印卡，以作贺年。2月，上海画报社出版《韩天衡鸟虫甾印》。4月，《中国画报》英文版用整四版专题介绍韩天衡的书画印作品。同月，韩天衡应日本冲绳石垣岛碑刻博物馆之邀，赴冲绳访问并游览。韩天衡对古琉球王宫留下了特别深刻的印象。那郁郁葱葱的林木相拥着迤逦起伏的城墙，垛口的碉楼显得十分古朴，似凝聚着往昔的沧桑流岚。城墙根下长满了奇崛的铁树，更是为这王都平添了几分峥嵘之气。沿着山坡前行，抬头便见一座气宇轩昂的双层屋檐牌坊，红柱黑瓦间的牌匾以端庄的正书题以"守礼之邦"。该牌坊为中国皇帝册封琉球国王时所赐，该门早在1933年就被日本政府指定为国宝。从御门进入瑞泉门，门旁有一名为"龙樋"的清泉，是专供王宫的用水，边立"中山第一甘露"石碑，另外还有七八块题刻有"中山第一""云根石髓""阳谷灵源""源远流长""飞泉漱玉""灵脉流芬"等的石碑，笔墨典雅周正、文采斐然，均出自中国使臣之手笔，使韩天衡领略了浓郁的书香雅韵。

经下之御庭的奉神门后，只见一座金碧辉煌、宏伟富丽的王宫坐落在丽日晴空下，前是宽阔的御道。整个建筑具有鲜明的大唐风情，重脊歇山顶，两端是金龙衔梁，约六万片红瓦在阳光的映照下，如凝脂散霞般艳美。殿前的坡形屋檐装饰考究、工艺精湛，正中为一威武的龙首，下是浮雕瑞云金龙与宝珠火焰，并配以牡丹唐草的纹饰，这是典型的中国唐式古风。琉球王宫共分三层，为了保护建筑及减少噪音，每个参观者须脱鞋穿袜而入。第一层正中高起的基座为国王的御座，御座上方持有一块大金匾，楷书"中山世土"，乃为清康熙帝所赐。韩天衡感到，在那遒劲丰逸的笔画中，似弥散出沧桑遗绪。早在1372年，琉球便开始和中国发生贸易关系，此后便受中国皇帝的册封。而琉球王宫建于13世纪末14世纪初，直至19世纪日本明治维新后，琉球才成为日本的一个县。因此，在琉球的历史上，华夏文化对其影响是相当深厚的。

5月20日，"百乐雅集——韩天衡师生书画印第二届展"在苏州图书馆举办，场面热烈。韩门弟子云集姑苏，使这座千年古城弥漫着金石书画之风。走过千山万水，故乡情谊始终难忘。作为苏州人，韩天衡此次带队来此办展，是向父老乡亲们作一次艺术汇报，也是对乡愁的慰藉。

为进一步推动篆刻艺术的整体发展，也为提升篆刻的创作及学术研究水平，由文化部中国艺术研究院创办的中国篆刻艺术院于6月16日召开了成立大会，韩天衡被任命为首任院长，北京多家媒体对此作了宣传报道。在中国艺术发展史上，以往只有画院、书院，从没有篆刻院。此次中国篆刻艺术院的成立，标志着国家级篆刻院的诞生，从而为中国篆刻艺术的振兴与发展作了组织上的保证及专业上的奠基。

图18-1　2006年6月，韩天衡在中国篆刻艺术研究院成立大会上致辞

西泠印社作为中国印学的最高学府，随着海内外篆刻热的兴起，已开始面向国际举办展览，并开展学术交流。7月14日，作为西泠印社副社长，韩天衡率团参加在马来西亚吉隆坡举办的"西泠印社社员作品展"，应邀在展览期间的7月17日作了题为"中国的书画鉴定"演讲。那一天台下坐满了听众，马来西亚华人艺术家刘创新主持讲座，向听众介绍了韩天衡的人生经历及艺术成就。有位10年前曾听过韩天衡讲座的听众说："现在艺术品大涨，都被你当年预测到了。"是的，韩天衡在开场白中说："十年前，我在马来西亚办展，在这里也作过一个讲座，可见马来西亚也是很受华夏文化影响的。当时我就讲，随着中国的改革开放，富起来的中国人一定会关注书画，当时

中国有10多亿人口，现在是13亿了，如果按2%的书画爱好收藏者来讲，那么现在是2000多万爱好者，这还是一个极保守的数字。一个书画篆刻家，一生创作书法最多5万多件、绘画3万多件、篆刻1万多件，论数量相当有限，怎么能满足这么多人的需要？另一方面，书画价格猛涨，20世纪60年代吴昌硕的一副对联是4元，90年代初是4万—5万元，而现在是10万元，一下涨了2.5万倍。于是，书画造假就成了一种趋势。"经过分析，韩天衡得出真正的好艺术品的价格一定会上涨，未来一定会有更高的艺术与经济价值的结论。韩天衡在分析了一些社会成因后，还就书画鉴定的具体问题作了介绍："现在的书画造假，随着科学技术的发达、电脑的运用，真是到了以假乱真的地步。但假的总还是假的，总会露出马脚。怎样识破？关键是看笔墨。中国书画的关键是线条，要表现你的笔力、功力、修养，是很难很难的。前不久，我的一个朋友叫我去看据说是我的两张四尺整张荷花，从构图到色彩、印章，真是看不出一点问题，但仔细看线条，就不对了——很虚，浮滑，没有风韵、气势与力度。因为造假的人可用幻灯片投影在纸上，请高手摹画，印章用电脑制版，所以几乎能以假乱真，但笔下的线条是过不了关的。"韩天衡的演讲语言生动风趣，还不时出示图片。全场听众听得聚精会神，掌声不断。

8月5日，一年一度、规模盛大的上海书展开幕，韩天衡在书展上签售了新出的《砚印赏读》《改瑕归正》《点击篆刻》三本书及《文玩赏读》的增补本，签售数量甚多，并作了一个多小时的演讲。

自2006年10月以后，长期困扰韩天衡的腰椎间盘突出症更加严重了，时常疼痛难熬。无论是药物还是理疗，均没有什么大的效果，而且病痛已影响到了走路，韩天衡只得用上了手杖。2007年3月，经友人介绍，韩天衡赴天津治疗，用了美国最新技术"射波刀"，术后观察三月，仍不见症状好转。此时，经CT检查，发现腰椎中有瘤，究竟是纤维瘤还是其他性质的瘤，要待进一步检查。由于此瘤压迫神经，使韩天衡的腰部难以立直，夜间不能平卧，终日疼痛难熬。晚上睡觉时，他只能让太太把自己绑在躺椅上，然后过一小时站起来走 10 分钟，让腰椎间的积水流下去，否则会疼得令人无法忍受。5 月，他在苏州办"百乐雅集"展览时，正值腰椎盘病发作期。住在苏州的老姐，大清早就来看他，却被眼前的一幕吓呆了——韩天衡被弯曲地绑在躺椅上，轻轻地呻吟着，像在上刑。"天衡呀，你怎么啦？"老姐惊慌而不解地问道，声音也有些发抖。此时，韩天衡的夫人应丽华一边上前为韩天衡解开绳索，一边诉说病情原委。而这时的韩天衡则咬着牙，忍着彻骨的疼痛慢慢地做着肢体恢复。只见他每做一个哪怕是小小的动作，都要屏住气，为此脸色苍白，额头上痛得渗出了豆大的冷汗。老姐也赶紧上前帮着扶住他，老姐明显感到弟弟痛得全身在颤栗。"天衡呀，不是老姐亲眼看到，真想不到你这样受罪。"老姐说到此，停顿了一下，接着又加重语气道："弟弟呀，不是老姐说你，你都病成了这样，怎么还来开展览！你真是不要命了！"姐弟情深呵，老姐边说边流下了眼泪。就是在这种情况下，韩天衡依然不屈不挠地与病魔相抗争，小字不能写，就写大字，精工的画不能画，就画泼墨泼彩大写意。尤其是坐下刻印时，过一会儿就得站起来走几步，然后咬咬牙再操刀奏石。太太在一旁看着很心疼，劝他不要再弄书画篆刻了，他笑了笑，答道："我不能因病废艺呀！"

最后经上海华山医院专家会诊，决定做开刀切除手术，但风险很大，因为是腰椎神经，搞不好就是全身瘫痪。而此时，社会上也开始风传"韩天衡生了恶毛病"。面对疾病折磨和社会压力，韩天衡决定接受手术。此时的韩天衡已六十又七，承受了人生的巨大考验，其心理感受是可想而知的。但韩天衡显得相当坦然，他在手术前作了一些必要的艺术准备及人事安排，并约请笔者于 7 月 15 日下午到他家相晤访谈。面对录像、录音设备，韩天衡详细回顾了与陆俨少先生关于借画风波的前后经过，并出示了所有的资料及陆先生亲笔所书四封信件。在近三个小时的谈话中，韩天衡语气平静、条理清晰。临别时，他握着笔者的手说："此次访谈，我并不想公诸报端，也不是对陆先生心存指责，只是因为陆先生就此事著文指责于我皆非事实，必须有一个文字的交待，尽管我已经忍辱负重，把不该由我来背的包袱背了 16

年，但将来总要还历史以真面目。这次访谈只是为你日后写我的传记作个准备。"后来笔者才知道，此时他正面临着生死的考验，此次访谈他是作为后事准备的。两天后他就住进了华山医院。

7月25日早上8时，韩天衡上了手术台，他的夫人应丽华、女儿韩因之、儿子韩回之等亲友、学生一起送他到手术室门口。手术室的门轻轻地关上了，亲友、学生的心却悬了起来。寂静的医院长廊内，弥散着一股酒精味，手术室内不时传来隐隐的刀械声，令人神经绷紧。时间在一小时一小时的煎熬中度过，窗外夕阳已西下，手术室的门依然紧闭着。下午4点半，历经8个半小时后，医生从韩天衡腰椎中取出了三个良性的神经纤维瘤，截掉了五节腰椎骨。手术后，韩天衡时有低烧，身体恢复很慢，每天需用抗生素，早晚各打点滴4小时。由于是大手术，刀口愈合时间较长，因而这段时间，为病所困的韩天衡颇为艰辛。在医生的精心治疗和夫人的日夜陪伴下，韩天衡的病情日见好转，低烧退了，伤口愈合了。在住院72天后，韩天衡终于在9月27日回到了家中，而夫人也明显消瘦了许多。

在术后的病榻上，韩天衡依然没有停止工作。他为学生许雄志所著的《鉴印山房藏古玺印菁华》作了序文，为《吴昌硕篆刻砚铭精粹》一书撰写了两篇文章。吴昌硕的曾孙、上海吴昌硕纪念馆执行馆长吴越后在《病榻前的指导》中回忆道："我去华山医院探望，看到刚动完手术并静卧中的韩先生，本想拜访探望一下就走，不要影响先生休息，但令人感动的是，韩先生一看到我，不谈病情就轻声地问起篆刻集的编辑情况。经过复杂手术后的韩先生脸色苍白、身体虚弱。在倾听了我介绍编书的过程后，他赞扬了我们的团队，还鼓励我要认真到最后，对每位作者写的稿件都要仔细校对。同时又说待他稍康复后，一定会写好'名家赏析'的文章。当时我真是激动万分，韩先生经受手术'打击'，身体尚未复原，还是念念不忘支持我编撰《吴昌硕篆刻砚铭精粹》。看到韩先生因背部疼痛而苍白的脸色，我和他说只求写一方吴昌硕印章的内容即可，韩先生深情地讲：'你安排写的两方印章，我十分喜爱，真的有许多内容可写，特别是'美意延年'一方，影响到海内外.'听了韩先生一席话后，我十分激动，亲身体会到韩先生的认真、执着、热情。一周之后，我接到韩因之小姐的来电，告知韩先生的文章已写好，要我尽快去取。"

也就是在韩天衡动手术住院的7月，他所尊重的师长、一代艺术大师程十发先生辞世了，他内心很是悲痛。无奈自己困在病床上，只好让儿子韩回之参加了发老的大殓。韩天衡康复后，便由家人陪同去枫泾发老的墓上祭扫，点香献花，虔诚地三鞠躬，哀思无限。从当年智改"投路室"为"豆庐"，从悄悄地赠送"黑画"《芭蕉金鸡》到担任发老的副手上海中国画院副院长，从共赴东瀛办展到同游宝岛台湾等，追念与发老40多年的交往，无论是师恩还是友情，天长地久，令人终身难忘。如潮的思绪，使韩天衡由此想到他所熟悉、崇尚的大师方介堪、谢稚柳、唐云、刘海粟、黄胄、李可染及如今的发老都相继远行了，而自己也年近七十，仰望艺苑天空，如何继续使其星河灿烂，任重道远。他深深地感到从艺者的真正使命，是与金石书画相融，这期间需要人生的历练、岁月的打磨、时光的陶冶。

韩天衡终于战胜了病魔，又能从事他所为之终生奋斗的艺事了。11月下旬，他赴杭州西泠印社参加第二届印石评展，并任主任。12月下旬，韩天衡赴北京，为中国篆刻艺术院研究生班上第一课，讲稿发表于《中国书法》杂志。

自第一届"百乐雅集——韩天衡师生书画印作品展"举办后，韩天衡就在考虑有必要建立一个常设性的艺术交流辅导平台。这样不仅可以扩大教学范围，而且可以提升辅导质量。一直局限在自己的家中带学生，实在是捉襟见肘、难于施展。后在有关方面的支持下，2006年的1月，"天衡艺术沙龙"在上海余姚路6号开馆。每周四晚上7—9点，总有二三十位韩门弟子相聚在教室中，由韩天衡讲授一个专题，如春秋古玺、汉将军印、怎样配篆、如何用刀及某一流派印大家，然后学生们各自取出自己的篆刻作品请老师点评。以篆刻为主，也有学生请老师指点书法、绘画。笔者也应邀参加过一次。那天晚上，秋雨淅沥，但学生们依然到了近30位，有的还是从外地赶

图18-2　韩天衡点评学生作品

来的。师生们济济一堂，氛围相当温馨融洽且生动活泼。时间虽然早已过了9点，但不少同学仍围着老师不断地提问题或出示作品以求指点，而韩天衡则不知疲倦地一一详细解答。

2008年1月19日，韩天衡赴北京为江泽民篆刻"江泽民藏书"及"事非经过不知难"两印。这已是韩天衡第三次为他刻印了，第一次是1987年，第二次是2001年APEC（亚太经济合作组织）会议。

5月，韩天衡赴日本出席中国与日本篆刻家协会篆刻联展，并进行讲学。6月，西泠印社借韩天衡所藏古今芙蓉石参展，出版《豆庐赏石》一书。此外，《韩天衡印谱》由上海人民出版社出版，《韩天衡行书唐宋诗》由东方出版中心出版。近年来，韩天衡将较多精力与时间放在出版个人的书画印集、理论、收藏书籍及弘扬海派书画印方面，力求让祖国的传统文化薪火相传、长久流传。

随着韩天衡国画在海内外拍卖市场广受青睐，价格不断上升，造韩天衡假画的事例不断出现，这不仅对韩天衡的信誉造成了损害，而且严重侵犯了买画人的利益。不少朋友都来找韩天衡，说是买了他的假画。后经追查，终于发现最大的韩天衡国画造假者竟是那个裱画师。每次有人送韩天衡的画去

图18-3　"事非经过不知难"印（附边款）

装裱，他就照此复制出售。为了维护知识产权，韩天衡掌握了充分的人证、物证后报案。数月后，此韩画作伪者被公安机关从北京带回上海处置。

这些年，"国学热"兴起，颇有振兴中华文脉、艺绪之势，韩天衡应北京大学国学社邀请，赴京讲学。2008年7月30日，"金石永寿——中国篆刻艺术院首届篆刻展"在国家大剧院开幕。这是中国篆刻研究院举办的首届展览，韩天衡领衔，集中了当代篆刻界的名家精英，实力雄厚、阵容壮观、精彩纷呈，凸显了中国当代篆刻的整体水平、风格打造和审美取向。这个展览的展期贯穿北京奥运

会，直至8月底结束。8月8日，奥运会开幕式正式举行，常务副院长骆芃芃告诉已回上海的韩天衡，奥运期间，各国领导人都要来参观，请韩天衡刻一方大印——"同一个世界"，并指定作其擅长的鸟虫书印。那天下午，他的夫人就买回一个10厘米见方的大石章。韩天衡认真设计、构思了印稿后，从正午时站着刻，忍着腰酸背痛，一直到晚上11时才结束。因为要赶在开幕式前印书、印织成地毯，所以必须第二天一早就送北京。尽管感到很累，但能为奥运增光添彩，韩天衡觉得值得。

9月，韩天衡被聘为中国社会科学院研究生院教授。

第十九章　那劈头盖脸的批评，使他入地无门

　　戈湘岚的画斋内弥漫着墨香、书香，四壁挂着名家字画。当戈先生将韩天衡的印稿放在那张老红木的画案上后，看了一会儿，脸上的笑容收敛起来，一脸怒气地抬起头，瞪大了眼睛，火冒三丈地讲："刻的什么东西！看你年纪轻轻的，行刀这么野，这么张狂！"

味外心绪

搞艺术，一辈子就是在批评里生存。批评是有褒有贬的，表扬是糖，批评是药，糖可以少吃、不吃，有"病"之躯，药是不能不吃的。用淡定宽容、感恩的心态对待批评，艺术才会进步，才会更上一层楼。重视批评者是明白人，抵触批评者是呆子，能经常自省者是高人。

——韩天衡《豆庐独白》

2009年4月22日，韩天衡赴北京出席中国篆刻研究院首届研究生毕业典礼暨师生书画印展。回上海后，韩天衡于5月1日作为上海吴昌硕艺术研究会的会长，率团赴温州博物馆举办"纪念吴昌硕诞辰165周年——海上风金石书画展"。观众十分踊跃，开幕一天，参观者逾万。下午，他在博物馆作关于海派书画创作的演讲。又一次漫步在美丽的瓯江岸边，韩天衡似乎在寻觅当年的屐痕。他难忘的军旅生涯就从这里开始，青春时代的艺术理想也从这里起飞，而今他年近七十，依然憧憬着远方的无限风光。

6月25日，35年前刻赠陆俨少先生的20方印，出现于西泠印社拍卖会，全数被高价拍走，其中的鸟虫印有每字拍卖价超过5万元者。《中国书画》杂志第5期将韩天衡提名为"中国当下最值得市场关注的十位篆刻家"之首，从而标志着篆刻这门古老的艺术在当代焕发活力，受到社会的关注与大众的喜爱。

这一年的6月，《书法报》艺术博览版转发了韩天衡1994年撰写的《感恩批评》一文，一石激起千层浪，不仅在书画篆刻界，更在整个文化艺术界引起很大的反响。长期以来，文艺批评的疲软失语，既缺乏社会信誉度，又没有艺术公信力，已成为一种令人相当关注而又相当无奈的文化现象。正因文艺批评的缺席，文艺批评作为一种审美职能、文化关怀、精神守望的作用也缺位。出于利益的驱使和"红包"的作用、"饭圈"的左右，文艺批评者可以胡吹乱捧、过誉赞美。一旦有不同的批评声音出现，就马上指责，控评控场，甚至闹上法庭、对簿公堂。这些都不同程度地败坏了文化艺术的生态环境。正是在这种社会背景下，艺术工作者都要有自省、自责、严于律己的正常心态，要廓清文艺领域不良风气，遏制审美的畸形倾向。为此，韩天衡旗帜鲜明地公开提出了"感恩批评"，在当时被称为"天衡之声"。

韩天衡在《感恩批评》的开头就明确表示:"仔细地想想,学艺术的从不懂到懂,从不会到会,从会到精,这一漫长而无穷尽的过程,即是一个表扬与批评永远交替施教的过程。除了神仙,谁的长进都少不了乃至离不开表扬与批评。表扬与批评,对于习艺者来说,似日月水火缺一不可。只听表扬褒奖的话,人会漂浮,滋生傲恣;只听批评,人易萎顿,丧失自信。我从实践中体味到,表扬是糖,批评是药,兼而听之,听而践行之,则会大有长进。诚然,批评有着表扬不具的功效。学艺有点进步,没有表扬也无妨,而有着缺点,没有批评,缺点就见不着,改不掉。所以'药'比'糖'对虔诚的学人来说更紧要,不可少。人要是去掉浮躁心,就会发现一个逆耳厉色而利于用的批评,远胜过一打甜甜蜜蜜的捧场话。郑板桥是个精灵,他的'隔靴搔痒赞何益,入木三分骂亦精'是肺腑之言。"

韩天衡具有睿智的思想、哲理的思辨及精妙的话语能力,如他说"传统万岁,出新只是万岁加一岁"。他把艺术家的早熟称为"春花烂漫",晚成称为"秋花璀璨"。同样,他把批评称之为"药",表扬称之为"糖",也是相当生动形象的。他对笔者说:我的艺术有小成,三成是表扬得来的,七成却得益于批评。为此,他年轻时就自撰了一副对联告诫自己——"夹着尾巴做人,放开胆子攻艺"。他还曾颇有体会地说:"我的父亲熟悉中医,我小时候生病都是喝极苦的中药。父亲总在一边说,药固然是苦的,但良药苦口利于病,金玉良言利于行。"因此,通过吃药可以治病去疾、祛邪扶正,从而不断前进。孟子曾说"闻过则喜",要真正达到这种圣人之境,可能有些难。但韩天衡说,他自己至少可以做到"闻过则改"。俗话说"不挨骂长不大",韩天衡坦率地讲,自己就是在骂声中成长的。

对于批评,韩天衡可谓久经沙场,有着很强的抗击打能力。他还在少年时代就遭受过也许是世界上最残酷、最毒辣、最猛烈的批评。那时他只有15岁,书法、篆刻已小有名气,自我感觉良好,用上海话讲就是有点"神兜兜"(很得意)。他的同学有位亲戚是上海颇有名气的书画家戈湘岚,于是他便求同学带他上门请教。他至今清晰地记得那一幕：画斋内弥漫着墨香、书香，四壁挂着名家字画。当戈先生将韩天衡的字和印放在那张老红木的画案上后，看了一会儿，脸上的笑容收敛起来，一脸怒气地抬起头，瞪大了眼睛，火冒三丈地讲："刻的什么东西！看你年纪轻轻的，行刀这么野，这么张狂！"韩天衡站在那里一下子如五雷轰顶，直觉脸上火辣辣的，被骂晕了。这顿劈头盖脸的批评，真使他入地无门。

回家后，韩天衡仔细想想老先生是位大家，和他这个小后生前世无冤、今世无仇，这样发狠地批评他，一定是有道理的。自己也许是真的太狂野、太任性了。于是，他重返秦汉传统，学习流派名家，埋头苦练半年多后，再次来到老先生家，将字和印作小心翼翼地放在老先生的画案上，随后肃立一边，等着挨骂。谁知道，看着看着，老先生脸上洋溢起赞许的笑容，还脱下眼镜将印作贴着脸看，然后频频点头："刻得好的，线条工整，用刀稳健，章法也疏密中见变化。"一番称赞过后，戈先生似乎把半年多前那触及灵魂的严厉批评忘到九霄云外了，还正式请这位面前的少年为他刻一方印，用于自己的画作之上。一位大名家用自己的印，是对韩天衡最大的褒奖。那一刻，韩天衡心里乐开了花。这使他第一次真正领悟到批评的正能量与不可低估的作用。

40多年后，戈先生的哲嗣戈宝栋请韩天衡为《戈湘岚画集》作序，韩天衡欣然撰写了《一位不可忘怀的大画家》。他在开头就写道："我以为先生大到对于时代，小到对于我个人都是一位值得纪念、不可忘却的大画家。"在该文的结尾，他又感怀道："作为晚辈，我在孩提时代就有幸拜谒过这位长者，当时不知天高地厚的我，写一手放浪形骸的书法和刻一手信手雌黄的印章，出示于湘岚先生。他是第一个给我严厉批评的长辈，其语重心长的教诲，使我一辈子受益无穷。湘岚先生又是名家中第一个赞赏我，并令我为他治印的长辈，这使我对于治艺信心倍增，曾受其恩泽的我不可能忘记他。"真是往事并不如烟。"我自此懂得了批评的妙处、好处，'药'有时比'糖'还甜。身陷混沌中的学子，没有及时且正确的批评来关怀你，那才是一种最不堪的损失和悲哀啊!"

　　的确,在韩天衡与老先生们的接触中,像戈湘岚这样严厉批评他的是绝无仅有的,老先生们大都是儒雅委婉而君子说道式的。如当年韩天衡第一次去见方去疾先生时,方先生的那句"你可以变啦",就是肯定中的批评,即认为韩天衡的传统功底已较为扎实,不应再一味沉湎于秦汉或明清,而是要另辟蹊径、变法创新;唐云对其书法的批评是"太实",即过分追求线条的技法完满、周到,应该要生动空灵些,增强气韵与意境;谢稚柳对其绘画的批评是要突出一个"文"字,即要有书卷气,达到文心雕龙的境界。为此,韩天衡深有感触地讲:"在学艺过程中,我把批评指教过我的长者归纳为两类:严父型、慈母型。若戈湘岚、谢稚柳、刘海粟、陆维钊诸公属前者,方介堪、李可染、王个簃、沙孟海、陆俨少、程十发诸公属后者。后者送你的'药'总是周全地包上糖衣的,不苦不涩,和风细雨,令人如坐春风、如沐皎月。不过,对这类的批评,需要沉静仔细去品味、去捕捉。若是尝到点甜味就得意,将会把裹于其间的中肯批评给忽略掉、丢失掉,粗心地把'药'当'糖'来消受,是损失莫大的。"

　　"言者无罪,闻者足戒",是我们对待批评的人文传统,但现在此传统似乎已渐行渐远。唯其如此,更值得弘扬。韩天衡认为:"批评者总是站在某一角度,从某种审美上看出问题,指点迷津。不能求全于批评者,而当苛求于自身。倘能虚心而全面地去综合剖析批评,清醒地消化批评、汰沙取金,必会受用无穷。当然,听不进批评,不会有大进步,不正确消化批评,同样不会有进步。"

　　文艺批评是一门科学,诚如诗人普希金所言:"批评是揭示文学艺术作品的美和缺点的科学。它是以充分理解艺术家或作家在自己作品中所遵循的规则、深刻研究典范的作用和积极观察当代突出的现象为基础的。"这里既要有"充分理解""遵循规则",又要"深刻研究""积极观察",才能抓住"突出现象",这实际上也是文艺批评科学的逻辑过程。但是在现实中,能遵循这个过程进行文艺批评的并不多。有的以偏概全,有的混淆事实,有的过激过火，有的观点混乱等。为此，韩天衡认为对待批评要有胸襟与肚量，要善于以一当十、沙里淘金。他在《感恩批评》中特别指出："批评，不免有欠公正、多误会，用意气乃至更甚者。这也是寻常的事。我的态度是不计较，不上心。从万能的辩证法角度讲，批评中总有于己有补的东西。要心平气和地对待，不做无谓的争辩，不做刻意的解释，不做以牙还牙的对抗。我总固执地认为，艺术是一种文化，是一种修炼，是一片净土，不是武术，不是战场。"

也就是在这之前不久，韩天衡收到一位蔡姓男子打印的一篇1万多字的评论文章，文内以相当诚恳的语气说："我现在对你的篆刻认识了，你的取法、你的创新及你的探索，有着深刻的艺术思考及独特的风格展示，我以前对你的批评是极其片面的，对你的否定也是相当错误的。"原来在20世纪90年代中期，正是他撰写了一篇评论文章，把韩天衡的篆刻批评得一无是处，极尽贬斥之意，语气也极为不恭。韩天衡看了此文后并没有生气，认为他是有思考与探索精神的，只是认知还幼稚，思想还片面，观点还过激，于是便不与他计较。想不到现在却收到他的道歉长文，可见此人还是可爱的。于是韩天衡马上提笔回信说：你的批评促使我警觉，从这个意义上还是有价值的。因此你不必道歉。对于批评，我的态度历来是不记仇、不反驳、不辩解，但不等于不反省、不吸收有益的成分。批评是一面镜子，可以正己衣冠，批评也是一个艺术家去探索奋斗的原动力，促使自己永不自我满足、自我陶醉。

还有一件事，2007年《书法报》的编辑陈行建来电相告韩天衡：《书法报》近日收到了一篇批评文章，题目是《韩天衡篆刻有习气》，想听听他的意见，此文是否要发。另外，如发表后，可否组织学生写一篇反驳文章，以期争鸣等。韩天衡随即告知："艺术本是要允许大家发表不同意见的，任何人都有批评他人的权利，对于批评，我是举双手欢迎的，文章可以发。"同时，韩天衡认为去组织学生写反驳文章不妥。不久，编辑部刊发了《韩天衡篆刻无习气》的自发来稿，文中提出了与前文相反的观点。看到刊发的代表两种不同意见的争鸣文章后，韩天衡与报纸的编辑交流了自己的看法。他认为，这两篇文章均没有说到问题的根本要害，都有偏颇。"习气"本来是风格的一个有机组成部分，之所以历来没有十全十美的艺术，就在于习气是风格的一部分。习气与风格宛若如影随形、不可分割。当然，"习气"不可低俗、不可怪野、不可乖戾、不可娇艳，要清纯、高雅、有气质、有高度，要在保持品格的基调上常变常新。因此，批评是好事，它可促进你去反思自醒，具有极好的警示作用。正因如此，韩天衡在《感恩批评》一文的最后表露心迹："没有批评，就没有艺术。批评是一束智慧，批评是一份爱心，批评是一片祖露的真诚，批评是一腔恨铁不成钢的期待与厚望。批评，始终是攻艺者强身之本。批评滋补着我，批评健壮了我。人非石木，岂能忘情，因此我深深地感恩批评。"

正值"映日荷花别样红"的时节，由韩天衡主笔的《篆刻三百品》（张炜羽、张铭、顾工、李志坚参与编著）、《韩天衡书历代松、竹、梅诗》由上海书画出版社出版。8月15日，韩天衡在2009年上海书展现场签名售书《篆刻三百品》，近两个小时签售了1300余本，位列当日图书销售艺术类排行榜第一。韩天衡在该书的前言中曾说："作为主笔，我并不习惯这些年时兴的'老师挂名、学生打工'的统编书模式，我不能倚老卖老地放弃这次获得再教育的良机，舍弃与同学妙印共赏、异义共析的乐趣，所以从厘定印章、解析内理、审定文稿，我们五人都共同参与、精诚合作。此间，前后作了不下20个小时讨论、评议。"在初稿出来后，他费了很大的功夫一篇篇地推敲改稿，使这本书成为不断再版的畅销书。《篆刻三百品》效法《唐诗三百首》，从3000多部历代印谱中的数十万方印章中精心遴选出最具代表性的各个时代的印章300方，并从印风演进、文化背景、创作技法、审美理念、个人追求方面作简要精当的评述，从而使篆刻这一古老的传统艺术在当代艺苑中焕发光彩。韩天衡在书展现场看到不仅有白发老翁，更多的是莘莘学子排着长队静候其签名，不觉感到无限欣慰。有位读者说，自己买了三本，一本放在单位，一本放在家里，一本放在包里，可以随时阅读。

图19-1 《篆刻三百品》作者合影（右二为韩天衡）

作为一位事业型、学术型、思想型的艺术家，韩天衡并不满足自己书画篆刻的创作、研究、展示，而是以宏观的历史视野、深入的学术研究及独到的理论觉悟，关注当代书画篆刻的谱系传承与流派发展。这一年的金秋十月，他在漳州举办了"海上墨缘——师辈书画集藏暨韩天衡作品展览"，一个月后，他又移师温州博物馆举办"海上风金石书画展览"，并同时举办了"海派书画印"学术讲座。

以上两场展览的举办，展示了韩天衡对海派书画篆刻的历史思考、探讨、情怀及当代关注，体现了他的使命感与责任感。海派书画篆刻滥觞于1843年上海开埠，崛起于清末民初，在中国近代艺术史上占有重要的承前启后的地位。海派书画篆刻的兴起，标志着中国古典艺术流派的终结、近现代艺术流派的开端。诚如米奈在著名的《艺术史的历史》中所陈述："什么是艺术史？它从哪里来？它的背景是怎样的思想、制度和实践所写成的？"正是在社会转型、时代变革、东西交融、经济发展、观念开放等综合因素作用下，海派书画篆刻才应运而生。因此，海派作为一个特定的区域概念与流派冠名，其与旧时传统的流派相比，其本质的区别是：海派书画篆刻不局限于一家一派，不囿于一门一户，不恪守于一招一式。其根本的考量是：海派书画篆刻的流派成员是移民性的，风格取向是包容性的，笔墨形态是多元性的，创作观念是多维性的，生存方式是市场性的，等等。作为一种群体现象与流派构成，以赵之谦、任伯年、吴昌硕、康有为、沈曾植、曾熙、李瑞清、赵叔孺、吴湖帆、刘海粟、张大千、徐悲鸿、潘天寿、王福厂、冯超然、唐云、谢稚柳、王个簃、钱瘦铁、马公愚、沈尹默、丰子恺、陆俨少、程十发、来楚生、朱复戡、陈巨来等为代表的海派书画篆刻家群体，以精湛的造诣、开放的理念、变通的精神、独特的风格，展示了海派书画篆刻艺术的辉煌成就和巨大影响，大师辈出、精英荟萃，也为日后培育了一支卓越的海派书画篆刻艺术团队，支撑起了中国艺术百年的绚丽时空。因此，潘天寿先生在1926年出版的《中国绘画史》中，从艺术创作、海派形成及风格建树上对海派作了高度的推崇和准确的评价："会稽赵㧑叔之谦，以金石书画之趣，作花卉，宏肆古丽，开前海派之先河，已属特起，一时学者宗之……光宣间，安吉吴缶庐昌硕，四十以后学画，初师㧑叔、伯年，参以青藤、八大，以金石篆籀之学出之，雄肆朴茂，不守墨绳，为后海派领袖。"

韩天衡清醒地意识到，他是站在海派前贤大师的肩膀上传承、高扬海派艺术大旗的。他也深感有幸，他与海派书画篆刻艺术最后一批大师级的人物大都有过接触交往，有的还是他的老师，如方介堪、刘海粟、谢稚柳、陆俨少、唐云、程十发、朱屺瞻、王个簃、来楚生、陈佩秋、刘旦宅、张大壮等。他无论是在从艺起步之初、艰难探索之中，还是在开拓创新之间，都深受泽惠。因此，他的思想方法、精神取向、审美理念、创作形态、风格打造乃至刀笔情趣、丹青泼彩、翰墨挥洒，都与海派血脉相袭、谱系相传。正是在弘扬策展海派艺术、学术研究海派群体、探讨开掘海派历史等的过程中，韩天衡也无疑成为当代海派的代表性人物。

第二十章　刘洪洋告诫自己：
进了韩门要珍惜

　　韩天衡在培养弟子上是有教无类且全身心投入的。同时，他还是一位相当爱才、惜才、助才之人。韩天衡与施大畏不熟，是后者的一位朋友向韩天衡作了推荐。在看了施大畏的画作后，韩天衡觉得施大畏是有功力、有造诣、有个人追求的，人才难得呀，于是，他建议施大畏带着画作和他一起到程十发院长家中拜访。

老大努力

人的一生是短暂的，可是比起一生中能产生的创造性灵感，就又显得无限大而苍白的漫长了。多多地去开挖并激发出新的灵感，并使之开花结果，那人生就会由一般意义上的短暂而质变为永恒与绚烂。

　　　　　　　　　　　——韩天衡《豆庐独白》

2010年1月，在上海市书法家协会第六届理事会上，韩天衡被聘为上海市书法家协会首席顾问，应邀为当年10月举办的上海世博会《万国印谱》领衔篆刻"中国（龙肖形印）""美国"印章两方，这也是篆刻艺术国际化的精彩亮相。

此时的韩天衡已到了"七十而从心所欲，不逾矩"的年龄，其人生已到了功成名就、事业辉煌的阶段。韩天衡成名甚早，艺冠三绝，著作等身，桃李天下，收藏宏富，而且是一位富有家国情怀、社会责任与使命担当的艺术家，在海内外策划、参加了大量的艺事活动与展览讲学。在当代艺苑，韩天衡是一位精研传统、变汇通融而又善于开拓、大胆创新的艺术家。他不仅在书法、绘画、篆刻上取得了全方位的突破、另辟蹊径，而且更难能可贵的是，他在艺术理论、学术著述上更是新作迭出、成就卓然。这使其成为海内外所关注、所推崇的"韩天衡现象"。在这一方面，韩天衡是荣幸的，他在关键的阶段、重要的时机得到了一位泰斗、一位巨擘的肯定与赞赏。书法篆刻大师沙孟海先生是有眼光与雅量的，他早在1975年就在印学界给予韩天衡高度的评价。而另一位艺术大师、中国现代美术教育的开拓者刘海粟先生也于这一年，在给陆俨少教授的信中称韩天衡"使小松再生，奚冈复作，当敛衽而避"。这绝不是一时的巧合，而是一种大师慧眼之共识、大师尊才之论。而今34年过去了，韩天衡在印学、画苑、书坛、理论、学术、著述、传授乃至收藏、讲学诸方面，均卓有建树、属望无穷。坦率地说，大师是可遇而不可求的。

从某种意义上讲，真正的从艺者，是使命亦是命运。在从艺的漫长旅途中，韩天衡经历了各种艰难坎坷与曲折困苦，但他始终坚守执着、不离不弃，用他赤诚的艺术理想拥抱这个时代。

"逝者如斯夫，不舍昼夜。"韩天衡已年届七十，无论是创作的成就、从艺的资历、学术的著述，他已足可称为大师，但他从不在意，也无暇去顾及。生命的真谛在于创造，精神的彼岸在于发现，创造着、发现着的人生，坦荡而精彩。

就在传记《金石书画铸春秋——韩天衡》正式出版前的 2009 年 11 月 29 日至 12 月 29 日，上海《新民晚报》作了为期一个月的连载，因而扩大了此书的社会影响。2010 年 1 月该书一经上市，很快就销售一空。

阳春三月，韩天衡所收藏的"三国·魏·关中侯印"金印刊于吉林美术出版社出版的《历代玺印·断代标准品图鉴》一书中。仲春四月，由《书谱》社成立 35 周年而向海内外 571 家专业机构署名问卷公布的调查中，韩天衡荣获"最受尊敬的篆刻家"及"三十五年来最杰出的篆刻家"称号，相应的书法界荣誉获得者为启功先生。从现代媒介学上来讲，专业署名问卷调查，是扩大乃至普及书法篆刻这类艺术社会影响及公众知晓的一种有效手段与公共宣传。

又到了五月鲜花开遍原野的时节，"百乐雅集——韩天衡师生第五届书画印作品展"在山东枣庄市博物馆举办，参展作品及活动信息刊发于《百乐雅集——韩天衡师生第五届书画印作品展特刊》中。可以说，设帐授徒、授艺育人是"韩天衡现象"的一个相当重要的组成部分，韩门弟子以"韩流滚滚"的形态遍布海内外，成为当代艺坛一道引人瞩目的景观。如果要对韩门弟子群进行阶段性划分，笔者把从 1968 年起入门，到参加 1993 年由浙江桐乡君匋艺术院举办的"韩天衡及韩门弟子书画篆刻展"为止的韩门弟子视为早期弟子，共 139 位。在韩天衡长期的精心施教下，在岁月的历练及艺术的践行中，这批弟子中已有不少人成为当代书画篆刻的名家、精英，形成了一个艺术高端群体，如孙慰祖、张伟生、黄教奇、王丹、黄连萍、蒋瑾琦、白廉、徐庆华、许雄志、朱晓东、张炜羽、张索、邵佩英、沈鼎雍等。从 1993 年起入门，到参加 2010 年 5 月在山东枣庄博物馆举办的"百乐雅集——韩天衡师生第五届书画印作品展"为止的是中期弟子，共有 72 位。这些弟子中，已崛起于当代书法篆刻界的有晋鸥、杨祖柏、刘洪洋、张公者、唐和臻、耿忠平等人。

晋鸥原师从钱君匋、刘江及陈舜今学习书画篆刻，他原先在桐乡君匋艺术院工作。20世纪80年代曾随韩天衡的第一位弟子童辰翊拜访过韩天衡。1992年，晋鸥负笈东渡日本，到东京艺术大学攻读硕士学位。1993年韩天衡到日本，晋鸥与王丹、马景春、刘新惠一起陪同韩天衡访问、游览富士山等。1999年韩天衡再次去日本，时值其六十岁生日，晋鸥也在此时正式拜入师门。晋鸥早期篆刻比较工稳，韩天衡认为不能一味求工，要有变化、稳中出奇，即从艺者要有思考及变法的设想。再者，晋鸥的书法缺乏气韵与气势，显得四平八稳，因此提升的方向是要有线条的奇崛感，稳中有险，使之具备一定的艺术冲击力。正是在韩天衡的启发指导下，勤奋而执着的晋鸥再返秦汉古印及流派经典，思考变法之道，使自己的印风焕然一新，从而崛起于日本篆刻界。韩天衡为晋鸥题诗云："攻艺如览胜，攀岩十八层。君看峰峦高，缘自湖谷深。"

晋鸥亦喜好收藏书画篆刻及文物古玩，韩天衡每次到日本，都在晋鸥的陪同下逛古玩店，或委托他代拍在日本举办的书画拍卖品，这对提升晋鸥在书画篆刻鉴赏、收藏方面的能力很有帮助。为加强中日之间书画篆刻艺术的交流，晋鸥还时常在日本策划艺术展览，并邀请韩天衡赴日举办讲座，社会反响良好。韩天衡称他为韩门弟子中的"三好学生"。所谓"三好"，一是学艺努力、善于思考好，二是增进中日艺术交流好，三是尊敬老师好。

与韩天衡同样有参军经历的杨祖柏，当年在武汉当兵时，就在书法篆刻上下了不少苦功钻研，1993年在全军第二届书法篆刻作品展上获优秀奖。他一直把篆刻界大名鼎鼎、引发"韩流滚滚"现象的韩天衡视为取法学习的旗帜性名家。1998年，他从武汉调到上海空军政治学院工作，终于有幸由第二军医大学的一位战友（亦是韩天衡的学生）引荐给韩天衡。两人有着相同的部队经历，杨祖柏又有军人的勤奋专注，韩天衡很是赏识，当即高兴地将他收入韩门。当时，韩天衡为了便于对弟子们的集中教学，每月15日晚上都会安排一次辅导课，杨祖柏风雨无阻，每次都参加。

杨祖柏先取法汉印，后又学黄牧父。韩天衡觉得他的这个方向是可以的，但关键是要加深理解汉印的精髓及黄牧父的治印特征，因此亲自为他演示如何用刀、如何转折，解释用刀对线条在气势、力度、厚度上的效果，而且特别提醒他章法的要点是虚与实、收与放的辩证法，并专门题了"知白守黑"四字送给他。杨祖柏说，韩老师对学生很亲切、平和、一视同仁，但对艺术创作的要求相当严格，不讲情面。因此，他每次参加韩门各种书法篆刻展的作品都要反复推敲，经韩老师指点后再修改。唯其如此，韩门弟子在各类书法篆刻展中不仅入展的多，得奖的也多。如杨祖柏就先后得过西泠印社首届国际艺术节中国印大展最高奖精品提名、上海市书法篆刻作品展优秀奖、西泠印社第六届篆刻艺术评展优秀奖等。杨祖柏从部队转业后到上海市嘉定区委宣传部工作，任副调研员，并担任上海市嘉定区文联秘书长，而韩天衡美术馆也恰好建在嘉定，这样他与韩老师的接触就更多了。每次他将自己的印作拿给韩老师请其指教时，韩老师都要求他深入传统、兼容新派，告诫他如此方有大成。

在韩门弟子群体中，天津的刘洪洋是颇有艺术追求、审美认知、创作能量与印学理念的。刘洪洋在篆刻上转益多师、多方取法。他最初师从于英发，后又分别拜孙家潭、傅家仪、孙伯祥为师，由于勤学好思、功底扎实、睿智开悟，他在20世纪90年代就异军突起于篆刻界。那时，他还专门参加了中国书协举办的篆刻培训班，讲课老师王镛、李刚田、崔志强，使他进一步拓宽了创作思路。他对篆刻印坛的旗帜性人物韩天衡一直很是仰慕，认为韩天衡在篆刻创作与印学研究上起到了推动历史车轮前行的作用；韩天衡对汉印，特别是满白文的研究和创作相当深入而精到，达到了时代的高度；在鸟虫印的创作上，韩天衡极大地丰富、拓展、提升了鸟虫印的表现形态与审美内蕴，由此达到"清、灵、奇、峻"的境界，无人能望其项背。因此，在20世纪90年代中期，他曾拿着孙伯祥老师的推荐信专程去上海拜访韩天衡，可惜因韩天衡家中无人，敲了半天门无人应答。

2002年夏天，天津举办艺术节，其间举办了全国中青年书法篆刻邀请展，刘洪洋和另一位天津书协的同仁赵彪是初评委，终评委邀请了韩天衡为评委会主任，评委有李刚田、崔志强。评审间隙，刘洪洋拿出自己在2000年由天津人民美术出版社出版的《刘洪洋篆刻选》，请韩天衡指教，韩天衡认真看了约半个小时，不无感叹地讲："想不到天津有这样一位把印刻得这么好的人，我竟然不知道。"中午吃饭时，韩天衡与天津书协的领导唐云来等是一桌，韩天衡问唐云来这次初评是谁评的，认为评得不错，把握基本是准确的。唐云来说是书协的两位评的。随即把另一桌的刘洪洋及赵彪叫了过来给韩天衡敬酒，刘洪洋早就有入韩门的夙愿，因此不失时机地提出想拜韩天衡为师。于是，在市文联、天津市书协领导的见证下，时年三十九岁的刘洪洋正式完成了拜师仪式。

拜师后，刘洪洋一直与韩天衡保持通信，并不时地和他约定通话时间，以便直接聆听老师的教导。记得有一次，刘洪洋参加全国第八届书法篆刻展时，寄了一批印稿给韩天衡，请他为其挑选，韩天衡从中挑出了四方，另外又挑出四方请刘洪洋自行从中再挑两方，并约定第二天晚上7点通电话商定。通话时，韩天衡极有针对性地说："你的印从秦汉及古玺中转化而出，约取变化，刀法丰富奇逸，线条古朴醇畅，但你的印在局部处理上还不够精到，如'车水马龙'一印中'马'的下面左边线条应断开，这样才不至于让评审误判。另外有些局部处理要考虑整体效果。同时，你的边款还要更用心，要刻得更有些构思。"这让刘洪洋多有启发，他感到韩老师对参展作品艺术质量的把关、对评委评审方法观念的理解是相当到位的。最后，韩天衡还特别提醒他："你不要满足于入展，而是要力争得奖！"经过修改、调整后，刘洪洋的篆刻果然在全国第八届书法篆刻展中问鼎全国奖。

在书法篆刻界，刘洪洋有"获奖专业户"之称，他先后荣获中国书法最高奖——兰亭奖、CCTV全国首届及第二届电视书法大赛金奖（篆刻）、第二届中国书法展"书法十杰"、全国第五届及国际第八届刻字艺术展全国奖、西泠印社第四届及第五届评展边款奖和优秀奖等。面对这些荣誉，刘洪洋想改变风格。当他把这个想法告诉韩天衡后，韩天衡相当明确地告诉他：你的这种风格获得了认可，因此才能不断得奖。但你这种风格还不完美，还需提高，所以不要轻言放弃而另辟蹊径。你这种风格至少还要坚持刻五年，要往厚重、古拙处走，要进一步开拓古玺空间。韩老师的这番话真如醍醐灌顶，使刘洪洋一下子明确了努力方向。他感叹：何谓师者，就是在关键时刻给你高瞻远瞩的点拨，给你方向性的引导与策略性的提示。他由此联想到，老师的风格也是在不断地完善、打造的，并没有结壳。因此，每次看老师的篆刻，他都有新鲜感，都能被打动。刘洪洋告诫自己进了韩门要珍惜。他对韩天衡的儿子韩回之说：你不要单纯地把韩天衡看作你的父亲，他是为中国艺术而生的，你保护了他就是保护了一代大师，而大师是可遇不可求的。

刘洪洋后来担任了中国书法家协会培训中心教授、工作室导师，在全国有不少学生。每次来上海授课，哪怕时间再紧，他也要去看望韩天衡，聆听教诲。韩天衡那种学高为师、身正为范、忠于教职、关爱弟子的精神，为他作出了表率。为此，刘洪洋在《先生——漫记恩师韩天衡》一文中写道："近来翻阅《先生》一书，得以走近'民国先生'蔡元培、胡适、张伯苓、梅贻琦、竺可桢、晏阳初、陶行知、梁漱溟、陈寅恪，感受百年中国沧桑变化和大师风采。览古思今，掩卷枯坐，思绪万千，千里之外的我感怀之际，不禁念及我中国艺术的一座高峰——天衡先生。想到先生的艺术之精湛、艺理之并重、收藏之丰富、对中华文化传承之功，匆匆记叙如下……先生以古稀之年，著述等身，可资检索者概八十九种，称誉于世者当属《历代印学论文选》。先生用功之勤，印学中人皆耳熟能详。从数以千计的古印临刻，到历代印学文论的爬梳剔抉，再到病印评改，遵循了从实践到认识再到实践的认识规律。先生篆刻以秦汉法为圭臬，心追手摹，参吴熙载之清奇，合吴俊卿之浑古，以汉碑额取势，草篆、鸟虫篆取形，披、削、冲、切，起承转合，凭借娴熟的技法驱刀优游于印面，其腕下古意的表现是鲜活的生命，这也是先生撷取和运用古代经典并赋予时代新意的艺术修为，爽爽风神之中寓雍容、富贵、高雅之华章，虽方寸之作亦具万千庙堂清穆之气，此之谓'韩派'。暗揣先生治印能具庄严气象，实与推陈出新、古为今用、化繁为简之艺术思想相契。"

韩天衡在培养弟子上是有教无类、全身心投入的。同时，他还是一位相当爱才、惜才、助才之人。而且他唯才是举，从不讲熟悉不熟悉、有没有特殊关系。20世纪80年代初，施大畏还在上海人民美术出版社任连环画创作室创作员，在国内获得了不少奖项。他很想进上海中国画院，托了画院的几位朋友，但一直没有解决。韩天衡与施大畏不熟，是后者的一位朋友向韩天衡作了推荐。韩天衡就说可否先将施大畏的画作拿来看看。在看了施大畏的画作后，韩天衡觉得他是有功力、有造诣、有个人追求的。尽管当时韩天衡是画院的副院长，但没有人事决定权。可人才难得呀，于是他建议施大畏带着画作和他一起到院长程十发先生家中拜访。

那天晚上下着大雨，他和施大畏各骑着一辆自行车来到当时程十发所住的延庆路。值得一提的是，韩天衡身为画院副院长，有事是可以坐公派小汽车的，但他出行从来都是骑自己的"老坦克"。有一次，启功先生从北京来上海，住在延安饭店，韩天衡骑自行车去拜访他。当时的饭店由部队守卫，警卫问他是谁，他告诉对方自己是韩天衡。警卫完全不相信，大名鼎鼎的韩天衡竟会骑着自行车出门，不允许他进。直到五十九岁，韩天衡还时常来回骑40分钟自行车上下班。

慧眼识才的程十发先生认真地看过施大畏的画后，也给予了好评。后来，施大畏终于在1986年进了画院。因此，施大畏曾讲，是韩天衡帮助他进了画院。

20世纪80年代初，上海书画出版社有位叫黄简的编辑，想加入上海书法家协会，但当时的审核是很严格的。在讨论新人入会时，韩天衡尽管与黄简并不认识，但读过他编的上下册《历代书法论文选》后，知道此人颇有学术造诣与理论功底。因此，韩天衡专门提出应该对搞学术、理论的人加以重视并引进书协，大家也表示同意。过了10多年后，韩天衡偶然在香港碰到黄简，黄简说："韩先生，我要请你吃饭。"韩天衡问："为什么这样客气？"

黄简有些激动地讲:"我当时加入上海书协,是你极力推荐的,当时你我并不相识,但你还是出于公心推荐了我。这些事都是后来朋友告诉我的,我内心一直相当感谢你!"

有一年,西泠印社讨论发展新社员,大家对提出来讨论的人员都不满意。于是社里提出,大家可以推荐各自认为有相当水平的人入社。韩天衡提出了一位自己当时并不认识的篆刻家,因为其刻的印韩天衡看过,具有古典传统、个人鲜明的风格。韩天衡提出后,经讨论评审,此人入了社。韩天衡从来没有向任何人提过此事,这人后来知道了情况,向韩天衡表示感谢。韩天衡回复他:"你是靠自己的实力进社的,不用谢我!"此人就是如今《中国书法》的主编朱培尔。有一次,韩天衡参加西泠印社的某奖项评选,评到最后要从五人中挑选三人,再从中评出一名一等奖,此人可有入社资格。评委会让韩天衡定夺,韩天衡与大家商量后,评定不认识而水平稍胜的蔡毅为一等奖。后来,蔡毅在篆刻上取得了突出成就。

从80年代末到90年代初、中期,韩天衡的儿子韩回之一直参加西泠印社篆刻评比,也得过两次优秀奖。有一次,个别评委把韩回之从优秀奖推到一等奖,这样就可以让他入社了。韩天衡看到后,又把自己儿子拉了下来。刘江知道后感叹道:"天衡呀,这可是你的儿子啊!"韩天衡则平静地说:"韩回之的水平还不够,还要再努力!否则对他、对我都不是好事。"后来韩回之知道情况后也没有说什么,但韩天衡的夫人知道了,有些责怪韩天衡,说:"别人家只有老子帮儿子,我们家倒是别人帮忙你拆台!"一直到10年后,韩回之的一篇论文得了一等奖,才靠自己的真本事入了社。而在那次评选中,韩天衡是全程回避的。

当然,对于那些真正有才华的人,韩天衡则举贤不避亲。如孙慰祖在篆刻创作、印学研究上都很努力,也有了成就,但长期待在里弄生产组里。后来他参加了上海博物馆的考试,韩天衡便向博物馆顾问、自己的老师谢稚柳先生专门作了推荐,谢先生也很赏识孙慰祖。孙慰祖进入博物馆后,致力于印学研究著述,后来成为了在全国有影响的印学专家。当时在里弄生产组或街道工厂的韩门弟子有10多人，韩天衡都想方设法把他们安排到了专业对口单位。为了培养艺术新生代，使传统的书画篆刻后继有人、薪火相传，韩天衡觉得自己有必要这样做。这种做法出于责任与使命，也体现了君子之风。韩天衡的这种唯才是举、唯艺为大的理念，反映了其人生大境界和从艺大追求。

以"城市，让生活更美好"为主题的"中国2010年上海世界博览会"，于当年5月1日至10月31日举行。这是在中国举办的首届世博会，因其规模为历届之最，获得了全世界的瞩目，那时上海一派锦绣辉煌、风光无限。上海世博会作为全球的盛会、世界的嘉年华，也为艺术家们提供了广阔的舞台。韩天衡篆刻的上海世博会主题语——"城市，让生活更美好"刊发于《上海世博会参展国（地区）政要金石印像》，他还是该书编委会成员，任艺术顾问。从2001年为APEC会议领导人刻名印到奏刀2010年上海世博会的主题印，韩天衡作为一名印人，以他卓越而高雅的篆刻艺术，为上海这座城市增添了亮丽而独特的艺术风采，也使古老的东方艺术在当今世界艺苑焕发出新的魅力。8月1日至31日，由韩天衡提供的24方古代印章、26方流派印章、1方巴林石九龙钮印、2方清初化石艾叶绿荷钮印章、1方清初昌化石艾叶绿龟钮印章、1对青田石狮对章和1方青田山炮绿印章，在上海世博文化中心荣誉参加"2010年上海世博会——中华艺术国家大师艺术珍品会展"，并获参展证书。

梧桐染金、枫叶含丹的10月，韩天衡的书法作品《蝶恋花·顾村吟》在上海世博会博物馆展出。他雄健豪放、奇崛洒脱的笔歌墨舞，使中外观众看到了一位中国艺术家的自豪之情。

年底，韩天衡历时两年、精心辑拓的自用印108方编成《韩天衡篆刻自留印谱》四册，总共20部。这是一部辑拓精致、装帧考究、品质上乘、数量稀少的原打印谱，因而具有很高的收藏价值。韩天衡以此辞别旧岁、迎接新年。

上海电视台艺术人文频道历时一年多拍摄而成的人文专题片《韩天衡》，

于2011年元月播出。该片较为全面地展示了韩天衡的艺术人生，让观众看到了他在艺术创作、理论研究、展览讲学、收藏品鉴、传授弟子等方面的成就，还零距离地让观众看到了他丹青挥洒、运毫走笔、奏刀刻印的场景。1月16日，韩天衡被聘为香港书谱学院篆刻院教授兼院长。该学院由香港著名文化人、书法家梁披云的高足张培元创办，以诗、书、画、琴、棋、金石六艺设教，确立了"人间净土，学术殿堂"的办学宗旨，聘韩天衡为篆刻院教授与院长，可谓众望所归。任职后，韩天衡对篆刻院的教学、课程设置等提出了不少建设性的意见。

旧岁已展千重锦，新年再进百尺竿。当庆贺春节的大红灯笼高高挂起、迎春的梅香还在弥漫清韵时，2月14日下午3时，在上海嘉定区人民政府（嘉定区博乐路111号）广厦大厅举行了韩天衡先生作品、收藏品捐赠签约仪式。韩天衡慷慨地向国家捐赠了他1003件书画印作品及文物杂玩等收藏品。这不仅是他个人的大手笔，体现了可贵而高尚的家国情怀，而且是上海历年私人捐赠中数量最大的一笔。嘉定区政府则在博乐路70号建造了一所占地14000多平方米的，以"韩天衡"名字命名的美术馆，用于收藏、保管、展示韩天衡捐赠的作品及藏品，其中将设立800平方米的韩天衡工作室，供韩天衡开展书画印艺术创作、理论著述、学术研究及相关的艺术活动。

图20-1　韩天衡作品·收藏品捐赠签约仪式（右为韩天衡）

记得2009年笔者开笔写《金石书画铸春秋——韩天衡》时，与韩大衡展开了一次艺术访谈：

笔者：韩先生，你的收藏在上海也是蛮有名气的，你对于自己这些藏品今后的归宿有何设想？

韩：我有一个情结，就是只收藏从不卖出、只入藏而不销售，现在有些人把收藏作为一种买卖、营生，我不，我是为了学习、参考、借鉴、玩赏。我的这些收藏品，尤其是精品，今后的归宿应该是捐给国家，我现在仅是作暂时的呵护，得诸社会，最终还诸社会。

2010年1月，该书正式出版前，为郑重起见，笔者打电话问韩天衡："以上这段话是否要保留？请您考虑一下。"韩天衡在电话中爽快地回答："可以保留，我不改初衷！"想不到在一年后，韩天衡的承诺就这么快地变成了现实，可谓一诺千金。而对为韩天衡捐赠作品及藏品建馆一事，上海市政府有关领导也很关心、支持，先后让他在上海各区寻找适宜建馆之地，最后由韩天衡亲自选定上海嘉定区博乐路70号。这里原是嘉定飞联纺织厂的厂房，1959年仲秋，韩天衡正是在上海国棉纺织六厂穿上军装入伍的，他人生崭新的一页由此翻开。如今把自己的美术馆建在一座曾经是纺织厂的地基上，不仅是一种历史情结，更是为了不忘来处。嘉定是一座历史悠久、人文鼎盛的江南文化古城，早在北宋宣和年间，嘉定的岁寒吟社就在文坛颇有影响。至明嘉靖年间，一代大儒归有光在嘉定讲学。明万历、天启年间的"嘉定四先生"——唐时升、娄坚、李流芳、程嘉燧在诗文及书画篆刻上成就卓然，遂有"嘉定画派"。朱氏三代的竹刻，刀法精湛、精妙绝伦，成就了闻名遐迩的"嘉定竹刻"。清代的大学者钱大昕及书画名家钱坫、程庭鹭等也为嘉定留下了深厚的文化艺术资源。韩天衡将美术馆选址于此，也是对文脉艺绪的延续传承与拓展推进。

人勤春早，红杏绽放。就在韩天衡捐赠签约仪式举办后不久，"百乐雅集——韩天衡师生第六届书画印作品展"在上海福民会馆举办，同时出版了展览作品集。

每年春光明媚、万物向荣的四月，韩天衡大都要举办重要的艺术展览。

2011年4月15日至25日，韩天衡书画印展在著名的北京荣宝斋举行。荣宝斋总经理马五一、副总经理雷振方出席了开幕式。韩天衡认为荣宝斋是艺术的殿堂，是名家大师荟萃之地，他曾跟黄胄、徐邦达、启功、李可染等来此地观瞻。如今自己七十又一，能在这个艺府开展，是相当荣幸而有纪念意义的。这既是一次创作汇报，又是一次艺术交流，更是一次审美对话。为此，韩天衡作了相当认真且精心的准备，严谨地挑选了历年及近期的120件书画印作品，力求较为全面地反映自己的艺术风貌与从艺历程。他展出的书画篆刻作品具有瑰丽、奇崛、洁莹、恣肆、富美的特点，令北京艺界耳目一新，反响甚好。韩天衡显示了海派书画篆刻在当今可贵的传承与勃发的创新之势，被誉为"成就了动人可人的海派'韩家样'。一艺之成是千辛万苦不得一的，而数艺皆精，代乏其人"。

值得一提的是，韩天衡的书画印作品自2005年后就不送拍卖市场。因此，与同时代的书画篆刻名家相比，韩天衡的作品在艺术市场的占有率不高。正因如此，此次在荣宝斋举办的韩天衡书画印展受到了收藏家及"韩粉"的青睐。《韩天衡书画作品集》由荣宝斋出版社出版，专业刊物《荣宝斋》亦对此做了专题报道及艺术评论。

八月桂花遍地香的时节，韩天衡与学生张炜羽所著的《中国篆刻流派创新史》由上海书画出版社出版。韩天衡的理论研究始终具有开拓的取向、建树的意义、独特的价值，他突破了传统的"六经注我，我注六经"的模式，自辟蹊径、填补空白。在整体性地完成篆刻学科建设后，他开始向专项课题进军，作有深度的、有系统的理论研究与学术探讨，而且注重培养弟子的理论研究与著述能力。《中国篆刻流派创新史》就是这样一部具有创新性指向的印学新作。

该书的主旨是阐述篆刻艺术史上第二个高峰期——明清流派印兴起发展的历史成因、艺术精神、创作形态与流派取向，以明代流派印风、清代海派印风、20世纪流派印风为主体三章，讲到文彭以石入印，流派宗师；何震刀笔生韵，面目百变；苏宣刀法醇厚，意气壮伟；汪关精妍雅逸，元朱独步；程邃朴茂古厚，冲切互用；丁敬古拙生拙，横空出世；邓石如以书入印，畅美新腔等，从而以谱系性的梳理、架构性的分析、史绪性的归纳系统阐述了明清流派印创新的艺术成因与群体作用。因而该书被学界认为有四个特色：一是以"推陈出新"的史学观念，重构了500年来篆刻流派发展史的框架；二是第一次从篆刻史学发展和流派史演变的视角来遴选篆刻艺术家，从而将时代背景、流派成因及印家创作做综合性的审视与评述；三是构思严谨、体例清晰、梳理明朗、评论到位；四是引入新鲜或新发现的史料、资料及印例，充分体现了最新的研究成果。

2010年9月23日，由文化部所属中华文化联谊会、中国艺术研究院与台湾中华文化总会共同主办的"第二届两岸汉字艺术节"在台北故宫博物院开幕。本次艺术节组织了"两岸传统与实验书艺展及两岸篆刻名家展""书写·汉字——大陆当代艺术展""海峤风华——近现代名家书迹展""传统VS科技——数字e笔书画展"等系列展，韩天衡应邀出席了这场形式多样、创意新颖、内容丰富、颇有传承创新意义的展事活动。同时，在艺术节期间举办的"名家对谈""两岸书法学术研讨会"及"艺术讲堂"中，韩天衡与来自海内外的艺术家进行了理论探讨和学术交流，充分展现了汉字所承载的古老文明、艺术内蕴及焕发出的蓬勃生机与时代活力。为了配合本届艺术节，台北故宫博物院还特别集中展出了典藏的历代珍贵书画文物，其中包括镇馆之宝——东晋王羲之的《快雪时晴帖》，唐代怀素的《自叙帖》、颜真卿的《祭侄帖》，宋代苏东坡的《寒食帖》等，使韩天衡零距离地欣赏了这些经典名帖，也使他深感加强两岸文化交流的必要性与重要性。本届艺术节是继2010年9月"首届两岸汉字艺术节"在北京成功举办之后，两岸共同传承和弘扬中华优秀传统文化的又一文化艺术盛事。

11月12日，由成都文化局主办、成都杜甫草堂博物馆等承办的"百乐雅集——韩天衡师生第七届书画印作品展"在成都杜甫草堂举行。这是年届七十二之翁的韩天衡第一次率百余位弟子入川办展，规模盛大、展品丰富、风格多样。展品包括120件韩天衡书画印作品，130件弟子书画印作品，生动地展示了"韩流滚滚"的艺术成就、创作实力、审美取向与笔墨能量，成为天府之国的艺界盛事，受到了社会的热烈关注和广泛好评。在开幕式的致辞中，韩天衡却谦虚地表示："此次来川办展，既是一次难得的展览机会，更是一次难得的学习机会，希望借此促进沪蓉两地艺术界的交流切磋。"上海书画出版社亦出版了作品集。当年"百乐雅集"共举办了两届，即2月的第六届与11月的第七届，由此可见韩门师生创作热情的高涨及对加强艺术交流的努力。

图 20-2　2011 年 11 月，成都杜甫草堂举办"百乐雅集——韩天衡师生第七届书画印作品展"开幕式

第二十一章　我对捐出的藏品，从不去估算价钱

　　黑与白，方与圆，一组色彩对比鲜明、造型奇崛巍峨的建筑矗立在蓝天白云下。在气派宽阔的广场前，有一个由黑色大理石镶嵌成的水池，清波中横卧着一块褐色巨石。石上，江泽民所题的"韩天衡美术馆"六个鎏金大字，在灿烂的阳光下熠熠生辉。

蒸蒸日上

在这个精彩纷呈的世界上，我们每个人都是匆匆过客，藏品再精彩，看过、抚摸过的，即为拥有。我只是个保管员。我觉得这些藏品都是我的"老师"和"伴侣"，是不能卖掉挣钱的，捐给国家，"独乐变众乐"，这些藏品也就有更好的归宿。

——韩天衡《豆庐独白》

2012年的阳春三月，高等教育出版社、中国美术馆出版了《中国近现代画家》大型画册，以此献给为中国画发展作出杰出贡献的现当代艺术家。画册收入了吴昌硕、齐白石、黄宾虹、潘天寿、张大千、傅抱石、叶浅予、孙其峰、黄永玉、孔仲起、刘文西、韩天衡、杨之光、刘大为14人的画作。这标志着韩天衡的丹青，因其独特的风格、精湛的笔墨、瑰美的色彩、奇崛的造型、浓郁的诗意而进入了具有代表性的近现代中国画的序列。

正在这万物欣欣向荣、百花盛开的仲春四月，江泽民亲笔题写了"韩天衡美术馆"的馆名，这使韩天衡感到鼓舞和温暖。上海市嘉定区博乐路上的韩天衡美术馆正在紧锣密鼓地建设中。韩天衡不顾年事已高，时常前去视察，关心工程进度。望着已具雏形的美术馆，他浮想联翩：从南市小校场陋室中父亲的启蒙到戈湘岚先生的酷批凶评，从瓯江边上的方介堪老师的谆谆告诫到陆俨少先生的"予以道义交"，从沙孟海老的"为当代印学开辟一新境界"到为APEC参会领导人刻印，从担任上海中国画院副院长到当选西泠印社副社长，从谢稚柳先生在书法绘画上的耳提面命到作品入编《中国近现代画家》大型画册……是呵，自己半个多世纪以来收藏和精心创作的书画篆刻作品、呕心沥血写出的专著等，都将陈列在美术馆中，向人们讲述穿越千年的故事，展示一位艺术家的人生追求与艺术之旅。

在中国近现代史上，海派书画篆刻家作为最大、最著名的一个艺术群体，不仅创作成就辉煌、名家大师辈出，而且具有高度自觉的社会责任感和关爱民间的大爱之心，积极投身于当时的社会慈善和赈灾活动，为中国近现代慈善史留下了重要的一笔。如任伯年、吴昌硕、王一亭、胡公寿、吴湖帆、张善孖、张大千、刘海粟、贺天健、黄宾虹、钱瘦铁、唐云、白蕉等，都能慈善济世，帮困于民。当代海派书画篆刻家也传承发扬了这一优良的人道主义传统，成为慈善救济的重要力量之一。

　　韩天衡也是这样一位富有爱心济世的艺术家。他有着穷困的少年时代，尝过贫困的滋味。因此，他后来总是积极参加社会性的慈善活动，常慷慨解囊。2012年1月7日，他向上海民办阳光海川学校捐赠3万元，以关爱外来农民工孩子。他曾连续几年赠款给江宁街道，用于在端午节前给有六十岁以上老人的家庭送粽子。有一次，街道干部对他说，有一个老人和女儿一起住在美国，回沪探亲时，拿到街道送来的粽子，很是感动，连声说："还是社会主义好！"韩天衡夫妇听后也很欣慰。另外，他还托朋友匿名捐钱给宜兴市最困难的养老院。韩天衡的一位弟子曾对笔者说：多年来自己经常替老师送钱、送补品给一些生活困难或生病的师兄弟。这类善事韩天衡做得很多，但他不愿多提。因此，5月6日，他被上海市红十字会授予"人道救助·爱心关怀"称号，并获荣誉证书。

　　发轫于海上的海派篆刻，是中国近现代篆刻史上一个最重要的、引领性流派，大师云集、精英辈出，如赵之谦、吴昌硕、赵叔孺、赵古泥、王福厂、冯超然、钱瘦铁、方介堪、叶潞渊、朱复戡、来楚生、陈巨来、钱君匋、马公愚、邓散木等。而上海在印学研究及印谱出版上，也是开风气之先的。早在1572年（明隆庆年间），一位上海印章收藏家顾从德就出版了《顾氏集古印谱》。这本印谱的出版，对中国篆刻艺术史具有里程碑意义。它一改过去用印章翻模出印谱的落后方式，转而用传世的原印来做印谱，从而为篆刻家提供了不走样的精确范本。因此明代后期的篆刻家大都以这本印谱为范本，极大地推动了明清篆刻艺术的振兴。由此可见，上海这座城市的篆刻历史悠久，与金石情谊深厚。

　　正是为了把篆刻打造成上海这座国际大都市的文化名片之一，重振海派篆刻的雄风，2012年8月24日下午，在上海市文化广播影视管理局、上海市文学艺术界联合会的指导下，刘海粟美术馆、上海市书法家协会、上海市书法家协会篆刻委员会主办的上海首届全国书法篆刻双年展暨上海第二届篆刻书法展在刘海粟美术馆隆重开幕。作为上海市书法家协会的首席顾问，本次

"双年展"的首席学术主持韩天衡不仅参与策划，提供自己的精心之作，还与来自全国的部分著名篆刻家李刚田、王丹、石开等进行了艺术交流。

韩天衡专门为本次展览认真撰写了颇有理论前瞻性、思想原创性与学术探讨性的评论文章《书法艺术刍议——"上海首届全国书法篆刻双年展"一点思考》。他在文中首先指出："当下，中国的书坛风情万种，争奇斗艳，盛况空前。这次由刘海粟美术馆主办的'上海首届全国书法篆刻双年展'，可谓一个较为典型的盛会，值得关注和借鉴。"为此，他简要地就展中几个影响大的流派加以评述："一是新古典主义；二是现代书法；三是文人书法或者叫学者书法；四是流行书风；五是民间书法。"然后，对当下书法篆刻生存空间及发展前途作了判断，"一是古典的传承；二是古典的现代；三是古典的后现代"。最后，他提出了反思性的警示："按照王国维评陈寅恪的十个字，是'独立之精神，自由之思想'，名利给我们带来了物质的丰富和生活的安逸，同时也把独立的精神和学术自由的思想磨蚀掉很多。书法的问题，是人的境界问题，现在我们的书法，往往轻视人文精神高度上的修炼，这是要警觉的。"

尽管韩天衡已七十又二，但他依然"丹青不知老将至"，相当勤奋地从事书画印的创作及理论著述等，特别是对"百乐雅集——韩天衡师生书画印作品展"投入了很大的关注与精力。他并不单纯地是为办师生展而办展，他把每一次师生展都看成是教学相长、师生共同切磋检阅、提高创作能力的平台，同时也是传承、弘扬、振兴当代书画印艺术，与各地艺术界加强交流、与时共进的契机。他要力争和弟子们把"百乐雅集"打造成当代艺术界的一张文化名片。从2004年举办大型师生展开始，历届师生展的经费，都是韩天衡以自己的书画印作品去集来的，不让学生们分摊装裱、出版、活动乃至住宿及车旅等费用，做到这一点是难能可贵的。因为韩门师生展都是大型展，参展人员130—180人，有的远在外地，办展费用之大可想而知，但每次都是韩天衡自己负担所有花销，体现出为师者的无私奉献和提携之情。"百乐雅集"在全国各地受到了瞩目和好评。如2010年5月在山东枣庄博物馆举办的"百乐雅集——韩天衡师生第五届书画印作品展",就被书画界评为年度"十大最具影响力的展览"。

2012年10月26日至30日,"百乐雅集——韩天衡师生第八届(福州)书画印作品展"在福州历史文化名街区三坊七巷宗陶斋举行。韩天衡与他的130多位弟子第一次进闽,展示了瑰丽多姿的"韩门书画印艺",成为书画展走进榕城后的又一次艺术嘉年华。为了筹备策划好这次展览,前一年的11月韩天衡在成都杜甫草堂博物馆举办"百乐雅集"时,福州有关方面就专门到成都与韩天衡商谈举办展览事宜,并将专门兴建"百乐馆"。为了将这次展览办得精彩扎实,韩天衡还要求发出征稿启事,明确此次展览在"百乐馆"举办后,韩天衡将自己书画印作品各一件及同门弟子每人一件作品赠予"百乐馆"作常年展出。2012年10月27日晚,韩天衡在福建省博物馆举办了"韩天衡的艺术世界与'韩门文化'"的学术讲座。

图21-1　2012年福州"百乐雅集——韩天衡师生第八届书画印作品展"开幕式
(左一为韩天衡)

2013年的元宵佳节,韩天衡及夫人应丽华应邀赴福州,与福建省寿山石文化艺术研究会的同仁雅集联谊。五彩斑斓、晶莹脂润、光华潜蕴的寿山石有"国石"之称，集稀有性、人文性和艺术性于一体。韩天衡作为印人，自然与石有着不解的情缘，故为之赋诗一首："寿山生美石，一纽价白金。刀下寓文心，所作贵灵魂。"

四月芳菲春满园之时，韩天衡的画作参加了在香港大会堂举办的"沪港当代水墨画联展"，上海参展的还有谢稚柳、唐逸览、乐震文、陈鹤良、陈丽丽等，香港参展的有陈成球、陈君立、陈燕云、管伟邦等。这是一个带有水墨实验性质的前卫画展，可见已逾七十三岁的韩天衡依然心态年轻，富有创作活力及开放的理念。

4月27日，韩天衡与学生张炜羽合撰的《印坛点将录》开始在《新民晚报》上的"国家艺术杂志·艺林散页"版每周六连载，每次介绍一位印人及其篆刻，简明扼要，图文并茂，自成系统。第一篇是《首创石材刻印的王冕》，文章写道，"提刀捉石刻印，成为可追溯的文人中第一位将铜印时代推进到石章时代的开山门元勋"。这次印材上的革命是具有划时代意义的，开创了文人篆刻的明清流派印鼎盛期。其后又有《原钤印谱的鼻祖顾从德》《晓印莫如我的魏锡曾》《开辟印坛新天的元勋文彭》《手残志坚的写意派印人高凤翰》《才人多艺的陈鸿寿》《古玺印大收藏家陈介祺》等，前后共连载141篇，历时四年三个月。介绍评述了自元代王冕以来历代篆刻家、印学理论家、收藏鉴赏家、钤拓技师等161人，全方位、系统性、补缺性地评述了文人篆刻从元、明、清至近现代各个历史阶段中印苑代表人物的生平艺事、风格特征、建树贡献等。文章普及性、学术性和趣味性兼具，因而受到了读者的欢迎和好评。

6月的澳门，景色宜人，花开正艳。韩天衡应邀赴澳门，出席澳门颐园书画会六十周年展，与澳门的书画篆刻家们一起笔歌墨舞，金石传情。创会于1953年的颐园书画会是澳门著名的艺术团体，长期以来一直以艺会友、切磋笔墨、探讨艺事。该会名家荟萃，有崔德祺、罗叔重、司徒奇、黄蕴玉、关万里等艺术名家，新一代书画篆刻家也逐步崛起于艺坛。韩天衡的积极参与，加强了沪澳间的艺术交流。当月在北京举行的保利拍卖会上，韩天衡篆刻的田黄石鸟虫印"知足常乐"，以402.5万元成交，创当代篆刻家作品价格之最。9月4日，韩天衡应邀赴台湾，出席在台北文创园区举办的第四届两岸汉字艺术节。展览共有书法篆刻作品200件，同时还设立了"一化乾坤游艺林展""两岸汉字设计与应用学术研讨会"及"汉字艺术沟通交流会"，充分以汉字为载体，展现中华文明的历史脉络和艺术渊源。韩天衡在艺术节上作了专题演讲。

黑与白，方与圆，一组色彩对比鲜明、造型奇崛巍峨的建筑矗立在蓝天白云下。在气派宽阔的广场前，有一个由黑色大理石镶嵌成的水池，清波中横卧着一块褐色巨石。石上，江泽民所题的"韩天衡美术馆"六个鎏金大字，在灿烂的阳光下熠熠生辉。10月24日，正值秋色绚烂的时节，海内外瞩目的韩天衡美术馆正式建成并对外开放。美术馆以其丰富而精湛的藏品、高迈而精美的展陈，成为上海又一个文化高地与艺术地标。

韩天衡美术馆分为三个组成部分，一楼展示的是韩天衡艺术人生暨书画篆刻作品。二楼、三楼展示的是韩天衡捐赠的历代书画篆刻作品及文房四宝，另外还有多功能厅、图书馆、艺术学校等设施。全馆占地达14000平方米，展览面积为11000多平方米。美术馆由同济大学城市规划系博士生导师、TMSTUDIO建筑事务所主持建筑师童明教授担纲设计，在嘉丰飞联棉纺厂旧址基础上，充分采用了现代设计理念，新颖独特而质朴醇厚，虚实呼应而大气稳重。最有象征性的是

图21-2　韩天衡美术馆

在大厅的地坑式展厅中陈列了三台老纺织机，似乎依然在纺织着岁月的披纱，温暖着记忆的情怀。1956年，当时年仅十六岁的韩天衡进入上海国棉六厂。1959年秋季，他"投纱从戎"，成为中国人民解放军东海舰队的一名水兵，这是他人生的转折点。而今，他又回到了青春岁月的原点，这不是命运的轮回，而是人生的涅槃，是艺术的因缘。

图21-3　韩天衡美术馆展厅

韩天衡将自己创作、珍藏的1136件艺术品捐出，使私藏成为公器，履行了"得诸社会，还诸社会"的承诺，体现了高风亮节。由于捐赠量多，工作人员仅从韩天衡家中集中搬运藏品就多达六次，最初负责整理的五人小组仅注释、考证就花了整整八个多月的时间。韩天衡曾说过："在这个精彩纷呈的世界上，我们每个人都是匆匆过客，藏品再精彩，看过、抚摸过，即为拥有。我只是个保管员。我觉得这些藏品都是我的'老师'和'伴侣'，是不能卖掉挣钱的，捐给国家，'独乐变众乐'，这些藏品也有了更好的归宿。"韩天衡捐献的艺术品在上海艺术家中是数量、品种最多的，蔚为大观。主要分为三大类：一是他自己从青年时代至今创作的绘画、书法、印章、瓷盘、笔筒等；二是各种古代文房雅玩杂件等；三是明清以来的名家书画作品，大多出自重量级大师，如董其昌、文徵明、黄道周、祝枝山、吴让之、张瑞图、倪元璐、金冬心、石涛、伊秉绶、邓石如、赵之谦、任伯年、左宗棠、吴昌硕、刘海粟、齐白石、徐悲鸿、潘天寿、谢稚柳、唐云、陆俨少、黄胄、石鲁、程十发等。

韩天衡认为收藏要讲"六力"。一是要有眼力。有眼力才能有鉴别，有定夺。二是要有一定的财力。有了财力才能买到好东西，财力是物质基础。三是要有魄力。要能当机立断，该定则定。韩天衡有一位朋友是专门收陈老莲的藏家，2001年翰海拍卖，他建议朋友拍下陈老莲的十开册页，总价210万元，朋友觉得贵了点，犹豫了一下，就让人拍去了。第二年，嘉德开拍就是450万元，又过了三年翰海再拍就是2860万元。四是要有毅力。看中一件心爱之物，如不能马上到手，要不离不弃地一直追踪、跟进下去，才能瓜熟蒂落、功德圆满、美梦成真。如张伯驹为了收藏《平复帖》，跟踪溥心畬多年，一次次接触，一次次交谈，最后在溥心畬的母亲死后花了4万大洋将其买下。五是要有学力。收藏是需要知识的储备和积累，而且这种知识涉及多方面，是多学科的综合和交融，是大文化、大人文的结合。六是要有预判力。要有超前性、预测性，要有一种"第六感"。韩天衡早年收藏砚台时，砚台尚属冷门藏品，但他预测砚台作为文房四宝中的一宝，今后一定会成为热门，后来果然名砚在拍卖市场很走俏。韩天衡如果没有此"六力"，很可能会与他的大部分藏品失之交臂。

韩天衡美术馆开馆仪式结束后，在馆内典雅的接待室内，笔者和韩天衡进行了一次简短的访谈。

笔者：韩天衡美术馆的开馆，对于你个人来讲，也算是一件大事，值此你有什么心愿？

韩：上海嘉定，是江南文化古城、教化之城，有着丰厚的艺术积淀。我的心愿就是通过这个馆的建立，对上海及嘉定乃至长三角地区的书画篆刻及收藏有所推动与促进。美术馆不仅有展览，而且要有研究、创作、普及等的

图 21-4　2013 年 10 月，韩天衡在韩天衡美术馆开馆仪式上致辞

功能，今后将举办一些书画篆刻的培训班，为大家构建一个学艺的平台。

笔者：你一直把自己的藏品看作是自己的"女儿"，如今养在深闺的"女儿"出嫁了，你有何感想？

韩：这是令人高兴的事。我大部分的藏品来自改革开放之后。我能收这么多东西，是享受了改革开放的红利。我收藏这些艺术品，主要也是为了借鉴、效法前贤。我毕竟不是大老板，是一个搞艺术的人，当时为收这些东西还是蛮吃力的。除了自己节衣缩食外，我只能假的里面挑真的，差的里面挑好的，便宜里面挑精的，后来用自己的书画篆刻作品——我称之为"土产"——去和别人换，当然还有我从海外买回的、师友相赠的、以藏品换藏品的等。因此，我对自己半个多世纪来收藏的这些东西是有感情的，当作"女儿"。现在我自己年纪也大了，为此考虑让她有一个理想的归宿，也算是"女大当嫁"吧。

笔者：现在韩天衡美术馆的展览结构颇为完整，格局清晰，建制系统，从古代到近现代，从历代名家到你自己的作品。据说在建馆的这两年中，你还在继续收藏书画作品，并依然捐出以作充实。

韩：是的，最初我捐的作品数是 1003 件，后又增加了 133 件，共 1136

件，其中我的书画印作品290件，历代藏品846件。也许我是一个完美主义者，做事总想力所能及地做好，尽量减少遗憾。如刘海粟是中国近现代美术的开拓者，是个绕不过去的人物。我与海老很熟，海老对我也多有扶植，海老的绘画我却没有。为了补上，我用了100万元购入了一个海老的绘画手卷，再补捐给馆里。这样，近现代书画大家的阵容就齐了。

笔者：在明董其昌临《兰亭序》的引首，你题了"双绝"二字，有何寓意？

韩：是这样的，董其昌的书法是一绝。而卷后陆俨少先生画的《兰亭修禊图》也是一绝，所画山水及众多人物均相当精湛、精到，是难得的经典之作。当我决定捐出这件董其昌临《兰亭序》后，也有朋友劝我说：你捐了董其昌临《兰亭序》，后边这幅陆画修禊图就自己留着。这幅"陆家山水"不仅山水精妙，更是画了29位参加兰亭雅集的名士，相当难得而珍贵，可以不必都捐出去。我想，要捐就不要有所保留，不是不知道这幅陆画的分量，但既然是古今两位大师创作的"双绝"，就不能分割掉"一绝"。因此，我就把"双绝"一起捐了。

笔者：你的收藏品中，有些是从海外购回的，你自己出钱回购国家流散的文物，是出于一种爱国情怀吧？

韩：可以这样讲吧。我去海外办画展或讲学时，常去逛那里的古玩店，见到一些好东西，就想将一个个流落海外多年的"孤儿"领回家。如1985年，我在澳门看到一尊五代双耳瓷瓶，属于国家一级文物，才500元澳门币。我想买，又怕不被允准带回来，便去问了澳门南光公司（新华社）可不可以带回来，对方回答说是可以的，将中国文物带回国没有什么问题。我的一位朋友对我说，你别带回去了，不如在澳门租一个保险箱，过几年就在这里拍卖，一下子就赚几百万元，我说我不要赚这样的钱。

笔者：看了展览，藏品可谓琳琅满目，精品送出。一些参观者惊叹"珍宝荟萃，价值连城"。你对此是如何看的？

韩：是呀，有的朋友及记者也问我这件东西值多少？那件东西超千万元了吧？我对此都淡然一笑。我对自己捐出的这1136件藏品，从未估算过价钱。我献出的是我的一片心意，是不能用金钱来衡量的。这是为我们的和谐社会增加一些文化艺术的资源。

为了庆贺韩天衡美术馆的正式开馆，"百乐雅集——韩天衡师生第九届书画印展"也同时开幕，韩天衡及弟子们相当重视这次"百乐雅集"展，纷纷提供了自己的精品力作。一件件翰墨丹青、金石篆刻与韩天衡所捐出的书画篆刻及前贤大师的经典之作同馆展出，是富有象征意义的，寓意古老的传统艺术生生不息、代代相传。上海书画出版社将本次展览的作品结集，出版了《百乐雅集作品集》。由朱晓东、张炜羽、韩回之编辑的《韩天衡美术馆藏品集》（上、下）也随着韩天衡美术馆开馆而同步出版。该书收录了韩天衡捐赠的由其创作的书画印作品及收藏的历代书画篆刻家作品、文房四宝、文玩杂件等部分精品。

第二十二章

十二岁时，他两元钱收了吴大澂的扇骨

从当年牙缝中挤出的钱到后来用工资、津贴、稿费及自己书画印"土产"求得的这些古物遗珍，构成了韩氏收藏。主要是以绘画、书法、篆刻为三大宗，另外有笔墨纸砚、玉石瓷铜、古印谱、竹木牙漆四系列，蔚为大观，自成系统。几乎每件收藏品背后都有一个动人的故事。

中国龙

"物藏不过三代"，藏品的真正属性又不是属于个人的，而是属于民族的、国家的、社会的。总之，它是人类智慧的物化，又是属于全人类的。随着文明的进步，一些开明的、看透了其真谛的收藏家，最终将个人精力所聚的藏品，捐献给艺术馆、博物馆，当是最聪明的，是适得其所的义行和壮举。

　　　　　　　　　　　　——韩天衡《豆庐独白》

海派收藏，底蕴丰厚，渊源有自，大家辈出，精湛卓越。从收藏史学评判及收藏流派评定来看，海派收藏对整个收藏文化的建设、收藏秩序的建立、收藏机制的打造、收藏群体的形成、收藏品位的提升及收藏理论的引导，都有着承前启后、继往开来的重要作用。韩天衡作为当代海派收藏的翘楚，他的收藏精神、收藏理念、收藏经历及对藏品的考证、鉴赏、著述等，都具有引领意义。特别是随着韩天衡美术馆的建立，他的藏品有了一个公共展示的平台。那些珍贵的藏品，可使普通观众近距离地观赏，造福于民，慧施于世。韩天衡讲：经常有朋友问他什么东西可以收。他认为主要有三条依据：一是作品要有强烈的个人风格和独特的面貌，以区别前人，区别他人，乃至区别自己的某个阶段；二是要有非常丰富的内涵，有特定的内容，即要有诗心文胆；三是要少而精，山鸡自爱其羽毛，以稀为贵。如文徵明与唐寅，文徵明比唐寅多活了35年。尽管他们是同一级别的艺术家，但唐寅的作品少，他的作品价格就是文徵明的十倍。一个艺术家的作品数量与其市场价格是成反比的。

收藏既是一种志趣，也是一种享受，一种学问，一种美梦的实现乃至再现。藏品的寿命远远长于人的寿命，以往的历史告诉我们，"物藏不过三代"，藏品的真正属性不是属于个人，而是属于民族、国家、社会。总之，它既是人类智慧的物化，又是属于全人类的。随着文明的进步，一些开明的、看透了真谛的收藏家，将个人的藏品，捐献给艺术馆、博物馆，是最聪明的、最适得其所的义行与壮举。

韩天衡自幼与艺结缘，喜好挥毫奏刀，他第一件收藏品是在十二岁时，花两元钱收的吴大澂的篆书扇骨。可见小小少年的情有独钟与慧眼独具。1956年他十六岁，已进入上海国棉六厂做工，花六角钱在上海古籍书店买下了程瑶田的《汉印谱》。从吴大澂的篆书扇骨到程瑶田的《汉印谱》，就这样，他开始了个人的收藏史。半个多世纪以来，韩天衡寻寻觅觅、孜孜以求、收藏不息，揽宝纳珍、拾遗补阙成为他生命的组成部分，诚如韩天衡所言，他将这些藏品"视之为良师，宠之如伴侣"。韩氏收藏主要是以绘画、书法、篆刻为三大宗，另外有笔墨纸砚、玉石瓷铜、古印谱、竹木牙漆四个系列，蔚为大观，自成系统。韩天衡的收藏有其原则和方法。

第一，国宝级的倾力而收。对于那些国宝级的藏品，韩天衡以自觉而强烈的历史意识、使命意识与责任意识，即使在经济不宽裕的情况下，也倾力而收之。如韩天衡美术馆展厅三层文人雅玩区中的"关中侯印"，是纯金制的三国曹魏官印，重138克，是印中极品，连北京故宫博物院、台北故宫博物院也没有。20世纪90年代初，当时有位朋友拿出这方金印要卖给韩天衡。凭着多年研究古印的经验，他一看就知这是一方稀世之印，但他觉得作为个人来收藏这种国宝级文物，恐有不妥。于是，他建议朋友让国家博物馆来收购。想不到此位朋友一连走了多家博物馆，均被告知此物为假，有个博物馆还专门出了份证明称这方印是假的。在这种情况下，此方国宝印可能会流失海外，韩天衡才以1.2万美金将其收下。

图22-1　三国（魏）关中侯印金印

元代剔犀毛笔及明永乐宫中戗金经板等，都是难得一见的传世珍宝。元代是剔犀工艺的鼎盛期，此笔自笔套由上而下以贯穿的心形纹装饰，色感深幽，用刀圆润，几层叠加后显出剔红空灵深透、婉约丰润，工匠之施技，可谓巧夺天工。特别是心形纹在元代以后即为绝唱，更重要的是此元代剔犀笔在国内各博物馆均未有收藏。15年前，当韩天衡在东京一老古玩店见到此笔时，日本店主开口就是天价，高达25万元，而且一个子也不能少。面对这可遇而不可求的绝品，为了填补国内收藏的空白，他还是一咬牙，拍板成交。

明戗金经板，是明成祖执政后，于永乐十一年（1413）、十四年两次赐予藏传佛教萨迦派领袖昆泽恩巴的，在当时就十分珍贵。此经板长72.8厘米，以上好楠木为胎，划好花纹后填以真金，朱金相衬。中央饰以金珠，外圈饰有飞花连瓣和缠枝莲，精美富丽，红艳璀璨。尽管价格很高，韩天衡还是义无反顾地把它拿下了。同类的两板，曾由美国的著名中国艺术品收藏家安思远捐赠给北京故宫博物院，被定为一级文物。如果没有强烈的抢救国宝的意识，韩天衡很可能与它们失之交臂。

在韩天衡美术馆中，明代董其昌精心临写的《兰亭序》堪称镇馆之宝。董其昌是华亭画派的领袖，一代书画大师，影响了明清艺坛数百年。他的这件书法代表之作，书写在早他200年的宣德内府监制的乌丝栏绫本上，为海内外唯一的孤品。谢稚柳先生当年手抚此卷感叹道："这件书卷，即使董其昌不写字，也是国宝，这可是皇家藏品。更何况董其昌精临《兰亭序》，真是宝中之宝。此是董其昌书法代表作，也是鉴定董字的标准件。"此件藏品的得来过程，是韩天衡刻骨铭心、永世难忘的。十年浩劫中，韩天衡眼见一位老先生要将这本董临《兰亭序》烧掉，他是深知这件文物的分量与品级的，于是请求老先生卖给他。"50块（元）。"老先生一口价。当时韩天衡囊中羞涩，他马上回到家中，将自己一对大红袍鸡血石卖给工艺品收购处得来10元，将两套明版书卖给古籍书店得来5元，将张子祥的一套12开花鸟册页卖掉得来2元，又将两个玉笔筒卖掉得来2元，这19元作为定金交给老先生。余下的31元，他整整还了10个月才还清。正是他的执着，使这件原本要被付之一炬的国宝得以存世，成了当代收藏史上的佳话。

图22-2　明董其昌行书《兰亭序》卷

韩天衡藏有一方何震的"柴门深处"印，原为海派著名书画篆刻家钱瘦铁旧藏，后赠予学生徐璞生。何震是明清篆刻流派印的鼻祖，其印传世极少，价值连城。此方印为青田灯光冻，流传有序，历经400多年的岁月沧桑而包浆晶莹。1973年，友人告知韩天衡，徐璞生去世后，其太太想将印出售，要价20元。这在当时算得上价格不菲。那时一件明代四大书法家之一张瑞图的六尺长卷，也仅35元。

印谱，是中国篆刻艺术一种古老而独特的传承方式，也是印学文化重要的组成部分。从春秋秦汉古玺、明清流派印系到现当代名家篆刻，构成了博大精深的印谱谱系。印谱者，印为印章本体，谱为类别与系统。韩天衡曾自述云："我自六岁学刻印，好兹念兹，由刻印求知而心系作为'老师'的名家印谱和印学著述。无力多购求，六十年如一日，天南地北、国内海外访谱，既读兼记，前后读了民国及先前古印谱、印著约四千种，集腋成裘，《中国印学年表》的出版，内容多得自历年史料的汇辑。"如成书于1617年的《承清馆印谱》，是收辑明代中后期著名印人的第一部结集，存世稀少。而韩天衡尽力收觅，有幸得到两部，一为《承清馆印谱》手写母本，是韩天衡命其子韩回之专门赴东京竞拍，以4万元购得（后来嘉德本曾拍出逾百万元），一为《承清馆印谱》（未署名印人本），是他在国内收得的，其缘乃深矣。

笔墨纸砚，被尊为"文房四宝"，不仅是创作艺术的用具，其本身也是展示艺术的载体。笔底乾坤，丹青翰墨，纸上云烟，砚池波澜，可谓文采风流，供珍赏雅玩。纸张的优化始于唐，盛于宋明，至清代更是趋于精美，特别至乾隆时，已是登峰造极。韩天衡所收藏的乾隆"双龙戏珠花笺纸"、乾隆"淳化轩明黄金绘云龙纹蜡笺"，正反两面施杏黄色蜡，下面用金绘制五爪云龙，许以云纹、火焰纹，金碧辉煌，至珍至贵，尽显皇家之尊贵奢华。韩天衡说："沈从文曾记载，后百年的同治时，一张蜡笺工料费银五两九分，洒金外加一两一钱五分二厘。在乾隆时，这张纸的价值约可供五口之家生活四个月。此纸复有宫廷画师以真金绘制的满幅云龙，其价值岂可以金钱计？一纸在手，既不齿于帝王的穷奢极侈，也赞叹于纸的美轮美奂。"

第二，从假的里面挑真的。韩天衡曾讲收藏首要的是眼力。眼力，是知识、修养、阅历、鉴别、考据等能力的综合体现。唯有拥有了这些能力，才能练就一双火眼金睛，才具备挑选出真品的能力。如韩天衡所收的吴昌硕扇面《秋菊图》，是用金粉书画之作，一面是老笔纷披、线条劲健的金菊，一面是运笔古朴遒劲、气势酣畅的石鼓文。此画出现在1994年的拍卖会上。由于是用金粉书画，笔触线条有些粗，不少人认为是伪作，但韩天衡知道这是用金粉书于不易吸水的扇面所致，遂以3000元低价拿下。

文徵明是明代中期文化艺术界的领袖人物，不仅精于诗、文、书、画，而且品行清正谦和，可谓德艺双馨的艺坛大师，其书画是吴门派的一面旗帜。文徵明的书法师承经典，效法前贤，运笔刚健峻迈，线条畅达飘逸，气势郁勃丰茂。韩天衡相当推崇文徵明，收有他的《迎春朝贺诗》及《后赤壁赋》。对于《后赤壁赋》，也有人对作品提出疑问，但韩天衡经查考后发现文徵明一生共写过"19＋1"件，此即那另外的一件。是时，他八十六岁，书于嘉靖乙卯年亥朔玉兰堂。整幅书法典雅稳健而劲健清峻，虽然没有跌宕起伏的力度气势，但具有一种潇洒流落、翰墨神飞的美感。此件书法购于1996年的上海工艺品进出口公司，价格仅为8000元，现常年展示于韩天衡美术馆。

赵之谦是晚清海派书画的前期领袖，在书、画、印上整体突破，风格独辟，为后代书画篆刻家开辟了很大的艺术创作的取法空间。韩天衡对赵之谦亦相当推崇，藏有他的行书联、篆书联、楷书联等，特别是一副行书联的收藏过程，就颇有教科书意义。他曾撰文记之："十五年前，偶去拍场溜达，见此联凝重而少跳滑，乃赵书精品，遂叫弟子去为我拍下。弟子来电告我，有些鉴家称此为伪作，理由是所钤印章大于某权威出版社《印鉴》一书上所载。我告其别人说假，没人抬杠，更能以低价拿下。弟子好心告诫'买假了咋办'，我笑曰'不用你赔钱'。果然一口价拍得送至我豆庐。我先取出那本权威印鉴书，比勘对联上所钤印，果然大出一圈。继而，我取出赵之谦原钤印谱中此两印，则大小与对联之印蜕一致。故我不无得意地告白弟子："古训莫忘，'尽信书不如无书'。"

在明清流派印史上，文彭、何震是开山人物。文彭的印存世仅数方，而且存疑。何震的印也是凤毛麟角，相当稀少。2018年，韩天衡赴日本作文化艺术交流，在一堆旧石章（共16方）中看见一方很破旧的青田石，印文为"芳草王孙"，边款为"丙申夏日制于滁砚庭中　雪渔"。卖者不知雪渔就是何震，便把其扔在一堆杂章中，并标无底价。韩天衡请学生去拍之，以18万日元（约1.2万元人民币）拍下。为此，韩天衡有感而发："天下没有'万宝全书'式的鉴家、卖家，只要有交易，漏总是有得捡的。"当然，搞收藏的人也是会看走眼的。韩天衡十六岁时，曾花25元钱收了一方文彭的印"孔子云何陋之有"，后发现是伪作。这方印他至今藏着，以作交了"学费"的留念。

在20世纪90年代中期，韩天衡的一位弟子带来一方白石款的巨印"百梅楼"，因被几位印家、收藏家判为伪作，所以藏者以此印石垫烧菜的热锅，印一侧还有灼黑之处。韩天衡对此印再三鉴定后，认定是齐翁真刻。因为此印石质较松嫩，齐翁乃木匠出身，腕力过人，故而线条较粗壮丰润，失却齐翁平时的霸悍犀利、锋芒毕露之气，即以4800元易得。后经韩天衡对旧印谱查考，与此印配对的还有"隐峰居士"，均系民国初年任国民政府财政部次长、喜好画梅的凌氏用印。韩天衡另外收有齐白石的"工笔草虫执扇"，也许是画得太精细，毫发毕现，被许多人认为是伪作，但韩天衡断其为齐氏六十开外之作，果断将其拍下。

第三，从便宜中拣精品。韩天衡毕竟不是大实业家、大商人，他的经济状况使他在收藏中采取了一种睿智而现实的策略，即从便宜中拣精品。如他收藏的《明末清初名贤尺牍》，是对明清收藏的很好对接，将近40页，有50多位名贤书信札，称得上是一个小型尺牍展，收有黄宗羲及其父素尊、其弟宗炎，方以智及其叔方文的书信，其他还有傅山、李渔、娄坚、何白、陈元素、薛明益、侯岐曾、陈之遴等人的书信，这些人都是当时文坛的一代名流大家。韩天衡记得他的蒙师郑竹友在20世纪50年代就对他说过："名人信札如今不值钱了，可是解放前比书画还要贵，一页可卖四块大洋。"为此，他自述："此册得于21世纪初，收藏的热点还未到信札这块，但我凭预判力估计名人尺牍今后会火，故以极廉之价购入。此尺牍曾经魏稼孙等多人递藏，这也是必须提及的。近些年古人信札价昂，宋贤曾巩的一通信札价格上亿，令人咋舌。值钱了，作伪品亦益多，这更是值得提醒的。"

韩天衡所藏的清代书法家作品，以名家大师为宗，系精品且颇有书法编年史价值。如明代四大书法家之一张瑞图，万历三十五年（1607）进士，以礼部尚书入阁。后依附魏忠贤，事败后遭罢官返乡，以书画终老。书法与董其昌、邢侗、米万钟齐名，有"南张北董"之誉。韩天衡所收的张瑞图《赤壁赋》书于明代考究的镜面笺册上，后改接为十米长卷，典型地反映了张氏书风，峻峭奇谲，笔致跌宕，劲健恣肆。20世纪90年代初，人们对张瑞图还不熟悉，问津者寥寥，韩天衡以1万元拍得。后请书画寿星朱屺瞻题耑："果亭真粹。天衡宝藏，甲戌中秋，屺瞻时年百又三也。"

伊秉绶是清代一位杰出的隶书大家，他的隶书以外观的呆拙、憨木、稚幼展示内在的古媚、静穆、精秀,与金农的隶书形成了艺术上的对应和笔墨上的反差,被称为"伊隶"。韩天衡藏有其隶书横披"视已成事斋",此句出自《汉书》,原句是"视已成事",改已为己,点石成金,笔墨精良,气韵内蕴,上面还有叶恭绰先生收藏印。韩天衡曾记道:"二十五年前以400元购入。当时拍卖初起,参拍的人也不多,而且对作为小件的书法横披更是问津者乏人,因此价格很低廉。但到2014年某大拍卖行拍伊氏隶书'遂性草堂'斋额,较现在我馆展厅陈列的此书尺幅小近半,竟以2300万元成交,一字约值600万元,足可证明伊秉绶的威武。"韩天衡亦藏有伊秉绶行书轴,相当精彩。谢稚柳看后评价说:"尤为少见,殊足珍也。"

韩天衡所收吴熙载的篆书代表作《三乐三忧》册,书法笔致婉约、线条流畅,舒展飘逸而旖旎多姿。此册得于1974年,当时一走街串巷收旧货的老头向韩天衡兜售四屏条,韩天衡一看是吴熙载的篆书,虽然轴头有些破损,但字面尚好,便问多少钱。这个不识字、更不识篆字的老头想了想,开口道:"你就给十元吧。"望着老头皱眉想开价的滑稽样,韩天衡好奇地问:"你收来多少钱?""两元。"老头倒是实话实说。大地回春后,好的篆书范本奇缺。为了在上海书店出版,韩天衡将立轴条屏改制成册页字帖,畅销至今。

第四,用自己的"土特产"(书画)换。韩天衡的书画篆刻造诣精湛,风格独特,享誉艺苑。他把自己的这些书画篆刻称为"土特产",有时候用"土特产"交换藏品。如他所收的南宋林椿的《三鹤倚松图》尺寸颇大,116厘米高,86厘米宽。林椿是宋孝宗淳熙年间(1174—1189)的画院待诏,也就是皇家画院画师。钱良右题其《茶花鸽子图》云:"林椿趣真迹,世不多见,或得片缣寸纸,不啻天球河图。"由此可见,林椿的作品以小品为主,而且存世量极少。韩天衡所藏的这幅林椿画,不仅尺幅大,且画面色彩饱满莹润,构图严谨和谐,颇为难得。此画韩天衡初见时,持有者称是无款旧画,残损处颇多,品相较差,但从笔墨构图上看,韩天衡觉得此画是出于高人名家之手。来者见韩天衡反复观看,要求韩天衡以自己的两张画作来交换。后韩天衡仔细审视,终于从松枝间发现有蝇头小字款"林椿",再从笔墨色彩、绘画风格及旧绢年代来看，确定其出自南宋林椿之手无疑。

　　齐白石画于麻布（俗称夏布）上的工笔《菩提叶草虫》小品，是齐画中精微精致的极品。一根从上而下的树枝上，有两片相连的菩提叶，叶纹细密，纤毫毕现，上是一正展翅飞舞的红蜻蜓，蜻蜓的翅纹也纤细如织，下是一跃动的青螳螂，勾画严谨，妙穷毫厘，连螳螂腿上毫毛都清晰可见。此画韩天衡请学生代拍，因遇竞争者而放弃。可是不久，韩天衡在杭州与这位竞争者相遇，此友悉知后隔日即将此画相赠，且拒收钱款，仅要求韩天衡作一五彩荷花图交换。

　　韩天衡是"印痴"，亦是"砚迷"。在"文房四宝"中，砚的出现最早，因而有"四宝砚为首"之说。由于砚质地坚实，不像笔墨纸易损，故而能传之百年、用之千载。在韩天衡的文玩收藏中，砚是大宗强项，有500多方，其中不少是他用自己的"土特产"物物交换而来。如林佶、余甸双铭仔石砚，为端州老坑，石质光华潜蕴，婉润丰泽。其刻工精湛，砚塘雕出一倒发龙，气势豪放而栩栩如生。除了材质、雕工好之外，此砚的原收藏者林佶、余甸皆为藏砚大家，林氏以篆文铭砚南木盖，余甸以楷书铭砚盒底，更增加了此砚台的价值。此砚原为上海文物商店书画部库房的藏品，1996年韩天衡见过后很欣赏，相思经年。后店方说，此砚很难估价，若你真欢喜，拿两张四尺的画交换。如今这方砚台已捐出，在韩天衡美术馆展示。

图22-3　清林佶铭辟雍端砚

韩天衡乐此不疲，用自己的"土特产"换得很多东西，如战国的双豹噬豨玛瑙扣饰，宋代的玉龙纹瓶，清"西泠八家"之一、与丁敬并称"丁黄"的黄小松篆刻代表作《树端临本》，等等。

第二十三章 民谚云：精美的石头会唱歌

付钱走人之际，店主突然问翻译：韩天衡是哪里人？韩天衡叫翻译告知，自己是中国上海的。谁知此人竟神经质地咆哮起来，双臂高举，嘴里叽里呱啦地说着什么。翻译告诉韩天衡，店主说：历来只有日本人到中国去买古董，从来没见过中国（大陆）人来日本买古董！走出那逼仄冷寂的古董店，韩天衡顿时觉得天朗气清。

且饮墨渖一升

天下没有"万宝全书"式的鉴家、卖家，只要有交易，"漏"总是有的"捡的"。当然，搞收藏的人也总是要吃药的，我十六岁时，曾花25元钱收了一方文彭的印"孔子云何陋之有"，后发现是伪作。我至今藏着，以作交了"学费"的留念。

——韩天衡《豆庐独白》

收藏的最高境界是人生的对应，是生命的转换，是人文的延续，是精神的传承，是艺术的情致，是师法的参照。另外，收藏亦可以用作投资以获利。韩天衡认为对于文玩的收藏，大致可分为三类：一是收而藏之赏之；二是投资以获利；三是等同于将老师请回家，不断从他人作品中汲取灵感的甘露。韩天衡推崇并践行第三种。

　　他收藏的原则与方法，还有收集具有艺术经典意义的藏品。

　　他认为这些艺术经典意义的藏品，不仅给了他创作上的参考、启迪，而且对现代或未来的艺坛也是有借鉴、传承价值的。韩天衡所藏的谢稚柳《徐熙落墨法山水图》，就是一件具有美术史价值与学术分量的经典之作。徐熙是南唐时期杰出的画家，他一生勤于艺事，绘画以花草虫蝶为主。其画与同为五代时的黄筌、黄居寀父子精工华丽的"黄家富贵"不同，呈现"徐熙野逸"的风采艺韵。遗憾的是，徐熙的落墨法并无明确可信的画作传世，仅有他写的《翠微堂记》中记载有"落笔之际，未尝以傅色晕淡细碎为功"之语，而当时徐铉记徐熙的画"落墨为格，杂彩副之，迹与色不相隐也"。谢稚柳正是根据这些片言只语反复思考，终于得到启悟，以水墨晕染打底，铺垫烘衬，然后因墨施色，有机而变通地将墨色融合，相得益彰。1975年，韩天衡有机会得到了乾隆旧纸，遂请老师作此《徐熙落墨法山水图》。墨晕渐涸蕴，色彩华润，墨彩相交，雍容典雅，气格高迈，生动地再现了徐熙落墨法的神韵。韩天衡回忆这本册子时曾说："每纸都署以月日，这在稚师的册页乃至书画上也是不多的，似可窥见他探索'落墨法'的行迹。册子是他1976年春赠我的，彼时习画的资料奇缺，遂成了我习画时必备的粉本。此册中还蕴藏着一个秘密：稚师的签署，就是在此时将'柳'字，写成了自创的上下结构。这可是分水岭噢。"另外，谢稚柳赠韩天衡的《十年铁笔生涯册》《山水湘妃扇》《袖珍花卉册》等，均是格古韵新的精品力作。

陆俨少是当代山水画中大师级人物，他的笔墨功力深厚独到，造型能力精妙奇崛，气韵意境深邃丰逸，诗文修为渊博高迈。韩天衡与陆俨少相识结谊于"文化大革命"非常时期，当时陆俨少被打入"另册"，多有磨难曲折，但韩天衡仍对他敬重有加，并不顾政治上的风险而给予照顾陪同，被陆俨少视为"道义交"和"同怀视之"的"知己"。因此，韩天衡所藏陆俨少的画量多而质精，特别是"陆家山水"，更是神妙之品。如陆俨少分别作于1974年、1975年的对画《千崖秋色》《万壑松风》，是诞生于陋室中的名家名画，具有划时代意义。《千崖秋色》一派陆家笔法，线条古奥奇谲、遒劲简练，取景高峻而雄秀巍然，云气飘拂悠远，雾霭弥漫苍茫。峰峦幽谷间以丰艳饱满的红树点缀，增添了"霜叶红于二月花"的诗意，尤其是陆俨少独创的"留白"与"墨块"的对比，更强化了画面跌宕的空间造型感。而《万壑松风》则较多地采用传统经典的山水画法，气象宏阔，笔墨精到，皴法多变，气势神逸。画中古松巍然峥嵘，山势雄伟高耸，飞瀑挂崖奔涌，水流清澈潺湍，使人可聆听万壑松风的激荡。

值得一提的是韩天衡所藏陆画，大多有着故事。韩天衡在 1966 年秋收得高头大卷、明华亭派书画领袖董其昌在宣德内府监造的乌丝栏绫本上所书的《兰亭序》；九年之后的 1975 年，又请陆俨少在豆庐中以两日之功，画成《兰亭修禊图》，接于董书《兰亭序》后。崇山峻岭，茂林修竹，清流激湍，映带左右间，王羲之与谢安、孙绰等 29 人流觞曲水，列坐其次，一觞一咏，畅叙幽怀。整幅画结构严谨、笔墨精妙、情景交融，全景式地展示了千古名士修禊图。这也是陆俨少一生仅此一幅的绝品，山水景色秀美旖旎，人物群体栩栩如生，展示了"陆家山水"的风采神韵。笔者曾有幸于 1981 年的四月辛酉上巳暮春，与沙孟海、陆俨少、田桓、程十发、钱君匋、费新我、李震坚、刘江、萧平、朱关田、汤兆基等参加首届兰亭书会，听陆俨少先生如数家珍地谈起兰亭曲水流觞的往事，他对此是十分崇尚而熟悉的，可见兰亭雅集穿越千秋岁月的史诗魅力、文脉艺韵与笔墨情缘。

图23-1　陆俨少所作《兰亭修禊图》

1985年盛夏，程十发一家三代及韩天衡一家应普陀山普济寺妙禅法师之邀，入岛避暑，临别时程十发作禅画四屏一堂。程十发见砚中有余墨，就问韩天衡："侬要啥？"天衡答："达摩如何？越简越佳。"程十发稍作思考后，即以阔笔作"C""P"形的线条，并在下画一横线，随后以笔勾出达摩眼鼻口耳及衣褶，既抽象又夸张，既简约又深邃，禅意超然，令人叫绝。

韩天衡收藏作品，常常是为了研究、借鉴。如他所藏的海派书画篆刻巨擘吴昌硕的"安平太"印，原来是吴昌硕的自用印，晚年送给忘年交的诗友诸宗元。此方印正是缶翁开创的"做印面"的代表作。韩天衡记录了自己的鉴印心得："印刻得极深，一点八厘米的圆印，深达四毫米，从而对线条以披削斫破种种手段并用兼施，去营造空灵、虚脱、古茂、天成的风神。其实破印面不难，难在破而不杂碎，破而出神采。故近百年学缶庐'做印面'的人无数，却成功者鲜，其难可知。做印面是吴氏空前绝后的创造，而灵感则来自于'汉烂铜印'，他虔诚地学习古人的印艺，更注意到天工对入土铜印腐蚀锈烂所产生的异趣，从人工加天工的'两度创作'里，睿智地化腐朽为神奇，开创了乱头粗服、古浑雄强的印风。单善学又擅化这一点，就给了我等后来攻艺者太多的启迪。收藏者非尽为藏也，可用不用可惜了。此佳印，如今我经常用以钤盖在自创的书画上，借点力，得点气。"

从五百年流派印谱史来讲，历来以著名的"三堂印谱"为重，即明末的

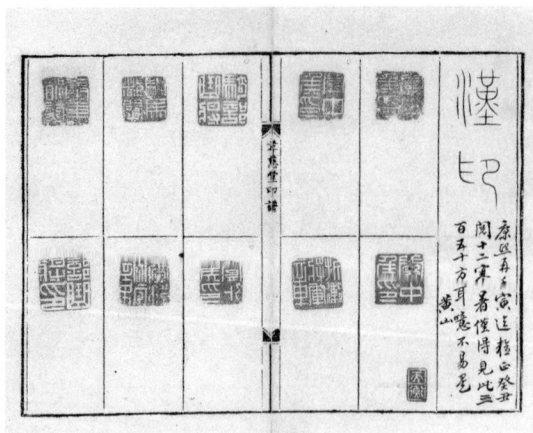

图23-2 《孝慈堂印谱》

《学山堂印谱》、清康熙时的《赖古堂印谱》、清乾隆时的《飞鸿堂印谱》。此"三堂印谱"经韩天衡多年的寻寻觅觅，终于集聚于"百乐斋"，按国家给西泠藏谱的评定，"三堂印谱"均系国家一级品。在印谱收藏史上，最诡秘奇谲的要数清代的《孝慈堂印谱》，大印学家罗福颐称"未见"，日本大藏印家太田梦庵也认为是精初庄冏生藏印，因而扑朔迷离，迷雾重重。但韩天衡与此谱有缘，天佑印痴，大道无垠。韩天衡为之记下："一九八六年在广州集古斋举办个人书画印展，闲来翻旧书，在已售给日本人的一大堆古籍里，居然见到了这部魂牵梦绕的《孝慈堂印谱》，翻阅一过，谜团尽释。此谱乃黄小松之父黄树谷所藏辑。经理老邝乃老友，告其此书为海内孤本，千万千万不可流出国门。邝兄明理，遂果断抽出，以出口（日方已付款）价2万元，归吾豆庐。付钱甚肉痛，得宝何快哉，斯为痛快。"另外，藏于豆庐的清代《丁蒋印谱》《黄秋盦印谱》《秦汉印玩》《齐鲁古印捃》等，皆是传世印谱中的珍品。

韩天衡与当代不少书画大师以艺结缘，关系良好，有些还是他的老师。他以篆刻为这些书画大师服务，因此，大师们也以精品力作回赠，这就形成了他的收藏优势。如亦师亦友的黄胄于1963年所赠一段《唐人写经》，其为小楷，笔墨凝重、线条遒劲，结构于严谨中见点画生动，气韵丰逸自然，堪称唐人所写经文中的杰作。

韩天衡所收现代书法家之作，自然是他藏品中的强项，其中有些就直接得自他的老师，如陆俨少的《行书联》、马公愚的《石鼓文》等。由于韩天衡的篆刻颇受当代书画家青睐，而这些书画大家所回赠的笔墨，自然出手不凡。特别是他与高二适以印结谊，双方书印互赠，被文坛艺苑传为佳话。高二适是当代一位学者型的书法家，学养深厚，风骨傲然，笔墨古逸。后韩天衡出印谱，高二适专书二诗相赠，是难得一见的精品力作。

韩天衡1979年带着谢稚柳的推介信去羊城拜访著名学者、古文字学家、书法篆刻家商承祚，留下了一段颇为温暖有趣的故事。韩天衡至今记忆犹新："我去中山大学他府上拜访，老先生很客气，读了我呈上请教的印谱，讲了些表扬的话。我以为都是场面上的客套话。告辞时，先生说：印谱可否留下，过两天来取如何？当然。谁知两天后，商老写了件长卷，不仅费笔墨表扬了我的印艺，还寻觅出他三四十年前刻的印章十三方，钤于卷后。他在卷末写道：'在玉引之下，我心怦然，不禁抛砖自荐，爰钤旧作一十三纽附骥。知必能正我也。'拜读商老的卷题，他奖掖后学的精神、谦逊和蔼的态度都让我感动，尤其是竟还要末学去指正！"

韩天衡与当代书法篆刻泰斗沙孟海的情谊非同一般。沙孟海不仅推重韩天衡的篆刻，而且十分赞扬韩天衡的印学理论研究。而沙老所赠《王安石〈登飞来峰〉》诗轴，遒劲苍健，老笔纷披，线条相连，气遒神畅。

谢稚柳是韩天衡的业师。作为一代学者型的书画艺术及收藏鉴定大师，谢老对韩天衡的人生多有教诲，对韩天衡的从艺多有指导。他在赠韩天衡的《题韩天衡印谱诗》立轴中，告诫其要"肯为吾贤真本师"，即要多方取法，多人为师，广采博取。整幅书法运笔劲健灵动，线条洒脱奇逸，气势豪放畅达，系壮暮翁晚年的精品力作。谢稚柳的夫人陈佩秋亦是一位大师级的当代女画家，精研传统，造诣精湛，笔墨直入宋元堂奥，被誉为"卧枕宋元，融汇中西"。她的画风气淳质厚、富丽华贵、雍容典雅，并于作品中睿智地融入了油画光、影、色的表现方法，富有时代气息。1977年，她以工笔《柳下鸳鸯图》赠韩天衡，以便让他作为笔墨示范及取法参照。

收藏是种群体性的社会活动，"以藏易藏"是收藏界的一种历史传统，也是一种互补式的互通有无。在韩天衡美术馆的展厅内，陈列着一张两米多高的程十发所画的《边寨之节日》，画中八位美丽的少女，正英姿勃发地骑着自行车，车后装载着刚采摘下的花卉蔬果，喜气洋洋地去赶集。整幅画的构图呈 S 形，极富视觉灵动感与空间感。流畅秀逸的线条、明丽清亮的色彩、生动多姿的造型，充分展示了"程家样"的艺术魅力。此画原是"文化大革命"时期挂在位于汾阳路的上海中国画院的装饰画，因此也没有署名。1973 年，画院搬到岳阳路，此画便还给了作者程十发，这才补上落款和印章。1986 年，韩天衡觅得一张明末清初书画家恽南田的小画。这幅小画虽简约，但逸笔意丰、内蕴悠然，程十发很喜欢。他收下韩天衡相赠的此画后就从画橱里拿出一卷裱托过的大画，说："由你挑一张。"韩天衡早就对《边寨之节日》图情有独钟，又不好意思用一张小品换发老这么大一张画。发老却大度地讲："什么太大太小，只要侬喜欢就好。"为了传承发老的精神，后来韩天衡也把如此大尺幅的发老力作慷慨地捐了出来。

才华横溢的石鲁，原名冯亚珩，四川仁寿县人，因崇拜清代画家石涛及现代文学家鲁迅而改名"石鲁"。他创作的《转战南北》，激情豪迈、气派壮阔、意境丰赡，被称为"史诗性的巨作"。石鲁敢于突破，其大胆创新的从艺精神，韩天衡十分赞赏。1989 年，他在友人处看到石鲁的一幅《倚马图》，尺幅不大，但笔墨精练、构图奇崛、气韵生动。友人也很珍爱，不肯出让。最终颇费一番工夫才换得，据韩天衡自己说，"经百般缠绕，终以李瑞清一画加拙画一张易得"。

韩天衡所收的清代篆刻，均是大名头的印家，且收藏背后，轶事多多，于研究印学、了解历史、品评印家及治印探索都大有裨益。吴让之用刀是清篆刻家中出神入化、变幻莫测的，有"神游太虚，若无其事"之誉。作为邓派篆刻的传承光大者，他的印作常为后人取法。韩天衡以家藏雍正官窑天青洗从蒙师郑竹友处易得的吴让之自用刻方竹四面印，就是他以一段方竹四面刻之的印，别出心裁。竹子不如石硬，且有纤维，故刻竹印的难度比刻石印要大得多，但吴让之依然刻出了金石气韵与印石质感，线条峭挺劲健而醇厚朴茂，可见他用刀之高妙超逸、驾驭之得心应手。

图 23-3　清吴让之的方竹印，四面分别为：师慎轩、攘之、晚学居士、方竹丈人

从海外回购，也是韩天衡扩大收藏的一种方式。

韩天衡时常出访海外办展、讲学等，尤其以到近邻日本为多。由于"一衣带水""一苇可航"的历史原因及人文渊源，日本存有不少中国历代文物。韩天衡在赴日时总是尽量争取回购中国的文物，对此曾深有感触地说："我20世纪80年代初即经常有机会出国，或文化交流，或举办书画印个人展。见到古董店里的中国文物，每有同胞流落街头的感慨，只要财力允许，总要捎两件回来。那时候国内收藏还不时兴，交易清淡，甚至冷漠。海外，尤其是日本，中国文物极多，不乏妙品，惜囊中羞涩，往往千件仅能挑其一二，颇有望洋兴叹之慨。"

在端砚中，以大西洞石所制最为珍贵，因为大西洞石是水坑中物，坑口在羚羊峡河床的下面，平时都是水，只有在每年11月至次年3月枯水期才可进洞，开采时一边有人将水舀出去，一边开采。四个月的开采量为3万斤左右，仅能做成40方左右的32开方正砚台。大西洞不得随便开采，采石得有皇家的圣谕，故有"皇坑"之称。清道光后一度封洞，至光绪十五年（1889），两广总督张之洞才奉皇谕开采以备进贡品。因此，大西洞砚受到达官贵人及文人名士的追捧。韩天衡所藏大西洞砚有"碧眼蕉叶砚",为大西洞极品之物,石质如玉,工艺精湛,品相精美。韩天衡曾自述:"此大西洞蕉叶砚,石如凝脂,细滑如婴儿臀肤,哈气结霜,上有翡翠眼,下附翡翠斑,的是妙物。尤妙者,见于专售古漆器铺,店主不识砚,刚收入,开价不高,仅四十万日元(人民币约三万元),购归豆庐。此十七年前事。时友人寒舍赏砚,说:'侬又吃仙丹哉。国内至少三十万。'听了开心。但回头想想,当初日寇掠我文物千万,又何曾付过分文?便宜乎,吃仙丹乎,似乎也不见得吧。反正流落域外的游子,回家就好。"

韩天衡1992年去日本作文化交流,暇时与日本友人、书法家高木圣雨去东京一古董店闲逛,见一方颇佳之端州(今肇庆)水坑大西洞砚,标价5万日元,约合人民币4000元。付钱走人之际,店主突然问翻译:韩天衡是哪里人?翻译对这位瘦得似虾干般的老头说:你猜呢。老头说新加坡。听闻不是,老头又连续猜了中国台湾地区和香港地区、马来西亚、韩国,未料皆不是。老头气馁,说猜不出,不猜了,让翻译自己说。此时,韩天衡叫翻译告知,自己是中国上海的。谁知此老竟神经质地咆哮起来,双臂高举,嘴里叽里呱啦地说着。翻译告诉韩天衡,店主说历来只有日本人到中国去买古董,从来没见过中国(大陆)人来日本买古董,所以那样惊讶。走出那逼仄冷寂的古董店,韩天衡顿时觉得天朗气清,腰背也挺了起来。他兴奋且得意:想不到花不多的钱,为中国人争得了脸面。

同样是砚台,韩天衡把"吴昌硕铭大西洞包袱砚"请回中国,却颇为不易,历经四年多,打了一场持久战,显示了他的执着精神。2005年韩天衡访日,他的学生、旅日书法篆刻家晋鸥知他嗜砚如命,就告诉他日本有个藏砚家,藏有吴昌硕的铭文砚,是吴昌硕为诗友沈公周所作。于是,韩天衡在拜访此位日本藏砚家时,提出想收藏此砚,还给了一个价。对方说价格是到位的,但现在不想出让。韩天衡志在必得,遂请晋鸥时常前去拜访,对方依然不松口。此后三年中,韩天衡趁访日时,先后五次前去造访,对方还是岿然不动。14年后的2019年,晋鸥打电话给韩天衡,是此君愿意出让了。原来最近有几个在中国专做砚台生意的人找此人，愿出高价收购，他反复考虑后，还是决定愿意出让给韩先生。问他为什么不高价卖给那些人？他说卖给做生意的，今后就不知倒卖到什么地方去了，而给了韩先生，他是真正的收藏家，不会倒卖。他还说此砚像他的孩子，想念了还可以去探亲。此君倒是一位有情有义的收藏家。为此，韩天衡激动地专程赴日。当捧起此砚摩挲时，韩天衡真是感慨万千，自己与缶翁缘分不浅，从书画篆刻到如今的这方砚台，都齐聚豆庐。韩天衡还发现此砚不仅雕工一流，多有巧思，而且砚塘中有三条"玫瑰紫"，表明它是大西洞砚中的珍品。为此，韩天衡感言："可见玩收藏务必要有锲而不舍的韧劲。有句话叫：坚持到底，就是胜利！"

　　至此，笔者对韩天衡收藏的三大宗——绘画、书法、篆刻和四系列——古印谱、笔墨纸砚、玉石瓷铜、竹木牙漆作了一次艺术的巡礼、历史的回顾。韩天衡的收藏不仅为其创作研究提供了艺术资源、历史参照与笔墨取法，而且对当代的收藏文化建设、收藏学术研究、收藏理论著述、收藏观念提升及收藏价值认知作出了重要贡献。韩天衡曾形象地将他自己收藏的这些艺术品称为"老师"，他认为现实生活中的老师常常如红烛，燃烧自己，牺牲自我，照亮别人。而这些收藏品"老师"不会，它们哺育培养了你，让你成名成家，但它们依然存在，不会被消耗掉。这些"老师"被你请回家后，就成了你生活中的"伴侣"，与你共度春秋。所以，韩天衡经常把那些心爱的藏品放在枕边，每天晚上临睡前总要翻翻看看。不少拍卖行知道韩天衡有不少藏品，老是找上门，要他拿几件东西出来拍卖。韩天衡多次跟他们讲："这些东西不仅是我的'老师'，亦是我的'伴侣'，我怎么会卖了它们。而今我也老了，它们最好的归宿就是捐给国家，让它们去'培养''教育'一代又一代的未来艺术家。"

第二十四章 手术后，接下来的治疗是相当严峻的

做这样的手术，风险之大他不是不明白。动手术的那天早上，医生来到他的病床前有些紧张地问道："哟，韩老师，你怎么安眠药没吃啊？""是的，我不吃安眠药，照样睡得很香。"从青年时至老年，韩天衡在每年的日记本的扉页上都写着："只有每天活得充实，才有充实的一年。只有年年的充实，才有充实的一生。"

乐者

我这个人有个长处，就是病痛来了能正确对待。我年轻时曾做过判断，与其拖拖拉拉、浑浑噩噩、无所作为地活六十年，还不如努力奋斗、做出成绩、轰轰烈烈地活三十年。因此，六十岁以后的时间都是拾得来的。只要活着就要思考、要创作，真的不为了什么，就是为了艺术。每当大病，我总是乐观地对家人、对朋友讲，我的病都出现在医学有了创新发展之后，我是很幸运的。

　　　　　　　　　　　　——韩天衡《豆庐独白》

2013年12月16日，马孟容、马公愚艺术馆在浙江省文物保护单位陈宅开馆，韩天衡应邀出席开馆仪式。该馆展出了马氏家族的千余件藏品，包括书画、印章、画稿、手稿、信札、书籍、照片等，呈现了马家"书画传家二百年"的人文史。作为马公愚的弟子，韩天衡站在老师的这些书画篆刻遗稿前思绪如潮。是呵，师德难忘，师风永存。

　　清秀明丽的山水，几何形态的现代馆舍，古典的厅堂明轩，构成了世界著名华人建筑大师贝聿铭设计的苏州博物馆。2014年1月7日，苏州博物馆举办"衡山仰止——吴门画派之文徵明特展"。韩天衡作为苏州籍的当代书画篆刻家应邀出席了特展的开幕式。他对文氏的人品艺德相当推崇，先后藏有文徵明的书法代表作《千字文》《后赤壁赋》等。此次特展内容涵盖广泛，形式多样，展品精湛，有花鸟、山水、人物、书法等，全面展示了文徵明的艺术人生与卓越成就。1月18日晚，韩天衡出席在上海嘉定蓝宫大酒店举行的"百乐雅集——甲午迎春联谊晚会"，与众多弟子及友人们一起辞旧迎新、欢度良宵。

　　这一年春暖花开的4月12日，韩天衡夫妇赴日本神户赏樱，领略樱海花潮之美。在游览了著名的宝塚清真寺后，又去参观了被称为日本最后一个文人画家、日本画界巨擘富冈铁斋①的美术馆。韩天衡与富冈铁斋曾以砚结缘，他在京都收藏了富冈铁斋自铭的"日涤砚"，这是一方罕见的大西洞冰纹砚，白木盖上有苍劲浑朴的"铁斋题"铭款。富冈铁斋对这方砚极是珍惜，每天用毕，都亲自涤洗，使之日日新，故名"日涤"。富冈铁斋为中国

---

① 富冈铁斋（1837—1924），出生于日本古都京都，师从大角南耕和浮田一蕙习画，后为神社的宫司，1882年还俗，开始其职业画家生涯，参加帝国美术院及日本南画社。他十分推重中国文化，尤崇拜苏东坡，与吴昌硕、罗振玉、王国维多有交往。

书画界所熟知的是他曾在曹素功墨庄定制"铁斋翁墨"。20世纪80年代，谢稚柳先生觉得磨墨费时费力，曾请韩天衡与曹素功联系，按"铁斋翁墨"的质量，制作一批墨汁，用后对此颇有好评。1986年10月，为纪念富冈铁斋诞生150周年，中国北京、上海举办了富冈铁斋书画展。如今韩天衡来此美术馆参观，倍觉亲切，似晤铁翁。

图24-1　清大西洞日涤砚，富冈铁斋铭

第二天，韩天衡以中国篆刻艺术研究院名誉院长、西泠印社副社长的身份，出席日本篆刻家协会成立三十周年纪念系列活动，参观了第三十届日本篆刻展。该展以全体日本篆刻协会会员的作品为主，亦有协会外青少年篆刻作品，共1000多件，蔚为大观。当晚，日本篆刻协会举办了盛大的"纪念祝贺恳亲会"，韩天衡宣读了西泠印社的贺信，并代表中国篆刻家作了发言。日本篆刻家协会是由日本篆刻界泰斗梅舒适于1984年创立的，是日本篆刻界影响最大、最具权威的组织。而韩天衡本人亦在与梅舒适、尾崎苍石等交往中，与他们建立了深厚的友谊，并先后为他们刻印存念。

2013年10月，韩天衡美术馆的建立、开馆，成为一个开放、综合、大型、多元的艺术平台。紧接着，韩天衡又在上海市嘉定区政府奖励给他的2000万元的基础上，吸纳部分社会资金，2014年4月30日，经上海市民政局批准，成立上海韩天衡文化艺术基金会。基金会弘扬中国传统文化，开展各项学术活动，推进国内外文化交流和公益艺术会展等方面的工作。正是从韩天衡美术馆的建立到上海韩天衡文化艺术基金会的成立，标志着韩天衡个人的艺术事业已进入了公共领域。也就是说，七十又四的韩天衡，在暮年，自觉地把自己从一个个体艺术家转变为一个公共艺术家。这是一种相当可贵的社会化进步与时代性提升。纵观近现代及当代艺术界，艺术大师或名家并不少，但能成为公共艺术家的并不多。此后，韩天衡将以大量的精力投入社会化的公益艺术活动。

5月，石榴花竞相绽放吐艳时，经韩天衡倡导，嘉定区教师进修学院与韩天衡美术馆、上海韩天衡文化艺术基金会共同主持的公益项目——嘉定区中小学书法教师培训班开班，共资助400名中小学教师进行书法强化培训，取得了显著的效果。经过两个月的系统培训，规范了广大中小学书法、写字课老师的教学认知和方法，提高了他们的实际书写示范能力。

"我的艺术之舟，从瓯江起航。"韩天衡对温州有着深厚的情结，一直将其视作第二故乡。韩天衡美术馆成立后的第一次外出展览"金石寿瓯——韩天衡美术馆藏印暨韩天衡近作精品展"于6月18日在温州博物馆隆重开幕，共展出战国至秦汉古玺印、宋元官私印及明清流派印等166方，印屏3件及韩天衡近作18方。其中战国"上官疾"带钩印、秦代"司马觭"翻匣印、汉代"臣翳"玉印等，均是古代玺印中的珍稀之品，可谓一部以实物展示的中国篆刻艺术发展史。当天下午，韩天衡在温州博物馆多功能报告厅还举行了《篆刻六忌》的专题

图24-2　2014年6月，温州"金石寿瓯"展

讲座，总结归纳了他几十年刻印的心得与教训，生动具体、深入浅出地讲解了篆刻创作中的六忌：一忌草率，二忌偏食，三忌去古，四忌匠气，五忌单一，六忌自满。讲座既有技法解析性，又有理论指导性，使听众获益良多。

上海韩天衡文化艺术基金会于4月30日成立后，即开始了社会化的运作，资助了一些艺术公益活动。为了更好地总结经验、规划未来，7月31日至8月1日，在山东省日照市举行了上海韩天衡文化艺术基金会首届理事会会议。整个会议紧凑高效，通过了基金会2014年主要工作、2015年工作方案及基金会资金运作的决议。

近现代的海派篆刻，大师辈出、精英荟萃。但长期以来，对海派篆刻缺乏有一定规模且较为深入的历史梳理、学术评价与理论研究。为了切实改变这种现状，该年的9月10日至10月8日，由上海市文联指导、上海市书法家协会、韩天衡美术馆共同主办了"海上印坛百年"系列活动，其中包括大型的近现代海上篆刻学术研讨会、近现代海上篆刻名家作品展、近现代海上名家作品鉴赏会"。

9月10日下午，开幕式在韩天衡美术馆隆重举行，来自浙、闽、苏、鲁等地及台湾地区的专家学者和上海的部分篆刻家、印学家共300多人为近现代海上篆刻而相聚一堂，随后举行了为期两天的学术研讨会。韩天衡在研讨

图24-3　2014年9月，近现代海上篆刻学术研讨会（左二为韩天衡）

会上作了主题发言，并宣读了他和学生李志坚合撰的论文《海上五十年印谱发展概说》，揭示了两个海上印谱高峰期及各自的特点，并对手拓印谱、影印印谱、印谱形式的新颖尝试、辑谱理念以及伪印谱等作了分析考评。

这是上海首次举办的围绕着海上百年篆刻文化的专题学术研究、理论探讨、历史回顾、展示原作的主题系列活动，是以各地（包括台湾地区）专家、学者、印人为对象的一次群体性和系统性的定向研究，以开放的理念、多元的视野、专业的造诣、学人的精神回顾追踪或探索发掘百年海上篆刻的个人与群体、风格与流派、篆刻与书画、市场与润格、教育与出版、结社与传授等议题，获得了不少前沿性突破与前瞻性发现。为配合这次系列活动，上海书画出版社出版了《海上印坛百年——近现代海上篆刻学术研讨会论文集》《海上印坛百年——近现代海上篆刻研究文选》《海上印坛百年——近现代海上篆刻名家印选》。

10月，韩天衡美术馆迎来开馆一周年。七十又四的韩天衡饱蘸浓墨，颇有激情地书写隶书"感恩"二字以抒怀。跋曰："韩天衡美术馆开馆周年，深谢关爱与支持！二〇一四年十月二十四日，韩天衡鞠躬。"同日，《当代中国书画篆刻艺术家·韩天衡精品邮票2》《韩天衡精品邮票3》由中国集邮总公司发行；《豆庐十论》行书帖出版。

国之交在于民相亲，民相亲在于心相通。艺术无国界，常常发挥着民间大使的作用。2014年，由于钓鱼岛问题，中日两国关系落入低谷。但中日两国人民还是友好友善的，特别是有着深厚历史文化渊源及艺术交流关系的日本书法篆刻界依然维系着与中国的笔墨金石之谊。韩天衡作为在日本极有影响的中国当代书画篆刻家，在这个时候，也以艺为媒，积极推进中日两国艺术家的民间交往。这一年的10月30日，他在韩天衡美术馆会见了八十三岁的老朋友、日本北陆书道院理事长青柳志郎及其子女。早在1988年，青柳志郎就在日本北陆书道院筹办"韩天衡·青柳志郎书画篆刻展"，出版了一本作品集，在日本书法篆刻界影响颇大。26年过去了，老朋友相见叙旧话艺，自是倍觉亲切。青柳志郎还在韩天衡的陪同下参观了韩天衡美术馆，从韩天衡捐出的历代书画篆刻、珍贵印谱、笔墨纸砚、玉石瓷铜、竹木牙漆到他历年创作的丹青翰墨、印章印谱及著作论文等，一一认真观看，深表赞赏。

收藏是以保存实物的方式与研究考评的形态传承人类历史的文明、促进文化艺术交流，培养人文精神的重要活动。进入21世纪以来，全球华人收藏事业蓬勃发展，业态欣欣向荣，极大地推动了中华文化的传播，促进了华人文化交流的提升。在上海市政府的领导和支持下，由上海文物管理委员会、上海市文化广播影视管理局、上海市人民政府新闻办公室、上海市文化艺术界联合会发起，于2007年12月在上海创办了世界华人收藏家大会，两年一届。2008年10月和2010年11月分别在上海召开了首届、第二届大会，2012年10月移师台北召开了第三届大会。第四届世界华人收藏家大会于2014年11月3日至4日在上海国际会议中心召开。韩天衡作为大会特邀的专业人士，于11月3日上午在开幕式后，作了"收藏的心路历程"的嘉宾主题演讲。本届大会的主题是：收藏家的责任与素养。为此，韩天衡分别从收藏之乐、学习之乐、捐赠之乐、缘系嘉定四个方面讲了自己的收藏心得与收藏认知。由于语言风趣幽默、观点清晰明朗、论证事例生动，获得与会者的热烈掌声。

演讲的一个星期后，11月10日，他住进了上海市第一人民医院，进行心脏射频消融手术。韩天衡毕竟已是一位七十四岁的老人，平时除了勤奋地从事书画篆刻及著述讲课外，作为一位公共艺术家，还参加了大量的国内外艺术活动。尽管他的身体已频频向他发出了危险信号，但他"拼命三郎"的做派始终如一。他从1994年就开始发现自己出现了心脏早搏，吃药后有所控制，但到了2010年，他的早搏加重，变成了房颤，经常心脏一阵乱跳，全身无力，小便频繁，只得加重用药量。即使在这种情况下，他依然坚持艺术创作与出席社会活动，他说，自己把写字画画刻印看作是药方，拿起刀笔时，几乎忘记了有病在身。

到了2014年下半年，他的房颤如脱缰的野马，吃药也难控制了。医生叫他背上24小时动态心电仪，竟发现有停跳数秒钟的严重情况。在医生和家人的督促下，他只得住进医院，接受了由刘少稳教授主持的心脏射频消融手术。术后情况良好，逐步康复。韩天衡感叹道："这是医生医术的高明，也是老天对我的厚爱！"

古人云："自古雄才多磨难，从来纨绔少伟男。书山妙景勤为径，知渊阳春苦作弦。"为了心爱的艺术，为了心中的理想，韩天衡以顽强的毅力、不屈的意志、豁达的心态与病魔进行了多次较量，承受了常人难以忍受的痛苦和残酷的考验。2013年的阳春三月，他发现自己小便时常带血，去医院检查后确认是膀胱出了大问题。手术后，接下来的治疗是相当严峻的，需将卡介苗从尿道中灌入，疼痛异常，他却以惊人与超常的意志前后承受了八次。接下来的针药也都要从尿道进入，犹如上酷刑，但他都咬牙挺过来了。也有人因承受不了这样的痛苦而选择拿掉膀胱，挂体外尿袋，如果这样会严重影响日后的艺术创作和生活质量。韩天衡曾坦言："我这个人有个长处，就是病痛来了能乐观对待。我年轻时曾写过笔记，与其拖拖拉拉、浑浑噩噩、无所作为地活六十年，还不如努力奋斗、做出成绩、轰轰烈烈地活三十年。我自以为，六十岁以后的时间都是拾来的。只要活着就要思考、要创作，不让一日闲过，真的不为了什么，就是为了艺术。"这是一种生命的认知，也是一种人生的姿态。

从青年至老年，韩天衡在每年的日记本扉页上都写着："只有每天活得充实，才有充实的一年。只有年年的充实，才有充实的一生。"正因具有这样的人生观，韩天衡才能筑起精神上的长城，始终以乐观的态度面对病魔的来袭。如2007年7月，他在上海华山医院做了八个半小时的腰椎间盘手术，刀口长30厘米，腰椎骨被截掉五节。在做手术的前夜，医生反复对他说："你有高血压，晚上要吃安眠药，保证睡好。如果睡不好，血压升高就不能做手术了。"做这样的手术，风险之大他不是不明白。第二天早上，医生来到他的病床前有些紧张地问道："哟，韩老师，你怎么安眠药没吃啊？""是的，我不吃安眠药，照样睡得很香。"韩天衡笑着回答。当护工将他抬到手术推车上时，站在一边的太太应丽华及女儿、儿子、学生等都显得心情十分沉重，他却笑眯眯地向大家做了个"V"字形的胜利手势。

从医院成功做完心脏射频消融手术后，他又马上去拥抱自己所执着的艺术。11月25日，他的论文《篆刻六忌》入编西泠印社第四届"孤山证印"国际印学峰会论文集。

斗转星移，又到了年末，韩门辞旧迎新的气氛也开始浓厚。12月20日，"百乐雅集2015年迎新年会"在韩天衡美术馆举行，近240位嘉宾和弟子出席。上午，"夫子亭"揭幕仪式在韩天衡艺术工作室举办，这是韩门弟子为了感谢恩师的培育之情，集体自发出资所建。这是一座造型古朴典雅的石柱木顶六角亭，建在鸟语花香的豆庐工作室前的花园内，更增添了江南园林的诗情画意。"夫子亭"匾额由韩门大弟子孙慰祖题写，左右石柱上"天姥奇崛破空栽大木，衡岳苍茫立雪仰先知"的对联由王丹书题。韩天衡对"夫子亭"的解读如下："我之所以为其定名为'夫子亭'，意思是艺术自古代代相传，没有老师，哪来学生？没有老师，哪来我韩天衡。'夫子'的取名是我携一众学生，向先前的夫子们致敬！"

当天下午韩天衡举办了私人收藏品鉴会，展出近现代书画印及杂件共128件，同时为弟子作了富有知识性、情趣性、学术性的讲解。傍晚，姚小平、赵鸣、宋汉光、汪彬、赵军、陈鹏、夏功良、王晖、林海琼、冀书源十位新弟子入门拜师仪式在演讲厅隆重举行，韩门弟子阵容再变壮大。气氛欢快、场面热闹的迎新晚宴在嘉定东方大酒店二楼宴会厅举行，韩天衡勉励弟子们，要以更勤奋的创作、更精彩的作品迎接又一个新年的到来。

自2013年10月规模甚大的韩天衡美术馆建成后，富有家国情怀、使命责任和艺术理想的韩天衡不顾年事已高，依然以极大的热情、自觉的姿态投身社会化的艺术活动，也实现华丽的转身，成为一位公共艺术家及策展人，从个体小我走向了集体大我，从书斋画室步入公众时代。对于他这种身份的嬗变，我们的文化艺术界似乎没有应有的关注、足够的认知和客观的评价，这是一种令人遗憾的滞后现象。2015年1月26日，韩天衡被聘为中央电视台

"发现之旅"频道《文化寻根》栏目总顾问。《文化寻根》是一档以"发掘传统文化,弘扬中华文明"为宗旨,以助力实现文化强国的电视栏目。作为栏目总顾问,韩天衡相当认真地为这档节目从题材、内容到具体操作等提了不少建设性的构想。

五月花季,韩天衡夫妇再赴日本富山,出席"韩天衡·青柳志郎书画双美展"的开幕式,完成前一年10月底青柳志郎访问韩天衡美术馆时他们共同约定的艺展之事。同时,出版了《双美》画册。青柳志郎时年已八十有四,而韩天衡亦七十又五,两位"丹青不知老将至"的艺苑老翁健笔凌云、气势郁勃的书画之作,形成了中日艺苑一道令人注目的风景,引得如潮好评。是呵,这种超越国界、超越功利的老艺术家的笔墨联谊、丹青结缘、金石同好,凝聚着真挚的艺术理想及可贵的民间情结。

第二十五章 七十而从心所欲，不逾矩

作为整个展览的重要组成部分，韩天衡出版的百余种著作，彰显了他在艺术理论、学术研究、文化评述、考证赏析、教学辅导上勤奋思考、辛勤笔耕后取得的卓越建树与丰硕成果。他的不少著作具有填补空白、完善学科、阐释经典、启迪创新等贡献，在当代艺术界堪称楷模。

三登泰岳

以"不逾矩不"作为展览的主题词。"不"并非是轻率狂妄的否定；"不"，是艺术前行的动能，一个人对世界的认识，对艺术的追求，穷尽一生的努力和探索，也只可能接近于真实和目标，岂有从心所欲？循矩而又不囿于矩，在肯定中作智性的不屈不挠的否定，才能在艺术上敢于越陈规，创新貌，推陈出新，常变常新，才能使艺术生命常青。

——韩天衡《豆庐独白》

2015年初夏的西子湖，一派优雅绚丽的景色，"接天莲叶无穷碧"中，荷花含苞待放，花苞的尖端，"早有蜻蜓立上头"，散发出盎然的生机与时尚的风情。6月5日，"不逾矩不——韩天衡学艺七十年书画印展"在浙江美术馆隆重开幕。嘉宾云集，观众如潮，成为杭城艺界一道惊艳的景观。孔子曰："七十而从心所欲，不逾矩"。本次展览的宗旨与主题，是独具匠心、哲理睿智、指向高瞻、立意深邃的。诚如韩天衡所言："以'不逾矩不'，作为展览的主题词。'不'并非是轻率狂妄的否定；'不'，是艺术前行的动能，一个人对世界的认识，对艺术的追求，穷尽一生的努力和探索，也只可能接近于真实和目标，岂有从心所欲？循矩而又不囿于矩，在肯定中作智性的不屈不挠的否定，才能在艺术上敢于越陈规，创新貌，推陈出新，常变常新，才能使艺术生命常青。也就是不守旧、不自缚、不懈怠、不信邪、不逾矩不。"韩天衡在漫长的从艺之路上，正是不断地常变常新、自我说不，以此永葆创作激情与活力。

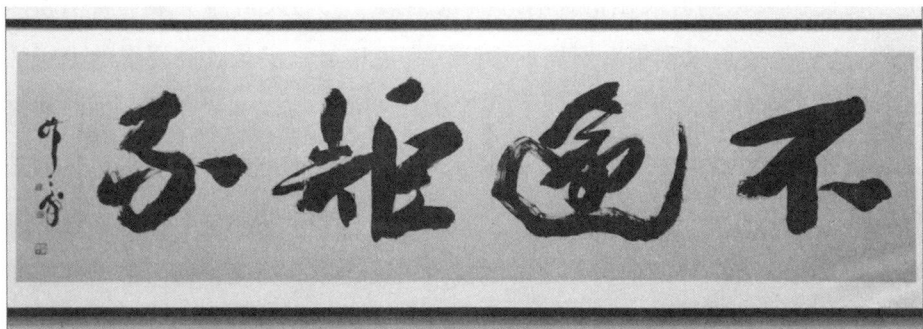

图25-1　行书"不逾矩不"金笺

　　为了搞好本次展览，韩天衡与韩天衡美术馆的策展团队历经了一年多的策划筹备，从展览作品、内容、开幕式等都反复推敲、精益求精，从而使整个展览通过近300件书法、绘画、篆刻等作品，完整呈现了在长达半个多世纪中，韩天衡不同时期的精品力作及不同创作形态的风格。特别是为了反映时代精神与强化展览审美效果，在半年前，韩天衡凭着拼搏的精神创作了两幅丈二匹（146cm×360cm）的巨制，一为笔墨遒劲、酣畅淋漓的水墨画《松云皓月图》，一为色彩瑰丽、富美堂皇的重彩《杨万里诗意图》。他还挥毫写下了四米高、八米宽的巨幅榜书《涛声》《不逾矩不》《江南达半龟年》，可谓大气磅礴、力扛九鼎，给人以艺术美的享受和诗意化的启悟。韩天衡时年七十又六，从四岁写字，六岁刻印到而今成为书画篆刻界的翘楚，但他始终不忘初心，砥砺奋进。七十岁时自刻"老学生"，七十三岁时又刻"老大努力"，七十五岁时再刻"老来多梦"，印为心声，这就是对"不逾矩不"展的生动解读与具体阐释。韩天衡坦言："艺术是我的至爱，乃至是精神、生命的支柱。"

展览还荟萃了韩天衡所出版的百余种著作、论文集、画册、字帖、印谱等，蔚为大观、自成系列，彰显了他在艺术理论、学术研究、文化评述、考证赏析、教学辅导上勤奋思考、辛勤笔耕后取得的卓越建树与丰硕成果。他的不少著作具有填补空白、完善学科、解释经典、启迪创新的贡献，这种理论著述的规模性、引领性、高迈性在当代艺术界可称楷模。

与此次展览同时展出的还有"百乐雅集——韩天衡师生第十届书画印展"，这也是"百乐雅集"历届展中一次高规格、高品位、高要求的韩门师生展。在展览征稿前，韩天衡专门作了创作动员，开了几次会议。韩天衡强调：杭州是历史文化底蕴深厚、艺术氛围浓郁的江南书画印艺术重镇，也是"天下第一名社"——西泠印社的所在地，必须严阵以待、不容懈怠，要力争拿出最好最优的作品向西湖之畔的杭州人民汇报。为此，韩门弟子遵循师命，同心协力，纷纷拿出自己的精品力作。经过三轮严格遴选，共有201位弟子的书法、绘画、篆刻、雕塑、摄影作品201件入选。为了配合此次展览活动，上海书画出版社还出版了大型精美的《不逾矩不——韩天衡学艺70书画印展作品集》及《百乐雅集——韩天衡师生第十届书画印展作品集》。

4月的绍兴兰亭，蕙芷清芬、杜鹃争艳、竹影婆娑、白鹅戏水，好一派天朗气清、惠风和畅之景。4月21日上午，第五届中国书法兰亭奖在新建的绍兴兰亭书法博物馆隆重开幕。下午，在古朴典雅、墨池相拥的王右军祠举行了颁奖仪式。创立于2001年的中国书法兰亭奖，是经中共中央宣传部批准的书法界唯一的综合奖项，也是中国书法艺术的最高专业奖，每三年举办一届。第五届兰亭奖评选出终身成就奖两名：孙伯翔、周慧珺；艺术奖十名（以得票多少排序）：韩天衡、李刚田、周俊杰、刘一闻、徐利明、张旭光、邱振中、徐本一、张建会、熊伯齐。评委会给韩天衡的颁奖词是："韩天衡先生多闻博涉，精研睿思，勤于探索，著述等身，填补了许多印学领域内的空白。在从事书法篆刻创作及研究的半个多世纪里，他刻苦磨砺，铁笔纵横，引领风尚；坚持义务教育，课徒授艺，培养书坛后劲；热心公益，慷慨捐赠，泽被世人。对于推动当代书法复兴，促进艺术传承与创新，贡献巨大。"

7月3日至18日，"不逾矩不——韩天衡学艺七十年书画印展"在风景优美的武汉市武昌区东湖之滨的湖北美术馆亮相，这是继6月在杭州首展之后的全国巡展第二站。韩天衡以他奇崛恣肆的篆刻、雄浑宽博的书法、富丽莹洁的绘画及等身的著述，向武汉三镇的艺术界展示了一位海上书画金石家七十年的人生追求与探索之旅。

篆刻是韩天衡从艺的发轫，也是他的看家本领。但其可贵之处是他始终在求变求新，多方求索，使之艺不结壳，常刻常新。8月，上海书画出版社出版了《韩天衡篆刻近作》，汇集了他近年创作的264方精品力作，在方寸印间展现了精湛的刀

图25-2　2015年7月，"不逾矩不——韩天衡学艺七十年书画印展"在湖北美术馆开幕

笔与郁勃的气势，灵动的造型与独特的风格。诚如清刘熙载在《游艺约言》中所言："有金石气，有书卷气，有天风海涛高山深林之气。"为此，上海大学美术学院教授徐建融以《五百年来一天衡》为序，其曰："吾家悲鸿先生论画学，以为'五百年来一大千'。于今论印学，以为'五百年来一天衡'。盖蛰居豆庐之室，洗练方寸之石，上下千年，纵横万里，吉金乐石，七国玺印，汉初元朱，明清流派，五体六书，螭鱼鸟虫，一一熔铸古今变化天地。……汇印学之文献，谱录，焚膏继晷，辑印学之年表，辞典，森罗万象，郁郁乎盛，印学以来未之有也，天下之能事毕矣。"是呀，五百年作为一个历史概念与时空梳理，代际比较与学术评判、艺术谱系与风格建树，有徐悲鸿的"五百年来一大千"说，有吴湖帆的待"五百年后人论定说"。而在印学上"五百年来一天衡"说，无论是从印艺创作、印风开拓、印理研究、印学著述等方面来讲，都具有印学史的界定意义、艺术学的构建性质与时代性的标识作用。

在祖国的南边，澳门犹如一颗宝石般闪耀在珠三角的西岸，它璀璨亮丽的每一面都有不同的精彩。澳门很小，可以说是"弹丸之地"，却得到了文坛艺苑名家们的青睐。9月11日，韩天衡从上海飞抵澳门，出席由澳门博物馆举办的"吴越风流——吴让之、赵之谦书画印特展"。这是一次精心策划、主题鲜明、视角独特、内容丰富的艺展，由"吴让之书画""赵之谦书画""其他名家书画""吴让之篆刻""赵之谦篆刻""其他名家篆刻"六大专题组成，展出了赵之谦作品138件套、吴让之作品45件套，较为系统地呈现了两位晚清书画金石大家的艺术成就、创作风格及对后世的影响，从中也可见澳门对民族文化的重视与对传统艺术的弘扬。

十月金秋，枫红菊黄，阳光灿烂。"不逾矩不——韩天衡学艺七十年书画印展"在上海中国画院专场开幕。上海中国画院是现当代海派书画篆刻最高的艺术殿堂，大师云集，名家荟萃。韩天衡1980年正式调入画院，开启了他艺术人生的新篇章。他在这里整整工作了20年，画院是他生命历程中的重要驿站和艺术创作中的腾飞之地。韩天衡在此举办展览是深怀感恩情怀的，因为是国家、是画院、是画院中的大师名家培养了他。上海市文联主席、上海中国画院院长施大畏在开幕式的致辞中说："韩天衡先生始终以最宽广的胸怀接纳一切，博古通今，博采众长……而韩天衡先生在艺术实践中张扬的生命观和历史观是他个人的追求，也是我们这一代艺术家所努力追寻的。或许，这就是艺术对于世界的意义。"

10月15日上午，"不逾矩不——韩天衡学艺七十年书画印展暨学术研讨会"及"百乐雅集——韩天衡师生第十届书画印展"，在韩天衡美术馆开幕。在开幕式上，韩天衡朴实而深情地说："中国有句俗话叫'少壮不努力，老大徒伤悲'，现在我已经'老大'了，如果再不努力，那将是一辈子'徒伤悲'。在艺术的道路上，尽管充满着艰难、困惑，但我还想进步，希望能和各位多多交流和相互指导。"此次"百乐雅集"，展出了200多位韩门弟子秉承师训、传承开拓、汲古求新的艺术创作，可谓是师生相应，相得益彰。

作为本次展览的系列活动之一，15日下午至16日，大型的"不逾矩不——韩天衡从艺七十年学术研讨会"在韩天衡美术馆多功能厅举行。此次研讨会自年初通过定向约稿和公开征稿后，得到了全国乃至日本书画篆刻艺术界人士、专家学者以及韩门弟子的积极响应。所撰论文对韩天衡七十年来在篆刻、书法、绘画、理论、收藏、教育等领域取得的非凡成就，以及人品、道德、修为等方面，进行了深入细致的评述与全面精到的研究，颇具理论意义与学术价值。其中一些当年的老战友，回忆起与韩天衡先生在瓯海度过的军营生活，让人倍感亲切，也是一份难得的史料。截至2015年8月底，编委会共收到海内外来稿87篇。同时，通过广泛地搜寻挖掘，整理出历年来已发表的文稿84篇。经专家审评，按照文稿的主要内容分为"论""说"两大部分。其中，"论·韩天衡"以研讨、论析类文稿为主，收入60篇；"说·韩天衡"以回忆、叙述、序跋类文稿为主，收入86篇。本书由西泠印社出版社出版。

对韩天衡篆刻的评论或研究，主要还是集中在技法评判、刀笔传承、印作赏析及风格确认等的层面上。当然，这些都是需要的，更有待于进一步深入和细化，但我们的研究视角、方法定位及学术取向，还应当把韩天衡篆刻放在中国篆刻史学的宏观层面和艺术构成系统中作动态性、史学性与发现性的评述，亦即关注韩天衡篆刻、印学体系性的重构。为此，在"不逾矩不——韩天衡从艺七十年学术研讨会"上，笔者提交了《韩天衡篆刻——中国篆刻史学意义上的评述》一文，现摘要如下：

作为中华文明古国的传统艺术，如书法、篆刻、绘画等，都具有体系性的构建。如篆刻起源于神话传说，汉代《春秋运斗枢》中载："黄帝时，黄龙负图（印章），中有玺章，文曰：'天王符玺'。"而《春秋合诚图》中则富有故事性地叙事谓："尧坐舟中，与太尉舜临观，凤凰负图授尧，图以赤玉为匣，长三尺八寸，厚三寸，黄玉检，白玉绳，封两端，其章曰：'天赤帝符玺。'"以往人们对此传说是不屑一顾，认为是封建迷信。然而我们对神话这一原始密码作意识形态的解读，这些神话正是传导或是隐喻了君权神授的庙堂之说和帝由天命的皇家理念。由此也奠定了篆刻艺术的历史地位和权信作用。

从物化形态起源来讲，篆刻滥觞于春秋战国时期。《周礼·地官·掌节》中有"货贿用玺节"之说。《后汉·祭祀志》载："始有印玺，以检奸萌。"正是由于春秋战国是个社会大变革时期，在"百家争鸣"的时代背景下，春秋战国古玺印峻健奇谲、风格多变。从巨玺的舒展恢宏、纵横恣肆到小玺的严谨精致、清逸灵动，都展示了瑰丽多姿的时代特征。越秦而汉，中国篆刻达到了鼎盛期。汉印在整体艺术特征上，显示了其技艺的精湛性、款式的系列性及风格的建树性，即汉印真正拥有了自己的篆刻专用文字"缪篆"及成熟的铸凿方式，如相官印的典雅雍容、将军印的雄健苍劲、姓名印的工稳道丽乃至鸟虫印的旖旎婀娜、肖形印的惟妙惟肖等，从而创造出中国篆刻史上的第一个高峰。从春秋战国古玺到秦汉印，由此形成了篆刻史学意义上的古典印体系。

明代正德、嘉靖年间，文彭与何震崛起于印坛，他们力矫时弊，追踪秦汉，正本清源，开创了吴门派与皖派，由此开创了中国篆刻史上流派印的时代。其后的苏宣、朱简、汪关、程朴、周亮工等，形成了一个流派印篆刻家群体，并开始印学的研究与著述。由明入清，中国篆刻艺术出现了繁荣兴盛的局面，流派纷呈，名家辈出。丁敬首开浙派之印风，邓石如成为皖派的巨擘。丁敬精于印学，究心金石，切刀铿锵，印灯烛照，担纲"西泠八家"的领军。而邓石如遍访断碑残碣，研习彝器铭识，书从印入，印从书出，终以书印相参集大成开新风。清代后期，篆刻艺苑大师云集，从吴熙载、赵之谦至吴昌硕、黄士陵等，形成一个群星灿烂、各领风骚的鼎盛局面，构成中国篆刻艺术史上的第二次高峰。篆刻一艺有二次高峰、二次鼎盛期，与艺术史上的晋书唐诗宋词元曲一艺一高峰、一鼎盛相比，是独特的文化现象，由此也开创出中国篆刻史学意义上的流派印体系。

从清末民初直至20世纪五六十年代，亦即"文化大革命"前，中国篆刻艺苑在西泠浙派、吴熙载、赵之谦、吴昌硕、黄牧父等巨擘级大师引领下，出现了一个精英群体与名家团队，如赵石、赵叔孺、王福厂、齐白石、钱瘦铁、丁辅之、潘天寿、沙孟海、诸乐三、王个簃等。而以赵石、赵叔孺、王福厂、齐白石为影响最大：赵石带出了邓散木、汪大铁、瞿树宜等；赵叔孺带出了方介堪、陈巨来、叶潞渊等；王福厂带出了吴朴堂、韩登安、顿立夫等；齐白石带出了娄师白、陈大羽等。除此之外，亦有参照吸纳、融通变法的马公愚、朱复戡、来楚生、方去疾、钱君匋等。

从艺术社会学上来看，对于艺术体系性的研究，应当重在历史演变过程中的重大转折与艺术机制构成的本质变化。一个艺术体系的孕育、发展、确立，是与时代的背景、文化的氛围、艺术的环境、创作的理念、表现的形态等分不开的。韩天衡远溯春秋古玺，上窥秦汉印系，追踪明清诸家，并深入研究印学史及印学理论，临刻古印三千多方，精读历代印谱四千多部，开始了他对古典印体系、流派印体系的超越与拓展。

韩天衡的篆刻从艺之途有三个时间结点。一是1963年，他的篆刻作品参加了杭州西泠印社展，这对年仅二十三岁的他来讲具有突破性的意义。西泠印社是天下名社，篆刻界的最高殿堂，他的作品能跻身其中，证明其在传统的继承及功力的展示上，得到了印坛权威的认可。二是1965年，篆刻名家丁吉甫先生着手编辑《当代篆刻作品选》，全国入选者经过严格挑选，二十五岁的韩天衡成为最年轻的入列者，这标志着他已进入了当时主流篆刻家群体。三是1979年，西泠印社在西子湖畔举办"文化大革命"后首批新社员入社仪式。韩天衡和陈巨来等人从社长沙孟海先生手中接过"社员证"，这对39岁的韩天衡来讲具有里程碑的意义。此时他已成为全国中青年篆刻家的领军人物。

以上三个时间节点，是我们理解韩天衡篆刻进入体系性重构的起点。从艺术创造学的角度来看，艺术创作大都是以技载艺，以法融术，以思传神。如果说古典印体系是以适用、重构于印面文字为关键（如金文、缪篆、小篆、鸟虫篆等），又以日趋成熟的铸凿技艺为载体（如浇铸、翻模、凿刻、急就等），那么，流派印体系则是以继承传统、变汇通融为杠杆（如文彭、何震，从纠正文字乖谬、印式杂芜混乱入手，以六书为准，追慕秦汉而自创新意），又以借鉴变法、触类旁通为中介（如丁敬以碑碣文字及切刀起伏为借鉴，赵之谦以诏版镜铭钱币为借鉴，吴昌硕以石鼓瓦甓封泥为借鉴，黄牧父以彝器金文为借鉴、齐白石以急就凿印为借鉴），从而各领风骚，自辟蹊径。诚然，韩天衡中青年时期亦以秦汉碑额草篆为借鉴，自出机杼，面目一新。

韩天衡真正进入篆刻体系性的重构，应当讲是开始于20世纪80年代初期及90年代初。而从那时整个社会大背景来看，当代篆刻从"文化大革命"结束后至此，已走过了复苏与启蒙、振兴与发展期。此后，当代篆刻真正进入了转型与提升、探索与创新期，而韩天衡则是一位开拓者。特别是进入新千年以后，他这种意识的创作践行与印上的奏刻实验日趋鲜明而强烈。他以深厚的金石修养、先进的印学觉悟、睿智的艺术理念、开放的创作认知、独特的刀笔形态对印艺进行了全方位的突破与系统性的创建。也就是说他已不再局限于借鉴一家一派，不再注重汇变于一招一式，不再顾及于一点一面，而是殚精竭虑，寻觅构建于属于当代印学体系的表现语汇、审美系统和图式谱系。于是，二律背反这一哲学思维方式在韩天衡的篆刻体系性重构中得到了逻辑的体现。他对古典印体系中的三大系——古玺系列、秦汉系列、鸟虫系列进行了全面的传承与变法。对流派印体系中的三大名家系列——邓石如、吴让之系列，赵之谦系列，吴昌硕系列进行了能动的参照与创新。可以这样讲，在当代印坛，韩天衡对古典篆刻之源、宏观与微观、整体与局部、综合与变通、博采与约取的理解，几乎无人能望其项背。何谓体系重构？即体例的突破重建与系统的颠覆重组。以此标准来衡量，韩天衡篆刻实现了印式、印风、印系乃至印学、印著等方面的体系性重构，这是篆刻在当代的历史转折与时代新风。

韩天衡篆刻，从印学体系性的重构、刀笔谱系性的更新到理论学系性的打造，无论是从篆刻本体、还是从艺术系统及学术著述来讲，都具有中国篆刻史学意义上的时代性建树。

在高楼林立、潮流时尚的上海浦东陆家嘴金融中心腹地，有一幢典雅雍容、中西相融的江南民居安然地与岁月相守。这座老宅原是浦东乡绅陈桂春的故居"颍川小筑"。1888年，吴昌硕曾在陆家嘴的烂泥渡路租借了两间简陋的农舍居住，还带着儿子去临近花农的芍药园中写生。自此，这位大师和浦东结下了深深的情缘。浦东医院于1920年创办后，吴昌硕为了资助中国人自办的这家医院，时常和王一亭等人在"颍川小筑"作画义卖。如今，这里成了吴昌硕纪念馆。为了纪念发扬海派书画领袖吴昌硕的艺术精神，作为上海吴昌硕艺术研究会的会长、吴昌硕纪念馆的馆长，韩天衡于2015年11月14日在此举办"追踵缶翁——韩天衡书画印展"，集中呈现了112件书画印作品，并敬书"追踵缶翁"的横幅捐赠吴昌硕纪念馆。韩天衡称这是他在获得第五届中国书法兰亭奖艺术奖、"不逾矩不——韩天衡学艺七十年书画印展"分别在杭州、湖北、上海举办后向"老前辈吴昌硕先生的一次汇报"。

"让世界灿烂的不是阳光，而是每个孩子的笑脸。"11月29日，韩天衡出席了"晒墨宝·首届童心绘美术公益大赛颁奖"仪式，这项由上海韩天衡文化艺术基金会资助主办的活动，旨在培养和开发智障儿童的书法绘画兴趣，让笔墨成为他们内心的工具，让色彩成为他们倾诉自我的语言。借此传达一个重要的社会理念，爱孩子就是爱明天。

之后，韩天衡美术馆又和上海市嘉定区文化部门一起举办了一场"晒墨宝——嘉定区中小学生迎春书法大赛"。值得一提的是，在获奖者中有一个小学生的作品得到韩天衡的格外留意。这个孩子的母亲是外来务工人员，在菜场里卖菜。他每天放学后就来到摊位上，将菜筐倒扣当桌子做作业、练毛笔字，耳边的嘈杂声只当风吹过。一位买菜的大妈看这孩子毛笔字写得还真不赖，就送他字帖和笔墨纸砚，鼓励他将作品发到网上。韩天衡听说了这个情况，又看了网上的作品，觉得对贫困家庭的孩子应给予格外的关心与鼓励。后来所有参赛的小选手都要当场挥毫面试，韩天衡与评委们一看，这个孩子写得最好，就将小学组的一等奖给了他。接下来韩天衡还决定吸收他进艺术馆来学习，并特别资助了他一年的学费。

第二十六章　姓名韩天衡没错，称绘画大师是搞错了

组委会评语是："他是当代杰出的书画篆刻家，捐赠1136件珍贵艺术品建立韩天衡美术馆，成为嘉定文化新地标。他捐资2000万元成立上海韩天衡文化艺术基金会，资助嘉定书法教师培训等项目。曾获中国书法最高奖'兰亭奖'最高票。将所得奖金20万元，全额捐赠上海韩天衡文化艺术基金会。"

如意

记忆犹新的是当时我爬昆明的西山，在山顶上看到了一副对联。上联是"置身须向极高处"，一个人总是要有理想、有追求，要向最高的目标登攀。下联更好，"举首还多在上人"，就是你尽管努力了，有高度了，但你不要骄傲，当你抬头向上看时，还有更高的高手在你上头。这副对联对我的触动、启发一直持续到今。

——韩天衡《豆庐独白》

2016年1月22日，在景色明丽、鲜花盛开的濠江之畔，由澳门书法篆刻协会主办、濠江印社与日本苍文篆会协办的"丹篆寄心声——澳日两地书法篆刻联展"在澳门教科文中心隆重开幕。韩天衡应邀出席开幕式，对澳、日书法篆刻家的联袂办展致以热烈的祝贺。本次展览呈现了澳、日近百名书法篆刻家的书画印作品共136件（套），另有澳、日收藏家珍藏的多方中国古代玉玺印的展示。作为中日友谊的见证，此次联展进一步促进了中日书法篆刻艺术的发展与国际交流。

"爆竹声中一岁除，春风送暖入屠苏。"农历丙申年的新春佳节来临了。韩天衡在2月8日大年初一早上，新潮地通过手机发了新年祝福视频。"各位朋友，新年好！丙申是猴年，金猴献瑞。祝福各位福寿康宁，万事如意！同时感谢大家对韩天衡美术馆的一贯关怀、支持和帮助，谢谢大家！再次给大家拜年，新年好！"他还作了七言诗给亲友同学拜年："生龙活虎孙大圣，福寿康宁又一春。愿君一如凌波仙，花开不败玉精神。"艺术创作使人年轻，韩天衡虽然已是七十又六了，但他心态依然不老，相当热爱生活，经常发微信朋友圈。从最新书画印作品的发布、创作心得体会、理论研究新论到评点学生创作、人生感悟、社会杂感、生活小影等，他的微信朋友圈内容丰富、主题众多，颇有人间笔记的意味。他还极大地拓展了微信的用法，使其成为自己创作的平台和交流的媒体。如他每在创作之暇，或休息之际，就在椅榻上用手机撰写的《藏杂·杂说》小品，从2018年11月至2019年3月，共写了370篇。内容包括忆述往事、记录辨识、漫说趣事、评析鉴赏等，并配以相应物图，发于微信朋友圈后，颇获好评，被称为"教科书级的朋友圈内容"。集中了300多篇后，由荣宝斋出版社于2019年10月出版了厚厚一本《藏杂·杂说——我与收藏的故事》，书被评为"中版十佳图书"。至此，他已先后出版了140多种著作。

2016年，杜鹃盛开的阳春三月，韩天衡艺术教育基地在韩天衡美术馆正式开学，韩天衡出席开学典礼，并讲授了第一次综合大课。教育基地除了开设书法、绘画、篆刻课外，还有手工制作课等，从此，文化古城嘉定有了一个正规、专设的艺术教育场所。不久，2016年嘉定双拥艺术培训基地揭牌暨军地两用人才技能培训班（春季）开班仪式也在韩天衡美术馆举办，韩天衡以自己曾经是一名军人为切入点，谈了军地两用人才培养的重要意义。

又到了绍兴兰亭书会举办之时，2016年4有8日，作为第32届兰亭书法节的一项展览，"游目骋怀——海派书画金石家十人展"在绍兴鲁迅纪念馆开展，韩天衡应邀出席，并致辞祝贺。303年，也就是西晋太安二年，上海松江的陆机写了"天下第一文人墨迹"——《平复帖》。353年，东晋永和九年，身处浙江绍兴的王羲之写下了"天下第一行书"——《兰亭序》，前后相距仅50年。历史艺术的承继、人脉地缘的相契，将上海和绍兴如此紧密地联系在一起。黄浦江畔与鉴湖之滨的"一帖一序"，共同构成了中国文化史上的"两晋现象"与帖学高峰，而这也正是上海与绍兴所共同拥有的宝贵文化家底与高迈书学取向。参加"游目骋怀——海派书画金石家十人展"的海派书画金石家有吴超、张伟生、王琪森、郭同庆、晋鸥、吴越、邹涛等，他们或追慕前贤、格古韵清，或意涉瑰奇、潇洒郁勃，或自出机杼、飘逸奇谲，诚如孙过庭在《书谱》中言，"穷变态于豪端，合情调于纸上"，彰显了当代海派书画金石家的审美追求、笔墨取向与艺术理想。其中张伟生、晋鸥、邹涛等均系韩门弟子。第二天上午，韩天衡出席了在兰亭书法博物馆前广场上举办的第32届兰亭书法艺术节开幕式。

授艺育人，也是韩天衡从艺人生中一个重要的组成部分。自韩天衡美术馆建立后，他依托这个大平台，做了大量的艺术普及和辅导工作，同时也开始考虑培养高端艺术人才的项目，并付诸实践。4月17日至24日，他主持了首届韩天衡艺校书画印高级研修班的开学典礼，为来自韩国及中国澳门、昆明、山东、河南、安徽、浙江、江苏、上海及周边地区的25位学生讲了

第一课，此后又讲了其中三分之一的课程。他讲课是从上午9点至12点，下午3点至5点半，晚上7点至9点，常常超时至晚上10点。他的课件丰富而图文并茂，资料珍贵而内容扎实，特别是实际演示使同学们收获很大。他的不辞辛劳、亲力亲为，更使同学们十分感动。同时，韩天衡也邀请了一些著名的书画家、学者来高级研修班授课。

图26-1　韩天衡（中间作手势者为韩天衡）指导学生

每逢节假日，韩天衡美术馆都热闹非凡，一些大型公益展览、大型公益讲座吸引了大量受众。这一年5月1日国际劳动节下午，在韩天衡美术馆的多功能厅举办了韩天衡主讲的"九百年印谱史漫说"，整个多功能大厅座无虚席，甚至连过道走廊都挤得水泄不通。讲座休息间隙，有两家著名的出版社向韩天衡约稿。为了做好此次讲座，韩天衡整整花了5天时间，用15张纸来整理演讲提纲及大师的资料图片，对九百年的中国印谱史作了全景式的综述和全方位的评析。这也凸显了韩天衡治学精神的精益求精，以及研究方式的不断深化。1983年7月，他在完成了《明代流派印章初考》后，开始撰写《九百年印谱史考略》，分为：印谱的起始与发展、历来印谱的版本、历来印谱的品类、印章的传世与印谱的汇辑，共四个部分。尽管是"考略"，但也是第一次梳理与考评九百年印谱史的概况，在当时的印学界引起了很大的反响。而今33年过去了，他翻阅过的印谱数从2000多种增加到如今的4000多种，且在这么多年中，作为有心人，韩天衡又发现、收集、研究、保存了不少新的印谱史料。随着研究资源的增多、学术思考的深入、理论认知的完善，他觉得有必要对九百年印谱史作一次全方位的更新梳理与评述。为此将前文增订为《九百年印谱史漫说》，共4万多字，并加上大量珍贵的图例。文章分为印谱制作的发展、九百年印谱的分期、编辑印谱的种类、历史上可称为"最"的印谱、关于印谱制作和访读的故事、印谱的人文价值与意义。以此文为基础的讲座论述翔实、评析精到、系统全面、生动流畅，最后一章更是深化了印谱研究的史学意义与学术价值。韩天衡具体举例谓："在印谱的一些序跋里，蕴藏着丰富的学术的研究成果，如王国维在徐安藏辑的《集古印谱》跋里有称：'此"匈奴相邦"，则单于自置之相，略如汉之丞相矣。匈奴遗物，传世者惟汉所赐之匈奴官印，其形创文字，自当与汉印同。此印年代较古，又为匈奴所自造，而创度文字并同先秦，可见匈奴与中国言语虽殊，尚未文字，亦当在冒顿、老上以后，非初叶之事矣。'这是十分重要的由考订古印得出的史学研究成果。"

"因此，印谱不单单有艺术性、史料性，还关系到学问，它关系到我们中华的文明史，关系到我们文字学，关系到我们华夏的历史、地理、制度，无所不及。罗振玉曾经讲过，它不仅对小学、地理、官史、诸家学问都有裨益。最近江西发掘的海昏侯墓，开始考古学家纠结海昏侯是谁。因为彼时的爵位是可以世袭的，落实不到具体的墓主。发掘过程中先出来一方'大刘记印'，汉宗室自然姓刘。后内椁里出来一方玉印'刘贺'，这才知道是第一代海昏侯，曾经做过27天皇帝的那位。在西汉时期，个人乃至尊为帝王，都是不设墓碑、墓志铭的，当时没有这一风气。到了东汉才出现并盛行，晋时禁碑，到了隋唐，墓志铭才泛滥。一方小印章，解决大疑团。"

6月的澳门，荷花绽放，亭亭玉立，红艳映日，象征着澳门的繁荣昌盛。6月17日，"丹青问道——韩天衡学艺七十年特展"在澳门艺术博物馆开幕。

展览汇集书法、篆刻、国画及文玩刻件共计180余件（套）。中联办文教部部长徐婷、外交部驻澳门副特派员蔡思平、知名人士梁锦松以及澳门艺术界人士200余人出席展览开幕式。韩天衡的国内友人和弟子100余人自费抵澳，大家相聚在濠江之畔，共贺大展举办。此次展览中，一个特别亮眼的主题是工笔重彩、水墨晕染的荷花。韩天衡对"出淤泥而不染，濯清涟而不妖"的荷花情有独钟，这也是他擅长的一个绘画题材。澳门以荷花作为区花，是有美好寓意与象征寄托的。韩天衡在开幕式致辞中说："荷花是澳门特区的区花，我相信澳门的文化艺术也会像荷花一样，发展得更加美好！"自20世纪80年代起，韩天衡就与澳门文化界、艺术界、传播界人士广泛交往，和澳门许多文化艺术界前辈如崔德祺、林近、余君慧、李鹏翥等建立了深厚的友谊，对推动沪澳文化艺术交流贡献良多。此展后来延长了70天，因后面的云南展举办在即而结束，是他所举办展事中展期延长最久的一次。

从澳门办展归沪后，韩天衡获由上海市文化广播影视管理局颁发的"上海市非物质文化遗产项目海上书法代表性传承人"称号。作为海派艺术的领军人物，他不仅将弘扬海派艺术、传承书画印艺作为己任，更致力于海派艺术的创新开拓与弟子培育。他在颁证会上表示："大家看得起我，谢谢！可是千万别把自己看大了。艺无止境，天外有天！"

"于世为闲物，于身为长物"的文房用具及器物，是文人的遣兴寄情之物，也是诗心文胆的语境展现，更是知识信仰的物质载体。7月22日，由西泠印社美术馆、上海韩天衡文化艺术基金会主办，杭州书画社有限公司承办的"朽兮不朽——三百芙蓉斋文房特展"在西泠印社美术馆展出。由韩天衡携其子韩回之精选几十年所藏，展出自商代以来及宋元明清、近现代各类文房用品共88件，很多是颇为珍稀的文房精品。如明代程群房的"百子墨"、张骞"乘槎犀角杯"、明"剔红花鸟木台"和"竹雕吹肺童子"、清于硕微雕"严子陵钓鱼台砚屏"等，精湛独特，立异炫奇、美轮美奂，体现了悠久的

图26-2 2016年7月，杭州"朽兮不朽——三百芙蓉斋文房特展"开幕

民族文化和巧夺天工的工匠精神，成为西子湖畔一道绚丽的人文风景。西泠印社出版社亦出版了此次特展的作品集。

秋色璀璨、桂香拂郁的国庆前夕，韩天衡荣获第三届嘉定区杰出人才奖。组委会评语是："他是当代杰出的书画篆刻家，捐赠1136件珍贵艺术品而建立的韩天衡美术馆，成为嘉定文化新地标。他捐资2000万元成立上海韩天衡文化艺术基金会，资助嘉定书法教师培训等项目，并开办'天衡艺校'培养新人。他曾获中国书法最高奖'兰亭奖'第一名。将所得奖金20万元，全额捐赠上海韩天衡文化艺术基金会。"

"山川异域，风月同天。"韩天衡以艺为媒，和日本艺术界展开了广泛的交流。10月15日，由上海韩天衡文化艺术基金会和日本茅原书艺会共同主办的"上海·琉球书心津梁展"在韩天衡美术馆举办。茅原书艺会是日本冲绳地区最大的书法团体，会员有8000多人。茅原南龙是日本著名书道家，和韩天衡有着20多年的友好交往，共同探艺。韩馆开馆之初，茅原南龙前来参观，当时韩天衡就热情相邀其来办展，如今经过三年多的准备，终于玉成其事。开幕式上还举行了捐赠仪式，此次展览结束后，茅原书艺会将全部作品捐赠给韩馆。韩天衡亦以最近精心所书、长达4000多字的行楷书陆羽《茶经》参展，以示中日茶道渊源，笔墨交谊。

此次展览内容丰富，形式多样，似一场文化嘉年华。开幕式后，"尚燃藏茶"带来了简约生动的茶文化讲解与优美典雅的茶道表演，并提供茶品尝。茅原书艺会还专门带来了冲绳舞蹈家，表演了古朴刚健而历史悠久的琉球舞。中国演奏家演奏了古筝名曲。"百乐雅集"与"茅原书艺会"的书法家们还共同举行了中日笔会，书法交流小使者参加了笔歌墨舞。

韩天衡的儿子韩回之自幼从父亲学习书画篆刻，渊源有自，传承有序，艺有专攻。他1997年毕业于上海市工艺美术学校绘画专业，1999年负笈东渡日本，毕业于日本大东文化大学，为书法专业的第一届毕业生。2008年毕业于中国社会科学院考古所考古研究生院考古系。后拜陈佩秋为师，专攻绘画和书画鉴定。工书画篆刻外，亦擅鉴定、策展与理论研究，观念开放、思路宽广，具有中青年艺术家的敏锐感和进取精神。2016年11月1日，韩天衡出席在杭州举行的西泠印社丙申秋季雅集"百年西泠·湖山流韵"大型系列活动时，喜闻儿子韩回之论文《世界印章的起源流传与中国古玺》获西泠印社"篆刻铭形——图形与非汉字系统印章国际学术研讨会"一等奖。这在艺界引起了不小的反响，其中也有些流言称"这是靠其父亲韩天衡帮忙"。于是韩天衡通过微信平和地讲："域外高古印章，回之已收藏研究有十多年了，他用了半年的时间写了一篇论文是关于域外高古印章的，获得了一等奖。我也看到了一些同学和朋友的祝贺，希望他戒骄戒躁，努力前行。在这里我想顺便告知诸位：一、域外高古印章，我从未涉猎，是我的短板，也许是当今许多印学家的短板；二、这次整个评审会议，社里要我回避不参加，这是正确的举措；三、据说由于这次论文主题的特殊性，请的是研究中亚史的专家，皆是不相熟的学者；四、据说在整个评审过程中，文章作者都是隐名的，直到评出奖之后才知晓作者是谁。印社的举措我认为很好，减少了对我的压力，做到公正、公平，非常感谢。回之靠自己的努力有了点成绩和进步，也是令人欣慰的。总之，希望他能在学术上不断进步。"

深秋的太湖之滨风景如画，红叶满山，桂香弥散。11月5日，"金匮艺缘——韩天衡师生书画印作品展"在无锡博物院开幕，此次展览由无锡市委宣传部、无锡市文化广电新闻出版局、无锡市文学艺术界联合会主办，韩天衡美术馆、无锡博物院、无锡市书协、无锡市美协承办，上海韩天衡文化艺术基金会协办，展出韩天衡师生佳作130余件，包括书法、绘画、篆刻、壶艺等多个类别及60余位弟子精品力作。

无锡古称"金匮",是江南吴越文化艺术兴盛之地。韩天衡师生的书画印作品带有浓郁的海派风情和独特的海派风格,使"二泉印月"之地的观众耳目一新。11月26日,韩天衡收到了美国普林斯顿大学出版社出版的*HAN TIAN HENG: MASTER OF MODERN CHINESE PAINTINGS*(《中国现代绘画大师——韩天衡卷》),该书在美国公开发行1000册。画册从签约筹备至出版发行耗时七个月有余,韩天衡精心挑选作品,认真配发文字,做了大量的准备工作。画册英文名定为"中国现代绘画大师",对此韩天衡幽默地表示:"姓名韩天衡没错,称绘画大师却是搞错的,要着重声明。"对于画册的出版发行,韩天衡则说:"感谢那些认识和不认识的知音,敝人的作品能被大洋彼邦认可、推广,是桩幸事。我当继续努力,为弘扬中国和海派艺术尽心尽力。"

图26-3　《中国现代绘画大师——韩天衡卷》

　　昆明,别称春城,一年四季鲜花盛开,风光旖旎,景色明媚,是国家历史文化名城。11月27日,韩天衡与夫人一行赴昆明,第二天访问了坊表壮丽、林木苍翠的千年古刹圆通寺，与二十多年的老友淳法大和尚相聚于方丈室，鉴别古画，即兴题跋。

12月1日，由云南省委宣传部、云南省文化厅、云南省文学艺术界联合会、上海市委宣传部、上海市文化广播影视管理局、上海市文学艺术界联合会联合主办的"不逾矩不——韩天衡学艺七十年书画印作品展"在云南省博物馆开幕。展出韩天衡320件精品力作，其中包括书法、绘画、篆刻以及文玩雅具以及艺术专著百余种，创作时间自1960年至2016年，这也是韩天衡学艺70年系列回顾展的第六站。为了增添此次展览云之南的民族元素和滇文化色彩，韩天衡专门画了云南省的省花及昆明市的市花山茶花。他笔下那红艳俏美的山茶花，带有浓郁的春城风情。此次展览正值沪滇对口帮扶合作20周年之际，韩天衡表示："这是海派艺术奉献云南的主题展示，也是沪滇文化艺术的传播与交融的双向互动、共同发展，实现了双赢。"

韩天衡对云南昆明也有着特殊而难忘的感情，这一方红土地曾给他艺术与人生的启迪。他深情地回忆道："1982年，我和上海中国画院的几个画家从贵州一路写生到云南，当时云南给我的印象是山好水美、空气新鲜。记忆犹新的是当时我爬昆明的西山，在山顶上看到了一副对联，这次展览中我也写了。上联是'置身须向极高处'，一个人总是要有理想、有追求，要向最高的目标登攀。下联更好，'举首还多在上人'，就是你尽管努力了，有高度了，但你不要骄傲，当你抬头向上看时，还有更高的高手在你上头。这副对联对我的触动、启发一直持续到今天。"展览期间，韩天衡与夫人一行游览了高原明珠滇池，与来自西伯利亚的红嘴海鸥嬉戏甚欢。随后又去了云南玉溪神秘的抚仙湖观光，他们泛舟在湛蓝宁静、波光粼粼的湖面，聆听着肖、石二仙抚肩化石的美丽传说。

还带着春城的清逸花香回沪后，12月12日，韩天衡出席了上海市政府举行的上海市文史研究馆研究员聘任仪式，这是他在婉拒16年之后（主要是时间不够用，不想过多地参与社会活动）接受诚邀。上海市委副书记、市长杨雄为韩天衡、余秋雨、王安忆等14位新骋馆员颁发聘书。杨雄在向新聘馆员祝贺时说:"'十三五'时期是上海基本建成国际文化大都市的冲刺阶段,希望文史馆员继续发挥各自专长和优势,多建良言,多献良策,为上海国际文化大都市建设多作贡献。"上海市文史研究馆成立于1953年6月,馆员主要是具有较高学术造诣和艺术成就,有较大社会影响和较高知名度的文化人士,专业涵盖文史、书画、戏剧、中医、表演、出版、法学等多个领域,至今已延聘1211人。

正当西子湖畔的梅花悄然绽放,冷香飞上枝头时,12月20日,韩天衡与夫人出席儿子韩回之在杭州西泠印社美术馆策划筹备的展览"他山之玉——域外高古印特展"开幕式并致贺词。

此次展览是国内首次极具规模的世界域外印展。展出从公元前6000年到19世纪期间横跨欧、亚、非三大洲各地域的代表性古印展品400余件。对西泠印社"保存金石,研究印学"的宗旨来说,这无疑是一次新的尝试和拓展。

12月23日,韩天衡的鸟虫篆印"龙的传人"在"朵云轩——2016秋季艺术品拍卖会"上以92万元成交。韩天衡被称为"当代鸟虫印第一人",他在传统鸟虫印创作中所作出的具有开拓性、创新性、突破性的贡献,其瑰丽超隽、华美多姿、奇谲精湛的印风,受到了海内外收藏家的青睐,从而在近年来的鸟虫印拍卖中屡创佳绩。

第二十七章　执子之手，与子偕老

韩天衡与夫人应丽华迎来了金婚纪念日。应丽华从当年在瓯江畔的军中与韩天衡相恋，到婚后带着女儿与丈夫分居两地，从挤在 10 平方米的简陋小屋到承担全部家务、照顾老人孩子，从寒冬半夜为他披上外套到把节衣缩食省下的钱让他去搞收藏，从他生病时彻夜照顾到手术后几十天衣带不解地看护……

抓铁有痕

艺术贵打通盘活。骨骼，肌肉，血脉，神经，穴位，辩证为用始为活且通。艺术的各个学科和门类像一只大马蜂窝，如若持之以恒，由约而博地把紧挨着的书、画、诗、文、印等蜂穴的薄壁打通，必能左右逢源，产生神奇的复合化学效应。然而，打通盘活大不易，需要靠度年如日般的读书、思考、体悟、历练和践行。

——韩天衡《豆庐独白》

2017年新春伊始,"抓铁有痕""踏石留印"二方篆刻刊发于1月1日的《人民日报》,是谓以印贺春。同日,面对小院蜡梅吐艳、清香馥郁,韩天衡欣然作五言诗一首:"元日冰天里,腊梅叶萼开。休言百花眠,满多争春者。"

古人云:"工良器利贵相得,文房四宝似四贤。"文房用具虽只是玲珑小件,用作案头清供,但其却浸润着中国古代知识分子的精神寄托、情趣幽怀。从人文方面,折射出了士大夫的价值观、审美观、人生观。1月30日,由韩天衡策展,联络了10位国内著名收藏家,筹备达三个多月的"兰室长物——历代文房具特展"在韩天衡美术馆开幕。这是一个创意新颖独特、人文含量高端深厚、展示内容丰富多彩的特展,600件历代文房用具体现了彼时文人们"于世为闲事,于身为长物"的闲情雅致,如苏东坡好砚、米南宫好石,毛子晋好古籍,丁日昌好墨,陈介祺好金石,陈曼生好紫砂,汪启淑好印谱,陆心源好瓦甓,吴昌硕好古缶等。展览系统地呈现了古代知识分子生活的精致与讲究,彰显了文人墨客日常的修为与修养。正是这些文具,让人们真切体会了"笔精墨妙,人生一乐"的境界。该展览在海内外艺界引起了很大的反响,海内外专家都来观摩及考察研究,众多媒体刊发了相关报道与专访。原定展期是1月30日到3月26日,后延期至4月2日。展览把海上明媚的春光点缀得更加诗意盎然,使城市生活空间弥散出浓郁优雅的书香。

韩天衡在谈到文房用具的意义与价值时,指出:"文房,泛指文人书斋文化中的器物,其物虽小,却承载、记录、传承、弘扬着中华民族五千年灿烂的文明史,功绩可谓大矣。千百年来,殚精竭虑的文人赋予了文房用具丰赡深厚的文化的、艺术的、史料的内涵。曼妙精致的文房是文人雅士的精神家园与挚友伴侣,所藏所收文具,每每书画文辞、积玉缀珠、文采斐然,平添史实,倍增情韵,成为文化见证、艺术瑰宝,是先民中能工巧匠与文人雅士才智共融、匠心诗心的结晶，极其珍贵。"装帧精美的《兰室长物——历代文房艺术》一书，由福建美术出版社出版。

元宵节过后的2月15日，韩天衡赴浙江宁波。2月16日，宁波召开全市繁荣发展社会主义文艺工作会议，这是宁波文化艺术界的一件盛事。韩天衡与叶辛、陈振濂、高希希、何水法、吴玉霞、高公博、徐朝兴、王鹏、林鸿、童衍方、俞峰等来自各个领域的12位文化艺术名人被中共宁波市委宣传部聘为"文艺大师"，聘期三年，自2017年2月至2020年2月，同时还被聘为宁波市文化发展咨询会议咨询委员。

"唐云先生是杭州人，淡妆浓抹总相宜的西子湖在他的身上留下了深深的烙印，毕生乡音不改，画作上多以'杭人唐云'为落款，托付着沉郁的乡思。"这是韩天衡2月24日发表在《文汇报》笔会版上的文章《药翁二三事》的开头。韩天衡受惠、受教于不少书画篆刻界的老先生，对此他是深怀感恩之心与报恩之情的。如今他自己也进入老先生的行列，于是觉得有必要把自己与老先生们交往中的趣闻轶事及论文说艺的内容记下来，一是作为纪念，二是作为缅怀，三是为文坛艺苑留下些时代性的记录。

在《药翁二三事》中，韩天衡写到了唐云用金贵的曼生壶泡茶，用三年时间画一百幅画捐助慈善事业，一张小册页画了三四个小时，因品鉴八大山人而给天衡"平反"，拿XO洋酒吞药吃，一生喜画虬枝老梅，自己还欠药翁一个字等轶事。2017年5月，韩天衡又发表了《教诲直到魂灵——杂忆恩师谢稚柳》。2017年9月1日又发表了《幽默 仁心 才情——忆程十发先生》等，均情感真挚、场面生动、人物性格鲜明、语言诙谐，弥散出浓郁的哲理性与温馨的人情味，是情景交融、情理并茂，颇有文献意义与艺术价值。正如他在《幽默 仁心 才情——忆程十发先生》一文最后所说："程十发先生是20世纪艺术史乃至整个中国绘画史上，不可或缺、光芒永辉的一位，谈到海派绘画艺术，更是绕不过这位巨擘。而我们今天对这位杰出画人的艺术评价、对他作品里所内含的含金量，还欠缺足够的估量。历史这杆秤诚实而公正，相信随着时间的推移、审美的提高，出自'一程十发'的这个含义微小的名字，必然日益显示出其另一端的伟大和高尚。"

海纳百川、追求卓越、开明睿智、大气谦和是上海的城市精神。也正是为了弘扬这种精神，韩天衡美术馆开门办馆，和上海及外地的多所大学合作授艺。3月17日，山东财经大学艺术学院在韩天衡美术馆设立教学实践基地，院长范正红、副院长杨秀丽参加签约仪式，韩天衡出席并为基地揭牌。

3月的古城嘉定，风和日丽，草碧芳菲。以《文化苦旅》蜚声文坛的著名文化学者余秋雨偕夫人马兰前来韩天衡美术馆做客，韩天衡与夫人应丽华陪同参观。参观了一层韩天衡历年创作的书画印精品馆、二层历代书画印珍品馆、三层文房雅玩及韩天衡艺术足迹馆后，余秋雨感叹道："韩天衡先生今年七十七岁，已经步入到人生七十古来稀的阶段。他的经历非常完整地告诉人们，他的一生，为中华民族艺术珍宝的积累，作出了让人感动的贡献。他个人没什么奢求，现在还做着好多好多慈善工作。他办这个展览本身就是个大慈善，在这一点上，韩天衡先生是让人感动的。他从一个艺术家，变成了一个让人感动的、非常了不起的人物，这让我们感到了生命的强度。一个人生命的各阶段如果能够用这种大善和大美连结起来，这就是了不起。在这一点上，我对我的老朋友韩天衡先生说一声：'非常钦佩，您真是为中国人

图27-1 韩天衡夫妇与余秋雨夫妇合影

做了非常了不起的事情，感谢您！'"

齐鲁之地的山东，圣贤故里，国粹风盛，文蕴丰厚，历史辉煌。4月28日，"不逾矩不——韩天衡学艺70年书画印展"暨"百乐雅集——韩天衡师生第十一届书画印展"，在位于历史文化名城济南的山东博物馆隆重开幕。此次展览展出韩天衡书、画、印、印屏290余件，各种学术著作与书画印作品集120余部，"百乐雅集"师生作品179件。

开幕式由山东省文联党组书记、副主席于钦彦主持，山东省委宣传部副部长刘致福、上海市文联常务副主席沈文忠、山东省文化厅厅长王磊分别上台为展览致辞，韩天衡美术馆理事会副秘书长韩因之宣读上海市委常委、宣传部部长董云虎的贺词。上海韩天衡文化艺术基金会理事长、中国篆刻艺术院名誉院长、西泠印社副社长韩天衡致开幕词，随后向山东博物馆捐赠其绘画作品、著作，山东博物馆常务副馆长郭思克向韩天衡先生颁发收藏证书。

此次展览是韩天衡学艺70年回顾系列展的第七站，展品丰富，琳琅满目，布展精湛，颇具震撼。小到册页，大到榜书巨画，均有传承、创新貌、谱系化、编年史式地展示了韩天衡从艺70年的创作心路与作品风貌。韩天衡谦虚而真诚地称："这是向圣贤故里人民的汇报请教！"在谈到此次展览的宗旨时，韩天衡认为："这是海派艺术奉献齐鲁，意在推动两地间文化艺术的互相交流促进、共同提高。"4月29日，韩天衡在山东博物馆一楼学术报告厅主持讲座"我的艺术观"。4月30日，他赴淄博、桓台参观清初杰出诗人、文学家王渔洋祠及其故居。

笔者常常惊叹感慨于韩天衡那种"丹青不知老将至"的奋发精神与"休将白发唱黄鸡"的事业追求。韩天衡已七十又七，生过几次大病后，身体状况不是很好。但是，他依然不知疲倦、不怕辛劳，投入大量心血到创作、策展、讲学、著述、编书、出访、授徒等活动中。有好心的朋友劝他，你年事已高，况且已功成名就、享誉海内外，现在根本不必这样忙碌奔波，可以优哉游哉地享受生活，享受奋斗成果了。韩天衡却说："为了实现我心中的艺术理想，我将乐此不疲。奋斗就是我最大的人生享受和最好的生活乐趣。"

这不，他刚从山东办展讲学归来后的5月12日，由韩天衡美术馆、陆维钊书画院主办的"心画——陆维钊先生遗墨精粹展"在韩天衡美术馆隆重开幕了，韩天衡出席开幕式并致辞，为展览题"心画"二字。

此次展览共展出陆维钊作品133件，其中不仅包括陆维钊书画院院藏精品35件，更有陆先生后人私藏的98件精品。其中，诗词手稿21件、书画作品35件、印章42方。如此集中且系统地展出陆维钊作品实属难得。陆维钊与韩天衡有深切的师生之谊。此次展览既是他们师徒间传道授业的一次深情对话，也是当代艺术界教学相长的一次精彩展示。为此，中国书画名家馆联谊会秘书长卢炘教授表示："今天展览的特别意义，除了欣赏书画、弘扬书画艺术之外，更体现了文化传承、尊师重道的意义，这正是展览的一抹亮色。"

陆维钊是当代书画篆刻艺术的大家，亦是一位当代书画教育的开山者。在他118周年诞辰之际，作为他的学生的韩天衡早就撰写了洋洋洒洒五千字的回忆文章《慈爱莫过维钊师》，发表于2017年1月20日的《文汇报》上，生动而真实地回忆了这位博学善良、腹笥渊博、正直清廉、德艺双馨的艺坛前辈和学界翘楚。为此，韩天衡在开幕式上致辞时，几度哽咽，潸然泪下。他动情地说："能把陆维钊先生的展览带到韩天衡美术馆来，是我很久以来的心愿。我一辈子最大的幸运就是碰到了很多大师级老师，我艺术上的长进，也和这些老师的精心栽培密切相关。"在接受采访时，韩天衡还特别讲到，陆先生晚年自知来日无多时，还专门写了封信给大学者、书法家郭绍虞，"那信封里装着四页用毛笔写的非常精妙工整的行楷信笺，一是介绍我的艺和人，后面谈到他自己的身体，说指导天衡的机会不多了，特地拜托老友在各方面给予指导，还谈到我不单单是个刻印的人才，还是可以多方面培养的。其中有一句让我最感动的话，就是请郭先生能接受嘱托，'能帮助天衡的话，我感同身受'。'感同身受'这四个字，让我感受到了陆先生亲如骨肉般的关怀与情感。当时捧着这封信，如同捧着陆老师一颗滚烫的舐犊之心。38年前，那铭刻肺腑的一幕，至今历历在目啊"。是呵，陆维钊的爱才之心，育才之职，充分体现了先生的风范与师者的情怀。

福州，又称榕城，是国家历史文化名城。这里景色秀美，遍植榕树，绿荫满城，名胜古朴，遗迹幽逸。6月7日，韩天衡夫妇赴福州，走访了著名景点大开元寺、泉州洛阳桥、崇武古城等。6月10日，韩天衡在福建博物馆出席"源远流长——第二届海峡两岸中青年篆刻大赛作品展"开幕式，为开幕式题字"源远流长"。这次展览是国台办2017年对台交流重点项目之一。其意义是突出强调两岸共承一源的篆刻艺术的"交流""融合"与"推进"，从而成为更加广泛的两岸艺术界中青年交流的助推器，共同扶持两岸篆刻界的中青年精英俊彦。下午，韩天衡在福建博物馆作了"书画印鉴藏漫谈"的讲座，分享了自己在书画印鉴赏品读上的心得与收藏考辨上的趣事，听众反响热烈。

曾创造过清末民初海派篆刻的璀璨与现当代篆刻辉煌的海上印坛，在6月16日举办了上海市首届篆刻艺术展，作为海派篆刻领军人物的韩天衡出席了在上海文艺会堂展厅举办的开幕式。此次篆刻展既是对海派篆刻前贤的致敬，也是对当代海派篆刻的巡礼。展览的第一板块展示了高野侯、王福厂、马公愚、钱瘦铁、王个簃、邓散木、朱复戡、来楚生、陈巨来、钱君匋、叶潞渊等16位当代已故篆刻名家的印章原作。同时，特别陈列了"开天辟地——中华创世神话故事"主题组印16方印章原石，邀请了40位上海籍以篆刻入社的西泠印社社员提供作品参展。《美术报》资深记者蔡树农在评述海派篆刻的当代艺术成就时，用了一个形象的比喻："依然如'东方明珠'高耸入云"。韩天衡在此次展览的开幕式上致辞时，专门谈了中国篆刻艺术的源流以及上海在中国篆刻史上的地位，并且首次提出了上海是"篆刻之都""印学之城"的概念。他的致辞富有历史情感与现代意识："西泠印社的四位创始人中就有三位是长期住在上海的，分别是王福庵、丁辅之和吴石潜。所以我讲，上海这座城市历来跟篆刻有缘。从某种意义上来讲，我个人认为上海可以说是艺术之都、篆刻之都、印学之城，这大概从历史的角度来讲是一个事实。但是作为上海的篆刻家，包括我本人在内，我们都应该敬畏传统，向传统学习，向外地的篆刻家学习，我们有这样一种虔诚之心，借其他城市之长补我们上海之短。"

图27-2　2017年6月，韩天衡在上海市首届篆刻艺术展开幕式上致辞

在荷花玉立、香溢清远的时节，6月18日，上海市嘉定区投入50万元、上海韩天衡文化艺术基金会资助150万元的"海纳百川·晒墨宝杯国际书法篆刻大赛作品展"暨颁奖典礼在韩天衡美术馆举行，这也是嘉定第一次举办的大型国际展事。此次大赛共收到投稿5190件，其中近1/5来自日本。在应征作品中评选出了近400件参展作品，总共颁发了91个奖项。韩天衡在开幕式上难掩激动之情："我非常高兴，这次大赛能给大家提供一个交流、探讨的平台，也了却了我的一桩心愿。我是这样想的，到我这年龄了，不为名，也不为利，但有一点，就是以我的美术馆作为平台，为传承弘扬中华书画印艺术做点实事。由于资金有限，我亦提出了奖励新方法，即以'艺术品奖励艺术'。"这次的国际书法篆刻大赛，特等奖的奖品是韩天衡刻的一方印章，同时，他也让他的学生（西泠印社理事）各刻一方印送给六名金奖获得者。韩天衡认为："我们不要老是用金钱来奖励，现在拜金主义已成了一种社会现象。"尽管气候炎热，但本次展览依然人气爆棚，来自重庆、江苏、浙江、甘肃等地的选手不顾路途遥远，赴上海共襄盛举。

开幕式及颁奖典礼结束后，七十七岁的韩天衡和大家一起走进展厅，当起了现场解说员，他现场鉴赏评说，与参展者互相探讨、切磋笔墨、答疑解问，营造了良好而宽松的艺术氛围，达到了良好的效果。部分获奖者、参赛者及家长激动地讲："这样的活动举办得很有意义，对文化的传承及艺术的弘扬起到了实际作用，更是提升了我们大家的文化自信心。"

海派篆刻与江苏、浙江渊源深厚，谱系同构，流派相亲。从赵之谦、吴昌硕、赵叔孺到王福厂、沙孟海、王个簃、钱瘦铁等，均来自江浙。8月12日，"江流有声——江浙沪著名篆刻家邀请展"在韩天衡美术馆开幕。这是江浙沪三地的一次金石结缘，刀笔相叩，印花共艳。为了使此次展览更具专业性、艺术性和公正性，展览采用了交叉提名的方式，即由主办方相互提交彼此地区参展艺术家名单，再结合三地前辈篆刻家的建议，组织实施邀请了以20世纪60年代生人为主的47位篆刻家近年创作的五百方篆刻精品及书法参展。韩天衡题写了展标，并指出了展览的主旨与追求："本次展览汇集了江浙沪三地名家，实属难得，按照明清篆刻流派脉络体系划分，建议下次将安徽也纳入其中。另外，篆刻的发展要强调创新的重要性。我们学习传统是学习那些历史上创新的独具价值和面目的好东西，讲'推陈出新'是指推往昔之新出今日之新，其本质是'推新出新'。任何创新的东西都是建筑在新的理念上面，而新的理念又要经得起历史的检验。如果它是真正经得起历史检验的，它会从流行走向经典，反之，它就会从流行走向泡沫然后消失。"

深秋的杭州西湖，金桂盛开飘香，枫叶含丹红艳。9月24日，"盛唐诗韵——纪念吴昌硕先生逝世90周年暨西泠印社在日名誉理事、名誉社员、理事及社员作品展"在西泠印社美术馆开幕。西泠印社副社长、西泠美术馆馆长韩天衡在开幕式上追忆讲述了西泠印社首任社长吴昌硕对印社的深情厚谊及卓越贡献，回顾了日本诸位西泠印社名誉理事、名誉社员及理事、社员与西泠的长期交往与金石之情。

2017年正值中日邦交正常化45周年，又逢西泠印社社长吴昌硕先生逝世90周年。当年，以吴昌硕为代表的西泠先贤与河井仙郎有师生之情，其后梅舒适、小林斗盦等又与沙孟海、王个簃、韩天衡等有金石契谊。可见百余年来，中日西泠同仁相聚在西泠的大旗下，谱写了不少动人的诗篇和友谊的佳话。此次展览以"盛唐诗韵"为创作主题，以中日文化艺术圈共仰的唐诗为主体书写内容及意象，共创作了25件作品，还同时展出吴昌硕作品6件、梅舒适作品3件，小林斗盦作品3件，以金石书画表达中日两国人民共通的文化情感与艺术渊源。韩天衡不仅题写了"盛唐诗韵"四字，而且借展了吴昌硕的作品。

在七十七年的生活中，韩天衡以惜时重艺、不教一日虚过的人生信念，过着自己的日常生活。为了使韩天衡能劳逸结合，他的太太和儿子趁2017年11月下旬在东京有个展事的安排，提早于11月3日和他一起飞赴日本东京，让他放松休闲数日。11月21日下午，"盛唐诗韵——西泠印社社员作品展"在东京中国文化中心开幕。韩天衡作为西泠印社副社长、赴日代表团团长率团出席，代表参展艺术家致辞，并向西泠印社日本名誉理事、名誉社员代表、理事、社员等人颁发了西泠印社美术馆作品收藏证。此次展览展出了吴昌硕先生以及当代西泠印社老、中、青三代社员以"盛唐诗韵"为主题的精品力作，诗、书、画、印形式多样，艺术风格鲜明独特，凸显了精湛的造诣、深厚的功力与创新的精神，可谓赓续文化传统，再创友谊新篇。开幕式活动吸引了西泠印社在日理事、社员在内的数百名艺术爱好者到场参观。中国代表团的艺术家还同日本书画金石界同人举行交流笔会，韩天衡开笔书写了雄健苍劲、潇洒浑朴的行草"游目骋怀"。当天下午，韩天衡还应邀作《关于吴昌硕先生艺术的几点析疑》的专题讲座，就吴昌硕的篆刻成功是否得益于石鼓文，"俊卿之印""仓硕"朱白两面印何时三改其面，不工山水的缶庐的山水画是否均为代笔，绘画的线条是否得益于石鼓文四个问题作了深入浅出、具体翔实、图文并茂、释疑解惑的解析，获得了日本书画篆刻家及爱好者的好评。讲座由韩回之担任现场翻译，由于韩回之本身是书画篆刻家，又受过高等教育，因而对专有名词术语的翻译准确到位。

水仙花的凌波倩影，蜡梅枝头的俏丽，告诉人们又到了年终岁末时。韩天衡依然忙碌着，12月5日，由宁波市文广新闻出版局、上海市文联、宁波市文联主办的"不逾矩不——韩天衡学艺七十周年书画印展"和"百乐雅集——韩天衡师生第十二届书画印展"等系列活动，在宁波博物馆盛大揭幕。

本次"不逾矩不——韩天衡学艺七十周年书画印展"，是韩天衡继杭州、武汉、上海、澳门、昆明、济南等地巡展后的第八站，也是韩天衡在宁波成立工作室后的第一次大型艺术展示宣传教育活动。展览展出了韩天衡半个多世纪以来创作的书画印及文玩精品240余件和历年编撰的学术论著与艺术作品集等120余种，其中还包括韩天衡最新创作的《不忘初心，方得始终》大幅书法，对韩天衡在艺术创作与学术研究上的丰硕成果作了全景式的展示。其实，每一地的展览，他都会增添不少新创作的作品。

此次展览之初，韩天衡还很有创意地举办了"海上风·甬江涛"系列活动，作为公共艺术教育周的一部分。在开展后的一周时间里，韩天衡和他的弟子就书法、绘画、篆刻、雅具、雕刻、摄影及艺术赏析等多个主题，在宁波博物馆进行现场艺术创作示范与受众互动，让艺术"飞入寻常百姓家"，从而使初冬的甬江涌动着温馨的艺术春潮和浓郁的人文气息。

展览开幕后当晚，又一档精彩节目上演。张弘毅、周森润、张新艳、吴士标、郑怀志、李强、陈少亮、陆健伟、冯健、刘侠、任伟峰、谌志宇在宁波以一个团队的形式拜师。从在甬举办大型展到收12位甬江弟子，生动体现了韩天衡的社会责任心与艺术使命感。

韩天衡美术馆年底的压轴大展是12月26日下午揭幕的苏渊雷、苏春生丹青翰墨文献展，韩天衡出席了开幕式。苏渊雷被学林艺界称为"诗书画三绝兼擅，文史哲一以贯之"，他早年投身革命，学识渊博，著作等身。其书法笔墨酣畅，气息高古，善画梅兰竹菊，简约奇崛，意境丰逸。苏春生自小喜好书画，毕业于浙江美院，师从陆俨少，后执教于华东师大艺术系并任系主任，培育桃李。此次展览不仅展示了苏氏父子的书画作品，亦以"文献"为标尺，汇聚了不少鸿儒耆宿、大师名贤笔墨相酬、诗文相交、尺牍往返之作，如马一浮、沈尹默、章士钊、夏承焘、潘伯鹰、高二适、王蘧常、钱锺书、谢玉岑、顾廷龙、方介堪等。这既是一种观澜索源的守望，也是一种不忘初心的践行，更是一种悟道弘法的彰显。韩天衡在开幕词中特别指出：
"苏先生的这些信札，写于四五十年前，不少老先生已经驾鹤西去，但这些
信札留下的不仅是艺术，也是艺术遗产，这是永远留下记忆的一个展览。"
韩天衡与苏渊雷、苏春生都是老朋友，早在1985年上海书店出版社推出韩
天衡的第一本印谱《韩天衡印选》时，苏渊雷就题诗相贺。

　　"执子之手，与子偕老"。12月29日，韩天衡与夫人应丽华迎来金婚纪
念日。半个世纪来，韩天衡与夫人应丽华琴瑟相和，举案齐眉；风雨同舟，
甘苦与共。应丽华从当年在瓯江畔的军中与韩天衡相恋，到婚后带着女儿与
丈夫分居两地，从挤在10平方米的简陋小屋到承担全部家务、照顾老人孩
子，从寒冬半夜为他披上外套到把节衣缩食省下的钱让他去搞收藏，从他生
病时彻夜照顾到动手术后几十天衣带不解地看护……她不仅以中国女性特有
的温存、宽容、坚毅、担当、理解、照顾、呵护帮助了丈夫，更是保护、支
持了一位艺术大师级的人物，这也是对社会了不起的贡献，是对艺界最宝贵
的奉献！

第二十八章

披刀叩石，刻了一方大印『登山小己』

　　韩天衡的《理念是出新的灵魂——从明清篆刻巨匠说开去》和《保持艺术新鲜度》两篇论文的发表，是他晚年艺术思想的一次可喜飞跃。他对德国哲学家黑格尔在《小逻辑》中阐述的认知世界的三个环节相当认同，这三个环节即感性、知性和理性。

不忘初心

刀出于手，手是由脑袋指挥的。脑袋又是由理念所支配的。新理念，正确、新奇的理念，方是印人孕育、实现创新特立的源头和本谛，是印坛巨匠生成新面的魂灵。没有新的理念，不可能真正地守正推陈，接过前贤的接力棒；也不可能承担起推动篆刻艺术勇猛前行的守正创新。

——韩天衡《豆庐独白》

2017年写下了终章，2018年翻开了扉页。1月7日，韩天衡满怀着对新年的希望、对未来的憧憬，在《人民日报》上发表了《致2018·新年寄语》："迎接新时代，与年龄的老少无关。老叟如我，人老身老，心不可老。当以文艺创作新理念，力求老勿自缚，老拒自萎，老而弥坚，老有所成。为弘扬优秀传统文化，发展繁荣社会主义先进文化，濯古来新，跟上新时代步伐，激发创作活力，在自己的艺术志上力图翻出新的一页。"

就在当天，"文心在兹——古今砚文化特展"在韩天衡美术馆迎春登场，这是继"兰室长物——历代文房具特展"后又一个富有历史情怀、人文亮点与独特内容的重量级展事。韩天衡为此展策划有年，构思再三，精选集辑，因而备受文化艺术界关注。尽管此展没有搞开幕式，但开展的当天除了国内各地的"韩粉"和"砚粉"相聚外，六位韩国艺术家、两位美国艺术家、两位日本艺术家也赶来观展。此次展览陈列之砚逾300方，上自6000年前的红山文化，继以商秦汉晋，再则唐宋元明，乃至清代民国，续以近代当代，不乏精湛之品、珍稀之物。使此次展览成为从古到今砚文化之大观，清晰地凸显了三个特征，如韩天衡在《前言》中所言，"一、展示古今历代由朴实为用而转趋奢华观赏的型制，此砚史也；二、展示历代之品类，端、歙、洮、澄、石、玉、瓷、木，此砚质也；三、展示历代之纹饰、铭记、匠人运巧，学者着文，画师作画，此砚艺也"。3月3日，韩天衡在美术馆又举办了"砚文化说略"专题讲座，分别从砚说、砚史、砚品、砚艺、砚藏五个方面，系统而具体地解读了砚文化。350多名海内外听众前来听讲座，现场座无虚席，连走廊过道上都客满。这个展览后来被文化旅游部评为全国30个精品展之一。

6月的南国鹏城，风光明媚，花朝竞艳，尤其是深圳市花三角梅开得丰美艳丽，遍布大街小巷，为整座城市披上了缤纷的彩衣与绚丽的光华。6月8日，由中共上海市委宣传部、中共深圳市委宣传部联合主办的"不逾矩不——韩天衡学艺七十年书画印展"在深圳市当代艺术与城市规划馆开幕。本次展览是韩天衡艺术生涯回顾系列展的第九站。展览展出了韩天衡的近300件精品力作，包括书法、绘画、篆刻、文玩雅具等，还有韩天衡的艺术专著130余种。其中巨制榜书《鹏飞》《中兴》系为该展览专门创作，以贺鹏城40年的发展成就。

利用慈善、赈灾、助学、帮困、给名人故居题字等为幌子，骗取书画家的作品，已成为一种社会公害。7月中旬，韩天衡收到四川广元一位无产阶级革命家故居的邀请函，并附有对方单位及收件人的姓名及手机号，诚邀他为故居题字。出于对革命前辈的热爱敬重，他认真书写了一件作品寄出。想不到7月26日，这幅书法竟在上海一间画廊出售（被朋友看到）。韩天衡讲政治、缅伟人，却很多次地被欺骗、愚弄。今后为避免再上当，非正式确实可靠的省、市党政单位的邀请函，他表示一律不再理会。

自韩天衡美术馆建成后，韩天衡和夫人就长住在馆内的豆庐艺术工作室内，他喜欢这里远离尘嚣，清幽静谧，可谓蓝天绿地碧水，城古人和艺兴。7月28日，在上海嘉定举办纳徒仪式，李茂松、陆祖平、宋咏、李斌、刘发林、千满胜、张锡鲁、刘正、罗炜、李松柏、沈跃锋、叶卫平12人拜师。近年来，随着年岁的增长，韩天衡出于一种紧迫感，带弟子的数量不断增长，常常是一个班一个班地接纳，为的是让中国的书画篆刻艺术薪火相传，后继有人。如今的韩门弟子已是四世同堂，桃李满天下，远及海外。韩门弟子中已形成一支精英团队，成为当代书画篆刻界的骨干。有些老弟子都设帐收徒，在日本的学生也有众多弟子。这是韩天衡为当代艺术界作出的具有历史意义与继承价值的重大贡献。可以这样讲，与韩天衡的创作成就、著述成就、收藏成就、策展成就、社会活动成就一样，教育成就也是一项堪称卓越的成就。正是从这个意义上讲，"五百年来一天衡"是名副其实的。

10月的成都，风光秀美，红叶如火，秋色如画。10月11日，在松柏苍翠、竹叶青碧、溪水明丽的杜甫草堂博物馆举行了"杜诗雅韵——韩天衡师生作品邀请展"。韩天衡以精彩的15件书画印作品参展,其中包括他为该次展览专门创作的行书《杜甫绝句》、篆书《杜甫望岳》、绘画《月夜芦鸭图》及《豆庐天衡近作印屏》,展现了他常变常新、不断开拓的登攀精神。韩门69位弟子也呈现了85件杜工部诗意书画印作品,展示了不同的艺术风格与笔墨追求,百乐师生以此向杜甫这位"诗圣"致敬。在办展的同时,韩天衡和69位参展弟子还和成都的书画篆刻家及艺术爱好者进行了座谈交流。

为了喜迎改革开放四十周年,庆贺韩天衡美术馆开馆五周年,传承弘扬海派经典艺术,10月24日,"学习强国——百乐雅集韩天衡师生第十三届书画印作品展"在韩天衡美术馆开幕。由韩天衡挂帅策划的这次展览,富有时代精神与艺术标识,以"学习强国"为主题,以习近平总书记一系列讲话和文章中引用的古典名句为主要内容,通过精心创作的书画印作品,旨在表现当代社会的核心价值观,凸显对实现中华民族伟大复兴的中国梦的美好期待。

此次展览展出了韩天衡的作品20余件及韩门弟子的作品245件。这些作品构图精湛,主题鲜明,神情兼备,风格多样,表现出传承中的开创和古典中的新韵,闪耀着独特的精神追求与高超的美学情怀。如韩天衡就专门为这次展览刻了紫砂印"中国梦",创作了水墨山水画《嘉兴烟雨楼》《延安宝塔山》。韩门弟子的作品亦精彩纷呈、形式多样,显示了应有的水平。

图 28-1　篆书"学习强国"

与此展同时开幕的还有"海上六大家"书画展。韩天衡对这次展览倾注了深厚的感情，展现虔诚的态度。"海上六大家"谢稚柳、陆俨少、唐云、程十发、来楚生、陈佩秋中，有好几位是韩天衡的恩师，渊源颇深。这次六大家展出的60余件（套）作品，都为精品力作。它既是韩天衡美术馆开馆五周年的最佳庆典，也是对六大家其人其艺的推介弘扬和缅怀致敬，更是从编年史、绘画史、流派史的角度，反映了半个多世纪来海派艺术的文脉延续与谱系传承，佐证了从传统经典到流派大师们创造性发展的成果。韩天衡从宏观的流派史层面及微观的个人风格建树角度，谈了这次策展的想法："海上画派，远非一派一脉可概括，它是多派、多彩的浩瀚博大之'海'。海上画派，吐故出新，绚烂多元，是中国绘画史上绕不开、缺不得的不可逾越之'海'，更是20世纪画坛里不可无一、不可有二，值得赞颂和深入研究的神秘之'海'。万花筒般的海上画派，若屈指点将，师承各别，风格迥异，成就卓著的书画印巨擘，当多于半百之数。而这次本人策展的仅是个中的六家，但它从一个侧面，同样地显示出海上画派对画坛、对时代的不凡贡献，和它那生辉于永久的熠熠光芒。"他还专门写了《海上六大家印象》一文，发表在10月20日的《文汇报》笔会版上，展现他对海派群体的理论阐述、艺术思考与学术评判，颇具真知灼见，此文后被《新华文摘》转载。

韩天衡美术馆建立后，韩天衡相当重视发挥美术馆的社会公共作用。为促进区域文化与艺术教育协调发展，上海工艺美术职业学院与韩天衡美术馆发挥双方资源、特色优势，合作建设韩天衡教授工作室，培养高端工艺美术人才。11月16日下午，韩天衡教授工作室揭牌仪式暨学术研讨会在韩天衡美术馆举行。中国艺术研究院中国篆刻艺术院名誉院长、国家一级美术师、西泠印社副社长韩天衡教授，韩天衡美术馆名誉馆长应丽华，嘉定区文化广播影视管理局副局长姚强，韩天衡美术馆负责人、中国博物馆协会理事王新宇等嘉宾与院领导唐廷强、许涛、仓平、蔡红共同出席揭牌仪式。

在随后举行的学术研讨会上，韩天衡讲述了自己与工艺美校的渊源，回忆了数十年前他与工艺美校的著名书画篆刻家、吴昌硕再传弟子曹简楼和孙悟音等老师的艺术交往。他从自己从艺70年的经历出发，谈了两点感想：一是学习传统艺术，首先涉猎要广，书法、绘画、篆刻等都要有所窥探，这样才能对传统文化有一个全面的了解；二是艺海无边，不可自满，要永远保持虚心学习的态度，这样才能不断进步。学习工艺美术既要有理论功底，又要有动手能力，这是"工匠精神"的精髓。韩天衡美术馆在上海工艺美院组成了韩天衡为领衔的教学团队，成员有韩天衡美术馆副馆长、西泠印社理事张炜羽，韩天衡美术馆艺术总监、西泠印社社员韩回之，清华大学艺术学博士后、西泠印社社员顾工，金石篆刻家、西泠印社社员林尔，金石篆刻家、中国书法家协会会员柴聪等。

豆庐艺术工作室花园内友人赠送的百年白梅又一次花蕾满枝、清香袭人。12月31日的深夜，韩天衡在挥笔写完2018年的最后一张书法"抓铁有痕"后，拿起了手机，发微信和大家辞旧迎新："这一夜晚好短，还有一个小时，就将告别整个2018年；这一夜晚又很长，串联的是365个昼夜的2019年。告别去年，我不懊悔，不看箩里的果实，我很充实，尽了努力。迎来新年，我依然充实，尽量努力下去。——与朋友、同学们共勉"

令人期待的2019年来临了。1月1日上午，华东师范大学体育馆内刀奏印面、石花飞舞，全国大学生篆刻现场创作大会正在进行，来自全国多所高校的书法篆刻教授专家进行了现场指导。这一莘莘学子的金石创作盛况，是具有历史性意义的。

下午2时，由教育部艺术教育委员会为指导单位，中国书法家协会教育委员会、上海市书法家协会、华东师范大学、《书法》杂志社联合主办，华东师范大学美术学院和上海中国书法研究中心承办的全国大学生篆刻大展，在上海图书馆盛大开幕。中国篆刻院名誉院长、西泠印社副社长韩天衡作为本次大展评委会主任，应邀出席开幕式并现场致辞，热烈祝贺改革开放以来全国第一次专门的大学生篆刻大展。此次大展自2018年7月公开征稿以来，

图28-2 2019年1月1日,"篆·刻漫谈"讲座现场

共有172所高校546位作者投稿,经评委专家团终审,最终有80所高校224位作者入展,其中20名作者的作品获荣誉提名作品。年轻学子们展现出的传统功底和创新精神,彰显了篆刻艺术的青春活力。

开幕式结束后,韩天衡在上海市图书馆的报告厅举办了"篆·刻漫谈"讲座。他一开始就开宗明义地讲:"篆刻艺术应该讲是一门小众艺术,但又是一门博大精深的艺术。记得1973年我拜见来楚生先生,来先生讲:'写字、画画、刻图章,刻图章最难,很多人刻了一辈子的印章都不知道篆刻为何物。'"接着他从篆与刻的两个层面作了历史性、技法性、古典性、流派性、当代性的分析,具体生动、联系实例、资料丰富。如篆就讲了识篆、写篆、择篆、配篆;刻则讲了刀的选用,执刀、刻技等。通俗而又兼顾学术性,受到来自各院校的学子们的好评与欢迎。

"相见本无事,不来忽忆君。"人上了年纪,容易怀旧忆昔。1月5日,韩天衡撰写的《仁者屺老》在《文汇报》笔会版发表。他以充满情韵的文笔、富有场景的描写娓娓道来于1962年初识朱屺瞻的情形。尤其是对屺老外貌的描写,细腻、传神、独到,有着书画篆刻家的独到眼光:"初次见到屺老,就让我很惊艳,只见七十一岁的他,鹤发童颜,身材不高,但腰背硬朗,虽然执着手杖,身板却挺直。他精神矍铄,头戴一顶乌黑的平顶帽,面部白里泛红,下颚是精整一刷的'V'形短银须,那脸庞就宛如端砚、宣纸和玉笋笔的绝配组合,令我想起王维那'前身应画师'的妙句。"接着,他又以相当生活化的笔触写到了德艺双馨的屺老以百岁高龄入党的故事。最有趣的是20世纪80年代末画院在衡山宾馆开公益笔会,屺老最年长。"老画师们都恭请屺老开笔，谦让不得，屺老搁下手杖，握起画笔，只见他倏地后退两步，以冲刺的速度、电闪的气势冲向画桌，那如椽大笔宛如利剑似的在丈二匹的宣纸上逆锋前冲。这一超敏捷的动作，竟让在桌边观摩的应野平先生'哇'地大叫了一声，并开玩笑地说是'被吓着了'。画笔在握，豪气如虹，黄忠不老，青壮不及，着实令观者惊叹"。对于屺老人品艺格的评论更是义理互发、相当到位："屺老曾留学扶桑，学习西画，衰年则专攻国画，尤善山水，他那万岁枯藤般的运笔、七彩纷呈的敷色、奇正相生的构图，营造出濯古来新、别开生面的独特风貌。那老到辛辣、那淳穆拙厚、那天成的绚烂斑斓、率真烂漫的大写意手段，画如其人、境由心造，无不与他的品格是相表里的。"

春节前夕，韩天衡总算小别他的豆庐艺术工作室，暂时放下刀笔。1月26日，他和全家人一起飞赴四面环海的澳大利亚，开启了度假休闲之旅，领略袋鼠之国的美丽风光。第一个旅游项目就是参观有着100多年历史的维多利亚国家博物馆。整个博物馆建筑本身由类似拼图的独立空间组成，形成一个环绕"澳大利亚花园"的半圆，不同的颜色被运用于博物馆的内部与外部装饰。这个南半球最大的博物馆拥有1600万件藏品。接着，韩天衡又应邀访问墨尔本的庄园、牧场及葡萄园，观赏"西拉""赤霞珠""梅洛""维尔多""黑皮诺"等品种的葡萄，这些色彩漂亮、珠圆玉润的葡萄，对擅长画此题材的韩天衡多有启发。

春节的倒计时已开始，墨尔本的华侨们张灯结彩，市中心的唐人街上更是一派浓郁的过大年气氛。2月1日，韩天衡在墨尔本与当地华侨一起，现场参加中华人民共和国文化和旅游部主办的春节活动。2月2日，受澳大利亚维多利亚州中华总商会之邀，韩天衡在墨尔本新金山中文图书馆举行了专题讲座"书艺中的辩证法"。此次讲座通过网络直播的方式向全球广大网友传播中国传统书画印的知识，90分钟的讲座吸引了近2万名观众观看。

年初六，2月13日，韩天衡一行来到悉尼，参观了壮丽绚美、奇崛多姿、以帆为造型的悉尼歌剧院，又赴南新威尔士艺术博物馆，欣赏了台北故宫博物院的藏品展。2月15日，韩天衡一行在访问了全澳历史最悠久的悉尼大学后，为澳洲之行画上了圆满的句号，启程回国。

"莫道桑榆晚，为霞尚满天。"这是唐代诗人刘禹锡写给白居易的诗句，意谓老而发光，壮心不已。韩天衡尽管已年近八十，但他依然勤于创作，勤于思考，不时迸发出思想的火花，展示着一位艺术哲学家的风采。2月24日，《人民日报》发表了他写的《保持艺术新鲜度》一文，就艺术创作的新鲜度和新创造提出了富有哲理性、前瞻性的思考。他在文章的开头就亮出观点："艺术的经典是永恒的，然而，经典又总是有保鲜期的。清人赵翼曾从文艺发展史的角度洞察：'李杜诗篇万口传，至今已觉不新鲜。江山代有才人出，各领风骚数百年。'历史在前行，审美在演化，创作者在求索，后人在期待，故而，既往的经典虽是永恒的，但其'新鲜'也是有限的。"接着，他就汪关、丁敬、邓石如、吴昌硕、黄士陵各自的新鲜度作了评述。然后，结合鸟虫篆创作从九个方面谈了如何保持艺术新鲜度，又从鸟虫渊源、文字特征、创作理念到替换形体、精心美饰、刀法处理、配篆章法等方面作了分析，观点独特，义理深刻。

韩天衡在不少大型展览后，总有一本专著问世。如果说展览是有时间段、周期性的，那么专著则是长期性、史料性的。在"文心在兹——古今砚文化特展"举办之后，3月6日，韩天衡、韩回之编著的8开本精装的《砚赏》，由上海人民美术出版社出版，共收录古今名砚300方，赏鉴互重，品读兼顾，图文并茂，评点精要，掌故生动。韩天衡在书开篇的《砚文化说略》中分别从砚说、砚史、砚艺、砚藏几个方面作了介绍评述。其后在《赏砚絮语》中更是讲了不少生动的事例与感人的故事。如《浑然天成赤壁砚》："七年前于日本古肆见一天成砚，上下裂为二截，下片已凿有砚塘，上则巍巍然，形奇崛，色赤赫，宛如东坡苏髯夜游之黄州赤壁。价仅3万日元（约合人民币1800元）。然顽石一团，重逾三十斤，捎回沪上却是辛苦的劳作。购归沪渎，构思经月，于多面作正草隶篆铭，皆涉赤壁事者，八面可读可赏。且配以红木水浪纹高架座，号'赤壁砚'。此砚丹赫古苍，包浆沉醇，宛若八百年前古物。益信文物者，皆人为之，施以艺、着以文，日久则为文物矣。"

实际上，韩天衡历来的散文创作也颇有成就、佳作不断。特别是近年来，他所写的缅怀老先生系列文章及游记、杂感、随笔等，文笔细腻流畅，语言清新隽永，细节自然传神，情趣幽默调侃，立意睿智高瞻。他描写的人物形象生动，性格特征突出，给人以呼之欲出之感。他的游记、杂感、随笔等善于状物言情、寄情于景、想象丰富、抒怀言志、哲理深邃，在当代散文中独树一帜。

4月5日，他撰写的《三登泰岳》一文刊于《文汇报》笔会版，文章讲述了他四十多年间三登泰山的经过与感悟。第一次是1978年初春，为拍摄他写的电影专题《书法艺术》而登泰山访碑。当时条件艰苦，设备简陋，大家自带干粮，喝水壶冷水，一路攀登而上。为此，他感叹道："回想初登泰岳，这被今天称之为'旅游'的经历告诉我，江南城里人，娇贵爬山少，'游'轻松，'旅'艰难。'旅'是辛苦的活，'游'才是享受乐趣所在。'游'则享美于目，'旅'则惠及心身。我自忖正缘于此，如今发达而舒坦的旅游，出不了李杜般的大诗人。也许是缺失了步步为营，上心、走心的攀岩艰辛，和少了历经坎坷乃至于撕心裂肺的惊险阅历，我想，这也是缘由之一吧。"第二次是2008年盛夏，登山用上了现代化交通工具，他的体会是："我彼时不由自问，天下小了，泰山小了，敢问：'小天下'的自身岂不更被微化渺小了?! 初登泰山时的莫名自豪、自大，此际被一扫而空，登泰山，'众山小'了，'小天下'了，而自己更是如细胞般微不足道了，真切的感悟啊。折返上海，我披刀叩石，刻了一大方印，曰'登山小己'，自警也。"第三次是2016年，旅游一条龙的衔接，使登泰山从九小时缩短为如今的一小时。登顶后，望着万里无云，他感叹道："这山巅的拱北石景观台，对我而言，不仅是观山看风景，更像是无声的传递正能量的讲台。作为一个八旬文艺老学生，三登泰岳，曾让我三变心境。'山登绝顶我为峰'，是虚妄膨胀的自信';'登山小己',是清醒而及时的自警';'老大努力',是衰老不言退、不言败的自励'。在既往的四十年，见证和蕴蓄着华夏文明史的崔嵬泰山，对于我是净友，更是良师。感恩。"整段话写得跌宕起伏、气势激越，充满了诗情画意与哲理阐发，并附三方篆刻"登山小己""老大努力""三登泰岳"。

以"篆文化之灵秀，刻民族之魂魄"为主题的2019年上海市"篆刻进校园"活动启动仪式，于4月28日在韩天衡美术馆举行。各区教育局分管领导、市艺术教育委员会篆刻专业组成员、市篆刻试点学校教师代表共150余人参加活动。韩天衡带领代表团成员和学生参观美术馆馆藏历代印章，并在启动仪式上作发言："此次活动以上海市109所学校为重要试点，将篆刻这一传统艺术推向校园，让更多的学生在操刀刻石中感受、认同、传承优秀文化，以篆刻家'强其骨'的精神来做人立世。"

五月花季，春深似海。5月20日，第十二届中国艺术节在上海拉开了帷幕。这是我国规格最高、最具影响力的国家级综合性文艺盛会。这届艺术节以"逐梦新时代——向国庆献礼，向人民汇报"为主题，坚持"艺术的盛会、人民的节日"办节宗旨，受到了海内外艺界的关注。作为海派艺术代表性人物，韩天衡应中华艺术宫邀请，在艺术剧场以"方寸韩流"为主题开讲，整个剧场爆满，人气鼎盛。韩天衡通过与听众对话、互动，传播了古老的篆刻艺术和印章文化。韩天衡不用讲稿，语气亲切平和，娓娓道来："我总不满足于为刻印而刻印，是要有一种博大精深的内涵，这是我的追求。"他让听众听到了他的真实思想，感受到他鲜为人知的另一面，使听众对传统文化有了更深的了解和更多的感悟，领略了"方寸韩流"的时代活力、价值追求与强大能量。

韩天衡勤于丹青翰墨、金石篆刻、著书立说、民办讲学、教育授艺、收藏品鉴等，并作为一个公共艺术家于社会多有贡献。为此，上海电视台艺术人文频道拍了人物专题片《海上艺术巨擘韩天衡》，全景式地介绍了韩天衡的艺术人生，节目于2019年7月3日晚间播出。当晚韩天衡在朋友圈发了一则信息："老朽漏脸献丑——今晚9时上海电视台艺术人文频道播放。本人事先未看过，但愿一切平和、自然、真实、不拔高、不做作，力避炒作之嫌。经询问孙导，得知是真实记录，与炒作是风马牛不相及的。"事实上，该片除了以大量生动的画面及珍贵的资料展示了韩天衡的艺术创作外，评述颇为客观：经过半个多世纪的磨炼，韩天衡已是一位集书、画、印、文、鉴、藏俱能兼美、皆臻一流的艺术大家，堪称当代中国艺林中智者、贤者和通才。

韩天衡已到耄耋，但他的艺术思想在不断提升，学术认知在不断深化，理论研究在不断推进，从而迸发出新的火花，闪烁出智者的光芒。一些艺坛老友都诚恳地讲，他到了这个年纪，还在努力地探索、不断地开拓、不时有别于从前的新作，是相当罕见的。这种思想者的活力与探索追求，相当难能可贵。8月4日，他撰写的长篇理论文章《理念是出新的灵魂——从明清篆刻巨匠说开去》在《人民日报》发表，同时被学习强国App转载。此篇文章真正从理论高度、学术深度、认知广度上探讨了五百年来篆刻巨匠创新理念的出现、运用及成就、影响。长期以来，篆刻界的理论研究大多局限于以技论技、以史说史，或是以技说法、以法说艺，即关注"从哪里来"的问题，而没有破解"怎么来"的问题，也就是停留在"知其然而不知其所以然"的层面，以技法的阐述、文献的汇集、史料的评述为主，没有思想观念的提升、理论参照的建树及学术精神的拓展。韩天衡的这篇文章以观澜索源为出发点，追溯、开掘、梳理、揭示了从明至清篆刻巨匠的理念是怎样出新并践行的，具有极高的理论意义与学术价值。

正是在长期的艺术创作、不断地进行对理念的思考及深入的研究过程中，韩天衡认识到："刀出于手，手是由脑袋指挥的，脑袋又是由理念所支配的。新理念，正确、新奇的理念，方是印人孕育、实现创新特立的源头和本谛，是印坛巨匠生成新面的魂灵。没有新的理念，不可能真正地守正推陈，接过前贤的接力棒；也不可能承担起推动篆刻艺术勇猛前行的守正创新的使命。"由此看来，五百年来篆刻巨匠的不断出现，正是理念的光辉照亮了他们各自的创新之路。接着韩天衡对五百年间的篆刻巨匠的创新理念作了具体的分析：何震面对青田石的利于奏刀，创造性地运用了以直冲刀治印；朱简则以适应印石的切刀法施艺，避同求异；丁敬以博大的胸襟，穷尽了"印内求印"的途径；邓石如却跳出"印内求印"，而是"以书入印"；吴让之刚在刀法上发挥极致，"浅刻披冲"；天才的赵之谦在"多头取法"的碑碣化上别开生面；吴昌硕不仅在"篆"与"刻"上多有创造，而且发明了"做"的绝活；黄牧父则"道在吉金"，以体正内敛为风格打造；齐白石则以单刀直入，排奡纵横显霸悍。韩天衡最后总结道："要之，一个时代的艺者，总要在作品里体现出区别与古人、前人的风采。理念决定方向，刀笔当随时代，并典型地映衬时代。这也许正是笔者对'新理念是篆刻艺术出新的主宰和灵动'这一命题的理解。"

韩天衡在进行新的理念思考的同时，亦以此来融入自己的艺术实践。如中国文字的造字方法是六书：象形、指事、会意、形声、转注、假借。那么，能不能用象形、指事，特别是会意来构思造型的印章？从而他创出了"会意形式"与"写意形式"。如"抓铁有痕"印，就以细劲犀利的线条来有质感地表现坚硬劲挺的力度气势。又如"愚公移山"印，在没有机械化的古代，要把一座山搬走，那要下怎样的决心与用怎样的毅力？于是，他就以"山"为全印的外框，把"愚公移"三字包在里面，以出新"写意形式"印风。又如多年前，河北平山县出土了《中山王楚简》，文字古逸秀丽，奇谲典雅。敏感的韩天衡马上认识到这是新的篆刻文字资源，因而将其新融入印章，给人以清秀旖旎，婉约多姿之感。如"燕处超然""相见有缘"二印（图28-3）。后来，他生病住院时，又思考可否将中山楚简的文字结构"活"起来，造型"变"起来，线条"动"起来，章法"舞"起来。于是他就用写草篆草书的方法，创出了"草篆楚简"印，如"狂心不歇""在路上"（图28-4）二印，线条灵动不羁，纵横洒脱。章法大疏大密，虚实呼应。运刀爽捷劲健，游刃恢恢，全印弥散出激越浪漫而豪放恣肆之气韵，令人耳目一新。

燕处超然　　　相见有缘　　　　　在路上　　　狂心不歇

图28-3　　　　　　　　　　　　图28-4

　　韩天衡此篇《理念是出新的灵魂——从明清篆刻巨匠说开去》及此前2月24日同是发表于《人民日报》的《保持艺术新鲜度》一文，是他晚年艺术思想的一次可喜飞跃，代表他的理论思考登上了一个新的台阶。长期以来，韩天衡一直保持了在部队中就养成的阅读中外哲学著作及经典著作的习惯，十分重视思辨，很有理论觉悟、学术理念、哲理思辨。他对德国哲学家黑格尔在《小逻辑》中阐述的认知世界的三个环节相当认同，这三个环节即感性、知性和理性。韩天衡还进一步发现，马克思在《资本论》中提出的"一切科学研究都要分三步走"的观点是与之互为佐证的。这三步走即：一是占有尽可能丰富的资料或资源，这就是感性；二是对那些资料分门别类，这就是知性；三是发现它们之间的逻辑关联，这就是理性。而把这"三个环节"或"三步走"打通，就会产生他所言的"马蜂窝效应"，由此孕育出创造性思维。应当确认：韩天衡的这种哲学观念、逻辑认知及研究方法，在整个艺术界、学术界、理论界也是难能可贵及相当高迈前卫的。韩天衡所写的一系列论文及其后的一系列著作，都是遵循这"三步走"来进行的。如他所编著的《中国印学年表》《历代印学论文选》《中国篆刻大辞典》等，就是先占有尽可能丰富的资料或资源。他所撰写的论文《不可无一　不可有二——五百年篆刻艺术出新谈》《明清流派印章初考》《五百年印章边款艺术初探》《九百年印谱史考略》及著作《砚赏》《兰室长物——历代文房艺术》《藏杂杂说》等，就是对那些资料分门别类进行梳理、开掘、研究，以达知性。而他新写的这两篇论文《理念是出新的灵魂——从明清篆刻巨匠说开去》《保持艺术新鲜度》，应当讲是他晚年重要的艺术思想成果与美学理论贡献，阐述了创作之间的逻辑关联，臻达理性的层面。韩天衡从来就不把书画篆刻当作单纯的技术来对待，而是看成一个知识的对象、哲学的对象、辨析的对象、思想的对象，并在此基础上形成了"韩天衡现象"，即艺术创作、读书思考、著书立说呈三足鼎立之势，同时辐射至授徒传艺、策展讲学、收藏鉴定等领域，这才是"韩天衡现象"真正的支撑点、思想库与理论源。

第二十九章

为师者除了传道授业解惑外，还得立德

座谈会上，孙慰祖讲了"打屁股"的轶事："当时韩老师正在编《历代印学论文选》，要我帮他抄些资料，当时还没有复印机。发现有一篇我抄漏了几句话后，韩老师严厉地批评了我，说最简单的事也要认真投入地做好，你这次是要'打屁股'的！从此，我的学术道德被培养了起来，一生受用。"

愚公移山

我大半辈子虔诚地做着艺术梦，全身心地追逐着曼妙无比的艺术。在如今的商品大潮里，艺术上的成功，客观上会带来名利，但是要看淡它，它只是艺术的副产品，是艺术之外无足轻重的附庸。千万不可本末倒置，追逐到了名利，毁了艺术，也毁了艺术工作者纯净的本真。

——韩天衡《豆庐独白》

在当代艺术教育领域中，韩天衡是一位很有建树的教育家，在这里我们不妨用社会学的方法统计一下：从1968年收第一位学生童辰翊至2019年12月14日一次性收王学甫、庄晓东、陈丹芝、刘毅、陈江銮、梁洋、沈飏为徒，这51年间，韩天衡正式的入室弟子有343位，这其中有125人加入了中国书法家协会，42人成为了西泠印社社员，50多人成为了教授、副教授，还有10多人成为中国书协副主席、各省书协主席或副主席，可谓桃李满天下。他的弟子除了遍布全国各地外，还有在日本、美国、加拿大、澳大利亚、新加坡、马来西亚等国的。

为了更好地了解"韩门弟子"的师生情谊，感受"韩流滚滚"的壮阔气象，了解"50后""60后""70后""80后"乃至"90后""00后"弟子们的生活从艺的原生态，让我们一起走进"百乐雅集"的温馨艺苑。2019年9月21日下午，在韩天衡美术馆，笔者与韩天衡及部分韩天衡学生举行了座谈会。

孙佩荣：我今年已六十二岁了，真是时光匆匆。我是1979年在上海沪东工人文化宫与韩先生相识的。我当时觉得学篆刻是有难度的，但他对我讲只要耐得寂寞、下苦功夫，篆刻是可以学好的。那个时候，我们刻印通宵达旦。后来韩先生搬到昌平路，在普陀区办了艺校，我不怕路远、赶去学习。韩先生给我最大的启发就是，他刻的印永远在变，有多种面貌。这也促使我不能停滞不前，满足现状。

吴申耀：我是1975年跟韩老师学篆刻的，当时我们两人都在自来水公司。在韩老师没来自来水公司前，我也刻印，但是搞不清楚篆刻是怎么一回事，用锯条做刻刀，跟着报纸上的印章刻，篆书也是乱写的。跟了韩老师后，他说学篆刻，必须先学篆书，学刀法。他不仅借篆书帖给我，还专门做了一把高级的刻刀送给我。每天中午休息时，他就在办公室刻印写字，我在旁边观看，他一点不保守，怎样用刀都做给我看。韩老师对学生是真心付出的，从来不收一分学费。但他对学生又是严格的，每次"百乐雅集"，作品必须达到入展水平，不行就得重来。后来我担任了市里的领导职务，很长段时间没有刻印。我退下来后，韩老师还是鼓励我要重操旧业，说是大画家黄公望六十岁才开始画画，努力必有成。

李志坚：我是1988年跟韩老师学篆刻的，进韩门后，他说你以前跟其他人学过，到我这里是要'吃三夹板'的，是要'校路子'的。老师有一句口头禅：总不是这么一笔账。他强调要从秦汉印出，要有进得去的能力，更要有变的办法。韩老师知道我喜欢写文章，就叫我一起参加编写《篆刻大辞典》，教我辞典条目应当怎样写，并要我去图书馆多查资料。每篇文章交上去，韩老师都会具体指导，如指出没有写充分或文章写得欠深度等，对我帮助很大。韩老师已经快八十岁了，但微信玩得很转，时常发点新作品和评说，有些是教科书级的。

丘石：我是南通人，是1986年开始跟韩老师学习的。我一般一个月写一封信，将自己的篆刻、书法寄给韩老师。韩老师每封信必回，这是不容易的，也使我很感动。他那么忙，又带那么多学生，但他做到了一视同仁。有一次他在信中特别说，你的篆刻从刻的方面讲，进步是快的，但写篆的能力还不够，要努力赶上。这促使我在书法上花了不少功夫。我后来在一家书法报连续发了三篇有关书法篆刻的文章，并没有告诉老师，后来老师竟来信说：看了你写的三篇文章，很是高兴，作为一个刻印人，不能单纯做一个捉刀人，要有理论思考。

孙慰祖：我是1971年经启蒙老师翁思洵介绍在江西生产建设兵团给韩老师写信的，并寄了印花。想不到没过多久就收到了回信，韩老师还认真批改了我的印花。后来回上海了，韩老师搞了一个篆刻函授班，叫我参与教学，200多个各地学生，大家忙得不亦乐乎。韩老师强调一定要为这些学生服务好，己利利人，己达达人。因此，还要帮外地学生买材料，乃至买石章、刻刀等。正因为这样用感情认真做事，培养了一批精英。还有一件事给我印象也很深。当时韩老师正在编《历代印学论文选》，要我帮他抄些资料。当时还没有复印机，但发现有一篇我抄漏了几句话后，他严厉地批评了我，说最简单的事也要认真投入地做好，你这次是要"打屁股"的！从此我的学术道德被培养了起来，一生受用。

千满胜：我跟韩老师比较晚，2018年7月才进韩门。作为第三届高研班的学生，我感受到了老师严谨的教学作风和负责的施教方法。他能因材施教，循循善诱。我以前老是觉得自己进步不大，很急躁。老师耐心地对我说：不要把自己当聪明人，要把自己当作笨人，真正静下心来下功夫、花力气，艺术是没有捷径的。于是，我临古印临了几千方，下这种"笨功夫"。记得在高研班上课，老师每次晚上都要讲到9点多，师母一次次来催，他才意犹未尽地停下。临走时，他还不忘关照我，"你开车回去，开得慢点噢，注意安全"。老师对弟子真是充满了爱。

夏宇：我是1990年进韩门的。我原先是跟叶隐谷先生学的，跟了韩先生后，他对我的学习方法做了调整。先生评点作品相当认真，特别关注每一个细节，他说细节往往会影响整体效果。那时，我第一次参加全国篆刻大展得了奖，有了一点进步，开始尝试用新的方法创作时，先生鼓励我，并说毕加索一生有四个时期，你也要有这种艺术变法的分期。先生不仅教技法、讲源头，更重创作理念的引导，这是先生真正有高度的地方。

曹醒谷：我是1980年跟韩先生的。我的父亲是一位教师，喜欢书画，我从小也算是耳濡目染吧。再讲我家离江阴路花鸟市场很近，我去那里买了石章与刻刀，手头又正好有一本《新印谱》，于是就自己琢磨着刻章。1980年10月，得知韩先生在上海市青年宫办篆刻班，我就立即去报了名。先生从如何上拷贝纸、磨石头用几号铁砂纸开始教，然后从临摹《上海博物馆藏印选》《十钟山房印举》开始系统地学习。正是在先生的引领下，我前后花了五六年时间通过大量临习熟悉了刀法，领略了秦汉古玺的灵动高妙，感受了吴让之、黄牧甫、吴昌硕等大家的印艺特点，这碗"萝卜干饭"吃的时间是长的，但基础打牢了。由于我单位离韩老师家不远，我平时有空就去坐坐，先生就为我"开小灶"，演示"韩氏披刀"法等技法。先生对学生真是毫无保留的全身心付出，此生能跟先生学习，是我的荣幸。

蒋瑾琦：我是1982年入韩先生门下的。实际上我从20世纪70年代就刻印了，但苦于一没有老师教，二没有资料学。1979年，一次偶然的机会我读到了韩老师的"看尽江湖万千峰"白文印，那线条、刀法、气韵给我强烈的视觉冲击力。也许我和先生是有缘吧，1981年春，父亲的一位好友刘锦鑫说韩天衡是他当兵时的战友，可以介绍给我认识。当年秋天，我就拿着刘伯伯的便条来到了上海中国画院。先生一点架子也没有，看了我的篆刻习作，就明确地对我说，学篆刻不要学现当代的篆刻家，要以秦汉印为师。后来我刻的印章有了提高，他特别指出真正好的篆刻，要刀笔互融、刀笔互见，要处理好长线、短线及转角的刀法使用，这样刻出的印章才有高度。2016年春季，我在西泠印社美术馆举办我的个人书画篆刻展，先生及师母、回之兄都来参加开幕式，给了我很大鼓励。

薛春泉：我是在"韩流滚滚"的1989年跟韩老师的，那时我在苏州一家厂里当党支部书记。我从小就喜欢刻印，当时全国"书法热"正兴，印坛"韩流滚滚"。得知韩天衡先生祖籍也是苏州，我很高兴，就怀着强烈的求知欲望，在1989年10月报名去韩天衡任校长的上海普艺美校篆刻函授部学习。韩天衡、孙慰祖先生担任我的辅导老师。在第一学期将结束时，韩先生在我的习作上批道："您的印已刻得颇有功力，按目前状况，还是要多临摹秦汉印。此外，在用刀上要注意生动性，这方面可以多找一些吴让之、钱松的印章看看，并加以揣摩，则会有明显的进步。"时间是1989年12月8日。韩先生的指导很实在受用，对我以后的习印是莫大的鼓励。两年的学习收获颇丰，我不但学到了篆刻技艺，获赠了韩天衡先生编著的《中国印学年表》和《篆法辨诀》等书，更遇上了终身受益的好老师。一次，韩老师、我和一个同学一起去常熟的一个寺庙，在食堂里，韩老师还抽空为我们演示了刻边款的技法，并不厌其烦地指导，老师就急我们不进步。

张伟生：说到跟韩老师的渊源，那是很早了。1971年我就跟韩老师学书法篆刻，当时老师住在杨浦区龙江路10平方米的简陋小屋里，每次我们去，老师的家人都要退让到楼下的天井里，但老师讲课一丝不苟，我们像插蜡烛似的，都站着听，戏称"站训班"。我的一位朋友会拍照，我今天带来了这些照片，这也许是目前所能见到的龙江路豆庐最早的照片。就在这样的弹九之地，老师为未来的中国艺苑培养着人才。正是韩老师言传身教，培养了我们的艺术责任感和社会使命感。老师一直鼓励我们不要单纯搞创作，要有理论研究能力。1987年我写了《临帖指南》，老师不仅在百忙中作序，还专门请谢稚柳先生为书题名，并在《解放日报》发表了《怎样临帖进步快》的文章以作推介。这几十年来，我所取得的每一个进步，都是和老师的关心、扶植分不开的。

唐吉慧：对伟生大师兄的发言，我也深有同感。韩老师也跟我多次讲过，不要单纯地做一个篆刻家。我1979年出生于上海，2002年时才入韩门。十多年前，在同学的鼓动下，我拿起毛笔学书法，临写《九成宫》《圣教序》，写好字要落款盖章吧，于是就自己琢磨着刻了第一方印章，这样就和篆刻结了缘。入了韩门后，在老师耳提面命、谆谆引导下，得以上窥春秋、秦汉古印，下效明清流派。我喜欢工稳秀逸的一路印，老师说磨刀不误砍柴工，你传统的、经典的基础打好了，再去学工稳秀逸一路才能有底气。我平时喜爱昆曲，写写文章，搞些小收藏，等等，老师很是鼓励，说是篆刻家就是要有自身的综合修养及多种能力。

沈鼎雍：我是1988年进普陀艺校，然后入韩门的。我觉得入韩门，只要自己努力，就成功了一半。20世纪90年代，韩老师搬到了南阳路，我每星期要去五六次，每次去他都给我具体指导。我喜好刻佛像印，斋号为"千佛草堂"，老师就借了100多幅汉画像石的拓片给我。当我在创作《心经》印谱时，老师又把方介堪老师的《心经》借我看了几个月。后来我刻的佛像印出版时，老师高兴地对我说："你刻的佛像印有个性，但仍需要不断地探索，要以最精练的语言，表达更深更广的文化内涵。"老师把每一个弟子都视作亲人。那时他自己在华山医院住院，知道有一位师兄生病住院，经济上困难，马上拿了2000元给我，叫我送去。而且老师不止一次接济困难学生，这方面他是更常叫董宏之去做的。老师的师德师风值得我们学习的。

韩天衡：是的。我那时住在华山医院，医院床太软，腰椎疼得不能睡，鼎雍知道后，马上连夜搞了一张硬板床送来。因此，你们不要老是说老师对你们好，帮了你们。你们对老师也好的，也帮了我不少忙。这就是教学相长。我今年正好是教学生五十年，对此我是很有感慨的。我从小家境破落，穷得很。我的那些老师非但不收我钱，还送笔、送纸、送碑帖、印谱乃至送原作给我。这种优秀的师德师风是我的榜样，所以我收学生也是分文不取的，而且能帮助他们的地方，就尽力帮助他们。为师者除了传道授业解惑外，还得立德、建功。

袁龙海：我是1986年拜韩先生为师的。先前在协昌缝纫机厂团委工作，为了搞团组织活动，我去画院找韩老师题字"乐无极"。韩老师平易近人，使我如沐春风。我跟了老师后，就时常上门请教，老师的过人之处就在于从理念、方法上开导弟子，而不是就技艺说技艺。老师见我既爱好书画，又喜欢写文章，就把我介绍到《劳动报》去工作，使我有了一个更好的发展平台。1991年9月，我在长宁区文化馆办了个"龙海画展"，老师不但在百忙中前来参加开幕式，还认真地看了作品，并专门跟我讲："你的画是有传统笔墨的，但还是需进一步消化，要变成自己的语言，体现出时代精神。"老师有书、画、印、文章、收藏五绝，他称之为打通"马蜂窝"，这种精神正是我们需要一辈子学习的。

张之发：我是通过我丈母娘的邻居介绍，1984年进韩门的。我至今记得那是在4月27日晚上7点不到一点，我敲响了老师的家门，老师已像等亲戚那样等在那里。当时我还从未搞过篆刻，老师就叫我从一本《上海博物馆藏印选》入手，挑出秦汉印中如"关中侯印""长亭侯印""少使之印"及玉印"魏嫽""魏霸"等临刻一百遍以上，此后我又临了大量的明清流派印名家之作。每星期三晚上，大家到昌平路老师家中，听老师对每位学生的作业进行点评。老师还以笔、刀做示范，讲解每一个动作。当他知道我原来是搞木雕工艺的，就笑着说："这很好嘛，齐白石原来也是搞木雕的，你有腕力，更应刻出金石气。"后来老师写的《中国篆刻》要拍摄成专题片，为了让我能有一个系统的学习机会，老师就带上我一起随摄制组到全国各地探碑访石三个多月，这次学习经历让我一生受益。

徐礼雯（女）：我是篆刻高级研修班第三期的班长，今年1月刚入韩门，是个新学生，却是老"粉丝"。我原在南洋电机厂工作，年轻时也喜欢篆刻，后来由于工作忙及有了家庭、孩子，也就放掉了，现在重新开始学习。老师的敬业精神是令人感动的，一个年近八十的老人，从早上9点上课上到中午11点半，有时甚至到12点多，下午从3点上到6点半，晚上从7点上到9点，但他老是超时，真正是呕心沥血。为此，回之师兄给了我一个铃，说到了9点后他停不下来就摇铃，但我摇了几下他还是不停下来，要等到师母来催，我再摇铃，双管齐下，才能有效。有这么好的老师，我没有不好好学习的理由。

在座谈会的最后，韩天衡作了总结性发言：

我出身于城市贫民家庭，从小吃了不少苦，现在有了一些成就，就要知恩图报。艺术要传承，与利益无关。我工作室前的亭子叫"夫子亭"，是同学们捐的。为什么叫"夫子亭"？是感恩把艺术代代相传承的夫子们。所以，我教了几十年学生，对同学们强调三点。一是不要把艺术看作敲门砖，不要把名利看得太重，艺术是为了提升人生、美育社会、服务大众。这样搞艺术才是正道。二是要搞艺术，不要搞权术。要成流派，不要搞宗派。因此，多年来，有不少人要我搞印社，我为什么不搞？我们现在师生关系是传教关系，是师承关系。搞印社后你能加入，他不能加入，容易引起矛盾。三是你们现在的学习条件与我们过去比是天壤之别。因此我对学生讲我不希望你们再去吃苦，但学习艺术一定要刻苦，不刻苦是成不了才的。这就像吃甘蔗，从头上吃到根部，越吃越甜；如从根部吃到上头，就越吃越淡。所以，与其晚年刻苦，不如早年刻苦。我教你们时是老师，回到工作室，我依旧是学生，读书、创作、思考。我在古人面前，在经典作品面前，永远是学生。

第三十章

我有一样是可以和苏东坡

拼一拼的

　　他是篆刻、书法、绘画、艺术理论、书画鉴藏皆精的一代通才。四岁学书、六岁刻印，师从众多名家大师，入艺凡七十六载。其印大开大合，新意盎然，尤以白文点划遒劲，霸气十足，一时印坛"韩流滚滚"。其书富于金石味，其画集古典与当代于一体。他继往圣之绝学，精于篆刻史论研究，著作等身。

不负韶华

作为新中国培养的第一代文艺工作者，我非常感谢我们的党，感谢政府，感谢厚爱我的同行。兴奋是暂时的，奋斗是永远的，是一辈子的。我们应该不忘初心，牢记使命，刀笔观照时代，作品应有担当。为弘扬传统优秀的文化艺术，为更好地发展红色文化、江南文化、海派文化，尽自己最大的努力。

——韩天衡《豆庐独白》

2019年是中华人民共和国成立七十周年、上海解放七十周年，富有策展意识的韩天衡觉得在此重大节庆之际，要有相应的重磅展览。于是，由韩天衡美术馆主办，上海市书法家协会支持的海上书法篆刻七十年特展，于9月25日下午在韩天衡美术馆隆重揭幕。上海市书法家协会首席顾问韩天衡致词时表示："这次展览是对新中国成立后上海七十年书法篆刻的一次历史性回顾与当下性检阅，如何发扬、拓展海上书法篆刻的优秀传统及可持续发展，是需要大家共同努力并付诸实施的。从这个意义上讲，这次'海上书法篆刻七十年特展'是一次再出发！"上海市书法家协会名誉主席周志高在讲话中也认为："非常高兴来到韩天衡美术馆参加这样隆重的书法展览开幕式。刚刚韩天衡先生讲了很多重要的观点，对我们上海的书法篆刻的评价以及展望，我非常赞成。"

此次海上书法篆刻七十年特展共有86位书法篆刻家的作品参展，其中既有老一辈的王福厂、沈尹默、马公愚、吴湖帆、刘海粟、钱瘦铁、潘天寿、王蘧常、潘伯鹰、陈巨来、叶潞渊、钱君匋、陆俨少、谢稚柳、程十发、胡问遂等，也有周慧珺、韩天衡、张森、周志高、童衍方、丁申阳、潘善助、宣家鑫、张索、徐庆华、张炜羽、张卫东等，可谓是少长咸集，群贤毕至。从整体上反映了七十年来上海在书法篆刻领域大师辈出、精英荟萃、成就辉煌。

国庆"黄金周"期间，为庆贺新中国成立七十周年，上海浦东陆家嘴"外滩之窗"璀璨亮灯，于10月7日搞了一场"祖国万岁"大型书法灯光秀点亮活动。灯光秀以天地为展厅，在高142米、宽42米的"卷轴"上，将篆隶真草行五种书体逐一展现。韩天衡所作古朴雄健的篆体"祖国万岁"为第一幅，接着是周志高遒劲洒脱的行书、张森典雅秀逸的隶书、王伟平端庄稳健的楷书以及丁申阳龙飞凤舞的草书，展现了当代书法家昂扬的精神风貌与爱国情怀。

时代呼唤经典的艺术作品，城市需要卓越的名家大师。10月16日晚，"为人民讴歌，为时代立传"，第七届上海文学艺术奖杰出贡献奖颁奖典礼在上海大剧院举行。上海文艺界的老中青三代齐聚一堂，共同欢庆这一激动人心的时刻。上海文学艺术奖是上海文学艺术界的最高奖项，用以表彰和奖励为促进、繁荣上海文学艺术事业作出突出贡献的个人和作品。奖项分为终身成就奖与杰出贡献奖，韩天衡获得杰出贡献奖。

图30-1　第七届上海文学艺术奖杰出贡献奖颁奖仪式

"他是篆刻、书法、绘画、艺术理论、书画鉴藏皆精之一代通才。四岁学书、六岁刻印，师从众多名家大师，入艺凡七十六载。其印大开大合，新意盎然。尤以白文点划遒劲，霸气十足，一时印坛'韩流滚滚'。其书富于金石味，其画集古典与当代于一体。他继往圣之绝学，精于篆刻史论研究，著作等身。于草篆书写，鸟虫篆复兴，贡献巨大，为优秀传统文化当代复兴倾注巨大心力。"这是组委会给韩天衡的颁奖词。是呵，从四岁发蒙到八十高龄，从书画篆刻到著作等身，从"韩流滚滚"到捐藏建馆，从学艺七十到荣膺大奖，韩天衡这一路走来可谓筚路蓝缕、风云际会。为此，在鲜花簇拥、灯光华丽的颁奖舞台上，韩天衡的获奖感言是："作为新中国培养的第一代文艺工作者，在普天同庆伟大祖国七十年华诞的时候，我能够站在这里，真的有一点小兴奋。所以我非常感谢我们的党，感谢政府。感谢厚爱我的同行。兴奋是暂时的，奋斗是永远的，是一辈子的。我们应该不忘初心，牢记使命。刀笔观照时代，作品应有担当。为弘扬传统优秀的文化艺术，为更好地发展红色文化、江南文化、海派文化，尽自己最大的努力。"早在1998年，韩天衡

图30-2　第七届上海文学艺术奖杰出贡献奖奖杯

就以《韩天衡篆刻精选》获得上海文学艺术奖的优秀成果奖。当时的颁奖典礼是在上海戏剧学院剧场举行的，给每一位获奖者都设计了一个独特的舞美空间。韩天衡上台领奖时，舞美把他的"百乐斋"鸟虫篆印章放大到五米高，由四方组成，印花红艳，线条华丽，鸟鸣鱼舞，金石奏鸣。而今21年过去了，从当年的优秀成果奖到今天的杰出贡献奖，可谓一分耕耘，一分收获。

　　10月的北京，枫叶嫣红丰艳，银杏金黄富丽，菊花缤纷绽放。10月25日，韩天衡一行赴北京，准备在中国国家博物馆举办大展。10月29日下午，韩天衡受邀在荣宝斋大讲堂作"鉴赏我见——韩天衡谈艺术品收藏"演讲并举行《藏杂杂说——我与收藏的故事》新书发布会，与谈嘉宾是中国国

家画院研究员、中国书协理事张公者，韩天衡美术馆艺术总监、西泠印社社员韩回之，荣宝斋书法院院长、《艺术品》期刊主编王登科。在荣宝斋大厦二层多功能厅内，来自海内外的听众聚在一起，聆听韩天衡分享他的艺术鉴赏观，以及他收藏中的轶事与趣闻。《藏杂杂说——我与收藏的故事》是韩天衡在荣宝斋《艺术品》上连载的汇编，文字生动、言简意明，图版清晰，资料珍贵。诚如王登科在该书的《弁言》中所说："2018年伊始，承蒙韩先生不弃，我们将他近年在微信朋友圈上的日常断片文字与图片一并整理，并于本刊专辟栏目分期连载。这些篇目，记录了他与老一代文人艺术家的因缘与人生际会。谈艺术、说收藏、道人生，为我们勾勒出一段20世纪中叶艺坛耆宿旧间的轶事与趣闻。丹青翰墨，烟云供养，尽显人间高谊。"

2019年10月31日上午，由中国国家博物馆、中共上海市委宣传部主办，中共宁波市委宣传部、中共上海市嘉定区委宣传部、上海工艺美术职业学院协办的"守正求新——韩天衡艺术展"在中国国家博物馆盛大开幕。展期自10月31日至11月24日。这是韩天衡迄今为止规模最大的一次个人展览，共有书画篆刻、艺术专著等350多件。作为一个德艺双馨的艺术名家，

图30-3　2019年10月31日，韩天衡在"守正求新——韩天衡艺术展"开幕式现场

韩天衡一直以"刀笔当随时代，作品应有担当"为宗旨，释放着理想的光芒、追求的力量与创造的辉煌。多年来，他以勤奋扎实而风格独树地创作，推出了一批表现时代、讴歌社会的优秀艺术作品，撰写了不少具有理论价值与学术意义的著作，为传承中华优秀传统文化，突出主旋律，弘扬正能量，践行社会主义价值观作出了重要贡献。

此次展览布展精到大气，结构严谨和谐，展品丰富多彩，视觉宽博庄重，体现了独特的策展理念。篆刻最早作品是他20岁时刻的"天衡藏书之记"，及至2019年刻的"八十叟""龙新""言之不预"及巨印"国泰民安""中华人民共和国万岁"等；书法作品最

图30-4　韩天衡在"守正求新——韩天衡艺术展"展厅内讲解

早为二十六岁时临摹的《砖塔铭》，最晚为2019年创作的高4米、宽6米的篆书巨幅毛泽东词《沁园春·雪》；绘画代表作有巨幅《杨万里诗意图》《松云皓月图》《四时清华园卷》《四时花叶最无穷》等；历年出版的著作有《历代印学论文选》《中国印学年表》《中国篆刻大辞典》及大型图册《砚赏》《兰室长物——历代文房艺术》《韩天衡鸟虫篆精粹》等140多种。由此可见，此次展览在韩天衡的从艺历程中具有编年史的价值与里程碑的意义，既是对他在不同时期的艺术创作和突出成就的一次全面、精彩的回顾，也是对其在长达半个多世纪的艺术创作中不断探索、锐意创新历程的一次梳理总结。特别是在新中国成立七十周年之际，此次展览在首都的亮相，是一位老艺术家向祖国和人民的汇报。

中国书法家协会党组书记陈洪武在开幕式上致辞时说："很荣幸受邀参加'守正求新——韩天衡艺术展'开幕式。在此，我谨代表中国书法家协会

和苏士澍主席，向展览的隆重举办表示最热烈的祝贺，向韩天衡先生致以崇高的敬意！"然后，他分别谈了三点体会："首先，天衡先生对改革开放40年来的中国书法篆刻事业作出了杰出的贡献；其次，韩天衡先生是新中国成立70年来最具代表性的艺术家之一；再次，天衡先生的文化情怀和艺术大爱值得我们学习。"韩天衡在致辞时表示："展览以'守正求新'作为标题，'守正'是对优秀传统文化的坚守和继承。循矩而又不囿于矩，在肯定中作智性的否定，才能从艺术上从心所欲，敢于越陈规、创新貌，推陈出新，常变常新，使艺术生命常青。"

出席开幕式的领导嘉宾有：文化部原部长蔡武，中国人民解放军原副总参谋长、上将熊光楷，第十一届全国人大教科文卫委员会副主任金炳华，中国国家博物馆馆长王春法，中国美术家协会名誉主席靳尚谊，中央美术学院教授邵大箴，中国书法家协会党组书记陈洪武，中国国家画院原院长杨晓阳，中国美术家协会副主席何家英，中国美术家协会秘书长马锋辉，中国书法家协会副主席王丹，上海市文联专职副主席沈文忠，以及著名艺术家石齐、刘曦林、刘正成、李刚田、毛时安、崔志强、刘彦湖、刘洪洋等。

11月1日，韩天衡在中国国家博物馆学术报告厅举办了讲座"印谱漫说"，对漫长浩繁的印谱史作了全景式的梳理与谱系式的分析。11月1日下午，李岚清、杨振武、刘延东等诸多领导分别参观中国国家博物馆的"守正求新——韩天衡艺术展"。从中央到地方的100多家新闻媒体纷纷作了报道或专访。11月12日，李岚清同志还来信高度赞扬了韩天衡的艺术，再次祝贺国家博物馆大展的举办，并谈及推广"大众篆刻"的初心。

这一年，程十发美术馆在上海建成了。该馆是上海市"十三五"时期重大文化设施项目之一，历时三年，以国家重点美术馆和世界一流艺术博物馆为目标而建造。整个建筑新颖、庄重、典雅，外观采用木石造型堆叠的体块设计，呈现出空间层次生动多变的视觉效果。12月18日，韩天衡应邀参加"程十发艺术系列大展暨程十发美术馆开馆仪式"。他在致辞时，不无动情地讲："自1972年相识，直至1997年发老过世，25年间，我们有着不一般的情谊。1984年，发老出任中国画院院长，我任副院长，彼此之间接触更多；后来他年纪再大一点以后，我经常到他府上去汇报画院工作，听他的一些指示。如此，彼此更见坦诚、信任和亲近。""正因为程十发先生孜孜不倦、不断进取的创新精神，使他成为20世纪里，一位卓越的通才型的国画家。不论是山水、花鸟、人物、走兽、戏剧人物、连环画，均是一等一的水平，乃至书法、篆刻、论文、吟诗，都具备排古排他的自我。他精艺报国的无私情怀和高风亮节，是值得我们永远学习的。"

由于在北京办展的奔波劳累，回上海后又忙于诸事，韩天衡身体感到不适，经医生建议，他和太太在家人的陪同下赴海南三亚休养了几天。12月27日，他又出现在韩天衡美术馆的多功能大厅，参加上海市"篆刻进校园"篆刻教师培训活动，作篆刻专题讲座。

2019年的日历已剩下最后三四页了。这一年他策划、参加了一系列的大型艺术活动，出版了《砚赏》《藏杂杂说》等几部重要著作，特别是他荣获上海文学艺术奖杰出贡献奖及在中国国家博物馆举办的"守正求新——韩天衡艺术展"，更是使他年近八十的生命呈现出灿烂的光彩。这是生命的璀璨成就，也是人生的杰出贡献。但他依然在孜孜以求，只争朝夕。12月31日，韩天衡策划的"回眸两宋——士人一日之迹特展"在韩天衡美术馆开幕。

一座城市的艺展，是城市的亮丽风景，对于促进文化建设、增强文化自信有着积极的作用。各类艺展主要的公共意义是繁荣促进艺术创作和提升增强公众审美。任何一场艺术展览，绝非简单地将作品装裱上墙，或是镶嵌入镜框陈列，或是放在展柜上亮相等，而是需要构建成一种相应的审美仪式感，展览指向性及视觉图式性，要求策展人对作品呈现方式与展示形态上进行二度创作，由此来彰显艺展的主题，亦即艺展的宗旨与阐述、意义与发现、风格与样式等。值得关注的是韩天衡自韩天衡美术馆开馆后，已成功地推出了一系列创意独特、内容精彩、取向高端、富有历史情怀和人文含量、专业品位的展览，如"文心在兹——历代砚文化特展""兰室长物——历代文房特展"以及"海上六大家"书画展等,在海内外产生了广泛的影响,获得了业界的高度评价,从而凸显了韩天衡作为策展人的艺术功力、创意思维,策展能量及社会贡献。特别是他能在步入桑榆之年后,依然焕发出这样的人生活力,的确是难能可贵的。他为当代策展人树立了一个标杆。

国学大师王国维在《宋代之金石学》一文中写道:"天水一朝(即宋代)人智之活动,与文化之多方面,前之汉唐,后之元明。近世学术多发端于宋人。"英国著名历史学家汤因比也在《历史研究》中给予宋代以高度的评价。此展正是两宋文化经典、精到、优雅、真实的呈现。如苏东坡所喜爱的烹茶、焚香、赏花、挂画,可称"风雅四艺",岁月菩提,自谙芬芳。又如宋朝的书法,尚意重韵、笔墨高逸;宋朝的绘画,精湛传神,格物致知;宋朝的瓷器,细腻纯净、温润华贵;宋朝的古籍刻版,经典传世、名版绝代。因此,韩天衡认为:"从传世的宋朝器物和艺术品来看,宋人建立了中国极简美学的典范,追求有内涵的生活和物品,这反映了宋代文人闲适生活背后隐藏的风骨与精神。"文化的传承、艺术的发展,正是在这种心有灵犀、守望呵护的过程中延续的。

两宋文化在传承汉唐文化的基础上走向大众,深刻影响了后世。而苏东坡无疑又是宋文化的杰出代表与集大成者。为此,韩天衡对苏东坡相当推崇,赞美他不仅"是一个全才,更是全才中的天才"。他调侃道:"我知道我成不了苏东坡,我没有这个天分,只能说是向而往之。但有一样还是可以拼一拼的——我年轻时吃肉可以跟他拼一拼。"这句话虽是戏言,却折射出了韩天衡的志向,他正是以这种"拼"的精神,在人生之旅中不断创造开拓,在从艺之途中永不自满地奋进。然而,韩天衡有一项还是可以"拼"过苏东坡的,那就是生命的年轮。苏东坡仅六十五岁就归道山了,而韩天衡已年过八旬,依然保持着良好的精神状态和高亢的创作激情,这是法华甘露,是功德觉照。

是呵,浩瀚博大的中华文明,孕育了一代又一代的英才、智者、贤人,他们的理想觉悟,他们的担当追求,正续写着历史的辉煌和岁月的芳华。

历来崇尚诗心文胆、不逾矩不的韩天衡，他正是以此"回眸两宋特展"来辞旧迎新，并向前贤致敬，向文明致礼！他不仅是一个造诣深厚、成就卓越的艺术大师，而且是一位胸怀家国、关注社会的公共艺术大家，他将不忘初心、砥砺奋进，为未来作出更大的贡献！

　　二〇二〇年二月二十四日，农历二月初二龙抬头，于海上禅风堂

　　二〇二〇年三月六日，惊蛰后一日，一改于海上禅风堂

　　二〇二〇年六月二十八日，梅雨时节，二改于海上禅风堂

　　二〇二〇年八月二十五日，七夕之日，三改于海上禅风堂

　　二〇二一年五月二十日，小满前一日，四改于海上禅风堂

　　二〇二一年九月七日，白露之日，五改于海上禅风堂

　　二〇二一年十一月，桂香时节，六改于海上禅风堂

　　二〇二一年十二月九日，大雪后二日，七改于海上禅风堂

后　记

不负韶华　不负时代

此本书写于令人难忘的非常时期。

从2019年下半年开笔至2020年早春二月完成，正邂逅来势凶猛的新冠肺炎疫情，生活的家园一下子封闭了，社会的空间顷刻清场了，驻足宅家成了常态。于是，我利用这段时间，开始了对本书的三次修改，从原先的章回体改为现在的散文体。人间春色毕竟是遮不住的，2021年桃红柳绿的三月，随着疫情渐趋平稳，本书正式进入浙江人民出版社的出版流程。随着校样的一次次发出，我又校改了四稿。可以这样讲，这本书是我所有著作中，所费校改时间最长、所用撰写精力最大的一部。

最令我感动的是在这历时两年多的七次修改中，已年逾八十的韩天衡先生以认真负责、执着专注的精神全程参与。他审阅了32万字的初稿，写了详细的修改意见。其后又不断地通过发送微信及语音信息的方式，补充回忆、提供资料、增加细节、提出建议等，并就书法、绘画、篆刻、收藏、著述、理论乃至如何培养学生、策展、讲学、对外交流等问题与我探讨，提出真知灼见。有时晚上10点多了，他还发来一条条语音，在夜阑人静、星光满天之际，聆听着先生的话语，体会到一种风范与境界。

韩先生已功成名就，世俗的功名利禄对他早已不再是诱惑。为何还如此孜孜以求？是因为他怀着对艺术的敬畏，对创作的虔诚，对历史的负责，对读者的厚爱。特别是2021年初，他患上凶险的重症间质性肺炎，在经抢救脱离危险后，还给我发来了微信，探讨问题，足见他对这本书的重视与投入。如今我翻阅着手机上的这些文字与语音记录，其文字量及篇幅足可以编一本《天衡谈艺录》。可以说，这本评传融入了他生命的热流、人生的信念、从艺的理想与心灵的憧憬。一个人的生命能有如此的容纳、能量、修为、展示与升华，真是功德无量、福不唐捐。

韩先生是一位富有生活情趣、热爱自然、性格活跃、语言幽默、友善亲和之人。从少年时代的"孩子王"到部队中的"开心果"，从敢于直接挑战嚣张的"造反派"到勇于成为一群落难老先生的道义交，从引发艺苑的"韩流滚滚"到成为书画金石界的一面旗帜，韩先生的一生可谓波澜壮阔而风云际会。他有幸遇上了一个大师群与一个大时代，而他也以自己的勤奋创造与丰硕成果，在人生的舞台上有声有色地演绎了追求与梦想，不负初心，不负韶华，不负时代。

我认为，评传者，评是观点、理念、思想，传是史事、细节、历程。韩先生作为一位多才多艺、博学睿智、史论独树、著作等身、桃李天下、收藏宏富、成就卓越、无私奉献的大师级人物，他在各个领域的认知、理念、思考与实践，都具有教科书式的意义、启迪性的价值与引领性的作用，从而为评传的"评"提供了多个范畴、多元空间和多项领域，使"传"更具叙事感、存在感与命运感。唯其如此，这本评传才带有较浓的思辨性、哲理性与学术性。所以，对我而言，写这本书的过程，也是一个自我修炼、思考、提升的过程。

我之前写过两本传记。在写《吴昌硕评传》时，我感受到了清末民初的历史云烟，"无边曙色浪淘开"，领略了一代海派书画领袖吴昌硕的"风波即大道，尘土有至情"。在写《孙中山在上海》时，我沉浸在一位伟人与一座城市不离不弃、同舟共济的世纪风云中，仿佛体验了那场惊心动魄的走向共和与复辟倒退的时代之战。而在写这本评传时，我与传主韩先生几乎是同时代人，因而有种亲历感、生活感与时代感。我感到这是一种荣幸、一种缘分，使我能走进一位大师的艺术与人生。

本书的出版，得到了浙江人民出版社的大力支持，编辑丁谨之、沈敏一以可贵的职业精神为本书做了大量具体的工作。韩天衡先生的夫人应丽华对本书的写作也相当关心，协助韩先生一起回忆、寻找资料等。韩天衡美术馆馆长张炜羽及研保部主任张学津为本书配发照片、打印修改稿等，亦多有贡献。我至今仍是用笔写稿，这厚厚的书稿都是我太太朱敏在电脑上辛勤劳作打出来的。在此一并致谢！

于海上禅风堂

2021 年 12 月 8 日

图书在版编目（CIP）数据

韩天衡评传 / 王琪森著. —杭州 ：浙江人民出版
社，2022.3
ISBN 978-7-213-10392-6

Ⅰ. ①韩… Ⅱ. ①王… Ⅲ. ①韩天衡-评传 Ⅳ.
①K825.72

中国版本图书馆CIP数据核字（2021）第231384号

韩天衡评传

王琪森 著

出版发行：浙江人民出版社（杭州市体育场路347号 邮编 310006）
市场部电话：(0571)85061682 85176516
责任编辑：丁谨之 沈敏一
特约编辑：韩回之 李志坚
营销编辑：陈雯怡 陈芊如
责任校对：戴文英
责任印务：陈 峰
封面设计：杨晓康 王 芸
电脑制版：杭州兴邦电子印务有限公司
印 刷：浙江海虹彩色印务有限公司
开 本：710毫米×1000毫米 1/16 印 张：27
字 数：374千字 插 页：10
版 次：2022年3月第1版 印 次：2022年3月第1次印刷
书 号：ISBN 978-7-213-10392-6
定 价：118.00元

如发现印装质量问题,影响阅读,请与市场部联系调换。